U0455845

第 19 辑 下卷　　宋晓 主编

中德法学论坛

Jahrbuch des Deutsch-Chinesischen
Instituts für Rechtswissenschaft der Universitäten
Göttingen und Nanjing

 南京大学出版社

中德法学论坛

第 19 辑·下卷(2022 年)

Jahrbuch des Deutsch-Chinesischen Instituts für Rechtswissenschaft der Universitäten Göttingen und Nanjing

Band 19 Heft 2 Jahr 2022

Herausgeber
SONG Xiao

·学术专论·

Jahrbuch des Deutsch-Chinesischen Instituts für Rechtswissenschaft der Universitäten Göttingen und Nanjing
Band 19 Heft 2
Inhaltsverzeichnis

中德法学论坛

第 19 辑·下卷,第 1～19 页

德国类雇员制度的构建与演变

赵　进*

摘　要：德国类雇员制度源自家内工作者的劳动保护需求,逐渐形成了"雇员、类雇员和自雇者"的分层保护机制,使因欠缺人格从属性而从雇员溢出的人群仍可获得部分劳动法保护。一百多年来,雇员、类雇员和自雇者的边界,类雇员中家内工作者和一般类雇员的边界一直处于变动之中。这为制度留出了演进空间,使其在平台经济的背景下再次获得了新生。以德国为经验,我国平台用工中"类雇员"制度细化方案的重点不在于清晰界定"不完全劳动关系",而是根据从业者的保护需求,论证"不完全劳动关系"中的要素和所欲适用制度目的之间的关联,厘清从业者纳入工伤保险的正当性基础,并借助民法典中的格式条款规则搭建其他权利保障机制。

关键词：类雇员；平台用工；人格从属性；经济从属性

Kurzfassung：Der Begriff der arbeitnehmerähnlichen Person geht auf das Schutzbedürfnis von Heimarbeiter zurück. Bis heute haben sich die rechtlichen Rahmenbedingungen zu einem hierarchischen Schutzsystem für Arbeitnehmer, arbeitnehmerähnliche Person und Selbständige, sodass die Gruppe, die wegen Fehlen an persönlicher Abhängigkeit von Arbeitnehmer ausgeschlossen sind, arbeitsrechtlicher Schutz teilweise gewährt werden können. Die Abgrenzung der arbeitnehmerähnlichen Person zum Arbeitnehmer, und die Abgrenzung zwischen Heimarbeiter und allgemeiner arbeitnehmerähnlichen Person sind fließend. Die Diskussionen dazwischen lässt Raum für die neue Auslegung der Regelungen in Plattformarbeit. Aufgrund der deutschen Erfahrung sollte sich die Verfeinerung der Regelungen für "arbeitnehmerähnliche Person" im chinesischen Recht nicht auf die

---

* 赵进：首都经济贸易大学法学院讲师,柏林洪堡大学法学博士。

klare Definition des "unvollständigen Arbeitsverhältnisses" konzentrieren, sondern auf die Rechtfertigung der Arbeitsunfallversicherung für Plattformbeschäftigte und die Schaffung anderer Mechanismen zum Schutz von Rechten mit Hilfe der AGB-Regelungen im chinesischen Zivilgesetzbuch.

Stichwörter：Arbeitnehmerähnliche Person；Plattformbeschäftigte；Persönliche Abhängigkeit；Wirtschaftliche Abhängigkeit

一、讨论背景

随着移动互联网技术和大数据算法的发展，平台用工的规模不断扩大。与传统用工模式相比，平台从业者工作时间相对自由，劳动所得从消费者支付的费用中直接分成，其与平台的关系特征不符合传统劳动关系的认定标准，导致从业人员难以纳入现行劳动法的保障范围。[1] 为应对这一挑战，我国学界形成了二分法和三分法两种学说。二分法认为，平台用工并未改变传统劳动关系的本质特征，因此应先肯定二者的共性，将平台从业者纳入"劳动者"范畴，再根据平台用工的"特性"，相应缩减部分劳动权利。[2] 三分法则受德国"类雇员"制度的启发，主张在传统民事关系（承揽、服务合同）和劳动关系之外，构建"第三类法律关系"，以"民法＋"为进路，增加平台从业者部分劳动法上的权利。[3]

2021 年 7 月 6 日，人力资源社会保障部、最高人民法院等 8 部委发布的《关于维护新就业形态劳动者劳动保障权益的指导意见》（以下简称《意见》）将平台直接用工从业者分为 3 类：一是符合确立劳动关系情形的；二是个人依托平台自主开展经营活动、从事自由职业等的；三是不完全符合确立劳动关系情形但企业对劳动者进行劳动管理的（以下简称"不完全劳动关系"）。从文字表述上看，《意见》似乎选择了"三分法"的治理模式，但由此也引发了更多的困惑：如何界分劳动关系、不完全劳动关系与民事关系？[4] "不完全劳动关系"中的"经济从属性"可否论证"部分被选取

---

〔1〕《人力资源社会保障部对政协十三届全国委员会第三次会 3391 号提案的答复》，http://www. mohrss. gov. cn/xxgk2020/fdzdgknr/zhgl/jytabl/tadf/202101/t20210113 _ 407557. html，2023 年 6 月 13 日访问。

〔2〕 参见谢增毅：《互联网平台用工劳动关系认定》，载《中外法学》2018 年第 6 期；常凯、郑小静：《雇佣关系还是合作关系——互联网经济中用工关系性质辨析》，载《中国人民大学学报》2019 年第 2 期。

〔3〕 参见王天玉：《互联网平台用工的"类雇员"解释路径及其规范体系》，载《环球法律评论》2020 年第 3 期；娄宇：《新就业形态人员的身份认定与劳动权益保障制度建设——基于比较法的研究》，载《中国法律评论》2021 年第 4 期。

〔4〕 范围：《不完全劳动关系的困惑：未解的三个问题》，载《人民司法》2022 年第 7 期。

的"劳动权利的正当性? 那么,作为"类雇员"制度起源地的德国是否曾经或正在经历上述困惑? 若是,德国学界和实务的应对方案为何? "类雇员"制度是否又是解决德国平台用工问题的"灵丹妙药"? 带着上述疑问,本文将梳理德国"类雇员"制度的缘起和发展,全面把握该制度欲解决的问题、遭遇的挑战以及在平台用工治理中的适用和价值,从而提出我国平台用工治理中细化"类雇员"制度的本土方案。

二、德国类雇员制度的缘起、发展与现状

(一)缘起:家内工作者

19 世纪后半期,随着工业化的深入推进,社会矛盾急剧积累,劳动领域的立法成为各国社会立法的重点。以保障个体劳动者权益为目标的个别劳动法(如最长工时、最低工资、劳动保护)、以保障劳动者获得与雇主同等博弈力量的集体劳动法和以帮助劳动者抵御劳动风险的社会保障法,成为现代社会劳动者权益保障的三大支柱。

20 世纪之前,德国的个别劳动法和社会保险法的保护对象仅限"雇员(Arbeitnehmer)"。"雇员"的认定标准以工厂工人为蓝本[5],覆盖了工业化进程中最亟须保护的社会群体,但却忽略了为工厂提供配套加工或服务的人员。因这些人员的主要工作场所是家庭场所,故被称为家内工作者(Heimarbeiter)。由于不受个别劳动法的规制,使用童工、超时工作和低工资的现象在家内工作中屡见不鲜。[6] 有鉴于此,德国于 1911 年和 1923 年颁布《家内工作法》和《家内工作工资保护法》,试图通过单行立法保护这一劳动群体的工作时间、安全健康和工资等。

1923 年,梅尔斯巴赫(Melsbach)首次在其著作《德国劳动法》中提出了"类雇员"的概念。依其定义,"类雇员"是指和"雇员"有相似的社会保护需求的工作者。国家应通过单行立法或类推适用个别劳动法规范来保护其权益。[7] 1926 年公布的《劳动合同法》第一版草案中甚至建议将"类雇员"与"雇员"给予同等保护。尽管该草案并未通过审议,但对之后的立法产生了深远的影响。如《劳动法院法》(1926 年颁布)的立法者认为:与劳动关系相似,"类雇员"与工厂企业是不平等关系,因此类雇员纠纷应纳入劳动法院的受案范围。[8] 基于此,《劳动法院法》第 5 条第 1 款首次规定了"类雇员"的概念,即接受他人劳务委托,收取劳务费用,但并不处于劳动关系的工

---

〔5〕 Wank, Arbeitnehmer und Selbständige, München 1988, S. 24.

〔6〕 Neuvians, Die arbeitnehmerähnliche Person, Berlin 2002, S. 24.

〔7〕 Melsbach, Deutsches Arbeitsrecht, Berlin und Lepzig 1923, S. 23, 24.

〔8〕 RT‐Drucks, 2065, S. 34, 35.

作人员。1934 年，该法将"经济非独立性（Wirtschaftliche Unselbständigkeit）"规定为类雇员的重要特征。之后，《联邦休假法》(1963)、《员工保护法》(1994 年颁布，2006 年被《一般平等待遇法》取代)和《劳动保护法》(1996)等保护个体劳动者权益的法律均将"类雇员"纳入了保护范围。

（二）发展：自由媒体工作者的团体协议资格

如前所述，德国劳动法发端于 19 世纪工业革命到来之后。以"私法自治"和"主体平等"为基本理念的传统民法无法遏制雇主过分压榨劳动者的经济现象及其对社会、政治生活带来的不利影响。在立法者通过单行立法保障个体劳动者权益的同时，经济生活中出现了劳动者结社——工会等现象。经过社会各界的不断争取，1918 年颁布的《团体协议条例》[9]承认了团体协议对雇员和雇主的直接效力，集体谈判的成果获得了法律保障。1919 年的《魏玛宪法》第 165 条等条文进一步承认了雇员及雇主的结社自由，以及通过结社促进和维持劳动条件的权利。

20 世纪 60 年代初，德国各大广播电视、电视公司开启了人事政策改革，它们在缩减正式雇员数量的同时，与大量记者、自由撰稿人、艺术工作者（如制片人）等"自由媒体工作者"签订多个委托合同。[10] 这一政策延用至今：例如截至 2021 年底，拜仁州广播公司拥有雇员 3517 人和"自由媒体工作者"1695 人。[11] 拜仁州广播公司之所以"拥有"自由媒体工作者，是因为前者几乎是后者唯一的委托人。前者安排的工作任务，构成后者的大部分甚至是唯一收入来源。由此可见，上述所提及的记者、自由撰稿人或艺术工作者与广播、电视公司之间存在强烈的"经济依赖关系"。这种经济依赖使得单个人员无法获得与广播、电视公司平等协商的能力。除知名记者、作家外，大量普通的"自由媒体工作者"为持续获得任务（如"约稿"），不得不接受高强度和高难度的工作任务。而由此产生的超时工作和职业安全问题愈发引起社会关注。[12] 为争取权益，上述"自由媒体工作者"起初试图请求法院判定其与广播、电视公司存在劳动关系。但这一路径存在以下障碍：劳动关系以双方存在"人格从属性"为前提条件。在司法实践中，认定"人格从属性"（即雇员身份）通常结合以下因

---

〔9〕 德国法中的团体协议（Tarifvertrag）一般由代表劳动者利益的行业工会和雇主（或雇主联合会）签订，相当于我国劳动法中的"集体合同"。但在德国劳动法中，"集体合同（Kollektivvertrag）"既包括"团体协议"，也包括企业内部代表雇员利益的"工厂委员会"与企业签订的"工厂协议"。上述德语概念的中文翻译均取自沈建峰翻译的《德国劳动法》。详细内容可见［德］雷蒙德·瓦尔特曼：《德国劳动法》，沈建峰译，法律出版社 2014 年版，第 372 页及以下。

〔10〕 Appel/Frantzioch, Sozialer Schutz in der Selbständigkeit, ArbuR 1998, 93, 95.

〔11〕 Die Mitarbeitenden des BR, https://www.br.de/unternehmen/inhalt/organisation/br-zahlen-mitarbeiter-v2-100.html. (Abgerufen am 30.05.2023).

〔12〕 Neuvians, Die arbeitnehmerähnliche Person, Berlin 2002, S. 26.

素进行综合判断:一是劳务提供方是否在工作时间、地点、内容和方式上必须听从需求方的指挥(其可否自主安排工作时间、地点和工作内容),即时间、地点、工作内容和方式上的从属性;二是是否加入劳务需求方的组织体等。[13] 虽然认定"雇员"无需具备上述所有要素,但就"自由媒体工作者"而言,广播、电视公司仅安排工作任务和设定完成与交付时间,并不管理具体的劳动过程,是故"自由媒体工作者"的时间、地点和内容从属性皆难以证成。在此情形下,"自由媒体工作者"的诉求转向获得订立团体协议的资格,以便通过集体协商的手段改善劳动条件。这一诉求得到了立法回应,最终通过1974年修订的《团体协议法》第12 a条得以实现。根据该条第1款规定,当劳务提供方基于承揽合同或服务合同[14],在基本不雇佣他人的情形下,主要为一名劳务委托方亲自提供劳务,且在该委托方处获得的收入超过其全部收入的一半的,构成具有经济从属性和与雇员具有相同社会保护需求的类雇员,《团体协议法》参照适用。该条第3款还特别降低了媒体行业的记者、撰稿人和艺术工作者成为"类雇员"的条件。"类雇员"的结社自由和签订团体协议的资格由此获得法律认可。

(三)现状:德国现行法中类雇员的分类和权利配置

德国现行法中的"类雇员"分为三类:第一类为《家内工作法》第2条第1款意义上的家内工作者,即居家或在其他自己选择的场所,单独或与其家庭成员,根据委托方的安排完成工作的人员。家内工作者只可将工作成果交付委托方,而无权进行使用和处分。传统上家内工作者主要从事的行业为简单制造业的来料加工,随着数字经济的进一步发展,"家内工作者"的范围扩展到了程序员等创造性工作者。[15] 第二类为无人格从属性,但有经济从属性和社会保护需求的一般类雇员。第三类则为具有经济从属性和社会保护需求的单独商事代理人(《德国商法典》第92a条)。

在程序法上,与所有类雇员相关的纠纷的管辖权均在劳动法院。在实体法上,德国现行法为类雇员配置的权益大多可回溯至《德国基本法》中的基本权利和"同等情形同等对待,不同情形不同对待"[16]的基本法治思想。例如无论是否构成劳动关系,所有人在劳动过程中的生命权、健康权和信息自主决定均是实现《德国基本法》第2条"人性尊严"之最基本条件。国家因此对所有工作人员负有同等程度的保护义务。[17] 同时,相比于劳动提供方,劳务需求方显然更有能力控制工作场所以及因工

---

〔13〕 王倩:《德国法中劳动关系的认定》,载《暨南学报(哲学社会科学版)》2017年第6期。

〔14〕 依德国学界主流观点,"承揽合同或服务合同"这一条件仅为示例,而非排他性要件。Vgl. Franzen/Erfurter Kommentar zum Arbeitsrecht 2023, TVG § 12a Rn. 6.

〔15〕 BAG vom 14. 6. 2016, - 9 AZR 305/15.

〔16〕 [德]卡尔·拉伦茨:《法学方法论》,黄家镇译,商务印书馆2020年版,第421页。

〔17〕 Franzen/Erfurter Kommentar zum Arbeitsrecht, 23. Aufl. 2023, GG 10 Rn. 6.

作本身带来的危险因素。[18] 基于此，1996 年修订的《劳动保护法》第 2 条第（2）款将除家内工作者之外的类雇员纳入保护范围。根据该法相关规定，类雇员在劳务需求方（企业）提供的场所工作时，劳务需求方应提供符合安全和健康要求的劳动条件。[19] 但类雇员在其他场所工作时，劳务需求方则不负责消除其中的安全和健康风险。[20] 与此相应，《家内工作法》第 7a 条规定：劳务委托方在家内工作者开始工作之前，有义务帮助其了解工作中可能会产生的事故和健康风险，事前预防和事后处理的措施和方法等。《社会法典》第七编《法定事故保险（工伤保险）》也规定委托方必须为类雇员缴纳法定事故保险金。再如因类雇员和雇员的身份差异（人格从属性）并不是决定工作人员是否获得平等待遇的决定因素，《一般平等待遇法》（2006）第 1 条规定，包括类雇员在内的所有工作人员均不可因民族、性别、宗教、世界观、年龄、是否残疾以及性取向的原因在就业和一般民事领域受到不合理的待遇。还有一些权利配置则是出于社会公共利益和法政策的考量：用工实践中日益增多的"自由职业者"严重影响了养老金的正常运转，为应对这一问题，1998 年修订版的《养老保险法》第 2 条第 1 句将类雇员纳入了强制参保人群。[21]

　　相反，法律之所以在不同类雇员群体之间配置不同的权利，也是出于各群体在劳动实践中呈现出的不同特点。例如《团体协议法》适用于一般类雇员和家内工作者，但排除了单独代理商。理由在于：在以私法自治为基石的现代私法中，交易当事人的自我决定是保障交易内容正义的基本要求。当事人自由意志受到限制则意味着保障交易内容均衡的机制不复存在，在此基础上形成的（利益）义务（负担）及风险分配格局难免失衡。[22] 个体弱势雇员通过集体，获得与雇主平等协商适当劳动报酬和劳动条件的机会，是《德国基本法》第 9 条结社自由的正当性基础。[23] 单独商事代理人的收入远高于一般类雇员，[24] 在劳动力市场上往往有议价权，有能力与劳务委托方（企业）进行平等协商。若再赋予其集体谈判权，反而可能导致垄断，不利于劳动力市场的供需平衡。[25] 除此之外，联邦司法部也会根据《德国商法典》第 98a 条第 1 款规定，在听取单独商事代理人代表和企业代表意见的前提下，为单独商事代理人制定专门的经济和社会保护规章。因此《团体协议法》第 12a 条第 4 款将"单独

---

〔18〕　参见娄宇：《新业态从业人员专属保险的法理探微与制度构建》，载《保险研究》2022 年第 6 期。

〔19〕　Kollmer/Vogl, Das Arbeitsschutzgesetz 1999, S. 18.

〔20〕　Kollmer/Vogl, Das Arbeitsschutzgesetz 1999, S. 19.

〔21〕　BT-Drucks. 14/45, S. 46.

〔22〕　Fastrich, Richterliche Inhaltskontrolle im Privatrecht, München 2001, S. 51 - 55.

〔23〕　24. 5. 1977 E 44, 322 LS2 = AP TVG § 5 Nr. 15; 26. 6. 1991 E 84, 212, 219.

〔24〕　BT-Drs. 10/2954, S. 3 f.

〔25〕　Vgl. Löwisch/Rieble, Tarifvertragsgesetz 2017, § 12a, Rn. 6.

商事代理人"排除适用并不违反"禁止保护不足(Untermaßverbot)"的要求。[26]

综上所述,德国现行法中三类类雇员的权利配置汇总如下:

	集体劳动法	个体劳动法	社会保险法
家内工作者	有订立团体协议资格	《劳动保护法》《联邦休假法》和《一般平等待遇法》《联邦数据保护法》《薪酬透明法案》中所有权利和《家内工作法》中的最低工资保障和特殊解雇保护权利	强制参加所有社会保险
一般类雇员	有订立资格	除《家内工作法》之外的上述权利	(1)强制参加法定事故保险(工伤保险)和养老保险;(2)自愿参加医疗保险;(3)不可参加失业保险。
单独商事代理人	无订立资格	除《家内工作法》之外的上述权利 联邦司法部可颁布针对商事代理人的特殊权益保护规章	

三、"类雇员"认定标准的内外部挑战

不难看出,德国类雇员制度源自特殊劳动群体的保护需求,但德国法学界并不满足于现实问题的解决,而是在总结其共性的基础上,抽象出"类雇员"的概念。如今德国主流法学界将社会法意义下的劳务提供者划分为三类:以人格从属性为标志的雇员,无人格从属性但有经济从属性的类雇员和既无人格从属性也无经济从属性的自雇者(Selbständige)。[27] 也有少部分学者认为,提供劳务者只分为雇员和自雇者,而"类雇员"只是一种特殊的自雇者。[28] 抛开分类方式的不同,法律适用的逻辑均为先定位雇员的内涵和外延,只有被排除在雇员之外的群体,才有进一步划分类雇员和自雇者的必要。在该逻辑下,类雇员制度的适用必然会遇到两个挑战:一是对认定雇员标准"人格从属性"的挑战,若"雇员"的边界发生变动,则必然会影响"类

---

[26] Vgl. Rieble ZfA 1998,330 ff.；Löwisch/Rieble, Tarifvertragsgesetz 2017,§ 12a, Rn. 5.；ErfK/Franzen TVG § 12a Rn. 2. 但也有学者认为,《团体协议法》第12a条第4款忽略了具有经济依赖性商事代理人的弱势地位。况且德国司法部至今未有任何关于保护商事代理人权益的立法计划,《德国商法典》第92a条第1款第2句一直停留于纸面规定。上述条款剥夺具有经济依赖性之商事代理人订立团体协议的资格构成违宪。详细内容参见 Wiedmann/Wank, Tarifvertragsgesetz 2019,§ 12a, Rn. 92.

[27] 参见[德]雷蒙德·瓦尔特曼:《德国劳动法》,沈建峰译,法律出版社2014年版,第45—46页。

[28] Vgl. Wank/Wiedermann, Tarifvertragsgesetz 2019,12a, Rn. 7 ff.

雇员"的外延。二是如何确定经济从属性的标准,即如何在雇员群体之外区分类雇员和自雇者。

(一)认定类雇员的外部挑战:对"人格从属性"的挑战

自 20 世纪 60 年代起,部分德国学者主张用新理论代替人格从属性,以便重新划定劳动法的边界,其中最有代表性的是 Lieb 和 Wiedemann 的"劳动成果处置理论"、Brammsen 的"盈利机会理论"和 Wank 的"经营风险理论"。

Lieb 和 Wiedemann 首先以劳动合同的对象——劳动给付为出发点,阐述了劳动关系的本质特征:雇员将自己的劳动力交给雇主处置,由此无法自我控制自己因年老和疾病而带来的风险。是故,判断"雇员"的核心标准应为提供劳务方是否"丧失劳动力处置权"。[29]而"是否丧失劳动成果处置权",则取决于提供劳务方在为需求方提供劳务的同时,是否仍有时间成为产品与服务市场的主体。[30]批评者认为,"劳动力处置理论"落脚点实际为提供劳务者一段时间内"自由处置劳动力"的时间。依此标准,非全日制工作者应被划分为"自雇者"而非"雇员",这与其社会保护需求明显不符。[31]即便回归"劳动力处置标准"本身,也会因为缺乏具体认定标准而丧失实践意义。此外,Brammsen 在借鉴上述理论的基础上,进一步提出了"盈利机会丧失理论"和"组织从属性理论",将雇员定义为"根据劳动合同被剥离了在经济上处置劳动成果的自由,进而被剥离了盈利机会的人"。[32]该理论虽未代替主流理论"人格从属性",但却为德国联邦最高法院及德国联邦劳动法院处理企业年金覆盖人群问题提供了新视角:劳务提供方能否被纳入企业年金的覆盖人群中,取决于其是否具有企业家的盈利机会,如是否有企业家的决策机会,企业股份占比情况和实际领导权力等。[33]

与 Wiedemann、Lieb 和 Brammsen 相比,Wank 的"经营风险理论"体现了更多的理论积淀。Wank 认为,"人格从属性"下的雇员只是一种以工厂工人为蓝本的外观形象(Erscheinungsbild),会造成"类雇员"和自雇者范围的不当扩大,产生隐蔽雇佣问题。因此,定义"雇员"应回归劳动法形成"雇员"这一名词时想要追求的目

---

〔29〕 Lieb, Arbeitsrecht, Heidelberg 1997, S. 4; Wiedemann, Das Arbeitsverhältnis als Austausch-und Gemeinschaftsverhältnis, Karlsruhe 1966, S. 14 f.

〔30〕 Lieb, Arbeitsrecht, Heidelberg 1997, S. 11.

〔31〕 Neuvians, Die arbeitnehmerähnliche Person, Berlin 2002, S. 37.

〔32〕 Brammsen, Der Arbeitnehmerbegriff, Versuch einer einheitlichen Neubestimmung, RdA 2010, 267 ff.

〔33〕 BGH v. 28.4.1980 II ZR 254/78, AP BetrAVG § 17 Nr. 1; BAG v. 16.4.1997 - 3 AZR 869/95, NZA 1998, 101.

的。[34] 具言之，劳动法一系列保护雇员的最终目的是为劳务提供者中的特定人群免除或减轻风险。这些风险包括劳动成果无法变现（经营风险）、提供劳务过程中的安全和健康风险以及劳务提供者的疾病和年老风险等。而劳动法之所以要免除雇员的经营风险，是基于以下客观事实：由于不占有生产资料和市场交易渠道，雇员既无能力单独提供市场所需的产品和服务，也无能力单独将产品和服务送入流通环节。相反，企业凭借对生产资料的占有、对劳动的组织管理和市场销售渠道，在劳动过程中实际占有了对劳动成果的支配权，从而可根据市场形势选择合适的价格策略和销售策略进行获利。[35] 根据利益和风险相一致的基本法理念，自然应由作为雇主的企业承担经营风险。有鉴于此，是否有能力自由成为市场主体并承担经营风险，是雇员和自雇者得以区分的核心标志。[36] 而"人格从属性"中的"受指挥"只不过是"无能力承担经营风险"的必然结果和外在表现。[37] Wank 进一步提出了认定"无能力承担经营风险"的具体标准：持续为同一需求方提供劳务、无雇工、基本无资产和无组织。毫无疑问，该具体标准扩大了劳动法的适用边界，因为原本属于"类雇员"的劳务提供方（如"自由媒体工作者"）也可能被纳入"雇员"范围。[38]

对于 Wank 的"经营风险理论"，德国主流学界的批评主要集中于其提出的具体标准。例如 Preis 一方面从反面论证说，若只因"为多个需求方提供劳务，或在其他领域占有资产"就否认其"雇员"身份有失公允；另一方面则认为"无自主组织"其实就是"人格从属性"中"加入需求方组织"的体现。[39] 但与此同时，德国主流学界也认可"经营风险理论"可作为综合判断"人格从属性"的标准之一。笔者基本赞同上述结论。在现代市场经济条件下，劳动力作为重要的生产要素，其直接参与市场交易会遇到巨大的信息和合作成本，只有纳入成熟的企业组织，通过企业提供的信任背书参与市场交易，才能使与劳动力结合的产品以相对高效的方式进入经济流通环节。[40] 这种经济结构一方面使得掌握资本的企业成为市场主体，根据市场形势决

---

[34] Vgl. Wank, Empirische Befunde zur „Scheinselbständigkeit", Juristischer Teil, S. 75.

[35] Vgl. Wank, Empirische Befunde zur „Scheinselbständigkeit", Juristischer Teil, S. 76, 77.

[36] Wank/Wiedmann, Tarifvertragsgesetz 2019, § 12a, Rn. 74.

[37] Vgl. Wank, Die neue Selbständigkeit, DB 1992, 90, 92.

[38] 就此德国主流学界认为，Wank 的建议是"设想用一个新二分法取代雇员、类雇员和自雇者的三分法"。Martin Henssler/Steffen J. Roth ："Formen von Erwerbstätigkeit und Anpassungsbedarf des Arbeitnehmer-und Betriebsbegriffs unter arbeitsrechtlichen und wirtschaftlichen Gesichtspunkten "，https://www. landtag. nrw. de/portal/WWW/dokumentenarchiv/Dokument/MMI17－185.pdf, S. 31.

[39] Preis/ Erfurter Kommentar zum Arbeitsrecht 2023, § 611 BGB, Rn. 57.

[40] 参见［美］罗纳德·哈里·科斯：《企业的性质》，载《企业、市场与法律》，盛洪、陈郁译校，格致出版社 2009 年版，第 16 页以下。

定雇员的劳动给付成果，从而为控制劳动过程（即人格从属性）提供了正当性基础。另一方面则使得雇员必须依靠雇主方能体现其劳动力的价值，从而对企业产生了经济上的依赖。就此而言，"经营风险理论"非但未对"人格从属性"形成根本冲击，反而从社会生产和经济结构视角进一步揭示了"人格从属性"的深层原因。该理论的贡献在于打破了过去以工厂工人和传统办公室职员为蓝本的雇员形象，为论证创造性工作者的雇员身份提供了正当性基础。它提醒我们，在某一劳务给付关系中，若劳动成果的产出形式和质量的最终决定权和处置权在需求方，即便劳务提供方在工作进度、工作时间和工作方法上具有高度自主裁量权，仍不能否认其"人格从属性"。有鉴于此，笔者认为"经营风险理论"并不会不当"扩大"雇员范围，而是避免企业借助"类雇员"制度损害本应受劳动法保护的雇员权益。

（二）内部挑战：何为经济从属性和社会保护必要性？

目前德国现行法并不存在统一的"类雇员"概念，而是各单行法根据立法目的，对"类雇员"设定不同的内涵与外延。但各单行法均将"经济从属性"列为类雇员的核心特征。在所有涉及"类雇员"的法条中，《团体协议法》第 12a 条的规定最为细致，在实践中应用最为广泛，且德国联邦劳动法院相关判决中的思想也常被用于其他法领域的判决中。其中，影响力最大的当是联邦劳动法院 1990 年 10 月 2 日的判决。[41]

1. 案情简述

在该案中，原告提起了一项确认之诉，要求确认他与被告（北德意志广播电台）构成类雇员雇佣关系，有权享有《团体协议法》中的各项权利。自 1987 年起，原告为被告提供咨询服务，服务费用从对每月新注册广播用户收取的广播电视费用中提取佣金。原告为此申请了营业执照，为被告一家企业提供独家咨询服务。据统计，原告平均每 6 个月收取的服务费用为 70000 马克。除此之外，原告每月可领取共计 2402 马克养老金。初级法院依据《团体协议法》第 12a 条第 1 款规定，认为原告在被告处的收入已超过了其全部收入的一半，同时符合成为类雇员的其他前提条件，从而支持了原告的诉讼请求。汉堡州高等法院则驳回了原告的诉讼请求。德国联邦劳动法院经审理后认为，该案原告并不符合《团体协议法》第 12a 条第 1 款第 1 项中要求的"与雇员具有相同的社会保护需求"，理由如下：第一，即便没有每年 14000 马克的佣金收入，原告每月 2402 马克的退休金足以保证其生存和生活。这与失去工资收入便威胁生存条件的雇员不可同日而语。第二，类雇员赖以生存的收入依赖于从需求方处接到的多个单独的任务或根据一揽子协议安排的多个任务。尽管类雇员有权拒绝单个任务的自由，但上述依赖性使得类雇员难以行使。这正是类雇员具有

---

[41]　BAG, Urteil vom 02.10.1990 - 4 AZR 106/90，NZA 1991，239.

"与雇员相同社会保护需求"的关键原因。而在本案中,根据与被告的服务合同,原告不仅可决定是否接受某一单独任务,还可决定佣金比例。而实际的合同履行过程也表明,原告其实对任务安排和执行(合同成立和履行)有相当高的影响力,行使拒绝权几乎无阻力。

由此可见,联邦劳动法院通过上述判决进一步解释了《团体协议法》第 12a 条中的部分要件以及各要件的关系:第一,"社会保护需求"中的关键要件是劳务提供方拒绝单个任务安排的实质能力,而实质能力又与其是否依赖从需求方处获得的收入有关。第二,本条第 1 款第 1 项中 b)"收入占比因素(劳务提供方在需求方获得的收入占其全部收入的一半)"既不是类雇员的充分条件,也非其必要条件,只是其中一个考量因素。同时,劳务提供方的其他收入足以支撑其生存时,一般不认可"社会保护需求"。

2. 评析

该案对《团体协议法》第 12a 条的适用产生了深远的影响,多次被联邦劳动法院引用,[42]也成为各大法律评注必须评析的经典案例。联邦劳动法院通过该判决间接指出了团体协议权与拒绝任务能力的联系:劳务提供方能够实质影响任务安排时,意味着其与需求方具有同等的博弈能力。合同内容正义既然完全可通过个体协商得以保障(Richtigkeitsgewähr),自然无须再通过团体结社。但联邦劳动法院将劳务提供方的所有收入作为考量因素时,却并未论证其与"社会保护需求"以及团体协议权的逻辑关联。这一缺憾在理论上引发了质疑:依照德国劳动法的要求,劳务提供方在系争关系之外的收入(如房租、股票等)并不是判定其雇员身份的考量因素。也即,对雇员而言,其社会保护需求并不根植于某一具体雇员本人的财务状况,而是某一类雇员所从事的工作性质。[43]既然如此,本案原告的养老金为何就可否认"与雇员相同的社会保护需求"?[44]同时也增加了委托方的合规难度,因为其分发工作任务时无从调查劳务提供方的财务状况。[45]厘清《团体协议法》第 12a 条第 1 款第 1 项 b)"收入比"这一因素的意义脉络,以及如何细化"经济从属性"和"社会保护需求",将继续挑战德国的司法实践。

四、类雇员理论挑战在平台用工领域的新发展

随着移动网络技术、大数据算法在服务业领域的广泛应用,借助网络平台而进

---

[42] 最近一次引用的判决:BAG Urteil vom 21. 01. 2019 - 9 AZR 23/18.

[43] Zachert, in: Kempen, Tarifvertragsgesetz 1997, § 12a, Rz. 15.

[44] Neuvians, Die arbeiternehmerähnliche Person 2002, S. 68.

[45] 娄宇:《新就业形态人员的身份认定与劳动权益保障制度建设》,载《中国法律评论》2021年第 4 期。

行的"众包工作(Crowdwork)"进一步增大了雇员、类雇员与自雇者的区分难度,逐渐成为学界探讨的热点话题。[46] 而之前的理论探讨成果也在平台经济的背景下再一次获得了解释力。从现有文献来看,德国对"平台用工"的治理思路仍然遵循了"从属性"的分类标准:根据工作是否有"地点从属性",德国学界和实务界将"平台工作"分为"云工作"与"零工"。前者主要指在线接受劳务需求并在线提供交付成果,如广告设计、程序开发等;后者则指在线接受劳务需求但在线下相对固定的地点提供劳务,如卫生清洁服务和送餐等。[47] 因"云工作"中劳务提供者对工作安排和工作时间具有高度自主权,德国文献对其治理思路的探讨多集中于扩张类雇员适用边界的正当性与可行性;与此相对,"零工"一般有固定的给付地点和较短的完成周期,劳务提供者的从属性程度更高,故其争议焦点多为"零工"从业者是否具备雇员身份。

(一)"零工"从业者:新用工形态下的雇员?

1. 2020年判决之案情简述[48]

在本案中,原告提起了确认之诉和给付之诉,要求确认被告解除合同的行为无效并支付相应的经济补偿。该诉讼请求是否成立,取决于原被告之间是否存在劳动关系。被告是一个以监督产品展示为主营业务的众包工作平台,其经营模式为:首先与产品公司签订委托合同,内容为检查零售店是否将其产品按约摆放在货架相应位置。之后,被告将这一任务拆解为海量的"微型订单"并发布于其运营的平台。"众包工作者"接单后完成相应检查并从平台领取报酬。根据平台协议,众包工作者没有义务必须接受平台分配的订单。但一旦接受,则须在一定时间内(通常为2小时)按照相应指示(如拍摄照片并上传,填写表格等)完成工作内容。接单者须亲自完成工作,不得转让账号,一经发现一律封锁账号。除此之外,众包工作者可按订单完成的数量和质量进行升级。升至15级时,可同时接15个订单。原告2017年2月开始在被告平台接单,每周工作约20小时,月平均收入为1749欧元。2018年4月,被告通过邮件单方解除了合同。

联邦劳动法院审理后支持了原告的诉讼请求,核心理由为:第一,尽管原告依协议没有必须接单的义务,但一旦接单,其工作内容、工作过程和完成时间均通过实时位置信息受平台指示。第二,原告每一单完成的工作并不具有独立的经济价值,其必须融入至被告从其他商家接手的"完整订单"中。同时,拆解、发放完整订单的为被告,并非原告。就此而言,原告的工作完全融入到了"被告的工作流程(组织)"中。

---

[46] Vgl. Wiebauer, Arbeitsschutz und Digitalisierung, NZA 2016, S. 1430 ff.；Uffmann, Digitalisierung der Arbeitswelt, NZA 2016, S. 977 ff.

[47] Henssler/Roth, Fn. 38, S. 43.

[48] BAG, Urteil vom 01.12.2020 - 9 AZR 102/20.

第三,根据平台协议,只有原告达到一定的等级后,方可获得平台多个订单以及优质订单的推送。换言之,原告获取的"订单"并不完全是在服务市场上自由选择的结果,而是被算法根据原告的表现筛选的结果。因此,本案原告不是市场上真正的参与者。

2. 论证思路和未解问题

该案体现了平台用工区别于传统劳动关系的典型特点:劳务提供者无义务接受具体的工作任务安排。从表面来看,这不符合"时间从属性"的要求。但联邦劳动法院在该案判决中指出,劳动关系成立与否,关键在于劳务需求方的指示方式:在承揽关系和劳务关系中,需求方一般只指示工作结果;但在劳动关系中,需求方对工作流程、工作进度以及工作人员的要求会使劳动过程时刻处于其监督和控制之下。[49]换言之,对工作过程本身的控制程度,才是区分雇员与自雇者的关键因素。另外,该判决实际上也吸纳了 Wank 的"经营风险理论":原告无法接触平台上的所有"微小订单",意味着其并无单独将其劳动成果送入流通环节的能力,自然无能力成为市场主体。而禁止原告转让账户(亲自履行)的约定更是进一步剥夺了原告的"成为自雇者"(即具备单独承担经营风险能力)的机会。换言之,该案通过"正向论证"(进一步解释"人格从属性"的关键要素)和"反向论证"(解释"自雇者"的内涵和外延)方式,证成了原告的雇员身份。

虽然该案判决中的论证解决了具体涉及的问题,但在"零工"从业者权利配置方面的论述仍不全面:"零工"从业者是否享有劳动法上传统雇员所有的权利? 还是应考虑到"可自主接单"的特点相应缩减其权利范围? 当然,联邦劳动法院的"留白"并非不可理解,因为回答上述问题需要从源头上论证每一劳动法权利与"人格从属性"中各个要素的关联,并根据个案中"零工"从业者的特点进行取舍。这为之后的司法实践和学术探讨再次提出了新问题。

(二)《家内工作法》:"云工作"从业者保护的新航标?

"云工作"中的劳务提供者可自主决定是否接受劳务安排,难以被认定为雇员。若其主要以从某一平台接受的劳务为收入来源,则可被认定为对平台具有"经济从属性",从而被纳入一般类雇员的保护范围,享受集体劳动权利和工伤、失业等社会保险待遇。但诚如学者们所言,以"平台用工"为主要模式的众包工作一方面"摊薄"了企业,降低了企业的用人成本;另一方面也扩大了社会收入差距。[50]换言之,无

---

〔49〕 BAG,Urteil vom 01.12.2020 - 9 AZR 102/20-Rn. 92,auch in:BAG 27. Juni 2017 - 9 AZR 133/16-Rn. 28.

〔50〕 [德]多伊普勒:《数字化与劳动法:互联网、劳动 4.0 和众包工作》,王建斌、娄宇等译,中国政法大学出版社 2022 年版,第 256—257 页。

论是整体收入水平、抗风险能力，还是社会地位，数字经济下"众包工作"中的某些类雇员群体远弱于 60 年代典型的类雇员群体"自由媒体工作者"。为保障这类劳务提供者的公平收入和抗风险能力，对类雇员权益保障最为全面的《家内工作法》成为德国学者思考解决方案的出发点。就具体路径而言，德国学者设想了两种模式：

第一种模式的关键词为"纳入"，即通过扩大"家内工作者"的构成要件，将一部分"云工作"从业人员直接纳入《家内工作法》的适用范围。根据《家内工作法》第 2 条第 1 款规定，"家内工作者"的构成要件为：(1) 在自己选择的工作场所（自己家或自己选择的营业场所）工作。这一要件主要强调与劳务需求方提供的工作场所相分离，从而脱离需求方的直接控制。[51] 而与传统的来料加工等家内工作相比，广告设计、程序开发和文字编辑等工作仅需一台笔记本电脑和无线网络。为适应这一工作特点，应当将该要件扩展为"咖啡厅、商场休息区等一切可以开展工作的场所"，而非拘泥于自己家或"营业场所"。[52] (2) 单独工作或与家庭成员一起工作。(3) 为（生活）收入而接受商人或中级工匠的委托，且将其劳动成果的利用留给直接或间接下订单的商人。根据联邦劳动法院的判决，"'为（生活）'收入指持续一段时间，且该收入是维持基本生活的一部分"。[53] 就此而言，不定时地偶尔在平台接受劳务或只在平台赚取"零花钱"的劳务提供者则应被排除于家内工作者范围之外。[54]

这类设想遭到的质疑为：家内工作的任务分配方式与"云工作"存在显著区别。前者由劳务需求方将具体工作分配给个人，而在"云工作"的模式下，工作任务由平台向不特定的众包工作者推送，再由众包工作者进行竞争式抢单。[55] 基于此，"云工作"从业者不能被纳入家内工作者的概念之中。面对质疑，支持派的学者认为，无论是"云工作"的平台，还是"家内工作"的劳务需求方，都是产品或服务生产和流通的主导者。与传统的家内工作者相同，"云工作"从业者只有通过平台方能获得工作任务，其劳动成果也只能通过平台转化为经济利益。就社会保护需求而言，二者并无本质区别。因此，将"云工作"从业者纳入家内工作者的解释完全符合《家内工作

---

〔51〕　Kittner/Zwanziger/Deinert/Heuschmid/Becker, Arbeitsrecht, 9. Aufl. 2017, § 117 Rn. 8.

〔52〕　Deinert: Die heutige Bedeutung des Heimarbeitsgesetzes, RdA 2018, 359, 363; Preis: Von der Antike zur digitalen Arbeitswelt, RdA 2019, 75, 88.

〔53〕　BAG v. 12.7.1988 - 3 AZR 569/86, NZA 1989, 141.

〔54〕　Vgl. Julia Pacha, Crowdwork: arbeitsrechtlicher Schutz einer neuen Beschäftigungsform, ZAAR Verlag, 2018, S. 353 ff.

〔55〕　Vgl. Däubler/Klebe, Crowdwork: Die neue Form der Arbeit-Arbeitgeber auf der Flucht? NZA 2015, 1032, 1036; Schubert, Neue Beschäftigungsformen in der digitalen Wirtschaft-Rückzug des Arbeitsrechts?, RdA 2018, 200, 204.

法》的立法目的。[56]

第二种模式的关键词是"类推"。其主要内容为:虽然"云工作"从业人员无法满足"家内工作者"的构成要件,但若只承认其一般类雇员身份,则无法保证其公平收入。因为一般类雇员的收入并不受法律直接干预,仅受《德国民法典》第 138 条第 2款中"禁止暴利"原则的约束。即便"云工作"从业人员可根据《团体协议法》第 12a 条制定相应的团体协议,但由于从业人员分散在各个角落,难以进行有效的信息交流,组织集体协商会遇到诸多困难。在这种情形下,"云工作"从业人员的平均时薪甚至可能会低于最低工资标准,威胁其基本生计。有鉴于此,可借鉴《家内工作法》第 10条的规定,设置专门的委员会制定网上接单的最低工资,以保证"云工作"从业人员的基本生存。[57] 除此之外,还有学者建议将《家内工作法》类推适用至无固定合作平台的"云工作"从业人员,这些从业人员与多个平台同时建立合作关系,与任意一个平台均无法形成"经济从属性",只能被归为"自雇者"。但这并不能否认其工作中面临的收入下降和健康风险。[58] 因此,这些"自雇者"也应像家内工作者一样,享受最低工资保障[59]和强制参加社会保险。[60] 这一设想的主要问题在于:从法理上说,交易关系中最低收入保障的正当性来源于对双方力量不对等的矫正性正义。而力量不对等主要取决于双方交易中的博弈能力,而非简单的收入差距。[61] 就此而言,这一设想仅停留在假设层面,转化为可执行的制度还需要经正当性和可行性的双重检验。

(三)民法路径:一般交易条款规制制度

无论是直接适用还是类推适用,上述思路其实都是扩大劳动法的适用边界。与此相对,一些学者提出了民法路径,即充分发挥《德国民法典》第 305—310 条中一般交易条款(格式条款)规制规则的作用。[62] 这一路径虽不能直接为"云工作"从业者提供社会保险和工资收入保障,但可通过限制相关条款效力的方式间接保障从业者

---

〔56〕 Vgl. Julia Pacha, Crowdwork: arbeitsrechtlicher Schutz einer neuen Beschäftigungsform, ZAAR Verlag, 2018, S. 224; Henssler/Roth, Fn. (38), S. 67.

〔57〕 Schubert, RdA 2018, 200, 206.

〔58〕 Preis, RdA 2019, 75, 87.

〔59〕 Preis, RdA 2019, 75, 87; Bayreuther, Sicherung einer fairen Vergütung und eines angemessenen sozialen Schutzes von (Solo-) Selbständigen, Crowdworkern und anderen Plattformbeschäftigten, Forschungsbericht 508 erstellt für das BMAS, 2018, S. 21.

〔60〕 Preis, RdA 2019, 75, 87 ff.

〔61〕 Henssler/Roth, Fn. 38 S. 77.

〔62〕 Vgl. Kocher, KJ 2013, 145, 156; Däubler/Klebe, NZA 2015, 1032, 1038; Hanau, NJW 2016, 2613, 2616.

的收入和其他权益。[63]因为平台协议多为平台单方拟定而成,构成一般交易条款。而根据《德国民法典》第 307 条第 1 款规定,一般交易条款以违反诚实信用原则之方式造成相对方利益"不合理减损"的,该条款无效。例如若平台协议规定,平台可单方决定降低单个任务收入时,若下降幅度过大,则可能会构成《德国民法典》第 307 条第 1 款中"不适当的不利",为无效条款。[64]这一路径的优点在于可根据个案情况灵活分配平台和"云工作"从业者的权利、义务和负担,缺点在于从业者需要付出较高的维权成本,若其无法寻求工会的帮助,则最终可能导致该制度变成一纸空文。也正因如此,主张"类推适用"的学者也将一般交易条款规则作为保障"云工作"从业者的辅助制度。[65]

五、我国平台用工背景下类雇员制度的细化方案

(一)借鉴对象:思路和演进经验,而非具体规则

以《家内工作法》为契机,德国法构建了"雇员、类雇员和自雇者"的分层保护机制。随着经济结构和就业形态的不断变化,雇员、类雇员和自雇者的边界、类雇员中家内工作者和一般类雇员的边界一直处于变动状态。关于"人格从属性""经济从属性"和"社会保护必要性"认定标准的讨论延续至今。但这种不完满反而给制度留出了演进空间,从而使具体规则在新的社会环境中再次焕发了活力。纵观德国"类雇员"的制度发展历程,不论是 20 世纪 60 年代的"经济从属性",还是平台用工背景下对《家内工作法》的扩张或类推适用,回应的诉求均是以保障公平收入为目的的团体协议资格和最低工资保障。因此,学界和实务争论的表面焦点为"经济从属性"的认定标准和《家内工作法》的适用范围,但实际上则以《团体协议法》和最低工资保障制度的规范意旨为出发点,论证某一类就业群体是否与雇员具有相同的"社会保护必要性"。

我国学者探讨"不完全劳动关系"从业人员的权利配置时,多采取以下论证思路:类雇员具有经济从属性,但缺乏人格从属性,"部分从属"就应当获得"部分保护"。[66]但在我国以外卖送餐、即时配送、出行等平台用工中,最受从业者关注的是

---

[63] Schubert, RdA 2018, 200, 206; Hanau, NJW 2016, 2613, 2616.

[64] Däubler/Klebe, NZA 2015, 1032, 1038.

[65] Schubert, RdA 2018, 200, 206.

[66] 参见王天玉:《互联网平台用工的"类雇员"解释路径及其规范体系》,载《环球法律评论》2020 年第 3 期。

职业安全保障。[67] 由于目前大型用工平台采用的商业人身意外险仅针对被保险人意外伤害医疗和猝死补偿,无法涵盖严重伤害情形下的高额医疗费用和医疗期内的收入补偿,[68] 将新就业形态中的处于"不完全劳动关系"中的"类雇员"纳入工伤保险,才是我国对从业者采用分层治理的直接动力。同时,我国外卖骑手的月工资和小时工资水平均高于当地的最低工资水平,[69] 最低收入保障亦非我国平台用工治理的重点内容。相反,因送餐超时、餐损和投诉等引发的罚款和扣除积分制度,却成为影响平台从业者收入的重要因素。

当然,比较法的价值并不在于提供具体可照搬的规则,更多在于帮助人们认识到原有制度框架的局限,为解决社会新问题打开新思路。我国引入"类雇员"这一思路的最大意义在于突破"劳动者身份"与社会保险和其他权利保障之间的"绑定关系"。而德国关于"类雇员"制度的演进也说明,我国平台用工中"类雇员"制度细化方案的重点不在于清晰界定"不完全劳动关系",而是根据从业者的保护需求,论证"不完全劳动关系"中的要素和所欲适用制度目的之间的关联。

(二)"不完全劳动关系"与工伤保险的内在关联

结合平台用工从业者对职业安全保障的迫切需求,我国学界首先须在法理上论证"不完全劳动关系"纳入工伤保险的正当性。传统的劳动和社会保险法理论认为,以机器生产为主要特征的工业社会中大幅度增加了雇员在劳动过程中受到伤害的风险,而雇主对雇员在工作流程中的控制却又降低了雇员自我控制风险的能力。[70] 是故,"雇员在雇主可控的时间和工作流程中受到的侵害都可以归责于雇主,随着工伤保险立法理念从工具理性逐步向实质理性转变,基于工作安排直接或间接产生的伤害都被纳入工伤的范围。[71]"可见,雇主对工作流程的控制,是工伤保险的法理基础。在平台用工形态中,外卖骑手、配送员等从业者虽可以相对自由地选择劳动开始的时间,但一旦开始劳动进程,骑手和配送员须严格遵守平台基于卫星定位及相关的海量数据而制定相应的送餐路线和送餐时间要求。[72] 相比于传统劳动关系,平台从业者的工作流程和工作方式受到了更为严格的约束,使其自行控制风险的能

---

〔67〕　娄宇:《新业态从业人员专属保险的法理探微与制度构建》,载《保险研究》2022年第6期。

〔68〕　王天玉:《从身份险到行为险:新业态从业人员职业伤害保障研究》,载《保险研究》2022年第6期。

〔69〕　张成刚、陈雅茹、徐玥:《新就业形态劳动者的工资保障研究——以外卖骑手为例》,载《中国劳动》2022年第4期。

〔70〕　Vgl. Raimund Waltermann: Sozialrecht, Heidelberg 2014, S. 125.

〔71〕　娄宇:《新业态从业人员专属保险的法理探微与制度构建》,载《保险研究》2022年第6期。

〔72〕　陈龙:《"数字控制下"的劳动秩序——外卖骑手的劳动控制研究》,载《社会学研究》2020年第6期。

力进一步降低。[73]

有学者虽赞同为平台从业者构建职业伤害保障体系,但反对纳入传统的工伤保险体系,理由在于:平台工作既无固定的工作时间,也无相对固定的工作场所。而且该工作的灵活性也不限制从业者在工作时兼职从事私人活动。由此而引发的意外事故无法直接套用传统工伤认定中的"三工法则"(工作时间、工作地点和工作原因)。[74]但本文认为,就外卖送餐、即时配送和网约车而言,由于从业者接单后要严格遵守平台的时间要求和路线要求,"工作时间"可解释为开始接单和完成订单之间的时间段,"工作地点"可解释为平台指定的路线。即便从业者在完成订单的过程中可从事私人活动,但传统工伤认定中同样不排斥私人活动(如上下班过程中顺路接送子女而发生的通勤事故)。因此,将平台从业者纳入强制参保地工伤保险体系中,符合工伤保险的制度目的,平台企业有责任为从业者办理参保并缴纳保险费用。

(三)格式条款规则:不对等关系的矫正制度

除职业安全保障外,定价与报酬保障(如劳动给付的常规价格、特殊时段价格、提成、违约罚款)也与平台从业者的生存保障紧密关联。虽然平台从业者不属于劳动者,不能适用劳动法的最低工资和违约赔偿规定。但即便在民事关系中,亦有针对不对等关系的矫正制度。在违约罚款方面,可考虑适用民法典中的格式条款规则。因为规定违约罚款的平台协议是平台为重复使用而单方拟定,未与从业者协商,从业者只有接受与否的自由,而无影响协议内中之权力。依据《民法典》第496条第1款之规定属于格式条款。之后依据《民法典》第496条和第497条内容控制规则审查协议对双方当事人利益、负担和风险的分配是否均衡。下文将以某外卖送餐平台规定的"送达超时小于等于5分钟,扣服务费用的15%作为违约金和4服务分;送达超时大于5分钟且小于等于20分钟,扣服务费用的30%作为违约金和4服务分"为例,说明格式条款规则的具体适用。

在外卖送餐中,送达超时的原因主要分为三类:第一类为骑手不能预见、不能避免且不能克服的不可抗力事件,如送餐途中突遇恶劣天气或因重大事故而导致交通中断。第二类为骑手不可控制的事件,如商家出餐超时、算法对送餐路线和时间的计算失误等。第三类则为骑手可控制的事件,如骑手不熟悉路线等。在劳动法框架中,因不可归责于劳动者的原因而导致履行障碍时,属于用人单位应承担的"经营风险"。而依现行《民法典》第577条规定,此风险应由债务人承担,骑手仍应对履行障

---

〔73〕　参见常凯、郑小静:《雇佣关系还是合作关系——互联网经济中用工关系性质辨析》,载《中国人民大学学报》2019年第2期。

〔74〕　参见娄宇:《新业态从业人员专属保险的法理探微与制度构建》,载《保险研究》2022年第6期。

碍承担违约责任（即严格责任）。依笔者之见，《民法典》第 577 条中的严格责任起源于《合同法》第 107 条。而原《合同法》之所以采用严格责任，一个重要的动因是与国际公约接轨。是故，《合同法》第 107 条为了维护商事交易中的安全、便捷以及纠纷迅速处理等价值，而舍弃了民事中的公平价值。[75] 因此，对骑手课以严格责任并不符合《民法典》中严格责任的立法本意。与此同时，"送餐超时一律罚款和扣积分"的规定亦会造成骑手与外卖平台间利益、负担和风险的严重失衡。骑手为避免罚款，必须尽力以最快速度送达，甚至不惜违反交通规则，既威胁骑手的生命健康，又威胁公共安全。基于此，"送达超时一律罚款"的规定违反了《民法典》第 496 条中的公平原则，应归于无效。

---

〔75〕 韩世远:《合同法总论（第四版）》，法律出版社 2018 年版，第 751 页。

中德法学论坛

第 19 辑·下卷,第 20～39 页

保证保险法律性质的再考察及相关理论问题的新展开

岳　卫* 　潘　为**

摘　要：国家大力发展普惠金融的政策背景下,保证保险作为助力中小企业获得贷款的重要担保手段得以迅速发展。保证保险是以承保信用风险为标的的财产保险,故当然兼具担保与保险之双重法律属性。但于法律适用问题上,其并非仅适用保险法或仅适用担保制度之非此即彼关系,而是应当根据纠纷的不同予以类型化处理。在保证保险合同缔结过程中,若保险人存在未明确说明等信息披露违反义务者,应按照民法有关欺诈、胁迫等意思表示瑕疵相关规定处理,其法律效果为可撤销,同时保证保险合同与贷款合同为性质完全不同的两个法律关系,不应定性为"强制搭售"。保险人与投保人之间约定有违约金的,从压力手段这一功能出发,其效力应当予以肯定,但包括违约金在内的全体费用不应超过金融借贷的法定贷款利率,以维护借款人的合法权益。

关键词：保证保险;强制搭售;法定利率

Abstract：In the context of China's advocacy for inclusive financing, guarantee insurance has emerged as a crucial instrument assisting small and medium－sized enterprises (SMEs) in securing loans, thus experiencing rapid growth. Guarantee insurance is a form of property insurance premised on underwriting credit risks, which inherently embodies the dual legal characteristics of both a guarantee and insurance. However, in legal terms, guarantee insurance does not exclusively apply to either insurance law or guarantee regulations. Instead, it is subject to different

---

*　岳卫:南京大学法学院副教授,法学博士。

**　潘为:平安集团高级律师,法学博士。

legal applications depending on the type of dispute involved. In instances where the insurer is found to have violated disclosure obligations during the conclusion of a guarantee insurance contract，such as failing to clarify stipulations explicitly，the contract applies to relevant provisions in the civil law concerning the flaw of declaration of intention，such as fraud and coercion. The legal effect of such contracts can be revoked. It is also critical to recognize that a guarantee insurance contract and a loan contract represent two entirely distinct legal relationships and should not be categorized as "forced bundling". In instances where a penalty clause for contract breach has been agreed upon between the insurer and the insured，its validity should be affirmed，considering its role as a deterrent. However，in order to safeguard the borrower's legitimate rights，the total fees，including the penalties，shall not exceed the statutory rate for financial loans.

Keywords：Guarantee Insurance；Forced Bundling；Statutory Rate

引　言

2023 年年初，最高人民法院审判委员会副部级专职委员刘贵祥大法官在全国法院金融审判工作会议上，结合当前我国经济社会发展实际情况，结合人民法院金融审判工作规律特点，对金融民商事审判理念、机制以及具体法律适用问题发表了讲话(以下简称"讲话")。其中，在融资性履约保证保险(以下均简称为"保证保险")相关问题上，主要提出了以下四个方面问题：[1]

第一，关于保证保险的法律性质及法律适用问题。

"讲话"指出："保证保险合同是保险法明确规定的具有担保功能的一类财产保险合同，主要以合同约定内容作为确定当事人权利义务的依据。但保证保险有其特殊性，既不能简单套用保险利益、最大诚信、故意制造保险事故等保险法上的制度，也不应简单套用从属性、保证期间等担保相关制度。"

第二，关于保证保险的强制搭售问题。

"讲话"认为："关于强制搭售的认定，原则上应当以保险保障是否必要和合理作为判断标准。如果借款人已经以不动产或易于变现的动产或应收账款等提供了足额担保，再要求购买保证保险就是违背借款人真实意愿。"

第三，关于借款综合成本问题。

"讲话"强调："虽然保证保险的费率没有刚性监管标准，但把具有合作关系的出

---

〔1〕　讲话全文参见刘贵祥：《关于金融民商事审判工作中的理念、机制和法律适用问题》，载《法律适用》2023 年第 1 期，第 10—22 页。

借人、保险公司及担保公司向借款人收取的费用作为一个整体来计算借款人的综合融资成本，是一个较为可行的办法。"

第四，关于保险人与投保人约定的违约金效力问题。

刘专委讲话认为："从逻辑上看，保险人赔付后，要求投保人按照同期 LPR 支付资金占用损失，属于合理的诉求，而违约金的重要功能也是弥补损失。所以，当保险人同时主张投保人支付违约金的，应当承担证明资金占用损失不能弥补其实际损失的举证责任。"

上述四个方面的问题，是理论与司法实践中存在较大争议的问题。其中关于保证保险的法律性质及法律适用，学说长期以来就存在分歧，至今仍无定论。而后三个问题，则是在国家大力发展普惠金融，保证保险作为助力中小企业获得贷款的重要担保手段，从而得到迅速发展的背景下逐渐显现的问题。于行政层面，[2]一方面，政府鼓励保险机构丰富普惠保险产品和业务，以发挥信用保证保险的融资增信功能，缓解小微企业融资难、融资贵问题；另一方面，也毫不放松对保证保险业务的风险管控，以确保行业合规经营。[3]司法层面，刘专委讲话亦是以"严格公正金融司法，保护金融消费者和中小投资者合法权益，捍卫社会公平正义"为前提。[4]

本文以上述理念为指引，对四个方面的问题予以理论剖析，尝试从消费者权益保护、企业商行为性之间的理论及制度冲突出发，借鉴德国、日本相关学说理论，探讨如何充分考虑两者之间的利益平衡，一方面从解释论层面提供问题解决的路径，另一方面亦尝试提出立法论的建言，期望能通过修法来解决长久以来的争议，以维护保险业的健康发展。

一、保证保险的法律性质及法律适用

（一）保证保险的双重法律属性

如前所述，关于保证保险的法律性质，理论界长期以来存在争议。一元论者或

---

〔2〕　近年来，监管部门连续发文指导保证保险业务的发展。国家金融监督管理总局的前身中国银保监会于 2020 年 1 月发布《关于推动银行业和保险业高质量发展的指导意见》，2020 年 4 月发布《关于 2020 年推动小微企业金融服务"增量扩面、提质降本"有关工作的通知》，2022 年 7 月又发布《关于 2022 年进一步强化金融支持小微企业发展工作的通知》，提出加大民营企业和小微企业金融产品创新，在风险可控的前提下，发展民营企业和小微企业贷款保证保险。

〔3〕　原中国银保监会于 2020 年相继发布《信用保险和保证保险业务监管办法》和《融资性信保业务保前管理和保后管理操作指引》，对信用保证保险业务，特别是融资性信保业务的准入门槛、业务结构、合作方管理、风险审核、保后监测提出了明确要求。

〔4〕　刘贵祥：《关于金融民商事审判工作中的理念、机制和法律适用问题》，载《法律适用》2023 年第 1 期，第 10 页。

强调其应为保证,或强调其应为保险,而二元论者则主张不应将其简单地化为保证或者保险,应该承认其具有的保证与保险的双重属性。

简要归纳各学说的观点,主张保证保险为保证之观点主要从保证保险具有的担保属性出发,强调《保险法》明文规定故意制造保险事故乃法定免责事由,而保证保险将投保人的故意履行不债务也纳入承保范围;保证保险合同不具有独立性,依附于借款合同,符合保证合同的特征;与一般的财产保险不同,根据合作协议,保证保险事实上存在三方当事人,即债权人也是当事人等。此外,还有观点认为财产保险乃以填补被保险人的损失为前提,但保证保险中投保人的债务不履行并不代表被保险人具有损失,因此保证保险无法满足财产保险所要求的"损失补偿原则"。与之相反,主张保证保险为保险之观点则从保证保险具有的保险属性出发,强调保证合同的当事人双方分别为债权人和保证人,而保证保险合同的当事人双方分别为债务人和保险人;保证保险合同符合保险合同的外在形式,包括保费的收取乃根据大数法则为依据予以精算得出等。[5]

司法实践以往亦并未从正面明确其属性,然而此次刘专委讲话中明确保证保险"既不能简单套用保险利益、最大诚信、故意制造保险事故等保险法上的制度,也不应简单套用从属性、保证期间等担保相关制度",应当是从正面肯定了保证保险应具保证与保险之双重法律性质,即采二元论之观点。或许是因为篇幅的原因,刘专委讲话并未详细阐述不应简单套用保险或担保相关制度的法理依据。实际上,一元论的上述观点理论上均难以成立。

首先,不能因保证保险承保的范围包括投保人的故意债务不履行就否定其具有保险合同的性质。现代保险法制度下,虽然对于投保人故意免责的法理依据为何存在不同见解,导致法律效果存在差异,但将投保人故意所致保险事故列为保险人的免责事由乃世界各国保险法的一致规定。[6]然而,以德国法的高度异常风险排除说为代表,世界各国的通说均认为承保投保人的故意债务不履行并未违反保险法的规定。细言之,高度异常风险排除说主张,保险合同当事人双方原则上可任意约定承保风险,但若其中的风险属于当事人双方未曾预见到的异常高度风险,则保险人的保险金给付责任随即消灭,即保险人可主张故意免责,否则无法满足保险制度所

〔5〕 学说的归纳参见李玉泉:《保险法》,法律出版社 2019 年版,第 174 页。

〔6〕 例如,我国《保险法》规定:投保人、被保险人故意制造保险事故的,保险人有权解除合同,不承担赔偿或者给付保险金的责任(第 27 条第 2 款前段)。德国《保险法》规定:"投保人故意造成保险事故的,保险人不承担保险金给付义务"(第 81 条第 1 款)。日本《保险法》规定:"投保人以及被保险人的故意或者重大过失所致保险事故的,保险人不负损害填补责任"(第 17 条第 1 款前段)。

要求的给付与反向给付相均等原则。[7] 当然，该可保风险不得违反公序良俗等民法基本原则的要求。据此，如果是当事人约定的是属于预料范围内的风险均可承保，故意免责之规范并不属于强制性法律规定。[8] 保证保险亦正如此，毫无疑问投保人的故意债务不履行乃当事人双方约定的承保风险，保险人基于精算原理收取了合理的对价，且保险人为投保人的债务不履行提供保证这一担保行为并无任何违反公序良俗之嫌（否则民法上的保证亦为违法行为）。加之，保证保险通过约定排除了投保人与被保险人共谋骗取保险金这一异常高度风险行为（当然亦属违反公序良俗之行为），因此承保故意债务不履行的行为亦为有效，[9]并无所谓违反最大诚信可言。

其次，对于保证保险而言，其保险标的并非为借款合同自身，而是一种信用风险，换言之，保证保险的保险利益乃借款人对出借人的债务不履行给被保险人（出借人）带来的经济损失。由于该债权并不由于基础合同无效而当然消灭，因此具有该保险利益的保证保险合同亦当然有效。只要发生约定的保险事故，保险人即应承担保证保险责任。[10]据此，保证保险合同中的被保险人是否具有保险利益的问题亦并非真命题。[11]

再次，保证保险中保险金的给付并不以损失发生为前提亦不影响其为保险。的确，保证保险合同只以债务人陷入债务不履行的状态（包括持续一段时间）为保险事故，保险人对此即承担保险金给付责任，而不论债务人是否真的不再具有履行的资力，即具有损失。从传统学说的角度来看，其的确存在有悖"损失补偿原则"之嫌。但德国法上，具有代表性的观点认为损失补偿并非一个具有法命题意义的原则，而仅仅是针对个别情况予以法律规制的指导理念，因为损失补偿原则这一概念并无具

---

[7]　Hans-Leo Weyers，Manfred Wandt 共著，藤原正則、金岡京子共訳：《保険契約法》、成文堂出版社（2007 年）、第 240 頁。

[8]　岳卫：《故意所致保险事故免责规定中故意的意涵及指向》，载《保险研究》2022 年第 9 期，第 92 页。

[9]　此外，例如高尔夫一杆进洞保险虽直接以投保人的故意行为为保险事故（将球一杆打进洞内），但该故意行为正是当事人双方约定的承保风险，而不属于未曾预见到的异常高度风险，且该约定并无任何违反公序良俗之处，故亦当属有效。

[10]　李利、许崇苗：《对保证保险合同性质及相关法律问题的再探讨》，载《保险研究》2020 年第 3 期，第 101 页。

[11]　实际上，即便是从民法担保制度的角度出发分析，解释论上保证保险亦并不当然违反相关法律规定。我国《民法典》规定，"保证合同是主债权债务合同的从合同。主债权债务合同无效的，保证合同无效，但是法律另有规定的除外"（第 682 条第 1 款）。而保证保险中，保证合同无效并不当然导致保险合同无效可以认为是该条所定之"法律另有规定的除外"。

体法律效果,且缺乏法的安定性所要求的具体要件。[12] 因此,其并非具有一般拘束力的法律原则。实际上,保险实务中亦有多数新型保险突破传统的"损失补偿原则",例如指数保险。该险种中保险人仅根据约定的指数是否达到约定的标准即给付保险金,保险金请求权人无须再就是否有损失以及损失的程度举证。之所以如此,盖因根据相应的计算,约定的指数这一条件成就基本上等同于一定损失的发生,而保证保险中陷入一定时间后的债务不履行亦属同理。

总之,一方面,保证保险中的某些源于保证的特殊属性在保险合同法领域并非不能得以合理解释。而另一方面,保证保险乃运用了以大数法则为代表的保险技术原理的保证,因此这些特殊属性也是保证保险具有担保功能所导致的必然结果。正如学者所言,"保证保险合同中并存保险关系与保证关系,两种关系相互独立,共同实现防范投保人违约风险的功能,合同当事人和关系人各自扮演在两种合同中的不同角色,其中任何一种关系的缺失,都会引起理论上的不周延和实践中的悖论"。[13]

(二)保证保险法律适用的类型化解决

"讲话"除了对保证保险的法律性质予以了正确判断外,其更深层次的意义还在于明确了不应机械地适用保险法或担保制度相关规定。

理论界以往之所以坚持一元论的展开,乃在于认为保证保险的法律性质决定了其法律的适用。[14] 然而,一方面保证保险是具有担保功能的保险,决定了保证保险必然具有保证与保险的双重属性,坚持一元论的见解对保证保险的理解毫无意义。另外一方面,保证保险法律性质的定性并不必然决定其法律适用。法律性质论的意义应仅在于厘清保证保险的基本法律构造,防止理论及司法实践对保证保险的概念形成错误认识,无法展开正确的法解释论。而其与如何适用法律并非同一层面的问题,两者之间不能简单地画等号。不能因保证保险具有保证属性就只能适用担保制度相关规定而否定保险法的适用可能,例如关于保险责任期间的规定不能被保证期间所否定。反之亦然,不能因为保证保险具有保险属性就绝对地否认担保制度相关规定的适用。例如,不能无视担保制度相关规定中关于共同保证(共同担保)的规定,即无意思联络的共同保证人相互不能追偿,从而导致经济上同为债权人的保证

---

〔12〕 Schultz, Grundsätze der versicherungsrechtlichen Vorteilsausgleichung, 1934, S. 36. 转引自土岐孝弘:《損害保険契約における「利得禁止原則」否定論(2・完)》,立命館法学第 291 号(2004 年),第 257 頁。

〔13〕 王颖琼、魏子杰、徐彬:《保证保险二元性思辨及其法律适用》,载《河北法学》2004 年第 4 期,第 92 页。

〔14〕 刘文宇:《重思保证保险的法律适用》,载《东北师大学报(哲学社会科学版)》2013 年第 3 期,第 207 页。

人,但保险人可依照保险法赋予的代位追偿权予以追偿,而其他民法上的保证人可能无法向保险人追偿的不公平结论。

本文在肯定二元论的基础上,认为相关问题可以通过将纠纷类型化,根据不同的法律关系寻求不同的适用规范,寻求最合理的解决方案,而相关纠纷可简单归纳为以下两种类型:

1. 相关纠纷仅局限于保证保险合同内部,仅涉及当事人及关系人。例如保险人的代位求偿权能否及于投保人的问题,保险人的解除权行使的问题等。

2. 相关纠纷不局限于保险合同内部,其不仅牵涉到当事人及关系人,还牵涉保险合同以外之人,例如保证保险与其他担保人之间的关系问题等。

第一种情形下,即便保证保险具有保证合同的属性,但该属性只应体现在保险产品的设计上,例如上述保险责任不绝对以损失的发生为前提,投保人故意的债务不履行也是保险金的给付对象。比较法上,甚至如实告知义务的要求也大幅度缓和。而在纠纷的法律适用问题上,既然是保险法所规定的一个合法险种,且一切亦符合保险的特征,那么纠纷解决就应依照保险法律关系处理,并无适用担保制度相关法律规定的余地。例如如果没有约定保证期间的,保证保险的保险人是否可以根据担保制度相关规定在经过六个月后不承担保险金给付责任这一问题上,应依照保险法(保险合同中关于保险责任期间的规定)来处理,并无适用担保制度相关规定的余地。这也与"讲话"精神相符合。

第二种情形下,因为涉及保险合同以外之人,而保险法只能规范保险合同内部法律关系,对涉及保险合同外部法律关系的,必须适用担保制度相关规定予以解决。例如上述保险人与其他保证人之间的相互追偿问题,不能以保险法为依据。其理由在于,此时问题的核心并非在于保险人的代位追偿权能否实现,而是作为保证人的保险人与其他保证人之间的关系,即民法视野下保证人之间的共同追偿问题,其当然应适用担保制度相关规定而非适用保险法。

有一元论学者对二元论展开批判,认为:"首先,同一法律关系不可能同时适用存在冲突的保险法和担保法。其次,就保证保险而言,不论保险与担保何为实质、何为形式,在内容与形式不一致情形下,或者采外观主义(或形式主义)以保护交易安全,或者探求当事人真意而采实质主义,而不可能在一个法律关系中同时采用形式主义和实质主义两种法律适用规则。第三,此观点对于所有其他存在双重或多重法律关系的合同纠纷也同样适用、对于解决实践问题并无任何用处。第四,此观点的主要论据之一——保证与保险在担保债权实现方面功能类似(也是保证说的主要论据之一),也是经不起推敲的。"〔15〕

然而,上述观点显然是对二元论的误解。首先,二元论是在强调具有双重属性

---

〔15〕　任自力:《保证保险法律属性再思考》,载《保险研究》2013 年第 7 期,第 78 页。

的前提下，根据不同类型的问题予以分别不同的法律适用。而不是所谓同一法律关系同时适用不同的法律。其次，或采外观主义以保护交易安全，或探求当事人真意而采实质主义，可以说这正是二元论下类型化解决的判断标准之一，而非两者同时被采用。最后，保证与保险在担保债权实现功能方面类似这一点亦应无问题。因为无论是保证还是保险，其均具有经济上的担保功能，在实现方法上两者或许存在差异，但即便如此，也不妨碍将争议予以类型化的解决。

二、关于保证保险的强制搭售问题

（一）所谓强制搭售的法律依据

我国《反垄断法》规定，禁止具有市场支配地位的经营者从事滥用市场支配地位的行为，其中包括"没有正当理由搭售商品，或者在交易时附加其他不合理的交易条件"（第 17 条第 1 款第 5 项）。而《消费者权益保护法》则规定，"消费者享有自主选择商品或者服务的权利。消费者有权自主选择提供商品或者服务的经营者，自主选择商品品种或者服务方式，自主决定购买或者不购买任何一种商品、接受或者不接受任何一项服务"（第 9 条第 1 款、第 2 款），该条文中虽未有搭售之表述，但从消费者具有自主选择权这一角度来看，显然指的是禁止搭售行为。不过，《反垄断法》与《消费者权益保护法》在规制内容上有所差异，具体表现在前者以是否有"正当理由"等给予了经营者一定的保护，而后者则从维护消费者权益出发，并未有"提供商品或服务一方有正当理由者除外"之例外规定。

然而，无论有无所谓"正当理由"等之限制，保证保险与借贷合同共同销售的情形是否为上述两法的规制对象，即是否为"搭售"有待商榷。所谓搭售，一般指经营者将两种不同商品组合销售的行为。[16] 就借贷合同与保证保险而言，两者确实亦为不同商品，借款人若欲向金融机构等出借人借款，则必须同时按出借人的要求购买保证保险这一形式似乎符合搭售的定义。然而，仔细分析即可发现答案应并非如此。如前所述，保证保险的目的在于为借款人的债务在（金融借贷商品）向债权人提供担保（保证保险产品），两者虽为不同商品但其性质并不相同。放到民法规范视野考察，如果出借人要求借款人必须购买保证产品作为担保否则就不予以贷款，恐怕并不会被认为是搭售，因为贷款合同与保证合同两者之间是主从合同的关系。而保证保险虽然被认为是独立合同，但其本质乃为债权人提供担保这一点与保证合同并无差异。只不过如前所述，保证保险的保险金给付乃以保险事故的发生为前提，即便贷款合同无效，只要借款人所欠债务依然存在，那就具有保险利益，保险合同依然

---

〔16〕　郑鹏程：《论搭售的违法判断标准》，载《中国法学》2019 年第 3 期，第 183 页。

有效，保险公司依然要承担保险金给付责任。[17] 因此，保证保险与贷款合同显然也不应是搭售，也不是附加不合理的交易条件。

或许有观点认为，应结合《消费者权益保护法》第 1 条之规定对第 9 条展开解释，即该法的目的在于维护消费者的合法权益，构成强制搭售并非仅需限制了消费者的选择权，还需要侵害了消费者权益。如此一来，在消费者已经提供了足以覆盖风险的担保之情形下，依然要求消费者购买保证保险的，显然构成强制搭售。同时，该解释亦符合《反垄断法》之规定，即并无"正当理由"。刘专委讲话亦并非绝对禁止要求借款人购买保证保险，而是提出了一个判断标准，即"如果借款人已经以不动产或易于变现的动产或应收账款等提供了足额担保，再要求购买保证保险就是违背借款人真实意愿"。

那么，借款人提供了足以覆盖风险的担保再要求其缔结保证保险，是否真的侵犯了其权益，是否真的属于无正当理由？

第一，众所周知，就出借人寻求债权回收的担保途径而言，民法上物的担保以及人的保证为最基本的方式。但是，担保物权牵涉到物权登记等繁杂的手续，且出借人为了实现担保物权可能将负担相当的时间、金钱成本，而该成本最终会转移至借款人处。人的保证即保证合同的情形下，保证人于保证期间内是否一直具有充足的资力亦为必须考量的风险因素。加之，以小额贷款为例，借款人往往无法提供充分的物的担保，同时由于其信用风险较高，往往亦无担保公司（甚至包括政府性融资担保机构[18]）为其提供人的保证，更不用说作为自然人的保证。而保证保险的出现某种意义上解决了上述难题，保险人在约定的保险事故发生后原则上即承担保险金给付责任，其自身的资金运用也处于监管部门的严格监管之下。因此，作为出借人而言，其要求借款人无论是否有无担保均需购买保证保险，具有商业惯习的合理性，不仅可以提高作为商业机构面向不特定多数人服务的效率，更可以节约成本，否则前述所有成本最终会转移至消费者处，反而有损消费者利益，这也是商行为法在效率性方面的必

---

〔17〕 李利、许崇苗：《对保证保险合同性质及相关法律问题的再探讨》，载《保险研究》2020 年第 3 期，第 101 页。

〔18〕 国务院《扎实稳住经济的一揽子政策措施》中第 4 条即为"用好政府性融资担保等政策"，但从该措施的提法即可看出，政府性融资担保功能与现实需求存在较大差距。有观点指出，政府性融资担保机构属财政出资，致力于解决政策扶持企业的融资问题。一方面，为降低中小企业综合融资成本，政策要求担保公司务必在可持续发展的基础上，保持低水平担保费率，即业务经济效益低。另一方面，某些政策性引导产业（如战略性新兴产业）可抵押财产较少，运营风险较高，政策要求担保公司予以支持，即担保业务具有高风险性。由于政策性融资担保业务低收益与高风险并存，使得部分担保机构背离主业，大力拓展大中型国有企业债券、城投债券等担保业务，偏离了担保公司设立的目标。参见刘霄艳：《政策性融资担保机构发展问题及建议》，载《市场观察》2020 年第 8 期。

然体现。此外,如果借款人是企业,其并无适用《消费者权益保护法》的余地。[19]

第二,要求借款人购买保证保险,其可提供的担保亦并非对其毫无利益可言。虽然能否就保证保险提供反担保并非缔结保证保险的必要条件,但如果能够提供,则可以享有保险费率的优惠。从保险人的角度出发,则可以提供更低费率的产品,更有利于维护投保人一方的利益。

第三,最为重要的是,无论借款人是否能够提供充分的担保均依然要求其购买保证保险产品,是保险制度得以健康发展之防止逆向选择的当然要求。所谓逆向选择,是指低风险者均选择风险自留,而只有高风险者才选择投保,其将导致保费越来越高,相关险种无法得以持续经营。[20] 为了防止保证保险的逆向选择,保险人往往与出借人约定,出借人需要让一定业务范围内的所有借款人都在该保险人处投保,以防止与该保险人缔结保险合同的均为较高风险的投保人,例如都是没有能力提供反担保的借款人。据此将保险费率维持在一个平均水平,对出借人整体而言,更好地维护了其利益。同时,这也是为何实务中不仅需要缔结保证保险,还需要于出借人指定保险人处购买的主要原因之一。因为若投保人分散在多处,逆向选择无法防范。当然,其理由还包括作为出借人的金融机构和保险人需要提前建立合作关系,双方需要完成一系列准备工作,包括合作方准入审查,商讨保险条款、风险共担、理赔方式等关键合作条款,签署合作协议,搭建业务系统等。因此,借款人客观上的确无法任意选择保险人,但这并不代表出借人与保险人合作这一形式不具合理性。

以国外的产品模式为例,日本的"住宅贷款保证保险"均采用放贷金融机构与保险公司合作的模式,具体可细分为"提携型住宅贷款保证保险"与"非提携型住宅贷款保证保险"两种类型。虽然两种类型的保证保险均由借款人与保险公司作为当事人双方订立,但前者的基础是住宅建设业者(或不动产中介机构)、金融机构(被保险人)、保险公司的三方协议书,后者则建立在金融机构与保险公司两者的协议之上。由于日本的该险种下借款人必须提供物的担保(就所购买的不动产设定抵押权),故两种类型的主要区别之一在于前者由保险公司享有担保权,后者则由金融机构具有担保权,当发生保险事故时,该担保权基于保险代位求偿权转让于保

---

〔19〕 由于《消费者权益保护法》明确其适用对象为"为生活消费需要购买、使用商品或者接受服务"的消费者(第 2 条),因此若借贷行为乃小微企业以维持生产经营为目的的商业融资,则并不适用该法。

〔20〕 Kenneth J. Arrow. "Uncertainty and the Welfare Economics of Medical Care". *American Economic Review*, 1963: 941 - 973.

险公司。[21]

总之,将保证保险作为担保要求借款人予以购买不应构成搭售,更不能称为强制搭售,即便出借人可以提供相应的担保,但基于以上理由,其亦并未侵害其权益,应当认为具有正当理由。且基于上述保证保险产品的特殊性,与某特定保险公司的合作行为亦具有相当的合理性。当然,亦有出借人通过与特定保险公司合作,通过增加各种服务费等名目变相提高借款人的融资成本,但这是另外一个层面的问题,可以通过控制综合费率予以解决。如果违反了监管法对于利息等的相关规定,那么从该方面入手予以限制即可。

最后,退一步而言,即便认为要求借款人于提供担保物之外还需购买保证保险依然属于不具有合理性,"讲话"中的判断标准也还存在可完善之处。细言之,即便"借款人已经以不动产或易于变现的动产或应收账款等提供了足额担保",也未必等同于该担保能够覆盖相应风险。例如,虽然是足额担保,但借款人于不动产上设立了居住权的,此时债权人很难通过强制执行不动产来获得债务的清偿。因此,建议将"足额担保"修改为"充分担保",或者修改为"如果借款人已经提供了可有效覆盖风险的担保"。

(二)违法销售保证保险的民事法律效果

不过,保证保险的销售虽然未必违反《消费者权益保护法》以及《反垄断法》,但却可能违反《保险法》关于"保险合同自愿订立"之规定(第 11 条第 2 款),且《保险法》并未将规范主体仅限定为消费者。然而,同样鉴于保证保险的功能及目的,两者并非搭售关系,借款人有权选择不订立保险合同,但无权要求仅缔结贷款合同。申言之,就保证保险而言,违反《保险法》保险合同自愿订立原则,即非自愿订立者,应为基于重大误解、欺诈、胁迫等《民法典》所定意思表示瑕疵之若干情形(第 147 条、第 148 条、第 150 条)。

司法实践中有一种意见认为其法律效果应当是无效。然而,该见解应是将要求借款人购买保证保险理解为所谓"强制搭售"。然而,如前所述,所谓强制搭售并不存在。实务中,侵害借款人权益的行为应当是出借人利用其于经营过程中形成的相对优势地位,在销售主商品时使得对方产生重大误解,欺诈对方或者强迫借款人接受其他保证保险产品,从而违背了借款人的真实意思表示。考虑到保证保险的担保功能,构成胁迫之情形可能较为常见。依照《民法典》之规定,重大误解、欺诈、胁迫导致意思表示瑕疵的法律效果均为可撤销(第 147 条、第 148 条、第150 条)。

---

[21]　详情参见井薫・岡田豊基・梅津昭彦:《レクチャー新保険法》,法律文化社 2015 年版、第 55 頁。

需要注意的是,鉴于保险合同的特殊性,即便是保险公司违反监管规定销售保险,从维护投保人一方的权益角度出发,亦应当认定其私法上的效果为可撤销而非无效。例如,在借贷市场领域,出借人相较于借款人而言具有较为明显的优势地位,借款人基于快速获取借款的需求可能在交易过程中被迫购买其他非贷款类产品,实践中信贷领域较为常见的是搭售人身意外险。例如,2020 年 11 月 21 日国务院办公厅督查室、原中国银保监会办公厅公布的《关于部分银行保险机构助贷机构违规抬升小微企业综合融资成本典型问题的通报》指出,某银行在已有抵押的前提下向客户销售保险费率较高的人身意外险。就意外险而言,在借款过程中搭售意外险无疑确实增加了借款人的借款负担,但同时为借款人提供了保险保障,在借款人出现保险事故时能够获得保险保障。如法律径直规定强制搭售保险行为属于无效行为,无疑会损害投保人一方的利益,故而应当将该种行为认定为可撤销,从而赋予借款人自主决定是否撤销该合同,最大限度保障投保人一方的利益。

2020 年 6 月 1 日开始实施,由原中国银保监会联合工业和信息化部等六个单位共同发出的《关于进一步规范信贷融资收费降低企业融资综合成本的通知》中也同步要求,银行业金融机构不得在信贷审批时,强制企业购买保险、理财、基金或其他资产管理产品等。虽该规定中带有"不得"字样,但性质是属于监管的管理性规定,即监管部门从更好地保护消费者权益角度对银行业金融机构的要求。如违反该规定的,监管部门有权予以处罚。但该强制搭售并未危害整体的金融秩序,若以违反公序良俗为由否定其效力,则反而有可能损害投保人一方的利益。从保护投保人权益的角度出发,将其归为重大误解、欺诈、胁迫等意思表示瑕疵之行为,赋予投保人一方可撤销权,是为保护其利益的合理之策。

实际上,即便法律明文规定是无效,为了保护投保人一方的利益,亦存在将该无效解释为相对无效从而只能由投保人主张,导致其法律效果类似于可撤销的情形。比较法上,2008 年日本保险法修法前,原日本商法保险编规定,损害保险中保险金额超过保险价值的部分构成超额保险,其超额部分无效(第 631 条)。然而,学说一直认为,超额保险的形成原因各种各样,其中包括投保人为了避免由于物价的变动,使得合同缔结时为足额保险而保险事故发生时为不足额保险,从而蒙受未曾预料的经济损失。因此,应当解释为相对无效,如果投保人不主张,则超额保险依然为有效。[22]立法者也遵循学说的意见,2008 年日本保险法单独立法之际,将该内容修改为超额保险原则有效,若投保人或被保险人对超额保险的缔结为善意且无重大过失者,则可对超额部分主张撤销(第 9 条)。实际上,中国法的解释也应采此相对无效说的立场,以最大限度地保护投保人一方的利益。

---

〔22〕　江頭憲治郎:《商取引法》,弘文堂 2005 年版、第 399 頁。

三、关于借款综合成本以及投保人与保险人之间的违约金效力问题

"讲话"中,借款综合成本以及投保人与保险人之间的违约金效力问题是分开论述的。之所以如此,乃在于后者虽然原则上认可违约金的效力,但由于认为违约金的功能在于损失补偿,故若保险人欲主张违约金,则其必须"证明利息损失无法满足其证明资金占用损失不能弥补其实际损失",因此两者属于两个层面的问题。然而,如后所述,违约金的功能并非仅为损失补偿,其还具有"压力手段"功能。特别是保证保险所保障的风险包括借款人的故意债务不履行,该压力手段显得尤为重要。因此,违约金的请求并不应以实际损失是否得到弥补为绝对前提。

然而,不仅违约金,在相关合作模式中还存在诸多费用,当其综合费率超出法定贷款利率的,其效力当予以否定为妥。就结论而言,本文认为投保人与保险人之间的违约金条款应当有效,但所有借款综合成本不应违反法定贷款利率。因此,以下将两个问题综合起来,以违约金条款于司法实践中的效力判断考察为切入口展开详细论证。

(一)违约金条款效力之理论争议

由于我国《保险法》并未对该违约金约定的可否作出规定,因此理论界对此亦存在争议。

1. 违约金条款否定说

该说认为,《保险法》第 60 条明确规定了保险人的代位求偿权的范围只能"在赔偿金额范围内",若超出此限制则会让保险人获得额外利益,如此便不符合代位求偿权的立法意图。此外,在保证保险中,投保人即是作为借款人的债务人,又是代位求偿权的行使对象,其也往往因为未能及时还款而承担借款合同约定的违约金。若此时保险人再对其施加额外的违约金责任,则会大大加重投保人的负担和融资成本,也不符合代位求偿权中保护投保人、平衡保险人与第三人之间利益关系的立法目的。[23]

2. 违约金条款肯定说

该说主张,违约金条款系属当事人之间意思自治的范畴,其本身并不属于代位求偿权的范围,只要该约定不违反法律法规的效力性强制性规定,应予认定有效,《保险法》对此并未予以禁止。代位求偿权为法定转让的权利,保证保险合同中对代位求偿权的约定实际上是对该权利的确认。而约定的违约金条款在合同中实际上独立于代位求偿权,旨在取得代位求偿权之后,保险人对投保人的债的不履行而作

---

〔23〕 张雪楳:《论保险代位求偿权的形式范围》,载《法律适用》2011 年第 5 期,第 8 页。

出的重新约定。所以不能因为违约金不应包含在代位求偿的范围内而主张无效,相反,只要符合民法关于合同效力的规定,便应认定有效。[24] 该观点下,违约金条款有效,但保险人若主张则必须另行起诉。[25]

(二)违约金条款效力之司法实践的态度

司法实践中对保证保险违约金条款效力的问题同样存在较大争议。在"北大法宝"网站中以"保证保险"为标题关键词,以"违约金"为全文关键词,法院层级选择"中级人民法院及以上"进行检索,共检索出 1,187 条法院裁判案例(最后检索时间为 2022 年 7 月 10 日)。同时又以"法院将违约金条款作为争议焦点之一"为条件进行筛选,在近 10 年的法律文书中共得出有效案例 305 件,其中最高院 0 件,高院 4 件,中院 301 件。通过对以上法院的判决结果进行分类,汇总得到如下数据。

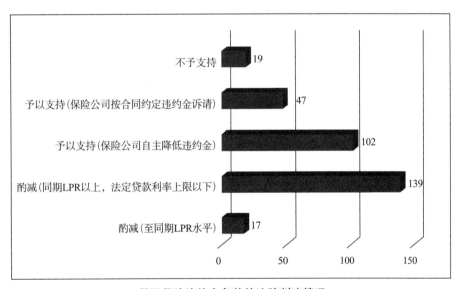

保证保险违约金条款的法院判决情况

如图所示,在已检索到的 305 件关于违约金条款的裁判情况下,法院予以酌减的裁判共 156 件,其中 17 条是酌减至同期中国人民银行同档次贷款基准利率(以下简称"LPR")水平(或者银行贷款利率水平),而 139 件则是酌减至同期 LPR 水平以上、民间借贷利率法定上限之下。在予以支持的裁判中,其中 102 件是因为保险公司并未按照合同约定的违约金计算方式进行诉请,而是在诉前或诉讼中自主调减,法院

---

〔24〕 葛少帅、杨卉:《贷款保证保险合同中违约条款的效力》,载《人民法院报》,2018 年 12 月 26 日第 07 版。

〔25〕 李慧:《借款保证保险实务问题探究》,载《保险研究》2020 年第 12 期,第 116 页。

由此之间支持保险公司关于违约金的诉请;剩下的 47 件则是法院直接支持保险公司全部的违约金诉请。与之相对的是,有 19 件裁判文书中明确显示法院不支持任何违约金。

1. 最高人民法院对民间借贷、金融借贷利率的相关规定

(1) 民间借贷

2015 年最高人民法院发布的《最高人民法院关于审理民间借贷案件适用法律若干问题的规定》第 26 条第 1 款规定:"借贷双方约定的利率未超过年利率 24%,出借人请求借款人按照约定的利率支付利息的,人民法院应予支持。"2020 年 8 月 18 日,最高人民法院将《最高人民法院关于审理民间借贷案件适用法律若干问题的规定》第 26 条修改为"出借人请求借款人按照合同约定利率支付利息的,人民法院应予支持,但是双方约定的利率超过合同成立时一年期贷款市场报价利率四倍的除外"。[26]

(2) 金融借贷

2017 年最高人民法院发布的《最高人民法院关于进一步加强金融审判工作的若干意见》中第二之 2 规定:"金融借款合同的借款人以贷款人同时主张的利息、复利、罚息、违约金和其他费用过高,显著背离实际损失为由,请求对总计超过年利率 24% 的部分予以调减的,应予支持,以有效降低实体经济的融资成本。"2019 年最高人民法院发布《全国法院民商事审判工作会议纪要》(以下简称《九民纪要》)在有关借款合同规则一章中提出"区别对待金融借贷与民间借贷,并适用不同规则与利率标准"。但是在第 51 条中又提出"金融借款中变相收取利息的,可根据提供服务的实际情况确定借款人应否支付或酌减"。

据此,民间借贷利率以 2020 年 8 月 20 日为分界线,之前适用 24% 利率上限的规定,之后适用 4 倍 LPR 的规定。而金融借贷利率则依然亦不超过年利率 24% 为上限,但可以根据情况予以酌减。

2. 人民法院对违约金金额予以酌减的分析

(1) 酌减至 LPR 以上、法定贷款利率上限以下

人民法院在 139 件裁判中,将违约金酌减至同期 LPR 以上、法定贷款利率上限以下。如安徽省高级人民法院在季某某与中国平安财产保险股份有限公司安徽分公司保证保险合同纠纷再审裁定书中认为:"案涉《保证保险合同》约定,'从保险人赔偿当日起超过 30 天投保人仍未向保险人归还全部赔偿款的,视为投保人违约,投保人须以尚欠全部款项为基数从保险人理赔当日开始计算,按每日千分之一的标准向保险人交纳违约金'……由于《保证保险合同》约定的违约金标准过高,一、二审判

---

〔26〕 2019 年 8 月 18 日中国人民银行发布〔2019〕第 15 号公告,规定自 2019 年 8 月 20 日起于每月 20 日(遇节假日顺延)公布贷款市场报价利率。

决予以调减,按月利率 2‰ 标准计算较为允当。"[27]又如苏州市中级人民法院在张某某与阳光财产保险股份有限公司苏州中心支公司保证保险合同纠纷二审民事判决书中,支持了一审法院将违约金酌减至 1.95 倍同期银行贷款利率或 LPR 水平的判决。[28]从以上判决数据可以看出,在司法实践中大部分法院均选择对违约金进行酌减。

(2) 酌减至同期 LPR 水平

但同时,有 17 份裁判中仅将违约金调减到同期 LPR 或民间贷款利率水平,如在富德财产保险股份有限公司河南分公司与王某保证保险合同纠纷一案中,淮安市中级人民法院认为:"上诉人富德财产保险公司主张的逾期每日千分之一的违约金过高,将其酌减为同期 LPR 水平。"[29]又如在王某某与中国大地财产保险股份有限公司深圳分公司保证保险合同纠纷一案中,深圳市中级人民法院认为:"保证保险系保险品种之一,作为专业的保险公司,依法收取保费系其维持经营的基础,而非收取标准畸高的违约金,故一审法院酌情将该部分违约金的计算标准调整为全国银行间同业拆借中心于每月 20 日公布的一年期贷款市场报价利率,即该部分违约金应以代偿款为基数,按照全国银行间同业拆借中心于每月 20 日公布的一年期贷款市场报价利率,自代偿之日起计算至实际清偿之日止。"[30]

事实上,法院判决违约金数额仅为 LPR 水平,说明其对保险公司因代位求偿不得造成的资金占用损失是予以认定的,但是对实际损失之外的具有惩罚性质的违约金持否定态度。也即,经合意产生的违约金,仅在实际损失范围内有效,超过该部分不予支持。该判决与"讲话"精神是一致的。

3. 人民法院对违约金条款予以支持的分析

(1) 保险公司主动降低诉请的情形

在 102 份案例中,保险公司在起诉时或者诉讼过程中主动将合同约定的违约金数额降至法定贷款利率上限以内,对此情形法院一般予以支持。如在谢某某与中国平安财产保险股份有限公司江苏分公司保证保险合同纠纷一案中,南京市中级人民法院认为:"合同约定的违约金以谢某某尚欠全部款项为基数,按每日千分之一计算,平安财险江苏分公司自行调整为按年利率 24% 的标准主张违约金,不超过法律规定,予以支持。"[31]又如在王某某与中国平安财产保险股份有限公司保证保险合同纠纷中,杭州市中级人民法院认为:"在庭审中平安财保已将违约金的请求变更为

---

[27]　安徽省高级人民法院(2020)皖民申 1768 号。

[28]　江苏省苏州市中级人民法院(2020)苏 05 民终 9880 号。

[29]　江苏省淮安市中级人民法院(2022)苏 08 民终 175 号。

[30]　广东省深圳市中级人民法院(2021)粤 03 民终 15097 号。

[31]　江苏省南京市中级人民法院(2018)苏 01 民终 9106 号。

按年利率24％计算，法院予以准许。最终对平安财保的违约金诉请予以支持。"〔32〕

上述各法院之所倾向于支持此类诉请，是因为保险公司已然先于法院作出了降低违约金的让步，实质上其等同于法院酌减的法律效果。

（2）保险公司未降低诉请但法院依然予以支持的情形

在中国太平洋保险股份有限公司深圳分公司与杨某保证保险合同纠纷一案中，广东省汕尾市中级人民法院认为："本案太平洋保险公司与杨某之间签订的保证保险合同，意思表示真实，不违反法律法规的规定，合法有效。太平洋保险公司按照保险合同约定代杨某还清了个人贷款，现其诉请杨某归还上述款项及以上述款项为基数按照每日千分之一支付违约金，具有事实和法律依据，应予支持。"〔33〕法院对此多持尊重意思自治的态度，只要当事人之间存在真实意思表示，则应当对违约金条款予以充分尊重，即便约定较高也不应当积极调减。

4. 人民法院否定违约金条款效力的情形

河南省高级人民法院在王某某与中国人民财产保险股份有限公司安阳市分公司等保证保险合同纠纷的再审审查中认为："王某某需要承担的保险费的年化费率为21.23％，需要承担的首期利息和保险费的年化费率为27.73％。根据原判结果，王某某除了需要承担利息、保险费等费用之外，还需要承担违约金。原判对金融机构主张的超过目前我国金融借款司法保护利率上限的利息和费用部分予以支持不当，本案需要重新认定王某某的责任承担。"〔34〕

本案中，法院将违约金计算方式与保费、贷款利率等加总计算得出总融资成本，这样无疑更有利于投保人。本案中，除去违约金，投保人（债务人）承担的保费等年化利率已然超过法定利率保护上限，对保险公司仍然要求违约金的主张显然不能予以支持。

（三）小结

如前所述，原则上投保人与保险人之间的违约金条款之效力应予以肯定。然而，虽然法律对其并未予以禁止，故原则上当属当事人意思自治的范畴，但若缺乏必要性及合理性，亦有可能基于违反公平原则等民法基本原则而被认定无效。那么违约金条款的合理性究竟为何？

实际上，违约金承担了压力手段和简单易行这两大功能。所谓压力手段，是指债务人为了避免支付违约金，便会竭力履行其债务。而简单易行，则是在债务人违

---

〔32〕　浙江省杭州市中级人民法院(2019)浙01民终8295号。

〔33〕　广东省汕尾市中级人民法院(2020)粤15民终24号。

〔34〕　河南省高级人民法院(2021)豫民申7967号。

反合同债务时,债权人无须就其所遭受的损害逐个举证,而直接主张违约金。[35] 因此,违约金兼具补偿性与惩罚性,既能填补损失,也能起到履约担保的作用。

有观点可能认为,在借款合同中一般已经约定有借款人对出借人迟延履行的违约金,就压力手段作用而言,在保证保险合同中再要求债务人对保险人承担违约责任,并无任何意义。然而,由于借款合同中债务人承担的违约责任已经包含于保证保险中保险人所承担的保险责任中,也就是说该违约责任对投保人而言已经不含任何压力手段作用。因此,有必要维持保证保险中投保人对保险人承担违约责任的效力,有效地阻止其违约。尽管此时违约责任的内容是其对保险人代位求偿权的迟延履行,但因为代位求偿权的本质依然是出借人对借款人的债权,因此压力手段作用的法律效果应并无不同。

有法院认为:"保险公司一方面通过行使代位求偿权,已经合理获取了被保险人可能获得的超额利益,彻底实现财产损失保险中损失填补原则,另一方面,保险公司通过经营保险业务收取保费而获利,那么也应承担借款人不按期还款须由其赔偿保险金的经营风险和经营成本。"[36]但是,所谓保险公司通过行使代位求偿权获得了超额利益的前提并不一定成立,因为代位求偿权的行使还有无法实现的可能。但这并不影响违约金请求权的行使。

然而不得不承认的是,一般认为压力手段功能仍应以补偿性为主,而不应以严厉惩罚违约方为目的。[37] 特别是违约金请求权与保险代位求偿权这两个债权虽然并非基于同一法律关系而产生,但从作为借款人的投保人的角度来看,在实际借款过程中,如果想获得贷款,需要付出的不仅是贷款利息、违约金,还有各类保费、服务费、手续费。这些费用大多按月收取,其年化利率并不低。此情形下,保险人若依然能够另行主张高额违约金,投保人(债务人)的融资成本将会畸高,包括该违约金在内的各项约定将可能成为突破法定贷款利率的脱法手段。

有鉴于此,一方面为了维持违约金的压力手段作用,另一方面为了借款人的成本考量,有必要对违约金的金额予以调整。如前所述,应当将综合成本维持在法定利率以内。

在中国人民财产保险有限公司与孙某某保证保险合同纠纷一案中,河南省新乡市中级人民法院认为:"银行借款年利率为6.65%、保险公司年保费为8957.88元,即在正常履约情况下,其金融借款的用款总成本也为年利率26.40%,超出年利率24%的保护上限,且孙某某前期已正常履约二十多个月。因此,人保财险新乡公司请求孙某某向其支付银行代偿款(包括银行剩余本金、利息、复利、罚息)及剩余保费、保

---

〔35〕 韩世远:《合同法总论》,法律出版社2018年版,第822页。

〔36〕 江苏省淮安市中级人民法院在(2020)苏08民终第42号判决。

〔37〕 姚明斌:《民法典违约金规范的体系性发展》,载《比较法研究》2021年第1期,第91页。

险违约金等所有项目金额超出司法保护上限,本院仅对银行代偿款 13693.52 元予以支持。"本案中,法院从保险费及其本身利息、罚息等已经超过年利率 24％为由,就投保人对保险人的违约金进行了调整。

司法实践中,有观点认为应以民间借贷的上限利率即 4 倍 LPR 为上限予以综合判断,但这显然与最高人民法院的规定不相符合。除前述规定外,2022 年 4 月,最高人民法院在成都世纪和美酒店管理有限公司与四川天府银行股份有限公司成都分行金融借款合同纠纷一案中,再次明确"本案是金融借款合同纠纷,不适用一般借款合同的法律规定。案涉《(人民币资金)流动资金借款合同》明确约定,佑兴公司如果违约,应当向天府银行成都分行支付贷款总额 10％的违约金。该约定是各方当事人的真实意思表示,不违反法律的禁止性规定,对当事人具有约束力。二审判决支持天府银行成都分行主张的违约金 600 万元,适用法律并无错误"。[38] 此外,最高院2020 年给广东省高院的复函中进一步明确,由地方金融监管部门监管的小额贷款公司等七类地方金融组织,其因从事相关金融业务引发的纠纷,不适用民间借贷司法解释的相关规定。[39] 学说亦强调:"在以正规金融为主体的信贷市场结构中,应坚持金融借款合同利率规则的基础性和独立地位,而不是以民间借贷的最高利率上限规则确定金融借款合同的利率上限。"[40]

四、结尾:立法论的建言

以上对"讲话"所揭示的四个问题从解释论的角度予以了剖析。同时,亦希望能通过立法论从根本上解决问题。据此,本文建议《保险法》增加如下条文:

1. 在财产保险一节中,增加关于保证保险的条文。

"保证保险是以债务人的债务不履行为保险事故的财产保险。投保人为债务人,被保险人为债权人。保险人在向被保险人履行保险金给付义务后,依法代位取得被保险人对投保人享有的债权。"

保证保险顾名思义就是采用了保险技术的保证。同时,如前所述,法律适用问题亦可通过将纠纷类型化后得以合理解决。然而,由于理论与实践中该争议问题长期存在,逐渐引起了很多误解。例如,近来有观点甚至主张,保险公司在担保竞合时

---

〔38〕 最高人民法院(2022)最高法民申 79 号。

〔39〕 最高人民法院法释[2020]27 号。

〔40〕 王伟伟:《金融借款合同利率上限裁判规则的体系化整合》,载《法律适用》2021 年第 2期,第 59 页。

可以主张担保物权优先、在约定不明时可以主张行使一般抗辩权，[41]而全然不顾保险合同约定的保险责任发生的条件。类似观点是否被采纳暂且不论，但其会产生一定的负面作用，即会给审判机关带来对保证保险更多的误解，认为保险公司只是一味地采纳有利于自己的解释而罔顾投保人一方的利益。且该误解极有可能从司法延递至监管，影响该险种的可持续发展。因此，迫切需要在保险法中对保证保险的概念予以定义，同时为司法解释及相关纪要的出台提供法源，因为理论上保险业法关于保险业务范围的规定并不能成为保险合同法的法源。

2. 在保险经营规则一章中，增加关于规范保证保险经营成本的条文。

"保证保险的保险费以及其他相关合法费用的综合成本，不得超过金融机构的法定贷款利率上限。"

通过该条文的设立，可有效解决三个问题。第一，既然是不得超过金融机构的法定贷款利率，那就没有适用民间借贷贷款利率的余地。第二，既然是所有相关费用的综合成本不得超过利率上限，那么即便认定违约金条款有效，也不会增加借款人的负担。第三，既然保证保险的综合成本未超过法定贷款利率上限，那么即便从借款人的借款成本这一角度而言，认定要求借款人缔结保证保险为强制搭售亦毫无意义。同时即便民事法律效果因意思表示瑕疵而依照《民法典》相关规定被认定为可撤销，亦不能以此为由对金融机构进行行政处罚。

---

〔41〕 周玉华：《从民法典关于担保规则的变化谈保证保险诉讼应对策略》，载《保险法理论与实践》2021 年第 2 期，第 88 页。

中德法学论坛

第 19 辑·下卷,第 40～62 页

增设操纵体育比赛犯罪的"失败样本"

——德国刑法修改的考察及对我国的启示

赵冠男 *

摘　要:在热点案件助推与立法机关推动下,《德国刑法典》第 265c、265d 条增设体育博彩诈骗罪和操纵职业体育比赛罪两项罪名。增设新罪所面临的批判在于:立法者提炼出的"体育纯粹性"法益之内涵与外延并不清晰,且在集体与个体的双重法益之间存在脱节和背离;新罪增设意味着刑法干预前置,但在博彩诈骗与操纵比赛的惩治问题上,缺乏正当根据,其所真正保护的,实质只是一种潜在的忧惧的危险;两项新增罪名在实践中遭遇司法冷遇,属于典型的象征性立法。从避免贿赂犯罪不必要的重复立法、释放诈骗犯罪现存的制度空间、防范刑法干预过分前置、警惕象征性立法等方面,应对《德国刑法典》增设操纵体育比赛犯罪的"失败样本"加以反思。

关键词:操纵体育比赛犯罪;《德国刑法典》;体育博彩诈骗罪;操纵职业体育比赛罪

Abstract: The call for the addition of the crimes of manipulating sports competitions is growing in China, which should be treated with caution. With the help of hot cases and the promotion of the legislature, the German Criminal Code added two crimes of sports betting fraud and manipulating professional sports games. The criticism faced by the addition of new crimes is that the legal interests of "purity of sports" extracted by the legislators are ambiguous, and there is disconnection and deviation between the collective and individual legal interests; the addition of new crimes means that criminal law intervention is pre-emptive, but there is no justifiable basis for the punishment of gambling fraud and game manipulation, and the essence of protection is only a potential danger of fear; the two newly added crimes

---

* 赵冠男:法学博士,湖南师范大学法学院副教授,硕士研究生导师,研究方向为比较刑法学。

have met with judicial cold reception in practice，which is a typical symbolic legislation. From the aspects of avoiding repeated legislation for bribery crimes，releasing the institutional space for fraud crimes，preventing excessive intervention of criminal law，and vigilance against symbolic legislation，we should reflect on the "failure sample" of the crime of manipulating sports competitions in Germany.

Key words：Crimes of Manipulating Sports Games；German Criminal Code；Crime of Sports Betting Fraud；Crime of Manipulating Professional Sports Games

　　体育比赛的最大魅力与核心价值在于竞赛过程的公平、公正、公开和比赛结果的更快、更高、更强，相反，倘若体育比赛的过程或结果可以被控制或操纵，则体育比赛的价值与意义势必荡然无存。与之相应，由"假球""黑哨"等不法现象所引发的体育贿赂、赌球等问题，历来属于我国理论和实务界所共同关注和研究的重点论题。〔2〕而其中，关于增设操纵体育比赛犯罪的建言与证阐更是不绝于耳，〔3〕几成我国学界对此问题的通说观点。在《刑法修正案(十一)》新增我国《刑法》第355条之一关于妨害兴奋剂管理罪之规定的背景下，对于在我国刑法中增设专门的操纵体育比赛犯罪罪名的呼声也愈来愈高。由此可以说，关于操纵体育比赛犯罪增设与否的探讨，在我国当下具有了继续深入分析与讨论的必要性和紧迫性。

　　与之相关的是，放眼域外，为加强和完善针对博彩诈骗和操纵比赛犯罪的刑法规制与惩处，德国于2017年4月18日颁行《刑法典第51修正案——体育博彩诈骗和操纵职业体育比赛之刑事可罚性（Einundfünfzigstes Gesetz zur Änderung des Strafgesetzbuches-Strafbarkeit von Sportwettbetrug und der Manipulation von berufssportlichen Wettbewerben)》（以下简称《刑法典第51修正案》），〔4〕主要在《德国刑法典》第265c、265d条分别增设体育博彩诈骗罪和操纵职业体育比赛罪两项罪名。我国学者对此展开了针对性的跟进与研究，并先见性地主张，《德国刑法典》增设专门罪名的做法对于我国将来刑法修改具有多方面的启示和借鉴意义。〔5〕然

　　〔2〕　参见康均心：《我国体育犯罪研究综述》，载《武汉体育学院学报》2010年第4期，第5—11页。

　　〔3〕　相关论著主要参见王利宾：《操纵体育比赛的刑法规制分析》，载《体育文化导刊》2013年第1期，第8—11＋20页；王庆国、贾健：《论操纵体育比赛行为的刑法规制》，载《首都体育学院学报》2014年第6期，第547—552页；张于杰圣：《法学视阈下对操纵比赛的认定——从职业足球切入》，载《吉林体育学院学报》2020年第4期，第7—15页；王桢：《罪名选择与路径转变：操纵竞技体育比赛犯罪的刑法规制探究》，载《武汉体育学院学报》2020年第12期，第46—52页。

　　〔4〕　Bundesgesetzblatt Teil I 2017 Nr. 20 vom 18.04.2017，S. 815‐816.

　　〔5〕　陈艳、王霁霞：《德国操纵体育比赛刑法规制研究》，载《西安体育学院学报》2020年第6期，第663—669＋675页。

而,虽然或许"他山之石,可以攻玉",但对于域外经验的绍介应力求全面,在研究过程中更应力戒"只见树木,不见森林"。与已有论著及其基本观点相反的是,本文经研究发现,《德国刑法典》增设体育博彩诈骗罪和操纵职业体育比赛罪两项新罪,实为操纵体育比赛犯罪刑法修改的"失败样本"。对于我国刑法的修改来说,理当对之"引以为戒",而非将之"奉为圭臬"。围绕于此,本文首先梳理和阐释《刑法典第51修正案》的颁行背景和修改内容;进而对德国各界针对罪名增设所提出的批判和质疑展开评述和分析;最后结合我国实践,归纳和反思德国此次刑法修改和罪名增设的经验教训。

一、热点案件与操纵体育比赛犯罪之增设背景

在各国立法实践中共通的是,刑法修改特别是罪名增设的原因,无非在于面对司法实践中真实发生的热点案件,刑法典中所规定的现有罪名难以实现精准惩治的治理目标,故而在民众中随即产生了通过增设新罪方式对之加以刑事规制的广泛呼声。《刑法典第51修正案》增设第265c、265d条规定之罪名,亦是如此。德国司法实践中引致争议并引发关注的热点案件为"霍伊泽案(Fall Hoyzer)",在德国,这一案件甚至演化为了操纵比赛和博彩诈骗的代名词。

(一)案件事实

时间回到2004年10月22日,在德国足球乙级联赛艾伦对阵布格豪森的一场冠军赛中,艾伦队以1∶0的比分赢得了比赛,比赛的裁判员为罗伯特·霍伊泽(Robert Hoyzer)。本场比赛中艾伦队一球取胜的关键,在于霍伊泽因对方手球而为艾伦队判罚了点球。但据其交代,在判罚当时,他事实上无法确证布格豪森队球员存在禁区内的手球犯规。之所以如此吹罚的真正原因,在于同案被告A. S.[6]赛前给予霍伊泽3万欧元,请托其做出偏向于艾伦队的吹罚,并通过此种方式来左右比赛结果。最终,A. S.通过投注体育博彩、操纵比赛结果的方式不法获利。[7]

据柏林地方法院审理查明:五名同案被告A. S.、M. S.、R. H.[8]、D. M.、F. S.中,第一被告A. S.系M. S.和F. S.的胞弟,多年间一直沉迷于体育博彩,输赢高达数十万欧元之巨。基于其早年间踢球的经历以及对于体育行业的了解,A. S.通过体育

---

〔6〕　在德国法院公布的裁判文书中,为了有效保护被告人的个人隐私,仅以其名字和姓氏的首字母作为简缩和替代。

〔7〕　Vgl. Jan Schlösser, Der „Bundesliga-Wettskandal"-Aspekte einer strafrechtlichen Bewertung, NStZ 2005, S. 424.

〔8〕　即上文述及的比赛裁判罗伯特·霍伊泽。

博彩赚取了不菲的收益,柏林当地博彩商因此对其投注进行了限制。自 2003 年开始,A. S.只能在"德国分级彩票"中购买固定赔率的体育博彩,但由于事先固定的赔率以及组合投注的方式(即投注者需要同时预测比赛的最终结果和具体比分),截至 2004 年年初,A. S.共计损失了约 50 万欧元。为博回其投注损失,A. S.随即决定,通过贿赂球员、裁判员的方式操纵比赛结果,并有效提高博彩赢利的胜算概率。法院共计认定十起犯罪事实,在部分涉案犯罪中,在 M. S.和 F. S.的帮助下,A. S.有针对性地贿买裁判员 R. H.和 D. M.以及多名运动员,实际或承诺给予 3000 至 5 万欧元不等的"好处费",让其通过错误裁判、消极比赛等方式,控制与操纵比赛结果。五名同案被告的操纵比赛犯罪波及地区联赛、德乙联赛、德国足协杯比赛等不同级别的多场赛事。在部分涉案比赛中,A. S.等数名被告实现了不法获利的目的。具体而言,在判决认定的其中四起犯罪当中,A. S.等人最终获得了 30 万至 87 万欧元的巨额利益。法院认定,在其所操纵的比赛中,数被告人所造成的财产损失达 200 万欧元;在其所意图操纵的其他比赛中,数名被告所引致的、与损害等同的财产危险约为 100 万欧元。

(二)法院判决

结合诈骗罪的罪行结构和犯罪构成,法院认为,A. S.等被告人通过对投注站工作人员隐瞒其操纵比赛结果的真相,使其陷入比赛本身并未受到投注者不当影响的错误认识,在此前提下,博彩合同的履行当然会直接产生类似于损害的财产危险,所以五名被告的行为构成诈骗罪。其中,裁判员 R. H.和 D. M.被判定为诈骗罪的帮助犯。[9]

在被告人提起上诉后,德国联邦法院维持了一审判决,另就该案中诈骗罪认定的核心问题,进一步证阐并归结如下:其一,对于与体育博彩相关的合同缔结而言,所有要约、承诺均蕴含了以下默示的意思表示——作为合同标的的比赛并未受到任何于己有利的有意操纵。其二,即便根据一般的民法原则,作为合同双方的投注者和博彩商均可期待,作为博彩对象的比赛不会受到恶意的、有悖良俗的操纵,这也是双方意思表示的共通基础。相应地,体育博彩的投注行为当中,必然涵括了未曾操纵投注比赛的明确意思。其三,倘若与之相反,投注者事先通过给予或约定利益的方式,通过比赛参与者影响比赛进程与结果,并在隐瞒这一事实的前提下作出投注,则可认定欺骗行为的存在。其四,运用"缔约诈骗(Eingehungsbetrug)"框架内对于财产损害的认定方法,在"固定赔率的(Oddset)"博彩活动中,因操纵比赛而产生的"赔率差额",可认定为因博彩合同缔结而引致的并非微不足道的财产损害,其与等同于损害的财产危险之间具有相似性。其五,进一步来看,此类赔率损害不需被具

---

[9] Vgl. LG Berlin, BeckRS 2006, 5289.

体化与数额化。在操纵比赛的博彩收益已经被实际支付的案件中，财产损害最终转化为了财产损失，其数额为博彩投注与收益之间的差额。可是，不管是损害（Schaden）还是损失（Verlust）的出现，均意味着诈骗犯罪已经达到既遂状态。而如果在损害之外产生了实际的损失，则应在刑罚裁量上对其从重处罚。[10]

（三）批评意见

统而观之，联邦法院的以上判决及其说理主要涉及"默示的欺骗（konkludente Täuschung）"与"赔率损害（Quotenschaden）"两项争议问题。[11]针对前一问题，即便是作为指控犯罪一方的德国联邦总检察长办公室也对"默示欺骗"这一术语表达了明确的反对态度。虽然如此，但论者们一般认为，柏林地方法院和德国联邦法院如此判定，与学说以及判例已经形成的既成观点基本相符。[12]但在财产损害的框架内，联邦法院在该案判决中新造和阐发了类似于财产损害的"赔率损害"概念，并主张操纵比赛者在投注当时即已引致财产损害，则遭受了广泛的质疑和批判。

择其要者，首先，等同于财产损害的财产危险根本无从谈起。在财产损害的认定框架内，只有当最终引致财产损失的危险如此之高，以致从经济的角度考量已经可将之视为财产减损，始可认定存在等同于损害的财产危险。由此，并非任何形式或程度的财产损害危险均可"拔高"为财产损害本身，相反，只有极其可能的危险才能够视同损害。而在行为人操纵比赛并进而实施博彩诈骗的案件中，投注者一般不太可能将博彩本身所存在的风险完全地予以排除，而只能希求一定程度上博彩风险的不当转移。就此而言，操纵比赛和博彩诈骗行为所导致的财产危险基本上不可能达到等同于财产损害的盖然程度。[13]

其次，在缔约诈骗的框架内，赔率损害概念难以获得有效的体系支撑。依照联邦法院的设想，投注者通过操纵比赛结果从而获取了更优的赢利机会，且在其投注之时，对于博彩商而言不利的赔率损害业已出现，因而属于缔约诈骗的范畴。必须看到的是，虽然在缔约诈骗的情形下，履约义务的产生即可视为危险损害的出现，但

---

〔10〕　Vgl. Karsten Gaede, BGH 5 StR 181/06-Urteil vom 15. Dezember 2006 (LG Berlin), HRRS 2007 Nr. 1.

〔11〕　Vgl. Karsten Gaede, Betrug durch den Abschluss manipulierter Fußballwetten: Das Hoyzer Urteil als Sündenfall der Ausdehnung des Betrugstatbestandes? -Anmerkung zu BGH 5 StR 181/06, Urteil vom 15. Dezember 2006，HRRS 2007 Nr. 1, S. 16 - 20.

〔12〕　Vgl. Michael Kubiciel, Wetten und Betrug-Zur konkludenten Täuschung-Anmerkungen zur Entscheidung BGH 5 StR 181/06 v. 15. Dezember 2006，HRRS 2007 Nr. 2, S. 68 - 71.

〔13〕　Andreas Mosbacher, Ist das ungenehmigte Veranstalten und Vermitteln von Sportwetten noch strafbar?，NJW 2006, S. 3530.

在履约危险并非足够具体的情况下,径行判定存在履约损害明显操之过急。[14]而通常情况下,此种足够具体的履约危险在缔结博彩协议之时实则并不存在。

再次,在具体案件中,赔率损害是否真正存在极为可疑。在诈骗罪认定中,财产损害的确定与计算要求核算被害人财产处分前后的财产状况,唯有被害人的财产因处分而减损的情况下,才可判定存在财产损害。然而,在赔率损害的计算当中,需要具体查证是否由于操纵比赛行为的存在,使得投注者手中的彩票价值实际地高于其投注成本。可是,鉴于以操纵比赛为标的的彩票价值的查明本身实无可能,故而对于赔率损害的计算势必无果而终。[15]

复次,按照联邦法院的基本观点和计算方式,博彩商预设的赢利区间被完全地予以忽略。实际情况是,对于博彩商而言,体育博彩显然不可能是"零和游戏",也即,体育博彩中的赢利与亏损比率不会完全对等,其间博彩商将会预留自己的赢利区间。与之相应,绝大多数情况下,赢利比率会大大低于亏损比率。因此,即便投注者事前实施了操纵比赛的行为,但由此引致的风险转移也只是在一定程度上降低了博彩商的赢利概率,操纵比赛行为是否能够最终将博彩商的赢利区间压缩为负并导致其遭受财产损害,尚未可知。[16]

又次,如此判决中财产损害的判定标准明显有误。联邦法院判定存在财产损害的逻辑前提是,倘若博彩商实际知悉投注者操纵比赛的行为,则其势必会修改被操纵比赛场次的赔率。而现实情况却是,博彩商与投注者之间处于对赌关系当中,博彩商所关注的并非具体比赛场次的输赢与结果,而是投注者的投注倾向;换言之,在准确预测具体场次的比赛结果和个体彩民的投注取向之间,只有后者才能真正地为博彩商带来经济收益。不难看出,联邦法院所预设的逻辑前提实则有误。[17]

最后,因果关联的认定存在"硬伤"。众所周知的是,成立诈骗罪,要求在欺骗行为、错误认识、财产处分与财产损害之间存在直接的、实质的因果关联。而在博彩诈骗案件中,因果关联认定的问题突出体现在:一则,即使投注者贿买他人操纵比赛,但其赢得利益,也有可能是基于比赛原本的自然的结果。可以设想的情形是,投注者贿买的运动员并未获得上场机会。然而在此情形之下,联邦法院亦认为存在因果

〔14〕 BGH,NStZ - RR 2001,329.

〔15〕 Karsten Gaede, Betrug durch den Abschluss manipulierter Fußballwetten: Das Hoyzer Urteil als Sündenfall der Ausdehnung des Betrugstatbestandes? -Anmerkung zu BGH 5 StR 181/06,Urteil vom 15. Dezember 2006,HRRS 2007 Nr. 1,S. 18.

〔16〕 Ines Fasten/Gregor Oppermann, Betrug im Rahmen manipulierter Fußballwetten, JA 2006,S. 69.

〔17〕 Frank Saliger/Thomas Rönnau/Claudio Kirch-Heim, Täuschung und Vermögensschaden beim Sportwettenbetrug durch Spielteilnehmer-Fall „Hoyzer", NStZ 2007,S. 367.

关联并成立诈骗犯罪,显然不妥。二则,联邦法院主张,比赛操纵者投注之时,即意味着财产处分与损害的实际产生,但事实上,投注者最终获益,仍然需要博彩商在其兑现彩票之后的支付行为。由此可见,投注者获益与博彩商受损并非由于投注者的投注行为,而是由于博彩商的支付行为,只有后者才属于真正意义上导致财产损失的财产处分行为。[18]

综上可见,虽然法院在"霍伊泽案"中最终判定了五名被告人诈骗罪的成立,但这被认为是为了平息汹涌民情而做出的无奈之举。而且,鉴于前述特别是财产损害认定与计算上的难题与窘境,在该案之后,实际判例中并未得见德国各级法院对于该案裁判规则(尤其是"赔率损害")的实践认可和有力续造。也正因此,在体育博彩诈骗案件中判定诈骗罪成立,仍然存在显见的困难与障碍,这同时也成为德国立法者选择增设专门罪名的实践背景。

二、增设操纵体育比赛犯罪之立法证成

司法定罪上的困顿必然会顺势导向立法修正上的新罪增设。在体育刑法的视阈内,2015 年 12 月 10 日颁行的《反体育兴奋剂法(Gesetz gegen Doping im Sport)》[19]增设的涉兴奋剂犯罪以及 2017 年《刑法典第 51 修正案》增设的操纵比赛和博彩诈骗犯罪,搭建了德国刑法上体育犯罪的基本框架。

进一步来看,在德国联邦议院就《刑法典第 51 修正案》所做的法案说明[20]当中,刑法上增设专门的体育博彩诈骗和操纵职业体育比赛犯罪的原因主要在于:

第一,将体育博彩诈骗和操纵职业体育比赛行为予以犯罪化的实质根据在于,此类行为侵害了体育(比赛/运动)的纯粹性、可信性、真实性,并且同时以欺诈的方式侵犯了他人的财产利益。进而,基于体育比赛的职业化、商业化趋势,此类行为亦将侵损体育比赛所附着的经济、社会和文化价值。单就经济法益来看,此类行为不仅可能侵损博彩商的经济利益,而且势必对运动员、俱乐部、赞助商、赛事主办方乃至赛事观众的合法利益带来损害。因此,危害程度最高的体育博彩诈骗和操纵职业体育比赛行为存在犯罪化的必要,且在罪名体系安排上应置于"诈骗与背信"一章当中。

第二,增设体育博彩诈骗和操纵职业体育比赛犯罪,属于有关国际组织及相关法律文件的明确要求。世界范围内,2013 年在德国召开的第五届联合国教科文组织

---

〔18〕　Lars Kutzner, Zweifelsfragen des Betrugstatbestands am Beispiel des Wettbetrugs, JZ 2006, S. 712.

〔19〕　Bundesgesetzblatt 2015 Teil Ⅰ Nr. 51, vom 17.12.2015, S. 2210 - 2217.

〔20〕　Vgl. BT-Drs. 18/8831, S. 10 - 12.

体育部长国际大会通过了《柏林宣言(Berliner Erklärung)》[21]。宣言指出,地方、国家、地区和国际各个层面的兴奋剂、操纵比赛和体育腐败现象,严重侵害体育运动之纯粹性。鉴此,宣告呼吁,应着力构建惩治操纵体育比赛及体育兴奋剂的刑事制裁机制。欧盟层面上,欧洲委员会2014年通过了《反操纵体育比赛公约(Übereinkommen über die Manipulation von Sportwettbewerben)》[22]。《公约》第15条亦明确规定,缔约国应确保设立针对操纵比赛行为的刑事制裁手段。

第三,在《刑法典第51修正案》颁行之前,《德国刑法典》中并不存在针对体育博彩诈骗和操纵职业体育比赛的专门罪名,与此相关的诈骗罪(Betrug)(《德国刑法典》第263条)及商业受贿与行贿罪(Bestechlichkeit und Bestechung im geschäftlichen Verkehr)(《德国刑法典》第299条)的认定与适用,均存在明显的疑难与障碍。

对于诈骗罪的判定而言,一则,除了上文述及的欺骗行为与财产损害的认定难点之外,要求证实与操纵比赛直接相关的博彩投注以及足够具体的财产损害,在证据收集上往往难以达到刑事案件颇为严格的证明标准。二则,即便能够判定成立共同的诈骗犯罪,对于其中发挥核心作用的运动员、教练员、裁判员等关键人物,充其量也只能认定为诈骗罪的帮助犯,根据《德国刑法典》第27条之规定,相较于正犯须对其从轻处罚,因而难以实现真正的罚当其罪和罪刑相称。三则,以诈骗罪定罪处刑,虽然一定范围内能够有针对性地惩处侵犯他人财产的相应罪行,但针对此类行为对于体育纯粹性这一法益内涵的侵犯,仅仅只是定罪诈骗,实质上是失之偏颇的。

根据《德国刑法典》第299条第1款关于"商业受贿罪"的规定,"受企业雇佣或委托者在商业交往中,(1)在与商品或服务有关的国内外竞争中以不正当的方式偏向他人,并为自己或第三人索取、约定或收受利益作为对价的,或者(2)未经企业同意,实施或不实施与商品或服务有关的行为,并由此违反其对于企业所负职责,从而为自己或第三人索取、约定或收受利益作为对价的,处三年以下有期徒刑或罚金"。就犯罪构成要件来看,"与商品或服务有关(Bezug von Waren oder Dienstleistungen)"这一明文要件意味着,商业贿赂犯罪主要针对的是与市场上商品或服务供销相关的业务。[23]虽然司法实践中这一要件的认定与理解较为宽泛,但运动员的临场表现无

---

〔21〕　5. UNESCO-Weltkonferenz der Sportminister, Berliner Erklärung, https://www.bmi.bund.de/SharedDocs/downloads/DE/veroeffentlichungen/2013/berliner_erklaerung.pdf?_blob=publicationFile&v=1, abgerufen am 25.07.2022.

〔22〕　Europarat, Übereinkommen über die Manipulation von Sportwettbewerben, https://www.coe.int/de/web/impact-convention-human-rights/council-of-europe-convention-on-the-manipulation-of-sports-competitions, abgerufen am 25.07.2022.

〔23〕　Carsten Krick, in: Münchener Kommentar StGB, Band 5, 3. Aufl., 2019, § 299 Rn. 73.

法被涵括在内。原因在于,对于接受他人请托、收受他人利益而"踢假球"的运动员,只要俱乐部参加职业联赛并与其他球队处于竞争关系之中,认定在商业交往中收受贿赂一般并无问题;但就商品或服务之相关性的认定而言,操纵比赛行径中显然并无"商品"可言,即便就"服务"来说,由于约定的比赛表现并非发生在请托者与作为运动员雇主的俱乐部之间,而仅限于请托者与运动员个人之间,而且请托者通常也不认为其请托与俱乐部之间存在干系,故而请托事项本身实质上并不具备商业交往属性,也就无法成为商业贿赂的适格对象。[24]

第四,在立法方式上,《德国刑法典》第 265b 条规定的贷款诈骗罪(Kreditbetrug)提供了先在的立法成例。1976 年颁行的《惩治经济犯罪第一法案(Erstes Gesetz zur Bekämpfung der Wirtschaftskriminalität)》[25]增设此罪名,基本罪状表述如下:与为企业、公司或虚假的企业、公司申请给予、保留或变更信贷条件相关联,向企业、公司(1) 就对借款人有利且对其申请的决定具有重要意义的经济情况① 提出不真实或不完全的收支平衡表、盈亏账目、资产概要或鉴定书之类的资料,或者② 以书面形式作不真实的或不完全的报告的,或者(2) 并未告知资料或报告所表明的、对于申请的决定具有重要意义的经济情况的恶化的,处 3 年以下有期徒刑或罚金。

就法益内涵而言,贷款诈骗罪一方面旨在保护具体的出借人的财产利益,另一方面也是为了维护信贷行业的正常运转。[26]在普通的诈骗罪之外,增设这一特殊罪名的主要原因,在于诈骗认定(如财产损害、因果关联)及证据收集方面存在的实践困窘。[27]与此同时,这一罪名的抽象危险犯性质意味着,只要行为人实施了第 265b 条规定的具体犯罪行为,即可认定其成立该罪,而不需要对贷款发放、财产损害以及之间的因果关联进一步地做出准确判定。因此,增设贷款诈骗罪名征表了诈骗认定和刑法介入的前置化。[28]由上,第 265b 条规定的贷款诈骗罪当然成为体育博彩诈骗和操纵职业体育比赛罪名增设的现成指引和模本。

综上,既然体育博彩诈骗和操纵职业体育比赛行为存在应予入罪的法益侵害性质,有关国际组织的相关法律文件也对此提出了明确要求,而《德国刑法典》规定的现有罪名无力精准惩处相关罪行,且《德国刑法典》第 265b 条规定的贷款诈骗罪提供了可资复制的立法先例,可以说,在《德国刑法典》中增设专门罪名势在必行。

---

[24] Gerhard Dannecker, in: Nomos-Kommentar StGB, 5. Aufl., 2017, § 299 Rn. 89.

[25] Bundesgesetzblatt 1976 Teil I Nr. 93, vom 06.08.1976, S. 2034 - 2041.

[26] Carsten Momsen/Sebastian Laudien, in: Beck'scher Online-Kommentar StGB, 51. Ed. 1.11.2021, § 265b Rn. 3.

[27] Walter Perron, in: Schönke/Schröder Kommentar StGB, 30. Aufl., 2019, § 265b Rn. 1.

[28] Martin Heger, in: Lackner/Kühl Kommentar StGB, 29. Aufl., 2018, § 265b Rn. 1.

三、操纵体育比赛犯罪之条文内容与教义内涵

（一）条文内容

关于"体育博彩诈骗罪（Sportwettbetrug）"，《德国刑法典》第 265c 条规定如下："（1）运动员或教练员以有利于比赛对手的方式，影响组织性的体育比赛的过程或结果，并通过与该比赛相关的公共体育博彩获取不法的财产利益，从而为自己或第三人索取、约定或收受利益作为对价的，处三年以下有期徒刑或罚金。（2）为使运动员或教练员以有利于比赛对手的方式，影响组织性的体育比赛的过程或结果，并通过与该比赛相关的公共体育博彩获取不法的财产利益，向其或第三人提供、承诺或给予利益作为对价的，同样处罚。（3）裁判员、评分裁判或对抗赛裁判影响组织性的体育比赛的过程或结果，并通过与该比赛相关的公共体育博彩获取不法的财产利益，从而为自己或第三人索取、约定或收受利益作为对价的，处三年以下有期徒刑或罚金。（4）为使裁判员、评分裁判或对抗赛裁判影响组织性的体育比赛的过程或结果，并通过与该比赛相关的公共体育博彩获取不法的财产利益，向其或第三人提供、承诺或给予利益作为对价的，同样处罚。（5）本条规定的组织性体育比赛是指国内或国外的任一体育活动，① 其由国内或国际体育组织自行、接受其委托或者受到其认可而举办，并且② 应当遵守由国内或国际体育组织通过、对其成员组织具有约束力的规则。（6）本条规定的教练员是指在体育比赛中对于运动员布阵与指导的决策者。基于其职业或经济地位，对于运动员布阵与指导具有实质影响者，等同于教练员。"

关于"操纵职业体育比赛罪（Manipulation von berufssportlichen Wettbewerben）"，《德国刑法典》第 265d 条规定如下："（1）运动员或教练员以违背体育竞赛且有利于比赛对手的方式，影响职业体育比赛的过程或结果，为自己或第三人索取、约定或收受利益作为对价的，处三年以下有期徒刑或罚金。（2）为使运动员或教练员以违背体育竞赛且有利于比赛对手的方式，影响职业体育比赛的过程或结果，向其或第三人提供、承诺或给予利益作为对价的，同样处罚。（3）裁判员、评分裁判或对抗赛裁判以违背规则的方式，影响职业体育比赛的过程或结果，为自己或第三人索取、约定或收受利益作为对价的，处三年以下有期徒刑或罚金。（4）为使裁判员、评分裁判或对抗赛裁判以违背规则的方式，影响职业体育比赛的过程或结果，向其或第三人提供、承诺或给予利益作为对价的，同样处罚。（5）本条规定的职业体育比赛是指国内或国外的任一体育活动，① 其由国内或国际体育组织自行、接受其委托或者受到其认可而举办，② 应当遵守由国内或国际体育组织通过、对其成员组织具有约束力的规则，并且③ 主要由通过体育活动直接或间接地获取其显著收入的运动员

参加。（6）第 265c 条第 6 项的规定相应适用。"

（二）犯罪构成

不难看出，《德国刑法典》第 265c 条关于体育博彩诈骗罪与第 265d 条关于操纵职业体育比赛罪的规定之间具有明显的对应关系。总体而言，第 265c 条和第 265d 条的第 1 款、第 3 款分别规定了运动员、教练员、裁判员等收受利益并因此操纵比赛的行为；第 2 款、第 4 款对应涉及他人向运动员、教练员、裁判员输送利益并试图操纵比赛的行为；第 5 款、第 6 款则进一步对于体育比赛、教练员及相关人员等术语做出了界定。对应于此，下文先对体育博彩诈骗罪的构成要件进行分析，再进一步阐述操纵职业体育比赛罪与之存在的主要差异。

1.《德国刑法典》第 265c 条之要件分析

围绕体育博彩诈骗罪的犯罪构成，将重点对于本罪的主体范围、行为方式、不法约定等要件加以阐释。

（1）主体范围

根据第 265c 条第 2 款、第 4 款之规定，提供、承诺或给予利益的行为人并无身份要求，任何主体均可实施以上行为并构成相应犯罪。由此，哪怕是其他的运动员，甚至是对方球队的运动员也有可能成立本罪。[29]与之不同，根据第 265c 条第 1 款、第 3 款之规定，索取、约定或收受利益的主体只能是能够直接影响比赛进程与结果的运动员、教练员和裁判员等，因而属于典型的"身份犯（Sonderdelikt）"[30]规定。

第 265c 条并未明确界定"运动员（Sportler）"概念的内涵，在相关立法文件中，其主要是指一定体育竞赛的参与者，至于体育竞赛的专业与业余，以及体育竞赛的级别与水准，并不重要。[31]鉴于本罪既遂仅仅只是要求行受贿双方不法约定的完成，并不需要行为人真正地操纵比赛，故而被贿买的运动员是否实际地被派上场，亦不在考察范围。[32]当然，倘若收受贿赂的运动员根本并未进入参赛运动员的大名单，

---

〔29〕　Walter Perron，Sportwettbetrug und Manipulation von berufssportlichen Wettbewerben （§§ 265c - 265e StGB)-gelungene Gesetzgebung oder überflüssiges Strafrecht?，JuS 2020，S. 812.

〔30〕　Ann-Kathrin Schreiner，in：Münchener Kommentar StGB，Band 5，4. Aufl.，2022，§ 265c Rn. 9.

〔31〕　BT-Drs. 18/8831，S. 15.

〔32〕　Folker Bittmann/Sven Großmann/Markus Rübenstahl，in：Beck'scher Online-Kommentar StGB，53. Ed. 1.5.2022，§ 265c Rn. 16.

则可将其排除在适格主体的范围之外。[33]

第 265c 条第 6 款第 1 句对于"教练员(Trainer)"做出了界定,要求其必须对于体育比赛中运动员的布阵和指导享有决策权。相应地,对于个体教练、助理教练、教练组成员、代理教练等,只要其在比赛期间对于运动员的排兵布阵或竞技表现具有决定权限,即属于本罪的适格主体;相反,倘若助理教练、技术教练、体能教练等只是在比赛的准备阶段负责运动员训练的特定方面,而无权直接决定运动员的布阵和指导,则不能成立本罪。[34]在此之外,第 265c 条第 6 款第 2 句还规定了等同于教练员的相关人员,诸如俱乐部主席、球队老板等对球队具有管理职权的人员,以及例如赞助商、广告商等能够间接影响球队管理的人员,只要其直接或间接地对球员的排兵布阵或临场表现产生影响,亦可成立本罪。[35]当然,鉴于这一要件的规定方式较为宽泛和模糊,在司法适用上应对之进行严格的限缩解释。[36]

第 265c 条第 3 款、第 4 款列举了"裁判员(Schiedsrichter)""评分裁判(Wertungsrichter)"和"对抗赛裁判(Kampfrichter)"三种比赛裁判的具体类型,但法条中并未就其内涵做出具体规定。根据立法文件中的相关界定,裁判员是指在体育竞赛中负责使比赛规则直接获得其有效性的人员,其有权在比赛过程中直接地宣布处罚结果;评分裁判主要负责在比赛过程中根据客观的裁量标准,就运动员的表现(如体态、动作、优雅、精准等)做出评价;对抗赛裁判则负责监督运动员在比赛过程中是否严格遵守比赛规则并做出判罚。[37]实际上,在体育运动领域也不存在对于裁判类型的准确划分,由此,虽然第 265c 条规定了三种具体的裁判种类,但三种类型之间实质上并不存在严格界限,而在其之外,也仍然存在其他可能的裁判类别。质言之,在此规定的裁判员涵括了使比赛规则直接获得效力,并在比赛期间有权科处判罚的所有人员。[38]

(2)行为方式

根据第 265c 条第 1 款、第 3 款之规定,从受贿人的角度,具体的行为方式包括对于利益的索取(Fordern)、约定(Sich-Versprechen-Lassen)和收受(Annehmen),这与

---

[33] Mani Jaleesi, Die Kriminalisierung von Manipulationen im Sport-Eine Untersuchung zum Sportwettbetrug und der Manipulation von berufssportlichen Wettbewerben gem. § 265c und § 265d StGB, Baden-Baden, Nomos Verlag, 2020, S. 118.

[34] Martin Heger, in: Lackner/Kühl Kommentar StGB, 29. Aufl., 2018, § 265c Rn. 4.

[35] Walter Perron, in: Schönke/Schröder Kommentar StGB, 30. Aufl., 2019, § 265c Rn. 12.

[36] Helmut Satzger, "Sportwettbetrug" und "Manipulation von berufssportlichen Wettbewerbern"-zwei neue Tatbestände mit zweifelhafter Existenzberechtigung, Jura 2016, S. 1142.

[37] Vgl. BT-Drs. 18/8831, S. 18.

[38] Martin Heger, in: Lackner/Kühl Kommentar StGB, 29. Aufl., 2018, § 265c Rn. 7.

《德国刑法典》第 299 条商业受贿罪、第 331 条收受利益罪(Vorteilsannahme)以及第 332 条受贿罪(Bestechlichkeit)等贿赂犯罪中所规定的行为方式完全一致。由此,司法判例和理论学说上就商业贿赂及贿赂犯罪所形成的教义规则,对于行为内涵的认定可以直接适用。具体而言,索取是行为人单方面明示或默示的意思表示,要求为操纵比赛而使自己或第三人获得利益。索取表示必须与不法约定的缔结具有相关性,即使索取要求未能实现,也不影响索取行为本身的认定。[39]约定是指,作为操纵比赛的对价,对于他人明示或默示的给予利益的要约表示接受。接受可以通过明确表达或者表意行为等方式实施,对其形式并无更多要求。当然,双方约定必须与不法约定的缔结具有一定的相关性。[40]收受则是指行为人或其知情或同意的第三人对于输送利益的实际接受。即便行为人并未形成决意,将所输送的利益最终由自己保有,而是可能将之予以退还,也并不影响本罪的认定。[41]

与受贿行为相对应,第 265c 条第 2 款、第 4 款规定的行贿行为主要包括提供(Anbieten)、承诺(Versprechen)和给予(Gewähren)利益。其中,提供是指对于将来利益的可资利用(In-Aussicht-Stellen),至于利益此后是否真正实现,并不重要。行贿人可以单方面明示或默示地表示提供意思,其与不法约定的缔结相关并使相对方知情。对于未来利益的允诺(Zusage)则为承诺。承诺既可为明示,也可在特定情境下通过默示方式表示。但承诺意思应为相对方所知悉。给予应为利益的实际创设(Verschaffen),使得支配权属由行贿人转移到受贿人。[42]作为索取—提供、约定—承诺以及收受—给予的对象,"利益(Vorteil)"概念的内涵较为宽泛,只要是行为人并未合法诉求,但能够在客观上改善行为人的经济、法律或人身境况的施惠,均可纳入利益范畴。[43]

(3) 不法约定(Unrechtsvereinbarung)

作为构成贿赂犯罪所需要的不成文的规范性构成要件,成立第 265c 条规定之体育博彩诈骗罪也同样需要具备不法约定。这就要求,行、受贿人一致认为,在行贿人

---

[39] Ann-Kathrin Schreiner, in: Münchener Kommentar StGB, Band 5, 4. Aufl., 2022, § 265c Rn. 14.

[40] Carsten Krick, in: Münchener Kommentar StGB, Band 5, 3. Aufl., 2019, § 299 Rn. 64.

[41] Ann-Kathrin Schreiner, in: Münchener Kommentar StGB, Band 5, 4. Aufl., 2022, § 265c Rn. 16.

[42] Ann-Kathrin Schreiner, in: Münchener Kommentar StGB, Band 5, 4. Aufl., 2022, § 265c Rn. 38 - 40.

[43] BGH, NStZ 2001, 425 (426).

输送利益与受贿人职权行为之间必须存在实质关联(inhaltliche Verknüpfung)。[44] 区别于《德国刑法典》第 299 条、第 331 条、第 332 条等规定其他的贿赂犯罪,体育博彩诈骗罪框架内的不法约定所存在的特殊问题在于,除了需要具备利益输送与比赛操纵之间的内在关联之外,在利益输送与体育博彩及不法获利之间,是否也需要存在实质关联。对此虽然存在一定争议,但多数观点认为,为了体现第 265c 条规定的体育博彩诈骗罪所具有的特殊的不法实质,应在利益输送、比赛操纵、体育博彩与不法获利之间建立联系。相应地,成立本罪所要求的不法约定内容既涵括对于比赛的不法操纵,也涵括投注体育博彩的具体手段,还涵括通过此种方式不法获利的最终目的。[45]

进一步来看,作为不法约定的必要内容,其应当与组织性体育比赛具有相关性,而第 265c 条第 5 款对于组织性体育比赛(Wettbewerb des organisierten Sports)做出了明确界定,这一定义与《反体育兴奋剂法》第 3 条第 3 款的规定完全相同。其中,对于比赛可作较为宽泛的解读和理解,其既可由国内或国际体育组织自行举办,也可通过接受委托或受到认可的方式举办。因此,各国各级各类联赛所举行的比赛均属此列。而且,对于比赛的职业与业余并无要求,即便是业余比赛,或者是由职业和业余运动员共同参与的比赛(如德国杯比赛),只要其能够成为体育博彩的对象,亦属此列。由此,实质被排除在比赛之外的主要为公司、单位等举办的各种内部比赛。[46]相较而言,对于组织性体育的理解则存在较大争议。对此,虽然立法文件指出,对于体育概念,可从社会生活意义上予以理解,并不需要准确的概念式界定。[47]可是,对于争议案件中体育类别的判定而言,社会通行观念往往并不可靠。例如,围绕电子竞技是否属于体育范畴这一问题,立法文件、德国奥委会、德国行政法院、德国财政法院等主体的理解和界定各不相同。[48]鉴于此,未满足刑法条文及其用语基本的确定性要求,认定第 265c 条意义上的体育种类,原则上应以跨领域的体育组织(如国际奥委会、各国奥委会等)的明确认可为标准。在此基础上,对于颇为广泛的体育类别,还应以国际奥委会、各国奥委会等体育组织确立的体育标准进一步加以

[44] Michael Tsambikakis, Überflüssiges Strafrecht: Sportwettbetrug und Manipulation berufssportlicher Wettbewerbe, StV 2018, S. 325.

[45] Folker Bittmann/Sven Großmann/Markus Rübenstahl, in: Beck'scher Online-Kommentar StGB, 53. Ed. 1.5.2022, § 265c Rn. 43.

[46] Martin Heger, in: Lackner/Kühl Kommentar StGB, 29. Aufl., 2018, § 265c Rn. 6.

[47] BT-Drs. 18/8831, S. 19.

[48] Vgl. Christian Schörner, ESport und Strafrecht-Zum Sportbegriff der §§ 265c und 265d StGB und deren Anwendbarkeit auf kompetitives Computerspielen, HRRS 2017, S. 407ff.

实质限缩。[49]

在此之外，所谓的有利对手而操纵比赛，主要是指行为人操纵比赛的行为对于比赛对手产生了有利影响，这并不限于使得比赛对手获得了最终胜利，而是泛指对手因比赛操纵而获得的任何优势地位；相应地，由此排除的主要是比如为了获得更高的比赛奖励而力争比赛胜利之类的行为。[50]与比赛相关的公共体育博彩要求，体育博彩必须与被操纵的比赛有关，而且是对不特定的社会公众开放，而非局限于特定人群范围。也即，体育博彩的公共性并非意味着其必须取得官方认可或批准。[51]鉴于行为人实施了操纵比赛的行为，并在体育博彩投注过程中恶意地对此进行隐瞒，即可认定其已经具有不法获利目的。至于该目的是否着手实施并真正实现，并不重要。[52]

2.《德国刑法典》第 265d 条之要件分析

在运动员、教练员、裁判员等行为主体、索取、约定、收受、提供、承诺、给予利益等行为方式以及有利对手而操纵比赛等不法约定内容方面，第 265d 条与第 265c 条规定之间并无任何差异。由此，上文围绕以上要件所述，可准用于第 265d 条的理解与适用。在此之外，第 265d 条与第 265c 条之间的最大差异，在于以"职业体育比赛（berufssportliche Wettbewerbe）"作为不法约定的对象。

与第 265c 条第 5 款关于组织性体育比赛的界定相对应，第 265d 条第 5 款规定了职业体育比赛的具体条件，两者相较，职业体育比赛事实上涵括了组织性体育比赛在内。而两款规定的差异有二：一是将比赛范围限制在国家级或国际级比赛，而非简单表述为国内或国际比赛，由此，国内举办的地方性、区域性比赛即被排除在外；二是参赛的大多数运动员应当通过体育活动直接或间接地获取可观收入。具体而言，其一，参赛的多数运动员应从体育比赛中持续地取得经济收益，而非一次性地获得比赛资助或奖励；其二，运动员通过比赛而直接或间接获得的收益，如工资、奖励、资助、赞助等，均可计算在内；其三，就可观收入的客观标准而言，月均 2100 欧元、年均 25000 欧元左右具有较大的可行性；其四，多数运动员意味着参赛的职业运动员应当至少过半。[53]

---

[49] Walter Perron, in: Schönke/Schröder Kommentar StGB, 30. Aufl., 2019, § 265c Rn. 5.

[50] Ann-Kathrin Schreiner, in: Münchener Kommentar StGB, Band 5, 4. Aufl., 2022, § 265c Rn. 26.

[51] Ann-Kathrin Schreiner, in: Münchener Kommentar StGB, Band 5, 4. Aufl., 2022, § 265c Rn. 28.

[52] Martin Heger, in: Lackner/Kühl Kommentar StGB, 29. Aufl., 2018, § 265c Rn. 11.

[53] Vgl. Folker Bittmann/Sven Großmann/Markus Rübenstahl, in: Beck'scher Online-Kommentar StGB, 53. Ed. 1.5.2022, § 265d Rn. 24ff.

（三）重点问题

对于以上两项新增条文和罪名的具体适用，须着重注意的问题包括：其一，就法益内涵而言，不论是第 265c 条规定的体育博彩诈骗罪还是第 265d 条规定的操纵职业体育比赛罪，所侵犯的均为双重法益，即体育比赛的纯粹性以及他人的财产权益。二者之间，体育纯粹处于更为重要和核心的地位。[54]其二，就罪状表述而言，第 265c 条与第 265d 条在条款设置和罪状表述上存在明显的类似与对称，分别规定了运动员、教练员、裁判员受贿及向以上人员行贿。因而，两项罪名的罪行结构实为行受贿犯罪，在司法认定上与第 299 条规定的商业受贿与行贿罪以及第 331 条以下条文规定的行、受贿犯罪之间存在同质性。[55]之所以将两罪规定在财产犯罪部分，主要是因为其部分地关涉财产法益，且在立法技术上需要借鉴第 265b 条规定。其三，就罪名性质而言，两罪均为抽象危险犯。相应地，对于犯罪成立来说，并不需要真正地实施操纵比赛的行为，也不需要实际地造成财产损害的结果。实质受到刑事制裁的，仅仅只是与操纵比赛或博彩诈骗相关的预备或帮助行为，由此出现了刑法前置化的明显趋向，刑法介入的阶段被大大提前，刑罚动用的门槛也被大大降低。[56]其四，两项新增罪名处于微妙的平衡关系当中，体育博彩诈骗罪要求犯罪行为与体育博彩相关，且需要具有不法获利目的；而操纵职业体育比赛罪并不要求具备以上要件，但将犯罪对象限定为职业体育比赛。鉴于第 265c 条实质上涵括了第 265d 条所规定的基本要件，倘若一行为同时符合第 265c 条和第 265d 条之规定，则应适用第 265c 条并认定构成体育博彩诈骗罪。[57]

四、增设操纵体育比赛犯罪之批判

（一）集体法益内涵之批评

作为两项新增罪名的核心法益，立法者提炼出的"体育之纯粹性（Integrität des Sports）"面临着诸多方面的批评。

---

〔54〕 Martin Heger, in: Lackner/Kühl Kommentar StGB, 29. Aufl., 2018, § 265c Rn. 1, § 265d Rn. 1.

〔55〕 Walter Perron, in: Schönke/Schröder Kommentar StGB, 30. Aufl., 2019, § 265c Rn. 3.

〔56〕 Ann-Kathrin Schreiner, in: Münchener Kommentar StGB, Band 5, 4. Aufl., 2022, § 265c Rn. 5, § 265d Rn. 6.

〔57〕 BT-Drs. 18/8831, S. 20.

其一，"体育纯粹"这一概念虽然出现在了反兴奋剂和惩治操纵比赛两部法案的立法说明当中，立法者也俨然将之树立为体育刑法所欲保护的核心法益范畴，但其内涵为何及外延何在，尚不明了。即便立法说明中列举了"可信性""真实性""积极""公平""宽容""团队"等诸多价值与意义，然对于廓清"体育纯粹"的内涵几无助益。法益概念具有的立法建议与批判功能体现在，出现新的法益侵害行为，会使立法机关产生将之犯罪化的预判；但亟须以实质的法益概念为根据，进行具体审查与论证；而且，犯罪构成要件的表述亦应与实质的法益概念相吻合。[58]相应地，法益的功能发挥必然要求，个罪法益应当具有实质的规范的清晰的内涵。

然而，作为法益的体育纯粹性概念并不符合以上基本要求。一方面，以体育竞赛的"可信性""真实性"来界定"纯粹性"内涵，实质上是空洞概念与术语之间的简单替代与循环解释，难以真正地为罪与非罪之划定提供尺度与标准。换言之，在罪名增设的刑法修订过程中，难以设想出类型化的排他性的侵犯"体育纯粹"的典型行为，甚至可以认为，任何与体育精神或规则相悖的行为（如为携手出线或者选择次轮相对更弱的对手而消极比赛）都将对"体育纯粹"有所侵犯。[59]另一方面，借由"积极""公平"等体育价值或精神来对"体育纯粹"之内涵加以界定，则更有可能导致刑事入罪和刑法介入的泛道德化。诚然，体育精神与道德自有其积极意义，但以刑事手段予以推行，当然不符合道德与法律两分的根本原则。以道德意味浓厚的"纯粹性"语词来表述体育犯罪的个罪法益，并作为构成要件建构与解释的抽象指引，必然会导向法益的过度精神化以及刑法界限的弥散化。[60]

其二，德国刑法新增体育犯罪的法益内容具有双重性，而在集体法益（"体育纯粹"）与个体法益（财产利益）之间，鉴于集体法益的模糊属性与扩张趋向，应嵌入个人法益因素并作为集体法益的保护门槛，以期消解二者之间的紧张关系。[61]但是，在体育博彩诈骗和操纵职业体育比赛犯罪所侵犯的集体与个体法益之间，非但不存在相互嵌套与证成的关系，反而暴露出明显的脱离与张力。具言之，在体育博彩诈骗的情形下，体育与博彩二者之间实则并无实质关联，而博彩诈骗的实施，更不必然以操纵比赛为手段，何以存在将体育博彩诈骗入罪的必要与紧迫，存在疑问；而在操

〔58〕 参见张明楷：《论实质的法益概念——对法益概念的立法批判机能的肯定》，载《法学家》2021 年第 1 期，第 85 页。

〔59〕 André Bohn, Die fortschreitende Ausweitung des materiellen Strafrechts am Beispiel der zukünftigen Strafbarkeit des Sportwettbetrugs und der Manipulation berufssportlicher Wettbewerbe, KriPoZ 2017 (02), S. 91 - 93.

〔60〕 参见刘炯：《法益过度精神化的批判与反思——以安全感法益化为中心》，载《政治与法律》2015 年第 6 期，第 72—84 页。

〔61〕 参见孙国祥：《集体法益的刑法保护及其边界》，载《法学研究》2018 年第 6 期，第 37—52 页。

纵职业体育比赛的情况下,以球员、俱乐部、赞助商、管理者、球迷等或然产生的财产损害,作为将此种行为入罪以及体育纯粹性受损的具体化表征和根据说明,反过来更加说明了"体育纯粹"法益飘忽不定的特点与缺陷。可见,个体的财产法益并不能够为立法者尝试纳入的集体性的体育纯粹性法益提供切实依据。

(二) 刑法干预前置之诟病

鉴于刑事制裁措施最为极端的严苛与严酷属性,刑法介入与刑罚动用的谦抑性及最后手段性,历来应为刑事立法与司法所严格遵循。为防止刑法的滥用,划定刑法干预前置化的合理空间,须对行为造成危害后果的严重性和高度盖然性做出充分评价。[62]也即,唯有行为侵害重要法益、造成严重后果,且此种可能性极高,始可考虑由刑法提前介入和前置干预。然而,《德国刑法典》新增的两项罪名显属失当的刑法干预前置化的反面例证。

有如上述,增设博彩诈骗与操纵比赛专项罪名的直接因由,来自一般诈骗罪惩处博彩诈骗的不力:一则是财产损害及其数额的认定困难,二则也在于关键构成要件证据收集与证明上的困境。司法判例中勉力寻求破解之道,德国联邦法院为此创设了"赔率损害"概念,且将财产损害的具体计算作模糊化处理,立法者仍认为有增设新罪之必要。然而,就新增之体育博彩诈骗罪的核心罪行来看,着力惩处的行为在于,运动员、教练员、裁判员等通过影响比赛过程或结果而索取、约定或收受利益,其在性质上显然属于(商业)行受贿犯罪。虽然冠以博彩诈骗的罪名且置于诈骗犯罪一章,但新增罪名与诈骗罪之间的关联极为薄弱:一方面,法条中明文规定的"通过与该比赛相关的公共体育博彩获取不法的财产利益"客观上并不要求实施或实现,相反,在主观要件层面,间接故意即为已足,也即,运动员、教练员、裁判员只需容认,其不当影响比赛的行为可能被用作谋取不法博彩利益,至于请托人是否、能否投注并获益,无须其明知与追求。[63]另一方面,从行为阶段及其作用观之,通过向运动员、教练员、裁判员等输送利益而不法地影响和操纵比赛,充其量只是体育博彩诈骗实施的预备与帮助行为。不论是预备行为的实行化,[64]抑或是帮助行为的正犯化,[65]实际上均意味着刑事介入的前置化。

---

〔62〕 参见王强军:《刑法干预前置化的理性反思》,载《中国法学》2021 年第 3 期,第 229—247 页。

〔63〕 Walter Perron, in: Schönke/Schröder Kommentar StGB, 30. Aufl., 2019, § 265c Rn. 12.

〔64〕 参见商浩文:《预备行为实行化的罪名体系与司法限缩》,载《法学评论》2017 年第 6 期,第 167—175 页。

〔65〕 参见孙运梁:《帮助行为正犯化的教义学反思》,载《比较法研究》2018 年第 6 期,第 120—133 页。

但在博彩诈骗与操纵比赛的惩治问题上,刑法干预前置显然缺乏正当根据。一者,一般诈骗犯罪认定与证明上的困难直接导向了新罪增设。但问题是,新增的体育博彩诈骗罪并未实际解决诈骗犯罪认定的问题,而只是通过将刑法评价阶段和重点前移的方式——在"操纵比赛→博彩欺诈→错误认识→财产处分→财产损害"的因果链条之中,出于财产损害及因果关联上的证明困境,将与博彩诈骗相关联而实施操纵比赛转换为惩处重点——人为地为入罪而入罪。二者,不仅如此,两项新罪对于操纵比赛之罪行方式的规定,完全倚赖于投注者与运动员、教练员、裁判员等人员之间行、受贿关系的认定。但问题是,利益输送与事项请托的存在,并非意味着比赛能够被实际地影响或操纵,就此而言,对于比赛被操纵与否的证明,事实上也面临新的证据难题。三者,刑法干预前置本身就意味着法益侵害之实害结果出现的可能性较小,这同时也就要求法益实质的重大性与重要性。对此,抽象且缥缈的"体育纯粹"显然并不符合这一要求。而就财产法益而言,操纵比赛与博彩诈骗行为,固然可能导致博彩商、运动员、俱乐部、赞助商等数额不菲的经济损失,但一方面,在博彩商实际受损的案件中,认定成立诈骗犯罪并无障碍;另一方面,对于因操纵比赛丑闻而可能引致的社会和经济利益受损,客观上是难以被证成或证否的。如此,增设新罪所真正保护的,实质只是一种潜在的、推测的、担忧的危险而已。

(三)刑事象征立法之质疑

在新增罪名必要与否的讨论中,罪名适用与案件查处的实际数量系重要的评估因素。作为增设新罪的支撑,德国联邦议院在法案说明中明确指出,新闻报道、科研成果、实证调研等均表明,操纵体育比赛并非偶然个案,而是呈现明显的蔓延趋势;其虽不必然但经常性地与体育博彩相关联;且并不限于特定的体育项目。[66]

然而,考察德国"警察刑事数据(Polizeiliche Kriminalstatistik/PKS)"的统计发现,[67]在 2017 年《刑法典第 51 修正案》颁行之后,就新增的两项罪名来看,2017 年度并未出现两项新增罪名的具体案例;2018 年度,体育博彩诈骗罪的案发数量为 3 件,破案数量为 2 件,破案率为 66.7%,但并无操纵职业体育比赛罪的侦办案例;2019 年度,体育博彩诈骗罪的案发数量为 3 件,操纵职业体育比赛罪的案发数量为 2 件,两罪的破案率均为 100%;2020 年度,体育博彩诈骗罪的案发数量为 3 件,破案数量为 2 件,操纵职业体育比赛罪的案发和破案数量均为 1 件。作为参照,2017 年至 2020 年期间,与博彩诈骗和操纵比赛犯罪具有同质性的商业贿赂案件的案发数量分

---

〔66〕　BT-Drs. 18/8831，S. 10.

〔67〕　鉴于德国检察和法院系统的统计数据并未区分具体的诈骗犯罪罪名,在此仅以警察机关的统计数据为分析对象。但可以推知的是,检察和法院所统计的案件数量必然低于警察机关的统计数据。

别为 213、230、274 和 366 件,案件数量一则绝对数较大,二则呈明显增长趋势。[68]
与之相较,两项新增罪名数年间 3 至 5 件不等的案发数量,在《德国刑法典》规定的所
有罪名当中排名垫底。

有论者进一步指出,鉴于在组织性体育比赛、职业体育比赛、运动员、教练员、裁
判员、有利于比赛对手、影响比赛过程或结果、获取不法财产利益等核心构成要件上
规定的不明确以及认识的不统一,很难期望在将来两项罪名适用范围的扩展与案件
数量的增长。[69]甚至更有学者批判道,根据《德国刑法典》第 265c 条、第 265d 条第 5
款之规定,(组织性/职业)体育比赛"应当遵守由国内或国际体育组织通过、对其成
员组织具有约束力的规则"。但问题是,在国际足联和各国足联举办的各级各类足
球赛事中,实际上从未通过任何具有约束力的比赛规则。所以,虽然两项新罪因应
操纵足球比赛之惩治需求而增设,但由于足球比赛实非第 265c 条、第 265d 条意义上
的体育比赛,因而两个条文对此并无适用可能。[70]

可以说,新增罪名在司法实践中的适用数量与频度,最为直观地反映和反馈了
新罪增设的必要与紧迫与否。一面是增设新罪之前的热切期待,一面是罪名增设之
后的司法冷遇,体育博彩诈骗罪和操纵职业体育比赛罪在增设前后的迥然境遇,是
对两项新罪增设必要的最大证否,也恰恰说明,两罪增设属于典型的"象征性立法"。
象征性刑事立法是指完全没有法益保护机能仅以价值认同为存在根据的罪刑规范;
其并非以法益保护机能为实质依据,而仅以所谓民众的价值认同为表层依据;对其
批判的展开,须追问目标设定的合理性,即相应立法是否有适格法益,也须追问具体
条文是否有助于实现特定的法益保护目标。[71]对应于此,应当承认,德国刑法两项
新增罪名法益内涵与立法意旨设定上的模糊与偏失,导向刑法干预的前置与任意以
及罪状表述和构成要件上的失据与失准,并导致犯罪查处和罪名适用上的疑难与困
窘。从目的与手段两端,这一立法举措均可谓失败的"现象立法"。

---

〔68〕 Bundeskriminalamt, Polizeiliche Kriminalstatistik, https://www.bka.de/DE/Aktuel-
leInformationen/StatistikenLagebilder/PolizeilicheKriminalstatistik/pks_node.html, abgerufen am
25.07.2022.

〔69〕 Vgl. Walter Perron, Sportwettbetrug und Manipulation von berufssportlichen Wettbew-
erben (§§ 265c - 265e StGB)-gelungene Gesetzgebung oder überflüssiges Strafrecht?, JuS
2020, S. 812 - 815.

〔70〕 Vgl. Ralf Krack, §§ 265c, 265d StGB: Für den Fußball gemacht-aber auf den Fußball
nicht anwendbar-Eine ungewollte Strafbarkeitslücke, ZIS 2021(9), S. 486 - 488.

〔71〕 参见陈金林:《象征性刑事立法:概念、范围及其应对》,载《苏州大学学报(法学版)》2021
年第 4 期,第 110—121 页。

五、增设操纵体育比赛犯罪之反思

《德国刑法典》第265c条、第265d条规定了体育博彩诈骗罪和操纵职业体育比赛罪,绝非意味着我国刑法也应当增设对应的罪名;同样,对于德国刑法增设两项新罪的批判,也并非意味着我国刑法不必或不应增设相应罪名。因此,对于德国刑法增设操纵体育比赛犯罪的反思,应当结合我国立法与司法的实践进一步展开。

首先,在商业贿赂犯罪认定方面,应注意我国与德国刑法之间相异的制度背景与规范框架,避免不必要的重复立法。

有如前述,热点足球博彩诈骗案件处理中所暴露出的诈骗罪认定难题,直接导向了博彩诈骗与操纵比赛罪名的增设;但从新增罪名的罪行结构和构成要件上看,其与商业行受贿犯罪之间具有对应性和同质性,而仅属于一般诈骗犯罪的预备或帮助行为。换言之,新增两罪虽然置于诈骗犯罪一章,但从本质上却属于贿赂犯罪。之所以在《德国刑法典》第299条规定之外增设专门罪名,主要是由于运动员等人员的临场表现无法被"与商品或服务有关"这一明文要件所涵括。

然而,这一问题在我国刑法中并不存在。肇始于2003年"龚建平受贿案",我国学界虽然对于裁判"黑哨"是否成立(受贿)犯罪存在肯定[72]与否定[73]之观点对立,但争议焦点主要在于犯罪主体的身份归类,也即,否定论者主张,足球裁判既非国家工作人员,也非公司、企业的工作人员,故"黑哨"行为虽然社会危害性十分严重,但在现行刑法中并不构成犯罪。针对于此,2006年《刑法修正案(六)》第7条在"公司、企业工作人员"之外,增加了"其他单位的工作人员"之规定,[74]相应将"公司、企业人员受贿罪"扩展为了"非国家工作人员受贿罪"。[75]由此,对裁判员收受贿赂应以非国家工作人员受贿罪追究责任,从理论界到实务界已经形成了一致意见。[76]进而应依主体身份类型(足协官员、裁判员、运动员、俱乐部、教练员和管理人员),而分别

---

〔72〕　参见曲新久:《"黑哨"行为已构成受贿罪》,载《政法论坛》2002年第3期,第159—161页。

〔73〕　参见王作富、田宏杰:《"黑哨"行为不能以犯罪论处》,载《政法论坛》2002年第3期,第162—164页。

〔74〕　《中华人民共和国刑法修正案(六)》,中华人民共和国主席令第51号,2006年6月29日公布。

〔75〕　《最高人民法院、最高人民检察院关于执行〈中华人民共和国刑法〉确定罪名的补充规定(三)》,法释〔2007〕16号,2007年10月25日公布。

〔76〕　参见雷选沛、崔成敏、尹力:《"黑哨"行为的分析及刑法规制研究》,载《武汉体育学院学报》2012年第11期,第36页。

认定受贿罪或非国家工作人员受贿罪。[77]

在此之外,对于利用职务便利、索取或收受财物、为他人谋利等客观要件的理解,包括以上客观要件在"黑哨""假球"案件中的适用,基本上不存在任何争议或障碍。[78]也就是说,在德国刑法上因商品或服务之关联性要件而明显暴露的处罚漏洞,在我国刑法上并不存在。既然如此,倘若以德国刑法修改为借鉴,在我国刑法中增设类似的涉体育比赛犯罪,显然是相对于我国《刑法》第163条非国家工作人员受贿罪的无谓的重复立法。

其次,博彩诈骗与操纵比赛司法认定的困境,在我国司法实践中也未实际出现。

如前所述,"霍伊泽案"审理中诈骗罪认定的困难推动了相关新罪的立法增设,但与之类似的司法困境在我国事实上并未得见。表征有二:

其一,根据笔者在"北大法宝"和"中国裁判文书网"检索情况,"全文"以"体育比赛"为关键词"精确检索""刑事案由",与之相关的案件数量为68件和57件;且两个数据库所分别检索到的案件分布情况基本相同。进一步来看,"北大法宝"和"中国裁判文书网"中以诈骗罪定罪论处的案件分别为6件和4件,前6件案件完全包含了后4件案件。可是,在全部6件涉体育比赛的诈骗案件中,并无一例真正地与体育比赛、操纵比赛或博彩诈骗相关。在我国目前的刑事司法实践中,法院至今尚未作出因操纵比赛、博彩诈骗而判定或不判定诈骗罪的裁判文书。既然如此,在德国理论与实务界争议斐然的诈骗认定、财产损害、因果关联等关键问题,至少是在我国的当下,仍然缺乏探讨的框架与背景。

其二,诈骗罪的法益为财产整体,其对象包含财物和财产性利益等被害人的全部财产在内。[79]而根据诈骗罪犯罪对象的差异,可将之划分为财物诈骗与诉求诈骗,德国联邦法院新造"赔率损害"概念以期解决博彩诈骗案件的损害计算问题,实际上是基于诉求诈骗的预设。但问题是,在我国刑法视阈中,诉求诈骗、赔率损害等概念仍然相当陌生,或者说,我国刑法上的诈骗犯罪实际所指的主要为财物诈骗。有鉴于此,面对我国实践中或然存在的操纵比赛及博彩诈骗问题,当务之急是充分地释放并厘定诉求诈骗的制度空间,而非在诈骗认定尚且缺位的前提下跨越式地一味计划增设新罪。

再次,应当警醒与防范罪名属性的日渐抽象及刑法干预的不断前置。

---

〔77〕　参见康均心、吕伟:《我国职业足球联赛内的贿赂犯罪》,载《武汉体育学院学报》2012年第8期,第24—29页。

〔78〕　参见王作富主编:《刑法分则实务研究》(中),中国方正出版社2013年版,第311—312页。

〔79〕　Michael Heghmanns, Strafrecht Besonderer Teil, Berlin, Heidelberg, Springer Verlag, 2009,Rn. 1183.

诈骗认定、损害计算上的困难导向了两项新罪的增设，但新增罪名实与诈骗犯罪并无实质关联，而是基本仿照商业贿赂犯罪的罪行结构进行了处罚漏洞的弥补，将诈骗犯罪的预备或帮助行为划入了犯罪圈内。而且，由于证据上较难确实、充分地证明，行为人实际操纵了比赛，通过操纵比赛手段而实施博彩诈骗，并最终不法获利，所以体育博彩诈骗罪和操纵职业体育比赛罪均被设计为抽象危险犯，也即，只要投注者与运动员、裁判员、教练员等相关人员之间存在行、受贿关系即可。

其间凸显的罪名属性的日渐抽象及刑法干预的不断前置实际上也意味着，难以完全或主要以操纵比赛或博彩诈骗为主干，进行罪状设置和要件规定。反观我国学者对于操纵比赛犯罪的罪状设计，其客观方面表现为"运动员的假球行为""教练员的放水行为""裁判员的黑哨行为"。[80]以上罪状表述一则过于口语和生活化，二则从规范上划定范围和厘清边界，几乎是不太可能完成的司法任务。

最后，在诈骗犯罪和商业贿赂犯罪之外，德国刑法增设关涉操纵体育比赛的两项罪名，在法益上所欲保护的是日益精神化和情感化的"体育纯粹"，在罪状上只能是对商业贿赂犯罪的基本效仿，在效果上意味着刑法干预的过分前置，最终并不奇怪地导致两项新罪在司法实践中被搁置。此种典型的象征性立法应予批判与反思。

---

〔80〕 参见王桢：《罪名选择与路径转变：操控竞技体育比赛犯罪的刑法规制探究》，载《武汉体育学院学报》2020 年第 12 期，第 46—52 页。

中德法学论坛

第 19 辑·下卷,第 63～82 页

法治国家建设中的个人主体地位

——基于德国公法学的分析

姜秉曦*

摘　要:个人主体地位的规范建构是现代法治国家建设的应有之义。在德国公法学中,个人主体地位以"国家自我拘束"的内在逻辑为基础,以独立的法律人格为要义,以个人主观公权利为载体,在公权构成三要素的阶梯式递进中逐步确立了自身的建构路径,并从国家与个人关系的维度推动了法治国家的体系化建设。从个人主体地位的视角切入,德国法治国家建设经历了从莫尔式法治国家到基本法式法治国家的演变,呈现出主观化的发展趋势。这一趋势所代表的个人主体地位的建构方向对我国的社会主义法治国家建设有着重要的借鉴意义,但须避免其中潜在的"国家虚构化"风险。为此,应将公民基本义务确立为法治国家建设的主观化边界。

关键词:个人主体地位;法治国家;法律人格;主观公权利

Abstract: The normative construction of individual subjective status is the due meaning of the construction of the modern rule-of-law state. In German public law, the individual subjective status is based on the inherent logic of "state self-restraint" in the rule-of-law state, with independent legal personality as the normative core and individual subjective public rights as the normative carrier, and it gradually established the approach of its own construction in the stepwise progression of the three elements of public right, and promoted the systematic construction of the rule-of-law state from the dimension of the relationship between the state and the individual. From the perspective of individual subjective status, the construction of the rule-of-law state of German has undergone a development

---

* 姜秉曦:南京大学法学院助理研究员,法学博士。

from "Rule-of-Law State of Mohr Style" to "Rule-of-Law State of Basic Law Style", showing a subjective development trend. The direction of the normative construction of individual subjective status represented by this trend has important reference significance for the construction of the socialist rule-of-law state of China, but the potential risk of "state fiction" must be avoided. For this reason, it is necessary to establish the fundamental obligations of citizens as the subjective boundary of the construction of the rule-of-law state.

Key words: Individual Subjective Status; Rule-of-Law State; Legal Personality; Subjective Public Right

引　言

个人主体地位的规范建构是现代法治国家建设的应有之义。自党的十八届四中全会确立全面依法治国的战略布局以来,中央多次强调"坚持人民主体地位""坚持以人民为中心"的重要性,[1]要求我国的社会主义法治国家建设必须"以保障人民根本权益为出发点和落脚点",[2]"促进人的全面发展"。[3]然而多年来,国内学界关于法治国家建设的研究主要聚焦于法秩序与国家的关系维度,旨在将国家权力纳入法秩序框架,鲜有学者意识到其中还涉及个人主体地位的规范建构问题。[4]在现有研究中,个人的主体性通常被视为法秩序的价值属性,构成实质法治国的重要组成部分,并在防御国家权力滥用,以及价值引入与价值辐射等方面发挥作用。[5]但是,此种主体性价值终究无法在规范上确证个人相对于国家的主体地位并赋予其相应的救济机制,致使受法治国家所保障的个人利益始终存在被降格为反

---

〔1〕《中共中央关于全面推进依法治国若干重大问题的决定》,载《人民日报》2014 年 10 月 29 日第 1 版;《习近平在中央全面依法治国工作会议上强调:坚定不移走中国特色社会主义法治道路为全面建设社会主义现代化国家提供有力法治保障》,载《法治日报》2020 年 11 月 18 日,第 1 版。

〔2〕　前注〔1〕,《人民日报》文。

〔3〕《中共中央印发 法治中国建设规划(2020—2025 年)》,载《人民日报》2021 年 1 月 11 日,第 1 版。

〔4〕　据笔者梳理,现有研究中仅劳东燕教授曾经从英德比较的视角对法治国家建设中的个人主体地位问题进行了部分探讨。她否认了法治国家概念中个人具有主体地位。参见劳东燕:《自由的危机:德国"法治国"的内在机理与运作逻辑——兼论与普通法法治的差异》,载《北大法律评论》2005 年第 2 期,第 548—549 页。

〔5〕　李忠夏:《法治国的宪法内涵——迈向功能分化社会的宪法观》,载《法学研究》2017 年第 2 期,第 19 页。

射利益的风险。

在此背景下,德国公法学从国家与个人的关系维度开展的法治国家建设研究对于我国颇具借鉴意义。在德国,法治国家"并不是要一般性地表达社会应具有的秩序,而是要特别地揭示公民个人与作为公民个人集合的特殊政治共同体——国家之间的生活关系"。[6] 它不仅意味着要推动国家权力运行的规范化,也代表了"个人主体地位的自我实现(Selbsterfüllung der individuellen Subjektivität)"。[7] 其中,前者属于法治国家建设的"法秩序—国家"维度,可以被进一步具体化为法律优先、法律保留、法的安定性等构成要素,构成法治国家建设之"体";后者则属于"国家—个人"维度,主要通过对个人之于国家的不同地位的界定,影响各构成要素的适用范围与适用方式,构成了法治国家建设之"用"。上述两个维度共同塑造了系统、全面的法治国家概念体系。

有鉴于此,本文拟立足于德国公法学,围绕以下五部分展开研究:其一,从"国家—个人"维度梳理德国的法治国家概念,以澄清法治国家建设为什么要关注个人主体地位的规范建构问题。其二,以法治国家的国家自我拘束逻辑为切入点,在个人主观公权利的构成要素中,明确个人主体地位的建构路径。其三,尝试将个人主体地位的规范建构融入法治国家建设全领域,实现法治国家建设在"国家—个人"维度的体系化。其四,根据前述体系化思路,分析德国法治国家建设的基本趋势,并总结其中的经验教训。其五,立足于我国法治国家建设实践,反思并借鉴德国学说,以期为我国的全面依法治国,特别是"坚持人民主体地位"等政治原则的规范化提供可资参考的比较法资源。

一、"国家—个人"维度的法治国家概念

法治国家概念出现于18、19世纪之交,是德国公法学在法国大革命的双重影响下,反思警察国家的意义与弊端,通盘考虑国家的稳定性与个人的主体性,并经由国家自上而下地自我拘束所形成的关于现代国家建构的公法学概念。基于概念自身的改良性特征,法治国家建设从一开始就被赋予一项特殊使命,并被一以贯之地践行始终——即在国家的主导中确立个人主体地位,实现国家与个人之间的平衡。

---

〔6〕 郑永流:《法治四章——英德渊源、国际标准和中国问题》,中国政法大学出版社2002年版,第82页。

〔7〕 Vgl. *Ernst-Wolfgang Böckenförde*, Entstehung und Wandel des Rechtsstaatsbegriffs, in: ders., Staat, Gesellschaft, Freiheit, Suhrkamp, 2. Aufl., 2016, S. 68.

（一）法治国家概念的形成背景

在德国公法史中，法治国家概念的形成，源自对 16—18 世纪流行于德国公法领域的警察国家概念的反动。所谓警察国家，是指君主为了实现臣民福祉行使警察权，对社会进行全面统治的国家。其中，"警察"又被称为"gute Polizei"，是"增加人民幸福的政策"[8]的总称。它构成了现代行政的前身，具体包括"有序的统治结构、食品和财富、风险预防和风险控制"等等。[9] 虽然，警察国家以维护个人福祉为依归，超越了保障君主利益的传统极权专制国家，但是它并未超越绝对主义，本质上仍属于专制国家的范畴。"对于警察国家来说，无所谓国家活动的界限……警察国家的格言是：没有禁止的，就是适当的，而无须任何许可的。"[10]换言之，在警察国家下，国家就像一个善良家父，与个人之间呈现为以"权力/服从"为基本特征的监护关系。面对这一状况，时人难免产生疑问："为什么服务于臣民福祉的国家就一定比臣民自己能够更好地认识到其自身的利益呢？"[11]

1789 年爆发的法国大革命为彻底反思警察国家的意义与弊端提供了契机。首先，作为世界进程史的重大转折，法国大革命确立了现代国家的基本价值——"自由、平等、博爱"，并借由近代宪法的制定将之融贯于国家建构的方方面面。受此影响，德国社会意识到了警察国家的绝对性与腐朽性，支持借鉴大革命的思想成果对德意志帝国的上层建筑予以变革，推动个人自由取代臣民幸福成为国家所保障的新目标。但与此同时，他们对法国所采取的革命手段保持了极高的警惕。自 1792 年建立共和后，法国先后经历了吉伦特派与雅各宾派的专政，主政者的统治政策愈发激进、恐怖手段日益盛行，大量不同政见人士在保王党的名义下遭到处决，至今仍被称为"恐怖时代"。法国的革命教训引起德国多数改革支持者的反思。加之，18 世纪的德国还是一个完全的农业国家，旧制度的经济和社会模式仍相对稳定，资产阶级力量薄弱，而且国家的积极改革也在一定程度上消除了引发革命的潜在风险，因而当时的德国社会并不认为扫除一切传统的革命是持久改变他们处境的恰当手段。相较之下，他们更期待通过国家自上而下的改革实现一种艰难的综合：即努力争取革命所带来的积极成果，同时极大地维护还具有合法性的政治秩序。[12] 于是，在彻底

---

〔8〕 萨孟武：《政治学与比较宪法》，商务印书馆 1936 年版，第 15 页。

〔9〕 *Michael Stolleis*, Öffentliches Recht in Deutschland: eine Einführung in seine Geschichte (16.- 21. Jahrhundert), C. H. Beck, 2014, S. 48.

〔10〕 ［德］古斯塔夫·拉德布鲁赫：《法学导论》，米健译，商务印书馆 2013 年版，第 60 页。

〔11〕 前注〔10〕，拉德布鲁赫书，第 55 页。

〔12〕 参见［德］米歇尔·施托莱斯：《德国公法史》，雷勇译，法律出版社 2007 年版，第 6—9 页；Vgl. *Theo Stammen*, Der Rechtsstaat-Idee und Wirklichkeit in Deutschland, München, 2. Aufl., 1967, S. 15 - 16.

革命与旧制度维护之间,一个名为法治国家的妥协方案应运而生。

(二)法治国家概念的基本内涵

受到法国大革命正反两方面的影响,以康德为代表的部分自由主义哲学家针对警察国家的绝对主义国家观,提出以法来限制国家权力、维护个人自由的主张,由此奠定了法治国家概念的思想基础,并明确赋予其改良性特征。[13]

在康德看来,人的幸福是主观和经验的,不具有普遍性,只能"在实践任务中单独处理",而"无法充任一个法则"。能够作为法则的,只有先验意义上的自由。[14]所以,国家不应以"个人的富裕和这个国家公民的幸福"为名对公民妄加干涉。[15]它的任务不在于强制个人实现某种幸福,而在于为每个人提供自由的担保,使得人们能够实现各自的幸福。不过,受到法国大革命中"恐怖统治"的消极影响,康德虽立足于自由主义思想,却没有选择为了实现个人自由而否定现存的政治共同体本身,而是认为,"在任何情况下,人民如果抗拒国家最高立法权力,都是不合法的","人民有义务忍受最高权力的任意滥用,即使觉得这种滥用是不能忍受的"。[16]正是在前述两方面共同作用下,康德酝酿出一种全新的法律国家观:它既继承了警察国家下国家权力相对于个人的优势地位,又明确了国家是法之下多数人的结合,为保障个人的自由和权利而去维持法。[17]普拉西杜斯(Johann Wilhelm Placidus)在1798年出版的《国家学文献》中将此种国家观命名为"法治国家学说(Rechts-Staats-Lehre)",从而在历史上首次提出了法治国家概念。[18]

在此基础上,德国公法学巨擘莫尔(Robert von Mohl)通过综合康德以来的学术积累,在19世纪上半叶完成了法治国家概念在公法学中的体系化建构,最终成为德国关于法治国家概念之界定的通说观点。[19]在莫尔看来,法治国家的性质并不牵

---

〔13〕　Vgl. *Horst Dreier*, Grundgesetz Kommentar, Bd. 2, Mohr Siebeck, 3. Aufl., 2015, S. 195; Vgl. *Klaus Stern*, Das Staatsrecht der Bundesrepublik Deutschland. Bd. Ⅰ, C. H. Beck, 2. Aufl., 1984, S. 769.

〔14〕　[德]康德:《实践理性批判》,韩水法译,商务印书馆2000年版,第24、25、29页。

〔15〕　参见[德]康德:《法的形而上学原理——权利的科学》,沈叔平译,林荣远校,商务印书馆1991年版,第144、146页。

〔16〕　前注〔15〕,康德书,第148—149页。

〔17〕　参见前注〔15〕,康德书,第137—139页;参见王贵松:《依法律行政原理的移植与嬗变》,载《法学研究》2015年第2期,第81页。

〔18〕　Vgl. *Johann Wilhelm Placidus*, Literatur der Staatslehre Ein Versuch, Strasburg, 1798, S. 73.

〔19〕　Vgl. *v. Mangolds/Klein/Stark*, Grundgesetz Kommentar, Bd. 2, C. H. Beck, 7. Aufl., 2018, S. 103.

涉主权归属、政体形式等内涵，而是一种国家类型（Staatsgattung），质言之，就是根据不同国家的本质概念（wesentliche Grundbegriffe）与生活目的归纳形成的有关国家属性的描述。[20] 有学者在中国语境下将其进一步解释为"国家目的"，即"特定政体所要追求的目标、保护的价值、前进的方向"。[21] 根据莫尔的梳理，代表家族生活目的的氏族国家、代表宗教生活目的的神权国家与代表个人专断意志的专制国家都曾作为国家目的登上历史舞台，而法治国家则是这一国家目的在历史演进中的最新阶段。[22] 它以启蒙哲学的智识为依托，一方面，否定了氏族国家中家父统治的正当性，使理性统治下"独立""平等"的单个公民成为国家秩序的出发点；另一方面，又摆脱了神权国家对于信仰的狂热与对于理性的压制，将个人在世俗中的自由生活作为国家秩序的落脚点；此外，还超越了专制国家以君主意志为转移的特征，将理性法而非专断意志作为国家目的的实现途径。

　　总而言之，在"国家—个人"维度，法治国家根植于世俗理性，本质上是以实现个人自由为内核的国家目的。它"并不坚持历史进化论或进步论的预设"，而是有着"确定不变的内涵"——从一开始就将国家的终极目标着眼于个体理性，以实现个人的全面发展为依归，并一以贯之地予以践行。[23] 在这个意义上，法治国家既是"国家"的目的，需要在现有政治共同体中实现；又以实现个人自由为"目的"，需要预防国家权力的滥用。因此，法治国家建设应当兼顾国家与个人两方主体，既要在国家权力的规范中，保障自由、平等、自主的个人及其世俗生活目的；又应避免对国家权力的过度限制，损及政治共同体的独立性，最终实现国家与个人之间的动态平衡。

（三）法治国家建设的内在逻辑

　　通过对法治国家概念的形成背景与基本内涵的梳理，可知"国家—个人"维度的法治国家建设在逻辑上并未对同时期美法等国自下而上的革命建国经验亦步亦趋，而是基于德国自身的历史与国情，采取了一种自上而下的改良主义道路——也就是在国家主导下，以尊重既有政权稳定性为前提，通过预设独立于法秩序的国家概念，试图将国家与自己所制定法秩序结合起来，以"法"制约"国"。[24] 德国著名公法学家格奥格·耶利内克（Georg Jellinek）提出的"国家自我拘束（staatliche Selbstbing-

---

〔20〕　Vgl. *Robert von Mohl*, Das staatsrecht des königreiches Württemberg, Bd. 1, Tübingen，1829，S. 6f.

〔21〕　刘刚：《德国"法治国"的历史由来》，载《交大法学》2014 年第 4 期，第 14 页。

〔22〕　Vgl. *Robert von Mohl*, Die Polizei-Wissenschaft nach den Grundsätzen, Bd. 1, Tübingen，1832，S. 5.

〔23〕　前注〔21〕，刘刚文，第 13 页。

〔24〕　参见前注〔21〕，刘刚文，第 12—13 页。

dung)"学说较好地反映了这一逻辑思路,构成了阐释"国家—个人"维度下法治国家建设内在逻辑的理论基石。

国家自我拘束,又被称为"国家自课义务(staatliche Selbstverpflichtung)",[25]是耶利内克国家法理论的出发点。该学说认为,国家是具有始源性统治权的实在政治共同体,它与其他共同体的不同之处在于拘束国家的法秩序是其自身的秩序。[26]依循这一意义脉络,法治国家建设被转化为国家的自我设限。不过,国家自我拘束学说并不像其字面意义上,仅仅意味着将实在政治共同体单方面纳入法秩序的框架。它意在将国家拘束为法律上的存在,成为一个法律主体。[27]鉴于法律主体以复数的形式存在于法律关系中,若要将国家拘束为法律主体,则必须同时将个人从被统治者上升为与国家处于同等地位的统治者。由是之故,在国家自我拘束的逻辑中,赋予个人法律主体地位成为法治国家建设的重要组成部分。在某种程度上,只要在规范上确立个人相对于国家的主体地位,国家就实现了自我拘束。因为,随着个人主体地位的确立,"一方面,国家在自身和隶属于它的人格人之间划定了界限,承认了一个无关国家的,也就是基本排除国家统治的个人领域",从而"对其统治领域进行了消极限定";另一方面,它也"为自己规定了应由自己积极实施的服务于个人利益的行为",并"为个人创设了要求国家行为的法律上的能力"。[28]综合以上两方面,在"国家—个人"维度中,法治国家建设立足于国家自我拘束的内在逻辑,被进一步指向了个人主体地位的规范建构。

二、法治国家建设中个人主体地位的建构路径

根据耶利内克的国家自我拘束学说,德国公法学在"国家—个人"维度的法治国家建设中确立了个人主体地位的建构路径,形成了以个人的法律人格为内核、以个人主观公权利为载体、以公权构成三要素为判断基准的基本进路。

(一)个人主体地位的内核

在国家自我拘束学说中,个人主体地位特指个人作为法律主体的规范地位。根据耶氏的表述,法律主体是一个纯粹法律概念,不牵涉任何附着于"人"之上的实在

---

〔25〕　*Georg Jellinek*,Allgemeine Staatslehre,Julius Springer,3 Aufl.,1929,S.367.

〔26〕　Vgl. *Georg Jellinek*(Fn. 25),S. 371.

〔27〕　Vgl. *Georg Jellinek*(Fn. 25),S.169 - 174.

〔28〕　[德]格奥格·耶利内克:《主观公法权利体系》,曾韬、赵天书译,中国政法大学出版社2012年版,第78页。

性，而是一种由法律意志所创造的资格，以法律人格为内核。[29] 对于个人而言，法律人格具体指法制承认或授予个人的相对于国家的权利能力。它代表了法律上的"一种身份，一种地位"，[30] 并最终"体现为使国家以及国家法制的规范为了个人利益发挥作用的可能性"。[31] 由此，个人主体地位的规范建构被具体化为国家对于个人法律人格的承认。

当然，国家对于法律人格的承认并不是一次性的，而是持续性的，法律人格不是一个常量，而是变量，它能够被法律或者可以改变法律的其他国家行为予以扩展或缩减。因此，耶氏进一步提出地位理论，将个人的法律人格体系化为个人相对于国家的四种地位，分别是：处于义务领域的被动地位（passitiver Status），排除国家干预的消极地位（nagativer Status），利用国家权力和制度的积极地位（positiver Status）以及得为国家而行动的主动地位（aktiver Status）。他指出，以上四种地位依序构成了一条人格上升的阶梯，使个人从毫无人格的被统治者逐渐成为国家统治权的承担者。[32] 在国家承认个人法律人格的过程中，随着个人法律人格的增长，被动地位的范围会缩小，国家权力的范围也会随之缩小，国家受法秩序拘束的程度也就越高。[33]

（二）个人主体地位的载体

至于国家如何赋予个人以法律人格，在耶利内克看来，其主要方式为国家的自课义务。具体来说，也就是国家通过制定法律为自己设定义务，要求授予个人在自身利益遭受国家非法侵害时，得请求国家通过作为或不作为的方式予以救济的请求权。[34]

在德国公法学中，此种请求权又被称为个人主观公权利（das subjektive öffentliche Recht）。它脱胎于私法的主观权利学说，并由格贝尔（Karl Friedrich von Gerber）率先引入公法，逐渐形成了个人主观公权利概念。不过，格氏在提出这一概念之初，曾拒绝像私法那样将主观公权利建立在"直接的自由人格"[35]之上。他认为，"主观公权利并不归属于个人，而是作为一个有限共同体的成员的权利"，[36] 构

---

[29] Vgl. *Georg Jellinek* (Fn. 25)，S. 169 - 174.

[30] 前注[28]，耶利内克书，第 77 页。

[31] 前注[28]，耶利内克书，第 52 页。

[32] 参见前注[28]，耶利内克书，第 79 页。

[33] 前注[28]，耶利内克书，第 78 页。

[34] 前注[28]，耶利内克书，第 78 页。

[35] Karl Friedrich von Gerber Über öffentliche Rechte，Tübingen，1852，S. 35.

[36] *Anna Ingeborg Scharl*，Die Schutznormtheorie：Historische Entwicklung und Hintergründe，Dunker & Humblot，2018，S. 41.

成"对处于权力边界的国家权力的否认（Negation）与拒绝（Zurückweisung）"。[37]他之所以仍将其称为"权利"，也不过是对一种"旧习俗"与"历史记忆"的延续。[38] 直至耶利内克于1892年出版了其里程碑式的著作《主观公法权利体系》，方才扭转了主流学界对于这一概念的否定性认知。[39] 在耶氏看来，法律制度以调整互负权利义务的主体之间的法律关系为内容，故而应当否定"公法制度的承担者只是国家"的观点。"国家和个人都具人格"，只有承认个人主观公权利与个人法律人格的关联性，使国家与个人均被视为法律上的人格人，事实上的统治关系才变为法律关系。[40]由是之故，自耶利内克以来，个人主观公权利逐渐与个人法律人格相关联，并作为后者的外在表现，相应成为个人主体地位规范建构的载体。一般而言，个人法律人格只存在于个人主观公权利的存在范围，并伴随着后者的完善与扩张而不断增长。

（三）个人主体地位的判断基准

当个人主观公权利成为个人主体地位的载体，前者的构成要素也随之构成了后者的判断基准。根据通说，个人主观公权利是指"臣民相对于国家的法律地位。它以法律行为或者以个人利益保护为导向的强制性法规范为基础。基于此，个人得向行政机关或国家提出要求，要求其为一定行为"[41]。质言之，它是客观法所赋予和保障的，为实现个人利益，而为个人所拥有的向国家请求作为或不作为的"意志力"和"法律权能"。[42] 以行政法学者布勒（Ottmar Bühler）为代表的德国公法学界从中提炼出了个人主观公权利的三项经典构成要素，分别对应如下：[43]

第一，客观法规范要素。该要素强调主观公权利的非原初性以及对于客观规范的依赖性。"只有通过客观法赋予、规定或保障时，主观权利才是可能的。"[44]此处需要指出的是，在布勒最初的论述中，客观法规范要素还被赋予了"强制性"特征，换言之，裁量性规范并不存在个人请求权的空间。不过，随着"二战"后公法学的进一步发展，巴霍夫（Otto Bachof）等人发展出的裁量理论破除了强制性的桎梏，明确裁

---

[37] Karl Friedrich von Gerber (Fn. 35), S. 65.

[38] 前注[12]，施托莱斯书，第500页。

[39] 耶利内克在其1925年版的《主观公法权利体系》导论中指出，受本书影响，将公民的公法权利视为客观法而非主观权利的状况已有所改变。前注[28]，耶利内克书，第5页。

[40] 前注[28]，耶利内克书，第11页。

[41] *Ottmar Bühler*，Die subjektiven öffentlichen Rechte und ihr Schutz in der deutschen Verwaltungsrechtsprechung，Berlin，1914，S. 36.

[42] 参见赵宏：《主观公权利的历史嬗变与当代价值》，载《中外法学》2019年第3期，第654页以下。

[43] Vgl. *Anna Ingeborg Scharl* (Fn. 36), S. 55.

[44] *Ottmar Bühler* (Fn. 41), S. 21.

量规范也有设定个人法律地位的属性，即个人拥有"无瑕疵裁量请求权"。[45] 因此，在当前的条件下，强制性法规范要素已被发展为客观法规范要素。

第二，保护规范要素。该要素要求个人主观公权利涵盖私益保护目的。布勒认为，公法是调整公共利益的规范，若其要产生主观权利，则该法规范"不仅应包含公共利益，还应服务于个人利益"。[46] 保护规范要素借鉴了利益学说的观点，强调了主观公权利的"个人利益保护指向"，要求公法权利须以"主要为了共同利益而被承认的个人利益"[47] 为内容。当然，其中的个人既包括特定个人，也包括部分人群。[48]

第三，法律权能要素。该要素要求个人得为保护其利益而要求行政机关采取特定行为的效果通过一定程序向行政机关寻求救济。[49] 它在行政诉讼与宪法诉愿制度发展的影响下，逐渐从行政机关的援用可能性被进一步指向了诉讼可能性。对此，公法学家托马（Richard Thoma）曾指出，"真正的主观公权利只能是能够向法院请求保护的法律权能"。[50]

从体系性的角度来看，客观法规范要素涉及个人公权的形式载体，保护规范要素系个人公权所保护的利益或目的，法律权能要素则代表了救济途径。它们之间呈现为一种递进式结构，代表了国家对于个人法律人格不同程度的承认，并构成了判断个人主观公权利是否成立、个人主体地位规范建构是否完成的重要基准。

（四）个人主体地位规范建构的主要阶段

根据公权构成三要素的递进式结构及其具体要求，个人主体地位的规范建构总体上经历了三个阶段：

在第一阶段，个人主体地位仅符合客观法规范要素的要求，亦即客观法秩序明确规定了对个人权利和自由的保障，不过国家公权力运行仍以单一的国家利益为依归，否认对个人利益的保护指向，亦未曾设置个人利益受到侵害时向国家请求救济的途径。在这一意义脉络之下，所谓的权利和自由并非"公民用以对抗国家的个人权利，而是行政机关的权限"。[51] 质言之，本阶段的个人只在抽象意义上被视为主

---

〔45〕 *Otto Bachof*，Die Dogmatik des Verwaltungsrechts vor den Gegenwartungsaufgaben der Verwaltung，VVDStRL 30(1972)，S. 193ff.，转引自前注〔42〕，赵宏文，第 656 页。

〔46〕 *Ottmar Bühler*（Fn. 41），S. 21.

〔47〕 前注〔28〕，耶利内克书，第 48 页。

〔48〕 Vgl. *Ottmar Bühler*（Fn. 41），S. 1.

〔49〕 *Ottmar Bühler*（Fn. 41），S. 48.

〔50〕 *Richard Thoma*，Das System der subjektiven öffentlichen Rechte und Pflichten，Handbuch des deutschen Staatsrechts，Bd. Ⅱ，1932，S. 607ff.

〔51〕 前注〔28〕，耶利内克书，第 1—2 页。

体,其实际处境与警察国家下完全居于被动地位而毫无人格的被统治者并无本质区别,国家与个人在规范上呈现为"权力/服从"的支配关系。

在第二阶段,个人主体地位在满足客观法规范要素的基础上,进一步符合了保护规范要素的要求。此时,个人权利不仅获得客观法律秩序的明确规定,而且它背后所根植的个人利益亦获肯认,与国家利益共同成为国家公权力运行的目标,要求在公权力运行过程中实现两种利益的平衡。至此,个人相对于国家的独立人格不再仅仅局限于抽象层面,而是在规范上得到了一定程度的承认,从而改变了国家与个人之间的"权力/服从"关系,初步形成了"权力/权利"之间的对峙。当然,由于法律权能要素的缺失,个人在本阶段并不具备自身利益受损时的救济请求权,国家对于个人利益的保障主要依靠国家保护义务实现。

在第三阶段,个人主体地位完整符合公权构成三要素,不仅客观法所规定的个人权利具备了独立的利益根基,而且当其利益受到国家公权力侵犯时,个人也拥有了请求国家作为或不作为的诉讼可能性。由此,个人真正成为国家的目的而非客体,彻底具备了相对于国家的主体地位。

综上,随着构成要素符合性的逐一递进,个人的法律人格得以不断增长,主体地位亦获得相应强化,最终推动个人从受国家支配的客体地位上升为具有完整独立人格的法律主体。

三、个人主体地位与法治国家建设的体系化展开

作为法治国家建设的应有之义,个人主体地位的规范建构从来都不是孤立的。依循国家自我拘束的内在逻辑,确立个人主体地位构成了法治国家建设的重要组成部分,并推动法治国家建设在"国家—个人"维度的体系化。

(一)法治国家概念的基本构造

经过前文的层层梳理,法治国家规范化的实现机制从国家自我拘束的内在逻辑出发,最终落脚在了国家对于个人主观公权利的承认之上,并以个人公权的构成三要素作为判断基准。将之引入法治国家建设的整体构造,不难发现,根据各要素之间三阶段的递进式结构,及其背后所代表的国家对于个人法律人格不同程度的承认,法治国家所辐射的统治领域也被相应地一分为三:

其一,基本义务领域。在国家与个人的关系中,当个人处于主体地位建构的第一阶段,受国家支配而被排除独立人格,与国家之间呈现为"权力/服从"的支配关系时,个人所处的国家统治领域可以被称为"基本义务领域"。基本义务,亦即耶氏所称之被动地位。在该领域中,国家公权力行使以绝对的、唯一的、不可衡量的国家利益为依归,强调国家建构与维系的保障,要求个人对国家的绝对服从,国家仅在形式

上遵守客观法秩序。此时,国家权力的依法行使即使在客观上对个人有所助益,也不过是反射利益的实现,而非对于个人利益的承认。正是由于国家利益的唯一性与个人利益的否定性,当国家公权力在基本义务领域中违法行使时,法秩序只能通过内部监督、政治层面的合宪性审查等方式予以纠正,不仅个人缺乏救济请求权,而且用以权衡个人利益与国家利益的比例原则也不得适用。根本上,基本义务领域是一个独立于"私领域"的"公领域",属于政治形成空间。一般而言,个人被动地位所指涉的公民基本义务均属于该领域。

其二,客观价值秩序领域。当个人主体地位的规范建构进入第二阶段,一方面在保护规范要素中承认了个人相对于国家的利益,另一方面又未设置相应的救济渠道时,个人所处的国家统治领域即"客观价值秩序领域"。所谓客观价值秩序,即基本权利的客观法属性,它"构成立法机关建构国家各种制度的原则",以及"行政权和司法权在执行和解释法律时的上位指导原则"。〔52〕相较于主观权利属性,客观价值秩序一般不赋予个人以主观请求权,而是对国家课以单纯的保护义务。〔53〕因此,该领域并不为个人直接创设权利,而是旨在为个人权利的行使创造制度性、组织性条件。在该领域,法秩序针对国家公权力的违法行使,一方面由于个人未获得完整人格,因此无法向国家寻求救济;另一方面由于个人利益保护指向得到承认,因此在国家主导的内部监督与合宪性审查制度中也无法排除比例原则的适用。性质上,客观价值秩序领域是一个兼具公私双重属性的统治领域,作为个人积极地位的社会权多隶属其中。〔54〕

其三,主观权利领域。当个人主体地位的规范建构步入第三阶段,被赋予完整的独立人格,与国家之间呈现为当前公法学所普遍认可的"权力/权利"的对峙关系时,其所对应的国家统治领域则可被称为"主观权利领域"。在该领域,国家权力的依法行使不仅要以国家利益为目标,而且应当具有个别利益保护救济可能性,因此,当国家权力违法行使时,除了可以运用基本义务领域下的由国家发动且主导的各项监督制度外,个人还得以自身利益受到侵犯为由,通过行政诉讼、宪法诉愿等途径向国家寻求救济,并可将比例原则作为权衡国家与个人利益关系的基准。总体上看,主观权利领域显然属于个人排除国家干预的"私领域"。它为个人创设了一个自主决定的自由空间,一般涵括了个人的消极地位与主动地位。

---

〔52〕 张翔:《基本权利的双重性质》,载《法学研究》2005 年第 3 期,第 25 页。

〔53〕 参见张翔:《基本权利的规范建构》(增订版),法律出版社 2017 年版,第 252 页。

〔54〕 详细分析参见刘馨宇:《宪法社会权性质的教义学探析》,载《中外法学》2022 年第 3 期,第 785—802 页。

（二）法治国家建设的基本框架

根据构造上的三分，法治国家建设在"国家—个人"维度以个人的法律人格受到承认的程度及其存在范围为依据，被类型化为不同性质公共领域的排列组合，并在国家公权力与个人主观公权利的消长中形成了以"客观/主观"为分析标准的基本框架。

其中，基本义务领域完全属于客观范畴，主观权利领域完全落入主观范畴，客观价值秩序领域则是两者之间的过渡领域。当国家公权力对于个人的支配力越强，法治国家越是朝着客观范畴发展，国家利益被突出、个人利益受抑制，个人人格遭到贬损，国家优势地位则愈发巩固，强调了个人服从以及国家对于个人的依法支配，国家与个人之间呈现为"权力/服从"关系。与之相对，若个人相对于国家的独立性越明显，则其越是朝着主观范畴发展，个人相对于国家的主体性更受推崇，法秩序限制基于国家利益而对个人权利的侵犯要求公权力行使具有个人利益保护指向，并确保个人与国家之间的利益平衡，由此在个人与国家之间逐渐形成了"权力/权利"关系。

立足于"客观/主观"范畴的二分，法治国家在主体维度被类型化为主观法治国家与客观法治国家两大类，并可基于基本义务领域、客观价值秩序领域与主观权利领域的消长而得到更为精确的界定。具体而言，彻底的客观法治国家呈现为单一的基本义务领域，而彻底的主观法治国家则呈现为单一的主观权利领域。在此基础上，当法治国家兼具客观与主观范畴时，则需要根据基本义务领域、客观价值秩序领域与主观权利领域之间的范围进行比较分析。

（三）法治国家建设的基本类型

在"客观/主观"分析框架之下，通过梳理德国法治国家建设的历史进程，可以发现，以1848年革命以及1949年基本法制定为界，德国法治国家建设经历了从"莫尔式法治国家"到"布勒式法治国家"，直至"基本法式法治国家"的发展历程，并形成了三种不同的法治国家建设类型。

1. 莫尔式法治国家

18世纪末至1848年革命前，法治国家概念在"国家—个人"维度呈现为由基本义务领域与客观价值秩序领域共同组成的客观法治国家。由于此类法治国家建立在莫尔学说的基础上，笔者将该时期的法治国家统称为"莫尔式法治国家"。

莫尔式法治国家以康德等人的法哲学思想为基础，部分承认了行政领域中关涉个人自由、财产与安全等方面的国家公权力行使的个人利益保护指向性，从而就客观法规范要素与保护规范要素达成有限共识。例如，本时期的公法学者魏克尔（Karl Theodor Welcker）就曾指出："法治国家的最高法律，其外在是规范所有公民的客观法形式(objektive Rechtsform),其内在则是自由精神。"[55]莫尔亦曾强调,法治国家以国民的个人自由、财产与安全保障为内核。[56]不过,由于个人的救济请求权在此时的公法学中完全不被接受,致使法律权能要素始终无法满足,因此,该行政领域仅属客观价值秩序领域。除此之外,莫尔式法治国家的绝大部分立法、行政与司法领域,仍处于基本义务领域之中。根据彼时的主流观点,法治国家之法(Recht)"就是法律(Gesetz),合法性(Rechtsmässigkeit)就是合法律性(Gesetzmässigkeit),权利保护(Rechtsschutz)就是合法律性控制(Gesetzmässigkeitskontrolle)"。[57]因此,莫尔式法治国家虽有权利之名,但其本质上不过是"法律对国家公权力课以限制的单纯的反射性效果"。[58]

职是之故,在莫尔式法治国家中,个人自由实际上被简化为了国家公权力对"蕴含自由价值之法律"的遵守。在规范意义上,个人之于国家某种程度上仍被视为臣民,以被动地位为本,仅在自由与财产的范围内被有限且抽象地承认了主体地位,既无法依其权利请求国家作为或不作为,亦难以立足于个人意志主动参与国家意志的形成;而国家之于个人,则其权力行使只要符合客观法秩序的规定,并在一定程度考虑个人利益保护即可。

2. 布勒式法治国家

法治国家概念在 19 世纪上半叶的形成与发展深刻影响了后世法学界对于国家学说的思考。不过,虽然莫尔式法治国家的确立在一定程度上限制了警察国家中行政权的滥用,但它在"国家—个人"关系维度并未在根本上超越警察国家的绝对主义国家观。直到 1848 年革命爆发后,受到《保罗教堂宪法》的影响,"法院裁决所有权利侵害(Rechtsverletzungen)"[59]作为全新观念被引入德国公法,方才推动法治国家建设的历史转向。自此以后,以萨韦(Sarwey)、勒宁(Löning)为代表的公法学者开始在行政领域"将主观公法权利作为既定概念加以承认,以重构这一权利的传统形态,使其具有科学的确定性",[60]并由此影响了南德意志各邦行政法院设立时的功能定位,[61]使教义上"赋予公民一种可以和民法上的'请求权(actio)'相比较的'主

---

[55] *Karl Theodor Welcker*, Die letzten Gründe von Recht, Staat und Strafe, Gießen, 1813, S. 100f.

[56] Vgl. *Robert von Mohl* (Fn. 20), S. 323.

[57] *Wihelm Henke*, Das subjektive öffentliche Recht, Tübingen, 1968, S. 42.

[58] 前注[42],赵宏文,第 651 页。

[59] § 182 FRV.

[60] 前注[28],耶利内克书,第 7 页。

[61] 参见喻文光:《德国行政法院再认识及其对我国的镜鉴》,载《行政法论丛》2015 年卷,第 131—133 页。

张权（Anspruch）'"[62]在行政诉讼中成为可能，从而补齐了公权构成三要素的最后一块拼图——法律权能要素。最终，到了 20 世纪初，随着耶利内克与布勒完成了公权构成三要素在行政法中的体系化，推动了主观权利领域的形成与基本义务领域的限缩，进一步实现了国家的自我拘束，由此形成了主观权利领域、客观价值秩序领域和基本义务领域共同构成的法治国家形象。鉴于历史上，德国公法学家布勒系实现个人公权理论在行政法中体系化的重要推动者，[63]笔者将本时期的法治国家形象称为"布勒式法治国家"。

在布勒式法治国家中，个人在行政诉讼的受案范围内首次彻底符合了公权构成三要素，完成了自身主体地位的规范建构。当然，鉴于彼时的诉讼列举主义，行政领域得以主观化的个人公权受到了严格的限制。相较之下，法治国家在本时期的绝大部分统治领域仍处于基本义务领域之中，总体上仍属于客观法治国家的范畴。尤其是立法领域，当时的通说始终强调它的国家性，认为立法应被视为"明确且绝对的公共意志的表达"，[64]"仅仅为了共同利益而存在并发挥作用"，[65]不具有个人利益保护指向，不能因个人的请求负担义务。在此背景之下，由于客观法规范因素完全受制于立法，致使个人主观公权利成为立法者的创造物，具有可撤回性，而立法权的优越地位又使自身完全不受制约，故而立法者随时可以通过民主手段与立法程序对业已承认的个人主观公权利予以彻底否定。纳粹的执政及其暴行最终证明布勒式法治国家中个人主体地位的虚弱性。

3. 基本法式法治国家

第二次世界大战后，德国公法学界深切反思了"立法全能"给法治国家造成的隐患。为了填补这一漏洞，1949 年制定的德国《基本法》开篇即以"人的尊严不受侵犯"为核心，明确规定"尊重保护人的尊严是一切国家权力的义务"，从而将包括立法权在内所有国家权力的建构与行使都建立在基本权利保障之上。

受此影响，《基本法》主要围绕以下两方面展开法治国家建设。其一，根据人的尊严所主张的个人主体性、目的性，个人之于国家的被动地位在基本法秩序中被彻底否定，从而在法治国家建设中极大限缩并最终排除了基本义务领域。根据耶利内克的观点，被动地位意味着个人对于国家支配的服从，它排除了个人人格，使个人只能作为义务主体，或者一个更高级整体的部分或工具。[66] 毫无疑问，此类被工具化

---

[62] 前注[12]，施托莱斯书，第 420—421 页。

[63] 相关历史分析参见前注[42]，赵宏文，第 654 页。

[64] Karl Friedrich von Gerber, Grundzüge des deutschen Staatsrechts, Leipzig, 3. Aufl., 1880, S. 207.

[65] 前注[28]，耶利内克书，第 73 页。

[66] 前注[28]，耶利内克书，第 76 页。

的个人形象完全不得见容于以人的尊严为最高价值的基本权利教义学。因此，自霍夫曼教授（Hasso Hoffmann）于 1982 年举行的国家法教师学会年会中提出将其解释为基本权利限制的观点以来，[67]被动地位理论便随之为基本权利限制学说所取代。[68]

其二，结合基本权利学说的发展，本时期法治国家建设中统治领域的性质划分均以基本权利的双重性质为依归。战后的德国公法学通说普遍承认基本权利既是主观权利，又是客观价值秩序。其中，前者以《基本法》第 19 条第 4 款"任何人之权利遭受公共权力的侵犯时，都可以向法院起诉"的规定为依据，强调了基本权利的防御功能与受益功能，并通过宪法诉愿制度的建立，为个人提供了无漏洞的基本权利救济体系。后者则以《基本法》第 1 条第 3 款"以下基本权利是拘束立法、行政、司法的直接有效的法"为依据，强调了基本权利的保护义务功能，旨在从制度性保障、组织程序保障等方面对国家课予义务，从而为基本权利保障创造条件。基本权利的双重性质分别对应法治国家的主观权利领域和客观价值秩序领域。并且，在统一的基本权利概念的整合下，两个领域之间也不再呈现为相互孤立的状态，而是作为基本权利的一体两面获得了内在关联性，尤其是客观价值秩序存在通过"再主观化"的方式转化为主观权利的可能。[69]

综合以上两方面，《基本法》生效后，法治国家呈现为由客观价值秩序领域与主观权利领域共同塑造的"基本法式法治国家"。需要特别指出的是，由于客观价值秩序再主观化的可能性，从某种程度上讲，基本法式法治国家已近趋于单一的主观权利领域。

四、德国法治国家建设的基本趋势及其局限

（一）法治国家建设的主观化趋势

将个人主体地位的规范建构作为线索，德国的法治国家建设经历了从莫尔式法治国家到基本法式法治国家的历史嬗变。其中，莫尔式法治国家由绝大部分基本义务领域与小部分客观价值秩序领域构成，代表了历史上极端客观的法治国家形态。与之相对，在基本权利保障下趋于单一主观权利领域的基本法式法治国家则代表了

---

〔67〕 Vgl. *Hasso Hoffmann*, Grundpflichten als verfassungsrechtliche Dimension, VVDStRL, 1983, S. 76.

〔68〕 Vgl. *Kingreen/ Poscher*, Grundrechte Staatsrecht Ⅱ, C. F. Müller, 35 Aufl., 2019, S. 96ff；Vgl. *Florian Dühr*, Prinzip und System der Grundpflichten, LIT Verlag, 2002, S.76.

〔69〕 参见前注〔52〕，张翔文，第 32—33 页。

极端主观的范畴。在这一历史嬗变进程中,基本义务领域不断限缩,主观权利领域日益扩张,呈现出一种"主观化"的趋势。诚如耶利内克在 20 世纪初所预言的那样,"不断扩展个人人格和相应地限制国家构成晚近政治史的重要内容。"[70]

在德国公法学中,法治国家建设的主观化本质上指向了个人主体地位的强化,它在形式上表现为权利关系对权力关系的替代,因此也被称为"主观权利化"。在主观化趋势中,个人被动地位逐渐缩小,相对于国家的主体地位则不断巩固,权利思维、请求权体系日益构成界定国家与个人关系的主流。这一发展趋势顺应了以人权保障为指向的现代公法学发展潮流,并最终促成了德国公法的"哥白尼式转向",使个人成为公法关系的出发点与落脚点。特别是在基本法式法治国家出现后,正如瓦尔教授(Rainer Wahl)所言:"个人不再是国家的对象,不再是从属于整体的一员。取而代之的是,个人成为所有政治思想与设计的出发点。他具有了彻底的主体性,在法律中的任何领域都构成法律主体。"[71]

(二)主观化趋势的潜在风险

当然,在"国家—个人"维度,主观化并不是法治国家建设唯一的政治正确。尤其是到了基本法式法治国家的阶段,随着"哥白尼式转向"实现了公法中国家与个人地位的反转,若继续一味坚持主观化的发展方向,也可能致使法治国家背离其国家自我拘束的内在逻辑,造成以个人否定国家的国家虚构化风险。

耶利内克曾指出:"个人对国家的服从构成了国家有效性的基础。这种状态处于个人的义务领域之中、处于被动地位、服从地位之上。"[72]一旦个人被动地位不被承认,则其所指向的多为独立政治共同体的国家概念无疑也将不复存在,相应地,法治国家也不再建立在国家自我拘束的逻辑基础上,而是被宪法所建构的、与法秩序相等同的国家概念所取代。对此,黑塞(Konard Hesse)所代表的通说观点就认为,基本法式法治国家"并非建立在对既存政治统一体及其不受限制之权力的事后限制的基础上……基本法中的法治国家秩序更多规整出的是诸项原则与程序性规定,并由此奠定了法治国家总体秩序的基础"。[73]这一观念伴随着 20 世纪 70、80 年代全

---

〔70〕　前注〔28〕,耶利内克书,第 78 页。

〔71〕　*Rainer Wahl*, Herausforderungen und Antworten: Das öffentliche Recht der letzten fünf Jahrzehnte, De Gruyter, 2006, S. 21.

〔72〕　前注〔28〕,耶利内克书,第 78 页。

〔73〕　*Konrad Hesse*, Grundzüge des Verfassungsrechts der Bundesrepublik Deutschland, C. F. Müller, 20 Aufl., 1999, S. 84.

球化的深入与后现代主义的发展而愈演愈烈,[74]并使法治建设被不可避免地推向了国际化、地方化与社会化的方向。[75] 时至今日,现代法治国家理论开始逐渐放弃国家自我拘束的内在逻辑,而将先于国家且不依赖于国家而存在的个人及其基本权利作为法治国家的逻辑起点,并将原本独立于法秩序的国家概念技术化、工具化、形式化,[76]使之与抽象的法秩序相等同。齐佩利乌斯(Reinhold Zippelius)曾精确地指出,在基本法时代,国家的统一性不过是宪法与法律建构的产物,最终均可分解为各个自然人的行为。[77]

但问题是,这样一个完全摒弃了基本义务领域,否定自身的独立性,而仅仅作为秩序共同体的虚构化国家能够承担起充分实现人权保障的重任吗? 自上个世纪末以来,德国公法学界对此亦屡有怀疑,典型如鲍尔(Harmut Bauer)对于国家主观公权利的反思、默勒斯(Christoph Möllers)对于现代国家法中国家概念的再论证以及福斯库勒(Andreas Voßkuhle)对于新国家科学的主张等等。[78] 虽然,这些批评的声音并未成为主流,不过其呼吁的内容却值得深思。面对当下仍在世界范围内普遍发生的传染病疫情、恐怖事件与经济危机,我们不是更加远离,而是更为依赖国家的能力。而且,从概念史的角度来看,法治国家所反对的也只是警察国家中的绝对主义因素,而非国家本身。基于反对绝对国家主义的初衷,而导致国家虚构化的结果,实为矫枉过正之举。应当明确,法治国家在本质上处于"绝对主义国家"与"国家虚构化"之间,既反对国家对个人的绝对支配,也反个人对国家的彻底虚构。

(三) 确立法治国家建设的主观化边界

综合前述的历史进程,并总结其中的经验教训可知,关于个人主体地位的规范建构始终面临着一个两难困境:一方面,应当在总体上继续坚持主观化的方向,推动并巩固个人相对于国家的主体地位,以控制国家;另一方面,还须防止国家概念在主

---

〔74〕 Vgl. *Takada Bin*, Rechtsstaat und Rechtsstaatsdenken im japanisch-deutschen Vergleich, Mohr Siebeck, 2019, S. 119; Vgl. *Christoph Möllers*, Der vermisste Leviathan: Staatstheorie in der Bundesrepublik, Suhrkamp, 3. Aufl., 2016, S. 59ff.

〔75〕 Vgl. *Takada Bin* (Fn. 74), S. 133.

〔76〕 Vgl. *Oliver Lepsius*, Braucht das Verfassungsrecht eine Theorie des Staates? — Eine deutsche Perspektive: Von der Staatstheorie zur Theorie der Herrschaftsformen, EuGRZ 2004, S. 370–381.

〔77〕 *Reinhold Zippelius*, Allgemeine Staatslehre, C.H. Beck, 17 Aufl., 2017, S. 86f.

〔78〕 *Harmut Bauer*, Subjektiv-öffentliche Rechte des Staates-Zugelich ein Beitrag zur Lehre vom subjektiven öffentlichen Recht, DVBl. 1986, S. 208 ff.; *Christoph Möllers*, Staat als Argument, C. H. Beck, 2000, S.297ff.; *Andreas Voßkuhle*, Die Renaissance der „Allgemeinen Staatslehre" im Zeitalter der Europäisierung und Internationalisierung, JuS 2004, S. 2 ff.

观化的趋势中被虚构化,确保现代国家的本质内容不被掏空,避免陷入相对主义与众愚政治的陷阱。[79]

围绕着主观化趋势与国家虚构化风险之间的二元张力,反思德国公法上的利弊得失,笔者认为,较为稳妥的方法是在承认主观化发展方向的基础上,将涉及国家建构根本价值的内容排除在主观权利领域和客观价值秩序领域之外,从而为法治国家的独立国家预设提供最低限度保障。根据耶利内克的地位理论,个人被动地位所指向的公民基本义务构成了这一主观化边界的理想界标。公民基本义务,即"宪法所规定的构建作为共同体的国家并维系其存续而要求公民必须履行的责任"。它承袭自 1795 年"法国共和三年宪法"的规定,具体包括了兵役义务、纳税义务与服从义务三种类型。从内容上看,上述义务分别代表了对外捍卫国家安全,对内维系国家运作以及对于国家的总体忠诚,本质上"都以共同体的建构与维系为目标,体现为一种在个体认同的基础上为共同体奉献、牺牲的精神"。[80] 对于现代国家而言,公民基本义务"建立在国家构建和保持自由的基础之上",[81]既无条件亦无回报,构成维系国家存续的最低限度共识,故应将之确立为法治国家的主观化边界。质言之,在法治国家建设过程中,无论个人独立人格如何发展,个人人格领域如何扩张,兵役、纳税与服从等公民基本义务均不得被主观化为基本权利限制,亦不得被纳入个人人格领域或客观价值秩序领域的范畴,而应始终作为基本义务领域的一部分,以国家存续利益为依归,保障国家的建构及其存续。

五、反思与借鉴

在德国公法中,个人主体地位的规范建构是"国家—个人"维度下法治国家建设的核心要义。它建基于国家自我拘束的内在逻辑,以确立个人相对于国家的法律人格为内核,以个人主观公权利为载体,并以公权构成三要素为判断基准,最终对德国法治国家的体系化建设产生了深远影响。以个人主体地位的规范建构为线索,法治国家在德国经历了从莫尔式法治国家向基本法式法治国家的历史变迁,并呈现为主观化的发展趋势。在法治国家建设背景下,该趋势以基本义务领域的限缩与主观权利领域的扩张为主轴,持续推动国家与个人之间"权力/权利"关系对"权力/服从"关系的替代,从而支撑个人主体地位在规范上的确立与巩固。当然,对于个人主体地

---

〔79〕 参见王天华:《国家法人说的兴衰及其法学遗产》,载《法学研究》2012 年第 5 期,第 98 页。

〔80〕 姜秉曦:《我国宪法中公民基本义务的规范分析》,载《法学评论》2018 年第 2 期,第 49 页。

〔81〕 参见王晖:《法律中的团结观与基本义务》,载《清华法学》2015 年第 3 期,第 11 页。

位的规范建构,以及由此推动的法治国家的主观化发展趋势而言,德国学界也不无担忧。不少学者担心,一味追求个人的主体地位可能背离国家自我拘束理论,并引发国家虚构化的风险。对此,我们既不应根本否定主观化的建构方向,亦不应抛弃国家自我拘束的逻辑,或可通过将公民基本义务设定为个人主体地位规范建构的主观化边界等方式调和两者的内在张力。

梳理并反思德国法上个人主体地位规范建构的经验与教训,不仅有益于深入把握法治国家观念,对于贯彻落实习近平法治思想中"坚持人民主体地位"的政治要求也具有十分重要的借鉴意义。一方面,随着 2001 年"齐玉苓案"与 2017 年"刘广明诉张家港市政府再审行政案"分别在宪法与行政法领域引入主观公权利,[82]国内关于法治国家建设的研究开始关注到"国家—个人"的关系维度,有学者提出要以统一的公权理论统摄法治国家建设。在此背景下,借鉴德国公法学在个人主体地位方面所积累的研究进路与分析框架,有助于搭建我国公法上关于个人主体地位规范建构的本土范式。另一方面,随着近年来权利意识的觉醒,部分学者受到德国的影响,主张将现行宪法明确规定的公民基本义务解释为基本权利限制,以杜绝个人被客体化、手段化的可能性。[83]这一基本权利化的解释倾向,不仅与现行宪法规定公民基本义务的原旨背道而驰,也蕴含着国家虚构化风险。德国的经验与教训对于解决上述问题同样具有一定的启发性。当然,对于德国公法上研究进路、分析框架与经验教训的反思与借鉴仅仅只是前提与开端,更为重要的是如何在此基础之上,实现个人主体地位在中国公法体系中的规范建构。这一教义学作业则有待另文探讨。

〔82〕 参见姜秉曦、张翔:《基本权利理论研究 30 年》,载中国宪法学研究会编:《中国宪法学三十年(1985—2015)》,法律出版社 2015 年版,第 184 页以下;参见前注〔42〕,赵宏文,第 648—649 页。

〔83〕 参见郑贤君:《基本义务的宪法界限:法律保留之适用》,载《长白学刊》2014 年第 3 期;参见陈征:《国家权力与公民权利的宪法界限》,清华大学出版社 2015 年版,第 23 页。

中德法学论坛

第 19 辑·下卷,第 83～103 页

一般数据犯罪的比较考察与体系建构

赵 桐*

摘 要:由于数据本身具有价值,即使数据与个人信息无关,其自身的处置价值也是刑法上值得保护的法益,但目前我国刑法第 285 条的计算机犯罪并不能将一般数据保护完全纳入解释范畴,而《德国刑法典》第 202a 条至第 202d 条对与公民秘密或信息无涉的一般数据进行保护。一般数据受到不可感知性、无权处置性、特殊保护性与非公开性的范围限制。德国刑法从刺探和截取的实行行为、预备行为、赃物行为建构一般数据犯罪体系,虽然其立法过程中也存在一定争论,但对我国的数据刑法保护仍具有较大启示作用。我国的数据犯罪法益也应包括对一般数据的处置权保护与对个人数据的信息自决权保护,同时也必须规避立法体系上的矛盾和形式化考察带来的过度刑罚化问题,由此建立我国一般数据刑法保护体系。

关键词:一般数据;数据法益;计算机犯罪

Abstract: Since data has value in itself, even if it is not related to personal information, its own disposal value is a legal interest worthy of protection under criminal law. However, the current computer crime in §285 of our criminal code does not bring the protection of general data fully within the scope of interpretation, whereas §202a to §202d of the German Criminal Code protect general data that are not related to citizens' secrets or information. General data is limited by the scope of imperceptibility, non-disposability, special protection and non-disclosure. The German Criminal Law constructs the general data crime system from the practice of spying and interception, preparatory acts and post-facto acts, although there is also a certain debate in its legislation process, it still has a greater inspiration for

---

* 赵桐:南京大学博士研究生、慕尼黑大学联合培养博士研究生。本文受 2021 年国家高水平大学公派研究生项目(留金选[2021]70)资助。

the criminal law in China. The legal interests of data crime in China should also include the protection of the right to the dispose of general data and the protection of the right to self-determination of personal data, and at the same time, the contradictions in the German legislative system and the excessive criminalization brought by the formalized recognition must be avoided, so as to establish the general data criminal law protection system in China.

Key words:General Data;Data Legal Interests;Computer Crime

一、问题的提出

《个人信息保护法》颁布以来,刑法学界涌现了对个人信息保护的讨论热潮。然而,随着大数据时代的来临,实践中窃取数据的行为指向的不仅是公民信息,也包含了大量与个人信息和秘密无涉的一般数据,这些数据由于涉及经济价值、使用价值等,也存在保护的必要性,但是判决中对非法获取此类数据行为的定性仍存在较大争议。例如,近年来出现的"流量劫持"案,行为人使用恶意修改代码的行为,将 A 网站的流量转移到 B 网站,有的法院将其解释为"导致原网站不能正常运行"从而认定构成破坏计算机信息系统罪。[1] 而有的法院则认为该行为属于采用技术手段获取用户的网络数据,应当认定为非法获取计算机信息数据罪。[2] 此外,还有近期引发热议的"爬虫抓取数据案",实践中立场也犹疑不定,有的法院认为构成非法获取计算机信息系统数据罪,[3]有的法院认为构成侵犯公民个人信息罪,[4]有的法院认为只构成经济法上的不正当竞争。[5] 存在争议的原因在于数据犯罪和信息犯罪具有天然的竞合关系,但是否应当在一类案件中讨论一种法益侧面,仍是值得思考的问题。由于数据犯罪领域中概念本身的交叉和混淆,这类与个人信息和秘密无涉却具有经济价值的数据在我国理论与实践中定位模糊,因而具有单独讨论的必要。

随着我国陆续颁布《网络安全法》《数据安全法》,数据安全已经成为维护国家主权、安全和发展利益的重要保障。而目前世界一些主要经济体和大国也发布了以发展数字经济、保护数据安全为核心的数据战略。尤其是德国乃至欧盟很早就开始关注数据保护问题,在德国刑法中也存有较为完备的数据犯罪规制体系。德国对数据的刑法保护存在两种路径:一是通过《德国联邦数据保护法》的附属刑法规范对个人

〔1〕 上海市浦东新区人民法院(2015)浦刑初字第 1460 号刑事判决书。

〔2〕 重庆市沙坪坝区(2016)渝 0106 刑初字第 1393 号刑事判决书。

〔3〕 山东省济南市历下区人民法院(2020)鲁 0102 刑初字第 351 号刑事判决书。

〔4〕 湖南省岳阳县人民法院(2020)湘 0621 刑初字第 241 号刑事判决书。

〔5〕 北京知识产权法院(2020)京 73 民终字第 3422 号民事判决书。

数据进行保护,二是通过《德国刑法典》第 202a 条至第 202d 条对一般数据进行保护。我国刑法并未区分一般数据与个人数据保护,尤其缺乏对一般数据刑法保护的深入研究和体系建构,导致实践中对于非法获取一般数据的定性问题存在分歧。因此,对《德国刑法典》第 202a 条至第 202d 条中关于德国一般数据的刑法保护体系的研究具有重要现实意义。

《德国刑法典》第 202a 条规制的是窥探数据的行为,第 202b 条规制的则是截取数据的行为,第 202c 条规制的是窥探与截取数据的预备行为,第 202d 条则是针对非法获取数据以求为自己或他人谋利的数据赃物罪。这四条与第 303a 条数据变更罪构成《德国刑法典》中对一般数据的刑法保护体系,由于数据变更罪被安排在毁损罪之下,被类比为"虚拟的毁损罪"[6],与第 202a 条至第 202d 条保护法益的侧重点不同,碍于篇幅限制,本文仅考察第 202a 条至第 202d 条的相关规定,同时关注其认定和设置上的争议。此外,通过对比德国数据犯罪体系与我国的计算机犯罪,有利于我国构建更为完整系统的数据保护机制。

二、一般数据犯罪的法益保护目的

《德国刑法典》第 202a 条刺探数据罪规制的是突破保护措施、获取他人设有保护机制的数据的行为,是德国 1986 年 5 月 14 日第二部《数据保护法》新设立的条款之一,旨在打击计算机和数据犯罪。[7] 该条款被规定在第 15 章侵犯个人生活及秘密领域罪中,但是,该罪与我国的侵犯公民个人信息罪不同,我国的侵犯公民个人信息罪保护的是公民个人的信息权[8]或信息自决权[9],因而需要考察数据的具体信息内容是否具有可识别性,范围仍限定在个人信息数据中。但是德国刑法第 202a 条所保护的数据不限于个人数据,相反,它可以是任何类型的信息;它不一定是基于一个秘密,它甚至可以是其他地方公开或免费提供的数据。[10] 同时,仅仅通过克服访问保护而获取数据的行为已然构成本罪。[11] 可以看出,本条保护的是严格的对数据的支配权,而不要求该数据涉及公民人格,故而其范围更为广泛与一般。这种可罚

---

〔6〕 Kindhäuser/Böse, Strafrecht Besonderer Teil Ⅱ, 10.Aufl., 2019, S.212.

〔7〕 Vgl. Kindhäuser/Neumann/Päffgen, Strafgesetzbuch, 5.Aufl., 2017, § 202a, Rn.1.

〔8〕 参见张明楷:《刑法学》(下),法律出版社 2021 年版,第 1199 页。

〔9〕 参见马永强:《侵犯公民个人信息罪的法益属性确证》,载《环球法律评论》2021 年第 2 期,第 111 页。

〔10〕 Vgl. Jessen, Zugangsberechtigung und besondere Sicherung im Sinne von § 202a StGB, Diss. Kiel 1994, S.46f.

〔11〕 Vgl. Kochheim, Cybercrime und Strafrecht in der Informations-und Kommunikationstechnik, 2. Aufl., 2018, Rn.569f.

性也并不是来自数据的所有权（Eigentum），而是来自对数据的处置权（Verfügung）本身。[12]

实际上，与我国目前对数据犯罪法益的争论一样，在立法之初，关于刺探数据罪所保护的法益，德国学界也曾存在一定的争论。例如，有学者认为该条的法益应当是从数据或程序中反映出的财产价值，其保护的数据应当是具有经济价值的数据，因而刺探数据罪应当与第 248c 条盗窃电力罪相似，被称为"数据盗窃"或"信息盗窃"更为贴切。[13] 这种考虑不无道理，在欧洲其他国家如瑞士，就将非法获取数据的行为纳入盗窃罪。[14] 但是，仅从《德国刑法典》对于刺探数据罪的构成要件中，并不能看出"取得财产"（Vermögensbezug）这一要件，这一条也并不侧重于获取数据知识，或具有直接经济价值的信息。[15] 根据立法历史和法条措辞，当有权处置数据的人表达了控制数据的意愿，特别是确保数据不被未经授权访问时，刺探数据的行为就足够构成本罪了。[16] 因此，对于刺探数据罪而言，其保护的法益仍然是个人产生于信息内容的处置的权利。[17]

第 202b 条截取数据罪规制的是从非公开的数据处理或传输设施中截取数据的行为，是《德国刑法典》在 2007 年根据 2001 年《欧盟网络犯罪公约》第三条而新设立的条款。刺探数据罪仅规制对传输过程中的受特别保护的数据的刺探行为，但在多数无线访问中，电信供应商和制造商往往只提供相应设备的未加密的（unverschlüsselter）配置，这部分数据也需要刑法保护。[18] 可以说，截取数据罪起到的是对刺探数据罪的补充功能。[19]

因此，截取数据罪所保护的法益与刺探数据罪一致，都是对数据的处置权。其涉及的并不是公民特殊的秘密性利益（Geheimhaltungsinteresse），而是一般意义上的基于通信不公开的权利所产生的处置性利益（Verfügungsinteresse）。[20] 而我国的侵犯公民个人信息罪和非法获取计算机信息系统数据罪虽然也规制了类似的非法获取数据的行为，但是并不保护形式上的一般数据的处置权，这源于我国民法上

---

[12] Kindhäuser/Schramm, Strafrecht Besonderer Teil Ⅰ, 10. Aufl., 2022, § 30 Rn.5.

[13] Haft, in: NStZ 1987, 9.

[14] Heghmanns, in: Achenbach/Ransiek/Rönnau (Hrsg.), Handbuch des Wirtschaftsstrafrechts, 4. Aufl., 2015, VI 1.

[15] Vgl. Beukelmann, Prävention von Computerkriminalität, 2001, S.113.

[16] Schönke/Schröder, Strafgesetzbuch, 30. Aufl., 2019, § 202a, Rn.1.

[17] Vgl. Schoch, Das Recht auf informationelle Selbstbestimmung, in: Jura, 2008, S.352.

[18] Vgl. Ernst, Das neue Computerstrafrecht, in: NJW 2007, 2661.

[19] Kindhäuser/Neumann/Päffgen, Strafgesetzbuch, 5.Aufl., 2017, § 202b, Rn.2.

[20] Schumann, Das 41. StrÄndG zur Bekämpfung der Computerkriminalität, in: NStZ 2007, S.675.

主张的个人数据不可确权性。理论上认为,数据上无法确定物权。一般数据可以无损耗、低成本地无限复制,具有非排他性,无法确定权利边界。[21] 我国信息犯罪保护法益的根据在于人格权利益,而我国目前的计算机犯罪所保护的法益更偏重于国家对计算机信息系统安全的管理秩序,[22]在这种意义上,我国所规制的行为对象与德国实际上并不相同。

《德国刑法典》第202c 条预备刺探或截取数据罪规制的是对于刺探或截取数据行为的预备行为,与截取数据罪一样,也是 2007 年基于欧盟网络犯罪公约而新添加的条款,其旨在独立惩罚刺探或截取数据的"特别的危险的准备行为"。[23] 立法者认为,黑客工具的使用通过互联网而具有了广泛的传播性与简便的使用性,这构成了相当大的抽象危险,只有处罚这种传播黑客工具的行为,才能有效打击这种危险。[24] 因此,预备刺探或截取数据罪是进一步对侵犯数据处置权的抽象危险的规制,其将处罚时点提前至对黑客工具的生产、采购、销售等环节。但同时,为了避免处罚范围过宽,尤其是针对青少年容易涉此罪名的情况,该条款也沿用了《德国刑法典》第 149 条预备伪造或变造货币与支付证券罪的中止的规定,对放弃预备行为并消除自己所引起的危险的行为免除处罚。

此外,《德国刑法典》第 202d 条数据赃物罪规制了以非法获利为目的而对非法获取的数据进行取得、交付或散布的行为。该条是在 2015 年新增的,目的是弥补针对身份信息(digitalen Identitäten),特别是信用卡数据或网上银行、电子邮件服务、社交网络的访问数据的买卖行为的处罚漏洞。[25] 预备刺探或截取数据罪虽然也规制了对数据的取得、交付或散布行为,但其对象仅限于访问数据所需的密码或其他安全代码,那些直接用于支付的信用卡数据就不被涵盖其中了。[26] 同时,如果行为人获取数据是为了转售,而非实施刺探或截取行为,那么也不再属于预备行为从而不能被第 202c 条规制。[27] 此时的数据仍具有保护的必要性,从而需要数据赃物罪予以填补。

因此,数据赃物罪所保护的法益与前三条相对应,针对数据处置权的保护不仅

---

〔21〕 高富平:《数据流通理论——数据资源权利配置的基础》,载《中外法学》2019 年第 6 期,第 1419 页。

〔22〕 参见王作富主编:《刑法分则实务研究(中)》,中国方正出版社 2010 年版,第 1209 页。

〔23〕 Popp,§202c StGB und der neue Typus des europäischen "Software-Delikts",in:GA,2008,S.375.

〔24〕 Ernst,Das neue Computerstrafrecht,in:NJW,2007,2661.

〔25〕 Vgl. Kindhäuser/Neumann/Päffgen,Strafgesetzbuch,5.Aufl.,2017,§202d,Rn.2.

〔26〕 Golla,Der Entwurf eines Gesetzes zur Strafbarkeit der Datenhehlerei,in:JZ,2014,S.668.

〔27〕 Hilgendorf,in:Leipziger Kommentar,12.Aufl.,2009,§202c,Rn.26.

在于排除一次非法获取的侵害，而且也必须排除对数据的披露或传播而带来的侵害。因为当上游行为人获得数据时，数据所有人的数据处置权已经受到侵犯，如果下游第三方随后获得了被盗数据，那么该第三方就有机会决定这些数据，这实际上加深了对数据所有人的处置权的侵害。[28] 与此同时，也正如其他赃物犯罪一样，这种对所非法获取的数据的下游贩卖或散布行为也进一步为实施上游犯罪提供了激励。[29] 因而数据赃物罪所防止的是对被害人处置权法益的进一步侵害。

目前关于数据赃物行为，我国司法解释中也有相关规定，即对于明知是非法获取计算机信息系统数据犯罪所获取的数据，转移、购买、销售或以其他方法掩饰隐瞒的，定为掩饰隐瞒犯罪所得罪。可以看出，我国目前虽然没有数据赃物罪，但是对于数据赃物行为也按照赃物罪予以规制。但是，是否应当如德国刑法一样区分数据赃物罪与普通赃物罪仍是值得讨论的问题，这涉及对数据赃物罪的规范构造与体系性定位的单独考察。

三、我国当前计算机犯罪对一般数据保护的范围

我国目前数据犯罪保护法益的面向，尚存在于公民身份信息层面与管理秩序层面，但对侵犯公民个人信息罪和非法侵入计算机信息系统罪的行为类型的规定，则与德国有一定类似之处。德国对一般数据进行刑法保护的立法目的对我国具有一定启示，但即使是德国学者也认为国际计算机刑法理论还处在发展阶段，各国对于数据的保护法益存在不同理论，对于具体法规的内容则可能存在更多共识。[30] 因而本文首先考察一般数据保护在我国的适用与解释空间，然后讨论是否可以借鉴德国的立法体系、借鉴后可能产生什么问题。

我国目前刑法第 285 条所规制的行为类型与德国较为相似，包括"非法侵入计算机信息系统""非法获取计算机信息系统数据""非法控制计算机信息系统"，但是，由于我国更侧重保护秩序法益，法条中将非法侵入行为的犯罪对象限定在"国家事务、国防建设、尖端科学技术领域"，对于非法获取和非法控制行为也规定了"违反国家规定"的前提条件。

基于对一般数据犯罪法益的分析，有学者主张在现有的计算机犯罪中取消特殊数据与一般数据的界限，针对所有的计算机信息系统分别规定非法侵入计算机信息系统罪和非法获取计算机信息系统数据罪。[31] 也有学者直接将我国目前刑法第

〔28〕　Vgl. Kindhäuser/Neumann/Päffgen, Strafgesetzbuch, 5. Aufl., 2017, § 202d, Rn. 5.

〔29〕　Maier, in: Münchener Kommentar, 4. Aufl., 2021, § 259 Rn. 3.

〔30〕　Kargl, in: Nomos Kommentar, 5. Aufl., 2017, § 202a, Rn. 2.

〔31〕　王华伟:《数据保护体系建构与比较法考察》，载《比较法研究》2021 年第 5 期，第 148 页。

285 条第 2 款非法获取计算机信息系统数据罪,和第 286 条破坏计算机信息系统罪第 2 款对于"删除、修改、增加数据"的规定称为数据犯罪,按照保护数据安全的法益目标对其进行解释。[32] 本文认为,依照我国目前计算机犯罪的立法表述,很难在法条语义范围内将完整的一般数据保护纳入解释。况且正如上文所言,目前刑法第 285 条保护的法益也并非私域中对数据的自由处置权。

(一) 我国刑法第 285 条第 1 款保护的对象是特定数据

根据法条原文表述,第 285 条所规制的"侵入"行为的对象是与国家公共利益相关的特定计算机系统,因此,该规定并非从保护处置权的角度出发,而是从保护重大数据信息安全的角度出发,对非法侵入行为进行处罚。实践中,对于如何认定"国家事务"的计算机信息系统存在一定争议。例如,侵入地方政府机关网站的行为是否构成非法侵入计算机信息系统罪? 有的法院认为县级人民政府公众信息网、党务公开网、电子政务网等属于"国家事务、国防建设、尖端科学技术以外的计算机信息系统",侵入行为应以非法控制计算机信息系统罪定罪处罚;[33] 有的法院认为省级教育考试官网属于国家事务领域的计算机信息系统。[34] 此外,还有法院将某某行业综合管理服务信息系统也认定为属于国家事务的领域。[35]

从体系解释上来看,对于"国家事务"的认定应该限定在和"国防建设""尖端科技"一样对整个国家有重要意义的事务上。这样一来,虽然地方政府部门的官方网站也可以被解释为对国家事务管理具有意义,从而被认定为非法侵入的对象,但行业的管理服务信息系统就应当属于该自律组织的私域计算机系统了。司法实践中之所以存在认定混乱,或许归根结底还是因为法院一方面认可对这部分法益的保护,一方面立法中缺乏相应的规制,进而带来实际认定上的扩张。

应当认为,目前我国刑法第 285 条保护特定的重大数据信息安全具有其独立的意义,与私人对于数据的处置权不同,不应将其与一般数据混合。从可罚性上来说,侵犯这一重大信息安全也比侵犯一般数据更为严重。因此,目前刑法第 285 条第 1 款的规定仍有存在的必要,但其并不能将私人的一般数据纳入解释范围内。

(二) 我国刑法第 285 条第 2 款要求"违反国家规定"

如上所述,对于数据的保护,分为私域中对处置权的保护及公域中对数据流通

---

[32] 参见杨志琼:《我国数据犯罪的司法困境与出路:以数据安全法益为中心》,载《环球法律评论》2019 年第 6 期,第 151 页以下。

[33] 云南省曲靖市中级人民法院(2018)云 03 刑终字第 357 号刑事判决书。

[34] 广东省广州市天河区人民法院(2021)粤 0106 刑初字第 92 号刑事判决书。

[35] 贵州省都匀市中级人民法院(2021)黔 2701 刑初字第 388 号刑事判决书。

秩序的保护。对于《刑法》第 285 条第 2 款中的侵入计算机系统行为而言,法条中要求其必须"违反国家规定"。虽然对于如何认定"违反国家规定"仍存在争议,实践中很多判决也并不对此要件进行实际的考察。但是,"违反国家规定"就意味着此时数据已经处于受公共秩序治理的范畴内,从私域中的个人处置上升为公域中的国家管理。因而此时的法益侵害更多的是对数据流通秩序及数据安全的侵犯,这一法益具有保护的必要性,但无力将对数据处置权的保护纳入解释。

总而言之,目前我国刑法第 285 条无法将侵犯数据处置权的"侵入"行为解释进构成要件中,但基于对重大数据信息安全以及数据流通秩序的保护,该法条仍存在保留的必要。同时由于目前第 285 条所涉及的数据仍需进行内容上的实质考察,而保护一般数据的处置权则无须对内容进行实质考察,因此二者无法融合解释。因此,我国仍有必要建立专门针对一般数据的刑法保护体系,可以考察并借鉴德国的一般数据犯罪的规范体系构造。

四、德国一般数据犯罪的规范体系构造

《德国刑法典》对一般数据的保护具有较为完整的逻辑顺序,从行为对象上看,四条法律所指向的都是与人格权无涉的一般数据,同时该数据还应是不可直接感知的、受特殊保护的数据。从行为类型上看,《德国刑法典》第 202a 条刺探数据罪与第 202b 条截取数据罪所规制的是两类侵犯数据处置权的实行行为,而第 202c 条预备刺探、截取数据罪则是规制以实施刺探或截取行为为目的的、获取密码或安全码的预备行为。相应地,第 202d 条数据赃物罪是规制对他人非法取得的数据的后续获取、转让、散播、公开等赃物行为。

(一)"受特殊保护"的一般数据

针对刺探数据罪而言,刺探行为的对象必须是行为人无权处置的、被施加了特别保护的数据;针对截取数据罪而言,截取行为的对象是非公开的数据传输或处理系统中的数据;而对于预备刺探或截取数据罪和数据赃物罪来说,其预备行为和赃物行为所指向的一般数据与上述两条指向的一致。

1. 不可感知的一般数据

首先,行为对象指向广泛意义上的一般数据。立法者在法条中并没有明确定义"数据"的概念范围,但是,根据普遍观点,应当在广泛的意义上设定数据的概念,既包括有处理目的的信息,也应当包括没有直接处理目的的信息。[36] 正如上文所言,德国对一般数据的刑法保护并不在于数据所反映出的人格权利益,而在于数据所有

---

〔36〕 Vgl. Schmitz, Ausspähen von Daten, § 202a StGB, in: JZ, 1995, S.478 - 479.

人对数据的完整的处置权。因此，从第 202a 条到第 202d 条所保护的数据也不限于个人数据，而可以是任何类型的信息，不需要涉及数据所有人的秘密，而甚至可以是在其他地方已经公开或免费提供的数据。[37]

其次，数据必须具有不可感知性。由于《德国刑法典》中第 201 条侵害言论秘密罪和第 202 条侵害信件秘密罪已经将能被感知的秘密信息予以保护，[38]因而刺探数据罪的第 2 项规定，数据必须是"不可直接感知的数据"。一般认为，如果数据的意义不容易被感官直接感知，而只能通过技术转换或通过技术辅助手段获取，就不是直接可感知的。[39]此外，由于所规制的行为类型是对数据的刺探、截取行为，数据的概念也要求待保护信息具有储存特征或传输功能，前者是指为了进一步处理或使用而在数据载体上记录、录制或储存数据，后者是指能够将存储的数据或通过处理所获得的数据传递给第三方，这种传输必须以电子方式或其他非实体技术手段实施。[40]

2. 行为人无权处置该数据

根据刺探数据罪的立法文件，该条所针对的数据必须是行为人无权支配的，而他人享有处置权的数据。[41]通常情况下，收集并储存数据的人对其享有处置权，并有权决定对该数据处置权的转移。[42]而在数据传输的情况下，只有传输方和接收方享有数据处置权，即使行为人对于数据载体本身或数据处理系统本身所有或占有，也不意味着其享有处置权。换句话说，如果行为人未经许可刺探有关自己而由他人储存的数据，也可能构成本罪。[43]

关于"无权处置"的认定，德国实践中与理论中按照不同的情形确定了更为具体的标准。例如，对于那些出于业务需要而在工作中能够接触到数据的雇员而言，倘若其在工作时间或权限范围之外访问数据，此时已经属于无权处置数据的情形；[44]而行为人使用他人密码或绕过密码访问数据，也属于无权处置，除非其密码是从被授权人处获得，此时取决于双方是否约定了该数据可以被披露；[45]在数据盗版的问题中，需要区分该盗版拷贝是由被授权用户还是由以不正当手段获得数据的人生成的，对于已被授权使用数据的用户来说，其并非刺探数据罪意义上的"无权处置"，该

〔37〕 Schönke/Schröder, Strafgesetzbuch, 30.Aufl., 2019, § 202a, Rn.3.

〔38〕 Graf, in: Münchener Kommentar, 4.Aufl., 2021, § 202a, Rn.14.

〔39〕 Schönke/Schröder, Strafgesetzbuch, 30.Aufl., 2019, § 202a, Rn.4.

〔40〕 Vgl. § 3 Abs.4 Nr.1 BDSG.

〔41〕 BT-Drs. 10/5058, 29.

〔42〕 BayObLG 24.6.1993 - 5 St RR 5/93, wistra 1993, S.304.

〔43〕 Hilgendorf, Grundfälle zum Computerstrafrecht, in: JuS, 1996, S.509.

〔44〕 Schmitz, Ausspähen von Daten, § 202a StGB, in: JA, 1995, S.478.

〔45〕 Schmitz, Ausspähen von Daten, § 202a StGB, in: JA, 1995, S.478.

复制盗版行为只是侵犯了相应的版权。[46]

3. 对未经授权访问的特别保护

刺探数据罪还要求数据所有人必须采取了特别的保护措施,以使得数据更难被获取,而如果获取数据的难度仅仅来自系统的复杂性和不可操作性,则并不符合这种情况。[47] 首先,"未经授权"要求数据将行为人排除在访问权限之外,而数据被特殊保护表示数据的获取渠道无从确定。目前常见的特别保护措施包括:安装指纹或语音识别装置、安装防火墙保护、将文件隐秘储存在不易识别的储存器中等等。[48]

4. "非公开性"要求

截取数据罪和数据赃物罪还要求所谓的"数据具有非公开性",这种非公开性并非指数据内容本身的非公开性,而是数据传输的方式具有非公开性,例如使用虚拟私人网络、公司或内部部门的网络等进行传输。[49] 这种非公开性要求也同样体现了刑法对数据权人处置权的保护,因为倘若数据权人采用加密的传输手段将数据传输给特定的对象,那么他人对数据的截取行为或传播行为就违背了数据权人处置数据的目的。同时,这种根据数据权人所采取的技术手段的判断方式,更具有明确性,能够公正地、无偏见地保护通讯利益。[50]

因此,德国刑法通过对刺探数据罪行为对象的规定,将具有刑法保护意义的数据限定在受数据所有人特殊保护的范围内,这也体现了对数据处置权保护的法益目的。而我国刑法第 253 条之 1 的侵犯公民个人信息罪被安排在侵犯公民人身权利、民主权利罪一章中,规制违反国家规定向他人出售或提供公民个人信息的,履职或服务期间获得公民信息并出售或提供、窃取或以其他方法非法获取公民个人信息的行为。目前对该条所保护的法益到底应该是个人法益上的信息自决权或数据财产权,还是集体法益上的信息安全或信息专有权,我国学界仍未有定论。[51] 但无论如何,侵犯公民个人信息罪指向的是能够单独或与其他信息结合识别自然人个人身份的信息,更贴近于德国《德国联邦数据保护法》中对个人数据的保护,与《德国刑法

---

〔46〕 Meier, Softwarepiraterie-eine Straftat?, in: JZ, 1992, S.657.

〔47〕 BT-Drucks. 10/5058, S.29.

〔48〕 Ernst, Wireless LAN und das Strafrecht, in: CR, 2003, S.898.

〔49〕 BT-Drucks. 16/3656, S.18.

〔50〕 Höfinger, Zur Straflosigkeit des sogenannten „Schwarz-Surfens", in: ZUM, 2011, S.212.

〔51〕 相关文献可见:劳东燕:《个人信息法律保护体系的基本目标与归责机制》,载《政法论坛》2021 年第 6 期;敬力嘉:《大数据环境下侵犯公民个人信息罪法益的应然转向》,载《法学评论》2018 年第 2 期;冀洋:《法益自决权与侵犯公民个人信息罪的司法边界》,载《中国法学》2019 年第 4 期;张忆然:《大数据时代"个人信息"的权利变迁与刑法的教义学限缩——以"数据财产权"与"信息自决权"的二分为视角》,载《政治与法律》2020 年第 6 期;欧阳本祺:《侵犯公民个人信息罪的法益重构:从私法权利回归公法权利》,载《比较法研究》2021 年第 3 期。

典》第 202a 条至第 202d 条所保护的与公民人格权无涉的一般性数据并不相同。与此同时,我国刑法第 285 条规定了非法侵入计算机信息系统罪、非法获取计算机信息系统数据罪,对非法侵入特定系统的,以及侵入计算机系统并获取数据或非法控制数据的,还有为他人实施相应行为提供工具的行为进行相应规制。这一罪名的对象是与公民个人信息无涉的数据,但该条属于妨害社会管理秩序罪一章,指向的是计算机信息安全管理秩序的法益。[52] 由于保护目的的不同,直接导致了我国数据犯罪的规范构造与《德国刑法典》中对一般数据保护的构造不同。

(二)对一般数据的刺探与截取

《德国刑法典》对侵犯他人数据处置权的实行行为主要规制在刺探数据罪与截取数据罪中。其中刺探数据罪处罚的是行为人对其无权支配的、经过特殊保护的、非公开的数据,采用突破保护的手段获取该数据的行为;而截取数据罪规制的则是针对非公开传输数据的截取后取得的行为。

1. 克服访问保护并获取数据

第 202a 条刺探数据罪的实行行为主要分为两部分:一是行为人获取他人数据,二是该获取数据的方式是"克服特殊的数据访问保护"。由于数据概念的特殊性,刺探行为的对象既包括储存在数据载体上的有体形式,又包括无体的数据,因而获取他人数据的行为是指行为人获得对数据的实际控制权。[53] 获取数据的方式既包括直接占有数据载体或将数据转移至自己所占有的载体上,也可以是行为人通过一定的技术手段实际得知数据而不需进一步地储存或转移,例如在数据程序中安装木马、欺骗数据权人打开或允许访问安全数据等。[54]

实践中的大部分情况下,行为人只需取得数据访问权限就能够获取数据,即只需突破了访问数据的密码或 PIN 码等,就实际上随时可以转移或知悉数据。前者获取访问数据密码的行为属于预备行为,后续行为人转移或知悉数据的行为才是侵犯数据处置权的实行行为。在德国的实践中,这一保护十分严格,即使是父母通过破解密码来检查子女的设备,也有可能构成犯罪,只有在怀疑孩子是被具有犯罪相关目的的第三方引诱聊天的情况下,父母阅读聊天记录数据的行为才能够根据《德国刑法典》第 35 条紧急避险而免除责任。[55]

"克服特殊的数据访问保护"的要求是在《德国刑法典》第 41 次修正案中提出的,是为了排除轻微案件的可罚性,表示行为人只有表现出特殊的犯罪动力与一定技术

[52] 参见喻海松:《网络犯罪二十讲》,法律出版社 2018 年版,第 20 页。
[53] Graf, in: Münchener Kommentar, 4.Aufl., 2021, §202a, Rn.56.
[54] Kargl, in: Nomos Kommentar, 5.Aufl., 2017, §202a, Rn.13.
[55] Graf, in: Münchener Kommentar, 4.Aufl., 2021, §202a, Rn.63.

努力时才值得被处罚。[56] 但是,这并不意味着只要行为人能够不费吹灰之力地克服访问保护,被害人就不具有刑法上的需保护性。因而普遍认为,这里的"克服"应当是能够消除保护装置的任何行动,[57]并不要求数据权人对数据设定较高的保护装置,也不要求行为人付出较高的技术努力。

2. 采用技术手段获取数据

第 202b 条截取数据罪的实行行为同样包括获取未经授权的他人的数据,在此基础上,与刺探数据罪一样,为了限制该罪的成立范围,行为人获取数据必须通过一定的技术手段。截取数据罪中所规定的"获取数据"与刺探数据罪的规定一致,都是指获得对数据的实际控制权。但是,如果行为人只是获得了数据的访问权限,在截取数据罪中并不相当于获得了数据的实际控制权,因为立法者并未制定与刺探数据罪条文所规制的类似的关于黑客行为的规定。[58]

截取数据罪所要求的"通过技术手段"获取数据,既包括捕捉和记录无线通信的设备,也包括使用软件、代码、密码等。[59] 目前立法中没有说明具体哪些手段才属于截取数据罪所要求的技术手段,但或许正如德国学界有的学者所主张的一样,立法者选择技术手段的限制,在具体犯罪的分类中所造成的问题,都必须等实践中相应的案例出现后才能知道。[60]

(三) 预备行为和赃物行为

1. 预备行为:获取密码、安全码或计算机程序

第 202c 条预备刺探或截取数据罪的行为对象包括能够访问数据的密码或安全码,或能够实施刺探或截取数据的计算机程序。由于第 202c 条规制的是预备行为,因而并不要求行为人使用技术手段获取密码或安全码。例如,办公室同事或清洁工写下工作场所电脑的密码并传给别人也足以构成预备行为。[61] 而法条里所指的计算机程序即所谓的黑客工具,这些工具的构造方式已经被设计为服务于非法目的,包括密码生成器、确定密码的程序、进入计算机或数据网络的程序、监视计算机或提取数据信息的木马病毒等。[62]

---

〔56〕 BT-Drucks. 16/3656,S.17.

〔57〕 Sauter/Schweyer/Waldner, Der eingetragene Verein, 21.Aufl., 2021, Rn.5.

〔58〕 Hilgendorf, in: Leipziger Kommentar, 12.Aufl., 2009, § 202b, Rn.16.

〔59〕 BT-Drs. 16/3656,S.11.

〔60〕 Hilgendorf, in: Leipziger Kommentar, 12.Aufl., 2009, § 202b, Rn.16.

〔61〕 BT-Drs. 16/3656,S.18. 当然,欲构成本罪还需要行为人具有刺探或截取的目的,否则单纯的获取密码行为不构成犯罪。

〔62〕 Vgl. Graf, in: Münchener Kommentar, 4.Aufl., 2021, § 202c, Rn.12.

　　具体而言,本罪的行为类型包括获取、出售、转让、分发或以其他方式向自己或他人提供密码或安全码、计算机程序。其中,"获取"的定义与刺探与截取数据中的"获取"定义一致,即获取实质处置权,既可以通过笔记、口头信息,也可以通过电子传输的形式获得。[63] 而"出售、转让、分发"等行为实际上也都以获取实质处置权为前提,这些行为使得更多用户接触到能够获取数据的密码或程序,都对数据造成了抽象的危险。

　　除此之外,满足构成预备刺探或截取数据罪的行为必须是为了自己或他人实施刺探数据和截取数据的犯罪行为作准备,即行为人在获取密码、安全码或计算机程序的时候,起码已经设想了后续的计算机犯罪。[64] 当然,这一设想不一定是具体的,也不一定是行为人自己实施后续犯罪行为,例如行为人可以将密码或程序转移给他人以便他人实施刺探或截取数据的行为。[65]

　　2. 赃物行为:非法所得数据的后续获取、转让、散播、公开

　　第202d条数据赃物罪规制的是行为人将他人通过非法行为所获得的数据,进行获取、转移、传播或以任何其他方式使其可被其他人获取的行为。该行为通过进一步转移或传播违法取得数据,使数据权人遭受的损害"永久化"。[66] 同时,如果行为人为自己或他人获得数据,将其交给他人、传播或以其他方式使其可获得,那么上游犯罪必须已经完成,也即数据赃物罪是以《德国刑法典》第259条"赃物罪"为蓝本制定的,因此与该条相同,也被设计为"后行犯(Anschlussdelikt)"。[67]

　　数据赃物罪中的"为自己或他人获得数据",同样是指获取数据的实质处置权。转移意味着对数据的占有被转移给另一个人,但具体的处置权并没有随之转移,[68] 当然该处置权也可以随时被转移或放弃。传播是指将数据至少传递一次,目的是使更多的用户能够使用这些数据。在许多情况下,数据将以原始或复制的形式留在传播者那里。使人可以访问是指使人有可能访问通过非法行为获得的数据,例如有机会从存储介质中"下载"它或以其他方式以电子方式访问。[69] 同时,与第259条规定的财产的赃物罪类似,数据赃物罪也需要行为人与上游犯罪者之间存在合意合作,即行为人必须利用上游犯罪者通过其非法行为创造的可能性,与上游犯罪者达成协议,获取数据。[70] 因此,如果行为人不使用上游犯罪者作为数据来源,而是以

---

〔63〕　Vgl. Graf, in: Münchener Kommentar, 4.Aufl., 2021, § 202c, Rn.19.

〔64〕　BT-Drs. 16/3656, S.19.

〔65〕　Schönke/Schröder, Strafgesetzbuch, 30.Aufl., 2019, § 202c, Rn.7.

〔66〕　BT-Drs. 18/5088, S. 26.

〔67〕　Reinbacher, Daten-oder Informationshehlerei? in: GA, 2018, Vol 6, S.311.

〔68〕　Hoyer, in: Systematik Kommentar § 202c, Rn. 7.

〔69〕　Hilgendorf, in: Leipziger Kommentar, 12.Aufl., 2009, § 202b, Rn.22.

〔70〕　Reinbacher, Daten-oder Informationshehlerei? in: GA, 2018, Vol 6, S.311.

其他方式获取数据,即使他知道上游犯罪,也会排除数据赃物罪的刑事责任。

五、一般数据犯罪的立法启示

经过十几年的实践与讨论,以及数据技术的不断发展,德国学界和理论界对于目前的一般数据犯罪规定也产生了越来越多的反思:首先,刺探数据罪与截取数据罪并不处罚未遂,但是预备刺探和截取数据罪却是二者的预备行为实行化的体现,这就产生了处罚预备行为而不处罚未遂行为的矛盾;其次,正如前文所说,德国的一般数据犯罪保护体系关注的法益是数据权人对数据绝对的处置权,不考察数据的实际内容,这导致在实践中,对于犯罪的实际认定趋向形式化,尤其对于数据赃物罪的形式认定,带来了过分扩张刑罚范围的质疑;最后,目前《德国刑法典》的具体构成要件设置中仍存在一定的处罚漏洞,在实践认定中,也存在模糊与争议的地带,尤其随着技术的发展,法条也正存在更新换代的需要。通过审视德国司法实践中目前存在的问题,有利于构造我国相应的一般数据保护体系,并提前对相应问题给予关注。

(一)一般数据处置权法益保护的借鉴性

实际上,数据犯罪应该是包括了计算机犯罪和信息犯罪的更广义的概念,我国目前的信息犯罪对应的即是德国的个人数据犯罪,因而有学者主张在我国现有的计算机犯罪的基础上保护一般数据的可用性与完整性,认为我国现有立法中的《数据安全法》与《个人信息保护法》构建了"一般数据—个人数据"二元数据保护框架的雏形,刑法中的非法侵入计算机信息系统罪与侵犯公民个人信息罪也为二元数据保护框架提供了空间。[71] 一般数据是否具有保护必要性、应当以什么角度保护,是我国构建一般数据保护体系的前提理论问题。

1. 一般数据处置权体现的是私域中数据的支配自由

在论证对个人信息保护的根据时,有学者从私域与公域划分的角度出发,提出法律层面对隐私与个人自主权的承认,正是为了使个人在私域空间之内的自由支配成为可能。[72] 德国对一般数据的保护,也是基于这种私域中自由支配的角度。尤其是刺探数据罪与截取数据罪,"既要体现对公民个人生活和秘密领域的保护,又要体现对数据的经济或其他价值的保护"[73],是一种"针对电子性的非法侵入住宅的

---

〔71〕 参见王华伟:《数据保护体系建构与比较法考察》,载《比较法研究》2021 年第 5 期,第146 页。

〔72〕 参见劳东燕:《个人信息与法律保护体系的基本目标与归责机制》,载《政法论坛》2021年第 6 期,第 3 页以下。

〔73〕 Hilgendorf, in: Leipziger Kommentar, 12.Aufl., 2009, §202a, Rn. 6.

一般刑事条款",〔74〕因此德国立法中对数据支配权的保护认定范围较宽,但针对的仍然是私主体的法益。

在我国,目前的计算机犯罪被归入妨害社会管理秩序罪一章中,按照体系解释,计算机犯罪应当体现的是对秩序法益与集体法益的侵犯。但妨害社会管理秩序罪这一章规定的罪名实际上"大多是不能将其纳入刑法分则其他章节之中的犯罪,或者属于难以明确将其归为现行刑法分则章节中何种同类客体的犯罪",〔75〕因而在司法实践中,许多对私主体法益的侵害行为也被解释进了"妨害管理秩序"中。应当说,目前我国的计算机犯罪所涉及的法益既包括了计算机运行系统和网络空间的秩序,又包括了数据对于私主体所反映出的信息、经济价值等私权,这种不加区分的认定模式势必带来解释上的困境。例如,对于窃取医院系统内储存的数据的行为,广西中院也认为构成非法获取计算机信息系统数据罪。〔76〕但是,储存在医院系统内部的数据并没有进入公共领域,倘若严格按照保护社会管理秩序法益解释,这一行为并不属于目前计算机犯罪所规制的范畴。

诚然,数据在公共空间的流通秩序也是值得刑法保护的法益,但是对数据的管理只有到数据公开之后才上升为公共秩序,在数据仍由数据权人保有,或者由数据权人使用安全手段指定处置去向时,数据仍是私人场域中的个人所有物,应当从保护处置的角度对非法获取或传播数据的行为予以处罚。通过区分公私域中对数据的不同角度的保护,能够明确对不同类型的侵犯行为的规制,从而避免目前的计算机犯罪沦为广义数据犯罪的口袋罪。

2. 处置权保障应体现对数据财产属性的保护

《德国刑法典》中并不能体现出明确的一般数据保护边界,这本身也确实引发了处罚过宽、过于形式化等问题。而且,从体系上来看,倘若刺探和截取数据的行为可类比为电子性的非法侵入住宅,而数据赃物罪又可类比为针对数据的财产性赃物行为,那么在同一条保护一般数据的罪名项下,四个具体条款所侧重的法益就各不相同。或许正是因为这一原因,立法者只能笼统地使用"处置权"这一抽象而形式的认定标准,而在司法实践中通过具体案件的认定进行个案处罚的限缩。

但是,我国刑法中不仅存在计算机犯罪,还存在侵犯公民个人信息犯罪,完全可以把与"信息或秘密自决权"相关的法益部分划归到侵犯信息犯罪中保护。一般数据应该是与个人数据相对的,并不体现身份信息与秘密的数据。对一般数据的保护,是基于数据创造者对于数据所具有的价值的处置自由。虽然目前我国学界仍未

---

〔74〕　Kargl, in: Nomos Kommentar, 5.Aufl., 2017, § 202a, Rn. 1.

〔75〕　参见于冲:《网络犯罪罪名体系的立法完善与发展思路》,载《中国政法大学学报》2015第 4 期,第 45 页。

〔76〕　广西壮族自治区柳州市城中区人民法院(2015)城中刑初字第 20 号刑事判决书。

完全认可数据作为法律上的财产,但不得不承认的是,数据确实已日益成为举足轻重的新型资产,[77]对于非身份信息的一般数据的保护,实践中也大多是从其财产价值出发。在国际上也有许多国家如瑞士,将非法获取数据的行为直接认定为盗窃罪。[78]即使德国由于财产犯罪将犯罪对象限定为动产(Sache),故而无法将数据纳入保护,但通过刑法典将数据变更罪设立在毁损罪项下,也能够看出立法者对数据财产价值的侧面承认。我国的财产犯罪虽然并未作严格限定,但是从不破坏"占有"的构成要件定型性的角度而言,也不宜直接将数据归入财产犯罪的对象。故而以保护处置权的方式,既能够不破坏目前的财产犯罪构成要件定型性,又能够体现对于数据的财产价值的保护。

此外,对于一般数据的处置权保护也区别于对个人数据的信息自决权保护而具有独立意义。对于个人数据而言,由于其体现的是个人的信息与隐私,公民对于自己的信息具有是否公开、如何公开的支配权,因而在保护个人数据时,必须对内容进行实质考察,判断其是否体现了个人信息与隐私,进而判断是否实现了保护信息自决权的目的。但对于一般数据而言,其本身保护的就是数据对权利人而言的价值,这一价值反映在权利人如何处置该数据的意愿上,所以无须对内容进行实质考察,只需考察行为人是否违背了权利人处置数据的意愿从而导致其遭到了损失即可。

可以说,从一般数据到个人数据,体现了从数据处置权到信息自决权的不同法益目的,从而决定了构建独立的一般数据刑法保护体系的必要性。

(二)规避体系性矛盾与形式化趋势

《德国刑法典》中将预备刺探与截取行为设为犯罪之后,引发了对刺探数据罪与截取数据罪处罚范围的反思,而在增加了数据赃物罪后,更进一步引发了学界对一般数据犯罪体系存在矛盾以及认定过度形式化的批评。可以说,这种反思实际上是对数据处置权保护范围的界限究竟在哪,或者说刑法对一般数据保护的根据究竟为何的思考,这对我国的一般数据刑法保护体系构建具有启发性意义。

1. 规避法条间的体系性矛盾

在 1986 年设置第 202a 条刺探数据罪时,德国立法者认为单纯的刺探数据未遂行为没有实际侵害到数据的处置权,为了避免过度定罪的危险,不对单纯的刺探数据未遂行为处罚,即将那些由于行为人技术能力不足或由于数据保护措施过于严密

---

〔77〕 参见龙卫球:《数据新型财产权构建及其体系研究》,载《政法论坛》2017 年第 4 期,第63 页。

〔78〕 Heghmanns,in: Achenbach/Ransiek/Rönnau(Hrsg.),Handbuch des Wirtschaftsstrafrechts,4. Aufl.,2015,Ⅵ 1.

而导致行为人没能成功获取数据的情况,排除于刺探数据罪的处罚范围之外。[79]而截取数据罪由于是附属于刺探数据罪而产生的,为了保持二者的一致,该条也没有规定对未遂的处罚。[80]

但是,其后《德国刑法典》增加第202c条,规定了对获取、贩卖、传播能够进入计算机系统的密码、安全码、其他数据程序等黑客工具行为的可罚性。立法者同时也认为,这种黑客工具在互联网上广泛传播并容易获得与使用,构成了相当大的抽象危险,"只有通过对传播这种固有危险手段的行为进行惩罚,才能有效地打击这种危险"。[81]然而立法者并没有有效地说明,获取、贩卖、传播黑客工具的行为所造成的危险,与刺探或截取数据未遂所带来的危险,到底有什么差距。既然增加第202c条并处罚预备行为的目的是填补处罚漏洞,那么立法中也有必要修改第202a条与第202b条的规定,使未遂行为也受到相应的处罚。

不予处罚刺探与截取数据未遂的行为,体现的是1986年《德国刑法典》对刺探数据罪设立之初,立法者限缩犯罪成立范围的考量。而随着实践中相应前置行为带来的抽象危险越来越引起人们的重视,这一最初的考量已经不再符合当前的情况。因而,立法者后续将预备行为也纳入处罚。但刺探或截取数据未遂的行为仍然存在规制漏洞,同时截取数据罪是否也应增加对单纯黑客行为即获取数据访问权限的行为的处罚仍有待进一步讨论。

除了实行行为与预备行为之间的关系之外,刺探数据罪与截取数据罪、数据赃物罪三条罪名之间也存在设计上的不合理:刺探数据罪与截取数据罪的构成要件近乎一致,截取数据罪所保护的法益也完全能够被直接涵盖于刺探数据罪之中。因而,也有学者主张将截取数据行为的规定作为一个新的段落纳入第202a条中,并对其进行补充,令其除了"获取数据"之外,还包括"向第三方或公众提供数据"的行为,从而使第202a条直接涵盖目前三条法律的内容。[82]

我国目前尚未建立系统的一般数据刑法保护,但是按照我国刑法第285条的规定,单纯地侵入计算机信息系统或提供相应的工具也构成犯罪,不过该条针对的是国家事务、国防建设、尖端科技领域的计算机信息系统,这导致了实践中许多针对一般计算机信息系统的攻击并没有得到规制,通过考察德国对一般数据保护的立法进程,可以借鉴相关的立法经验与技术。但是,诚如德国对刺探数据罪和截取数据罪立法设置的批评者所言,目前德国的刺探数据罪和截取数据罪构成要件几乎重合,

[79]　BT-Drs. 10/5058, S.28f.

[80]　BT-Drs. 16/3656, S.11.

[81]　BT-Drs. 16/3656, S.20.

[82]　Eisele, Computerstrafrecht, in: Hilgendorf/Kudlich/Valerius, Handbuch des Strafrechts Band 6, 1. Aufl. 2022, Rn.164.

第 202b 条完全可以被纳入第 202a 条之中。同时,截取数据罪如今仍然不处罚行为人单纯的侵入行为,这与刺探数据罪处罚单纯黑客行为的立法目的不符,也不具有合理性。而刺探数据罪中"数据受特殊保护"的要件,原本是立法者出于限缩处罚范围的目的所设,目前却带来了处罚漏洞与认定上的分歧。我国在设置一般数据犯罪的构成要件时,应当兼顾吸收以上立法经验,可以直接将数据储存系统与数据运输系统统合成数据系统,并在"侵入"的认定上予以行为可罚性的实质考察空间。

具体来说,"侵入"不仅是指行为人采用技术手段、采取破坏数据安全保护措施的方式进入到数据储存或运输系统中。对于那些虽然掌握了进入数据系统的工具(如拥有密码、账号获授权等),但该工具存在使用时间、使用场景或使用目的的限制时,行为人超越工具的使用限制而使用,并进入数据系统的行为,也应当属于"侵入"。

2. 避免保护形式化带来的构成要件争议

由于德国一般数据犯罪所保护的法益是数据权人的数据处置权,因而一旦行为人突破了数据权人对数据所设置的保护并获取数据,就侵犯了数据权人的处置权,进而构成犯罪,数据的具体内容以及是否具有需保护性则在所不问。因此,《德国刑法典》中构成一般数据犯罪并不需要被害人存在任何财产损失。

但是,这种形式保护的规范目的反而使得构成要件的定位与判断陷入困境,这主要集中在数据赃物罪上。数据赃物罪是比照传统的财产的赃物罪而设计的,但其对犯罪客体的要求却与刺探数据罪一样,都是无须考察实质内容的一般数据。由于数据具有可复制性,针对数据的转移与传播行为并不会像转移财物一样使财产直接减损,所以数据所体现出来的财产价值并不能与传统的财产赃物罪相类比。进一步说,倘若认为数据的创造者享有相应的处置权,那么在行为人复制数据之后,似乎也就享有了对其创造的复制品的处置权。这种权属认定的混乱源自数据所具有的、不同于传统财产的特殊属性,由此引发的问题是,在多大程度上可以将赃物罪的原则适用于数据赃物罪。[83] 即数据赃物罪究竟应当更多地类比赃物罪、从而实质考察权利人对于数据所享有的财产权,还是应当更多地偏向形式考察的刺探数据罪。

这一问题实际上反映出的是数据赃物罪的保护根据的争议:一般数据的处置权产生于权利人的记录行为,行为人通常也是将数据的编码信息复制记录,不会将数据"取走",而赃物罪的处罚根据是使得权利人免受侵害的持续与加剧,[84]窝藏者的特殊危险在于其取得物品的意愿会对实施财产犯罪产生一种持续性的刺激。[85] 因此,在数据赃物罪中,权利人并不是因为行为人的窝藏行为导致难以重新取得财物

---

〔83〕 Reinbacher, Daten-oder Informationshehlerei?, in: GA, 2018, Vol 6, S.312.

〔84〕 Maier, in: Münchener Kommentar, 4.Aufl., 2021, § 259, Rn. 2.

〔85〕 Reinbacher, Daten-oder Informationshehlerei?, in: GA, 2018, Vol 6, S.314.

进而导致侵害持续与加剧，[86]也就无法在赃物罪的意义上得出处罚"窝藏数据行为"整体上缺乏合法性的结论。

在非法获取一般数据的构成要件设置上，德国刑法可借鉴之处主要在于对"获取"的认定，即要求行为人获得对数据的实际控制权。[87] 实际控制权体现的正是对数据的处置权，由于数据具有无体性、易传播性等特征，一旦行为人获得了数据的实际控制权，例如直接占有了数据载体，或将数据转移至自己所占有的载体上，或者仅仅是实质上得知了数据，都会直接破坏数据权人的处置权。

基于对德国形式化认定带来的处罚范围过度扩张的经验吸取，对于一般数据所谓的"广泛意义上的"保护应仅仅是指不对数据内容进行实质考察，但无论是在对"侵入"或"获取"的行为认定上，仍将按照"保护处置权"的法益目的进行实质解释，即要求存在一定的经济损失。当然，在实践中，按照不同的犯罪类型与手段，有待发展出更为细致具体的判断标准。

3. 降低具体认定的模糊

除了是否应在构成要件中加入实质考察之外，在《德国刑法典》刺探数据罪和数据赃物罪的具体构成要件认定中，也存在一定的模糊与争议。尤其是刺探数据罪的"突破特殊数据访问保护"的要件，本是立法者出于限缩犯罪成立范围的目的而设立的，但在很多情况下，这反而造成了处罚漏洞。例如，在企业员工掌握了一定的数据权利的情况下，倘若员工的处置权只在每天的工作时间内存在，那么其在工作时间或权限范围之外访问数据，已经属于无权处置数据的情形，可以认为构成刺探数据罪。然而，通过他们下班后仍然可以访问数据，又能推知该数据并未设置特殊的安全保护，根据"突破特殊数据访问保护"的要件判断后，该行为仍然无法构成刺探数据罪。[88]

除此之外，在数据赃物罪中，除了与赃物罪的适用根据存在矛盾之外，在具体的构成要件认定上，立法者的立场也模糊不清：立法者一边将刺探数据罪中的对一般数据的形式保护沿用于数据赃物罪中，另一边又要求数据赃物罪的犯罪对象是"非公开的数据"，而将《德国联邦数据保护法》中对个人信息的认定标准作为"非公开数据"的实质判断依据。[89] 因此，有德国学者也提出，应当转变目前纯粹的形式保护

〔86〕　Stuckenberg, Der missratene Tatbestand der neuen Datenhehlerei, in: ZIS, 2016, S.526.

〔87〕　Graf, in: Münchener Kommentar, 4.Aufl., 2021, § 202a, Rn.56.

〔88〕　BT-Drs. 10/5858, S.28.

〔89〕　Vgl. Reinbacher, Daten-oder Informationshehlerei?, in: GA, 2018, Vol 6, S.322.

方案,要么采取形式——实质判断的方案,[90]要么彻底改变目前形式保护的思路、改革构成要件,对所有与数据相关的犯罪的构成要件都进行实质考察。[91]

通过考察德国的立法与结合我国对一般数据保护的应然目的,数据赃物这类进一步侵害数据权人处置权的行为也具有可罚性。因为虽然对于权利人而言,数据本身并未消失,但是针对数据的进一步获取与转移等行为将大大增加权利人重新取得独立的数据处置权的难度。[92]

不过,不同于德国数据赃物罪存在认定模糊或形式化的问题,我国司法解释中规定了违法所得数额这一实质考察要件,能够有效避免处罚范围的进一步扩展。但必须承认的是,赃物罪的可罚性根据本质上还是行为导致了被害人难以追回其财产,故而在构建数据赃物罪时,似乎也有必要加入损害要件,即该行为必须造成了数据权人的损害。通过该要件限缩数据赃物罪的成立范围,以免由于处罚过宽而阻碍数据的正常流通。

总之,考察德国的一般数据犯罪体系,关注其立法与实践中存在的问题,对我国如何建构一般数据犯罪体系具有较大启示。尤其是德国存在的体系性矛盾和认定标准形式化的问题,在我国的立法土壤中也存在预防和思考的必要。例如,数据在储存系统与运输系统中被侵入与获取的情况无须分开考察,且二者的未遂与预备行为都存在处罚的必要。而对于对他人非法获取的数据的购买、出售、转移等赃物行为,应当承认其可罚性,并在一般数据保护的法条中添加"导致数据权人遭受损失"的实质考察要件。

六、结论

德国将数据保护分为个人数据保护与一般数据保护,构建了从个人信息的实质保护到数据处置的形式保护体系。本文主要考察《德国刑法典》从第 202a 条到第 202d 条对于刺探、截取一般数据,以及它们的预备和赃物行为的规定。德国对一般数据保护进行刑事立法的背景和目的具有较强的说服性,针对数据的处置权设立完整的保护措施也有利于处理我国司法实践中的处罚漏洞与认定分歧。因而对于德国的相关立法目的与构成要件解释的研究,对我国数据犯罪法益面向的转型和数据犯罪体系的构建具有较大的启示作用。

---

〔90〕 Vgl. Brodowski/Marnau, Tatobjekt und Vortaten der Datenhehlerei, in: NStZ, 2017, S.377.

〔91〕 Vgl. Hoppen, Leistungsbeschreibungen bei Software, in: CR, 2015, S. 802; Reinbacher, Daten-oder Informationshehlerei?, in: GA, 2018, Vol 6, S.322.

〔92〕 Kargl, in: Nomos Kommentar, 5.Aufl., 2017, §202d, Rn.5.

当然，随着实践中问题的凸显与数据技术的发展，德国早期的立法也逐渐出现了不合理与争议。主要集中在体系结构和具体要件认定上：体系上来看，最初《德国刑法典》中只有第 202a 条刺探数据罪，而后立法者出于对处置权更周延保护的目的，增加了第 202b 条截取数据罪与第 202c 条预备刺探、截取数据罪。但是，一方面，刺探数据罪和截取数据罪的构成要件大部分重合，却在具体的既遂要求上不同；另一方面，已经设置了预备刺探、截取数据罪，却不处罚刺探数据和截取数据的未遂行为，也不具有合理性。在具体要件认定上，主要争议集中于数据赃物罪中是否须对数据内容作实质考察，以及刺探数据罪中"突破特别保护"的要件如何认定的问题。

通过对德国立法与实践的考察，我国也有必要建立相应的一般数据刑法保护体系。数据犯罪的法益面向应当是针对一般数据的处置权与针对个人数据的信息自决权，对于处置权的保护实际上是电子形式的通信自由与数据财产价值保护的双重体现。目前我国的侵犯公民个人信息罪保护的是公民的信息自决权，即必须实质考察数据内容是否属于公民信息；而现有的计算机犯罪虽然不要求被非法获取的数据体现个人信息，但是其中规制的非法侵入行为指向的是国家与科技相关的重要数据，而非法获取行为要求违反国家规定，也并不指向私域中的个人数据处置权。因此，我国刑法无法将一般数据保护纳入现有的法条解释中。

在一般数据犯罪中，应当规制非法侵入数据系统的行为，数据系统既包括数据储存系统，又包括数据运输系统，而"侵入"的认定上，不仅要考虑破坏保护措施的行为，也要考虑非具有权限的进入系统行为。此外，一般数据犯罪也须规制非法获取数据的行为，在认定"获取"时，须考察行为人是否获得了数据的实际控制权。最后，虽然我国司法解释已有对数据赃物行为的规制，但数据赃物行为是否应当被纳入掩饰隐瞒犯罪所得罪中统一评价，抑或单独评价，仍是值得讨论的问题。

中德法学论坛

第 19 辑·下卷,第 104～136 页

票据授受的直接当事人与原因关系上的抗辩：
德国法的经验与启示

任我行 *

摘　要:票据授受的直接当事人能否提出原因关系上的抗辩？对此存在多种理论构成方式。德国传统的不当得利抗辩说认为,只有在原因关系上存在权利障碍抗辩、权利消灭抗辩或永久性抗辩时票据债务人才得以不当得利抗辩对抗票据债权人。德国联邦最高法院则以"票据债权人不得主张超过其在原因关系上所享有范围的权利"为理由,通过交付合意,原则上使得原因关系上所有的情事皆能对票据关系产生影响。反对者普遍认为,此种理论构成有违反票据行为无因性之嫌。德国学者施瑙德尔(Schnauder)提出的新不当得利抗辩理论为克服传统的不当得利抗辩之缺陷,认为当事人为调整原因关系上的一时性抗辩,可以合意将原因关系上的交换目的纳入交付合意,从而"违反交付合意的票据权利行使"会导致票据行为的给付目的落空,进而产生不当得利返还请求与抗辩。至于为担保原因债务而交付票据的情形,考虑到担保权与被担保债权之间的从属性,票据债务人可以主张原因关系上所有的抗辩。我国《票据法》第 13 条第 2 款只规范了为担保原因债务而交付票据的情况,至于为履行原因债务而交付票据,原因关系上的情事只有在当事人达成合意的前提下才得以构成交付合意的内容。在后一场合,票据债务人主张原因关系上抗辩的实证法依据并非《票据法》第 13 条第 2 款,而是《民法典》第 985 条。

关键词:票据关系;原因关系;交付合意;票据抗辩;不当得利

Abstract: There are various theoretical approaches of the defense of causation

　＊　任我行:清华大学法学院博士研究生,德国马克斯·普朗克外国私法与国际私法研究所访问学者。本文获评"第三届全国民商法博士生论坛"二等奖,感谢论坛主办方对本文的认可,但文责自负。本文受国家留学基金委"国家建设高水平大学公派研究生项目"(项目编号 202206210227)资助。

raised by the direct party to the bill relationship. German's conventional methodology named "objection of unjust enrichment" holds that the debtor of a bill may only assert a defense of unjust enrichment against the creditor only if there is an objection destroying the right, objection hindering the right or permanent objection underlying the causal relationship. The German Federal Supreme Court, on the other hand, has held that "a creditor cannot claim more rights than he has in the causal relationship" and that, in principle, all circumstances in the causal relationship may intervene the bill relationship through the delivery agreement. The opponents generally believe that this theory constitutes a violation of the causelessness of the act of bill. In order to overcome the shortcomings of the conventional theory of "objection of unjust enrichment", Schnauder proposed a new theory of unjust enrichment defense, arguing that the parties can agree to incorporate the purpose of exchange in the causal relationship into the delivery agreement in order to adjust the objections in the causal relationship, so that "the exercise of the right of the bill in violation of the delivery agreement" can lead to the failure of the purpose of grant of the act of bill. As long as the purpose of grant of the act of bill is failed, the objection/restitution based upon unjust enrichment arises. However, if the bill is delivered in order to secure the causal debt, the debtor of the bill may assert all objections to the cause relationship, taking into account the subordination of the security right to the secured claim. The direct confrontation theory is inseparable from the "relative causelessness theory" prevailing in China, but it either has theoretical flaws or has the problem of excessive burden of argument, which is not sufficient. Article 13(2) of the Bills Act only regulates the situation where the bill is delivered for the purpose of securing the causal debt, and the scenario where the bill is delivered for the purpose of fulfilling the causal debt, the circumstances of the cause relationship can only constitute the content of the delivery agreement if the parties reach a consensus. On the latter occasion, the empirical basis for the debtor of the bill to assert the objection underlying the causal relationship is not Article 13(2) of the Bills Act, but Article 985 of the Civil Code.

Key words: Bill Relationship; Causal Relationship; Delivery Agreement; Bill Objection; Unjust Enrichment

一、问题的提出

学理上,围绕票据授受所展开的法律关系一般被区分为票据关系与基础关系,前者系由票据行为作成并由票据法调整之法律关系,后者系指作为票据行为之基础的民法上的法律关系，具体包括原因关系、资金关系、票据预约三者。[1] 就票据关系与基础关系之联系而言，我国通说认为，票据行为只需满足法律规定的形式要件即可生效，不受其基础关系，尤其是原因关系的影响，即票据行为抽离于其原因关系。此种现象，被称为"票据行为的无因性"。[2]

　　票据行为的无因性原则，为我国学理与实践所共认，[3]但其亦非绝对，若票据关系与原因关系的当事人身份重合，则票据债务人可以原因关系对抗票据关系，此

---

　　[1]　参见谢怀栻：《票据法概论》，法律出版社 2017 年版，第 36 页。

　　[2]　参见谢怀栻：《票据法概论》，法律出版社 2017 年版，第 47 页；赵新华：《票据法论》，吉林大学出版社 1998 年版，第 59 页；施天涛：《商事关系的重新发现与当今商法的使命》，载《清华法学》2017 年第 6 期，第 149 页。

　　[3]　参见谢怀栻：《票据法概论》，法律出版社 2017 年版，第 47 页；赵新华：《票据法论》，吉林大学出版社 1998 年版，第 59 页；吕来明：《票据法判例与制度研究》，法律出版社 2012 年版，第 3 页；刘心稳：《票据法》，中国政法大学出版社 2015 年版，第 49 页；王小能：《中国票据法律制度研究》，北京大学出版社 1999 年版，第 99 页。关于我国司法实践的情况，参见最高人民法院(2007)民二终字第 36 号民事判决书；最高人民法院(2016)最高法民再 409 号民事判决书；最高人民法院(2016)最高法民申 1070 号民事裁定书；最高人民法院(2020)最高法民申 1633 号民事裁定书；最高人民法院(2016)最高法民申 1070 号民事裁定书；最高人民法院(2018)最高法民终 569 号民事判决书；最高人民法院(2015)民二终字第 134 号民事判决书；浙江省高级人民法院(2018)浙民终 223 号民事判决书；浙江省高级人民法院(2018)浙民终 222 号民事判决书；辽宁省高级人民法院(2015)辽民二终字第 00246 号民事判决书；四川省高级人民法院(2018)川民终 1106 号民事判决书；江西省高级人民法院(2014)赣民一终字第 118 号民事判决书；河南省高级人民法院(2015)豫法民三终字第 00105 号民事判决书；福建省高级人民法院(2017)闽民终 91 号民事判决书；江苏省高级人民法院(2013)苏商终字第 0089 号民事判决书；安徽省高级人民法院(2015)皖民二终字第 00848 号民事判决书；新疆维吾尔自治区高级人民法院生产建设兵团分院(2011)新兵民二终字第 00005 号民事判决书；甘肃省高级人民法院(2015)甘民二终字第 48 号民事判决书。值得注意的是，关于《票据法》第 10 条的解释，最高人民法院的观点已逐步定型化。例如，在"风神轮胎股份有限公司与中信银行股份有限公司天津分行、河北宝硕股份有限公司借款担保合同纠纷案"(最高人民法院(2007)民二终字第 36 号民事判决书)中，最高人民法院认为："即使汇票项下没有真实交易背景，也不能认定票据行为无效。根据票据无因性理论，票据的基础关系独立于票据关系，票据基础关系(包括票据原因关系)的效力不影响票据关系的效力。根据《票据法》第十条规定……票据行为应有真实的票据原因关系，即真实的交易关系。但该条规定应属管理性法条，基础关系欠缺并不当然导致票据行为无效。"又如，在"大连大显控股股份有限公司、于量与大连大显控股股份有限公司、于量票据追索权纠纷案"(最高人民法院(2016)最高法民申 1070 号民事裁定书)中，最高人民法院认为："根据《中华人民共和国票据法》第十条……，票据行为应有真实的票据原因关系，即真实的交易关系。但该条规定应属管理性规定，基础关系欠缺并不当然导致票据行为无效。"另请参见最高人民法院(2016)最高法民申 1070 号民事裁定书。

即为"无因性原则的例外"或"相对无因性"的体现。[4] 这种例外，表现在《中华人民共和国票据法》（以下简称"《票据法》"）第 13 条第 2 款："票据债务人可以对不履行约定义务的与自己有直接债权债务关系的持票人，进行抗辩。"该条款所指"直接债权债务关系"，即为原因关系。[5] 谢怀栻教授甚至认为，上述条款"属于一个多余的规定，因为票据债务人当然可以对那些与自己有直接债权债务关系的持票人进行抗辩，这是不言自明的"。

不言而喻，无论是理论还是实践，我国票据法都秉持了所谓"直接对抗说"的观点，这也与日本和我国台湾地区的通说保持了一致。[6] 在理论界，这几乎是一个不存在争议的问题。即便如此，也有学者表达了这样的疑问：在承认票据行为无因性的前提下，为什么直接当事人能够提出原因关系上的抗辩？[7] 具体来说，既然票据行为的无因性意味着票据行为与原因关系的分离，则二者不论是在内容还是效力上都应分离。申言之，抗辩切断作为无因性的应有之义，无论是在直接当事人之间还是非直接当事人之间皆应有其用武之地。同样值得重视的，还有我国司法实践的新进发展。在"现代（邯郸）物流港开发有限公司、现代（邯郸）置业有限公司票据追索权纠纷案"[8] 中，最高人民法院一反常态地指出："……该条（《票据法》第 13 条）规定的目的在于，当票据债务和原因债务并存时，如果原因债务因不存在、无效、撤销或因清偿而消灭，则票据债权人从票据债务人处取得票据金额将属于不当得利，故基于民法公平原则，有必要认可票据债务人的抗辩权，以阻却票据债权人行使票据权利。但如票据债权人并没有不当得利之可能时，则不应将该条扩大解释为票据债务人仍有权要求将票据关系与票据基础关系合并审理，此无疑会损害票据的流通性和支付之确定性。"本案中，最高人民法院并未遵循其一贯立场。

事实上，与我国凄清寂寥的讨论状况相反，"票据授受的直接当事人能否提出原因关系上的抗辩"可谓德国票据法理论上最为重要的问题之一。以德国联邦最高法

---

〔4〕　吕来明：《票据法判例与制度研究》，法律出版社 2012 年版，第 5 页；参见刘心稳：《票据法》，中国政法大学出版社 2015 年版，第 39 页；谢怀栻：《票据法概论》，法律出版社 2017 年版，第 39 页。

〔5〕　刘心稳：《票据法》，中国政法大学出版社 2015 年版，第 40 页。

〔6〕　参见梁宇贤：《票据法新论》，中国人民大学出版社 2004 年版，第 87—88 页。由于日本不存在类似《票据法》第 13 条第 2 款的规定，有学者是通过与《票据法》第 13 条第 1 款类似规定之反面解释导入这一见解的。菱田政宏『手形法小切手法』（中央经济社、1986 年）90 页参照。

〔7〕　参见赵新华主编：《票据法问题研究》，法律出版社 2007 年版，第 56 页（曹锦秋执笔）；井力：《有多少票据可以抗辩》，载《金融法苑》2001 年第 8 期，第 114 页以下。

〔8〕　参见最高人民法院（2017）最高法民终 718 号民事判决书。

院自 20 世纪 70 年代以来作出的一系列重要判决〔9〕为契机，法院在解释"当事人于票据授受时所达成的目的合意（durch den bei der Hingabe des Wechsels oder Schecks vereinbarten Zweck）"〔10〕之基础上，得出了"票据债权人不得主张超过其在原因关系上所享有范围的权利"这一结论。〔11〕换言之，原因关系上的抗辩绝非当然及于票据关系，而是通过当事人的"目的合意"或后述"票据交付合意（Begebungsabrede）"间接地及于票据关系，因此有学者将此种解释方法称为"间接对抗说"。〔12〕

不可否认，无论是直接对抗说还是间接对抗说，对于大多数案件的裁判结论并不会产生颠覆性的影响，但由此引发的有关票据关系与基础关系二者间犬牙交错状态之深入探讨，在我国仍付之阙如。早在 20 世纪 70 年代，日本学者田中诚二就已经指出："……与纯粹的票据关系相比，有关票据关系与基础关系的研究并不充分。"他甚至认为，这是日本法今后最为重要的课题之一。〔13〕相同问题在我国可谓同样存在。有鉴于此，本文以"原因关系上的抗辩在直接当事人之间的许容"这一问题为切入点，在参考德国近半个世纪以来的学说成果之基础上，就票据关系与基础关系之间的联系及其与票据行为无因性原则的理论互动进行探讨，以期为我国票据法解释论提供更为深厚的民事法基础（der civilrechtlichen Geschäftsgrund）。

二、从"不当得利抗辩"到"交付合意论"：德国司法实践的进程

（一）德国法上的问题背景

原因关系上的抗辩能否作为票据抗辩在票据关系中被援引？对此，德国向来的通说认为：第一，原因关系欠缺、无效，即存在权利消灭抗辩（rechtsvernichtende Einwendung）以及权利障碍抗辩（rechtshindernde Einwendung）的场合，原则上票据债务人可以《德国民法典》第 812 条第 2 款、第 812 条第 1 款第 1 句（不当得利返还请求权）——《德国民法典》第 812 条第 2 款规定的债务承认可适用于票据行为——请求返还票据；还可通过主张《德国民法典》第 821 条规定的不当得利抗辩拒绝付款。理

---

〔9〕 即德国联邦最高法院作出的 BGH NJW 1976，1451，WM 1976，382（1976）；BGHZ 85，346（1982）；BGH WM 1986，415，JZ 1986，601（1986）等判决。

〔10〕 Baumbach/Hefermehl, Wechselgesetz und Scheckgesetz, 17. Aufl., C. H. Beck, 1990, Rdz. 10，38 und Art. 17 Rdz. 67c.

〔11〕 Vgl. Zöllner, Die Wirkung von Einreden aus dem Grundverhältnis gegenüber Wechsel und Scheck in der Hand des ersten Nehmers, ZHR 148（1984），S. 313，S. 319 f.

〔12〕 参见陈自强：《无因债权契约论》，中国政法大学出版社 2002 年版，第 127、136、143、147 页。

〔13〕 田中誠二『手形·小切手法詳論（上卷）』（勁草書房、1968 年）第 31—32 頁参照。

由在于,尽管无因性是票据行为的基本属性[14]——票据债权独立于作为其基础的原因关系,原因关系上的瑕疵对票据债务的有效性不产生影响——但为避免无因性的严格贯彻导致经济上出现的不当结果,有必要对无因性进行一定程度的修正,并在此限度内,使得原因关系上的瑕疵间接地对票据关系产生影响。具体而言,在票据行为欠缺法律上原因的场合,法律赋予票据债务人不当得利返还请求权(《德国民法典》第812条),而且,这一请求权还可作为拒绝履行票据债务的抗辩(《德国民法典》第821条)。但值得注意的是,通过不当得利法来调整直接当事人之间原因关系与票据关系之关联即意味着,并非所有原因关系上的抗辩都能获得认可。[15]

　　第二,原因关系上存在实体法上的抗辩权(Einrede)的,若为永久性抗辩(dauernde Einrede),则票据债务人也可援引不当得利抗辩(《德国民法典》第813条第1款、第821条)。其典型情形为《德国民法典》第853条规定的侵权人因侵权行为而对被侵权人取得债权。但时效抗辩则构成例外(《德国民法典》第813条第1款第2句)。[16]

　　第三,原因关系上若只存在一时性抗辩(aufschiebende Einrede)——即所谓原因关系存在瑕疵时——,传统观点皆认为不当得利抗辩无法成立。这是因为,不当得利抗辩在理论上以不当得利返还请求权的成立为前提,[17]由于一时性抗辩[其典型为《德国民法典》第273条规定的留置权(Zurückbehaltungsrecht)[18]以及第320条第1款规定的同时履行抗辩权]只是暂时性地阻止权利行使,并不导致原因关系无效,因此不存在成立不当得利的余地。有鉴于此,德国向来的通说都认为原因关系

---

　　[14]　Heuck/Canaris, Recht der Wertpapiere, 12. Aufl., Verlag Franz Vahlen, 1986, S.26 ff., S. 44.卡纳里斯认为,票据债权区别且独立于作为其基础的原因债权(Kausalforderung),二者得以分别转让。票据表彰的无因债权之性质与《德国民法典》第780条、第781条规定的债务约束与债务承认相同。卡纳里斯指出,无因性具有强行法的性质,其法律基础在于《德国票据法》第1条第2项、第26条第1款规定的票据之单纯性(Bedingungsfeindlichkeit)。

　　[15]　Baumbach/Hefermehl, Wechselgesetz und Scheckgesetz, 17. Aufl., C.H.Beck, 1990, Art. 17 WG, Rdn. 50, S. 210.

　　[16]　必须指出的是,德国学者对原因债权时效与票据债权时效的关系之理解存在一定特殊性。卡纳里斯指出,原因关系上的债权人作为票据债权人可以获得更为有利的法律地位,例如,原因债权举证责任倒置、票据诉讼程序、不受原因债权时效抗辩即为其著例。Heuck/Canaris, Recht der Wertpapiere, 12. Aufl., Verlag Franz Vahlen, 1986, S. 165.德国学者蒂德克也指出,票据债权人取得了拥有独立时效的债权。从《德国民法典》第813条第1款第2句以及旧法第223条体现的精神来看,对于时效抗辩权无法运用不当得利的方法进行解释。Tiedtke, Der Einfluß der Wandlung auf Wechselforderung des Verkäufers, ZIP 1986, S. 953 - 954.

　　[17]　详细论证,木内宜彦『手形法小切手法(企业法学Ⅲ)』(劲草书房,1982年)209页参照。

　　[18]　关于德国法上的留置权(zurückbehaltungsrecht),参见[德]迪尔克·罗歇尔德斯:《德国债法总论》,沈小军、张金海译,中国人民大学出版社2014年版,第120—123页。

上仅存在一时性抗辩时，票据债务人无法以之（例如同时履行抗辩权）对抗票据债权人。

　　值得注意的是，德国联邦最高法院自 20 世纪 70 年代以来陆续作出的一系列重要判决使得票据债务人以原因关系上的一时性抗辩对抗票据债权人成为可能。对此，德国法院最早是以权利滥用的理论（《德国民法典》第 242 条）来证成上述观点的。在 1971 年 11 月 24 日判决中，德国联邦最高法院认为：“原因关系上存在留置权的场合，是否可能构成票据权利的滥用（unzulässige Rechtsausübung）无法一概而论。若票据债权人滥用其形式上的地位，违反诚实信用原则的，票据债务人可以之为由拒绝付款。”[19]在随后两件事实基本相同的案件中，德国联邦最高法院虽然也作出了与上述判决相同的裁判结论，但其理论构成却发生了显著变化。在 1976 年 2 月 9 日判决[20]与 1982 年 11 月 8 日判决[21]中，原告（委托人）依《德国民法典》第 633 条请求被告（承揽人）消除工作成果瑕疵并拒绝付款。德国联邦最高法院以“票据债权人不得主张超过其在原因关系上所享有范围的权利”为理由，祛除了直接当事人之间原因关系上抗辩的限制。详言之，“就合同上的目的决定（vertragliche Zweckbestimmung）来看，若出卖人或者受托人主张票据上权利不符合当事人合意确定的目的（der vereinbarte Zweck），即原因关系上的履行请求权不存在或尚不存在的，则其不享有行使票据上权利的权限。因此，在原因关系上可以行使留置权或合同未履行抗辩（Einrede des nicht erfüllten Vertrags）[22]（《德国民法典》第 320 条）的债务人，也可以在相对人基于票据提起的诉讼中主张上述权利”。[23]

（二）裁判说理的定型化：1986 年 1 月 30 日判决（BGH WM 1986，415，JZ 1986，601.）

　　1986 年 1 月 30 日判决[24]可谓德国联邦最高法院在这一问题上形塑裁判观点之关键，实有必要略加详述。

　　1. 案件事实

　　甲于 1983 年秋与乙的妻子丙进行镀金餐具交易。1983 年 10 月 12 日，甲向丙

---

　　[19]　BGHZ 57，292，301.

　　[20]　BGH NJW 1976，1451，WM 1976，382.

　　[21]　BGHZ 85，346.

　　[22]　参见［德］迪尔克·罗歇尔德斯：《德国债法总论》，沈小军、张金海译，中国人民大学出版社 2014 年版，第 123—125 页。值得注意的是，所谓“合同不履行的抗辩（exceptio non adimpleti contractus）”本身包含两种情形，其一针对同时履行，其二针对异时履行。从“合同不履行的抗辩”到“同时履行抗辩”的流变，参见韩世远：《合同法总论》，法律出版社 2018 年版，第 412 页以下。

　　[23]　BGH WM 1986，415；BGHZ 85，346（1982）；BGH NJW 1976，1451.

　　[24]　BGH WM 1986，415，JZ 1986，601.

交付了总价为 184208 马克的餐具,丙受领了其中 74000 马克的餐具并将剩余部分委托甲在阿拉伯联合酋长国代为销售。在委托销售陷于市场困境后,丙依据双方在买卖合同中的约定将该部分餐具退还于甲。为支付买卖价款,甲开具了到期日为 1983 年 12 月 9 日、票面金额为 74000 马克的指己汇票,乙对此作出承兑。

票据到期后甲凭票祈付,乙拒绝付款,理由为:第一,镀金餐具质量不符合约定;第二,丙在发现瑕疵后立即通知了甲;第三,买卖合同已被解除。因此,丙主张对甲行使 1900 年《德国民法典》第 478 条规定的合同解除的抗辩(die Wandlungseinrede)。甲则认为:第一,丙的解除权已经罹于时效;第二,乙不是买卖合同的当事人,即便前述抗辩成立,乙也无法向其有所主张。

2. 法院判决

德国联邦最高法院首先说明了裁判意旨:"若案涉汇票系由买受人自己承兑,则不存在排除其主张上述抗辩的可能。对于这一问题,联邦最高法院在 1976 年 2 月 9 日以及 1971 年 11 月 24 日作出的判决[25]中已经指出,票据债权人不得主张超过其在原因关系上所享有范围的权利。而且,联邦最高法院在 1982 年 11 月 8 日作出的判决[26]中也已明确,上述原则的理论基础在于当事人为履行原因债务而授受票据的目的合意。换言之,从当事人授受票据的合意可以直接得出以下结论:若出卖人或者受托人基于票据提出的权利请求无法经由目的合意得以正当化,即原因关系上的履行请求权不存在或尚不存在的,他就不得主张其票据权利。因此,若债务人可以在原因关系上主张留置权或合同未履行的抗辩,他也可以在债权人基于票据提起的诉讼中提出相同主张,除非票据交付的具体情况另有所指——例如票据债务人放弃了抗辩。"

德国联邦最高法院进一步论及裁判观点的理论构成:"联邦最高法院第八民事庭在 1971 年 11 月 24 日作出的判决[27]中运用了权利滥用理论,但本庭(第二民事庭)则认为,原因关系上抗辩许容的理论基础既不在于权利滥用,[28]也不是不当得利,而是当事人于票据授受时达成的目的合意(durch den bei der Hingabe des

---

〔25〕　WM 1976, 382; BGHZ 57, 292.

〔26〕　BGHZ 85, 346.

〔27〕　BGHZ 57, 292.

〔28〕　弗卢梅(Flume)不赞同德国联邦最高法院的观点,他认为 1971 年 11 月 24 日判决与 1986 年 1 月 30 日判决涉及的问题在本质上是相同的——问题的核心都在于原因关系。因此,无论是依据哪一种思考方法(权利滥用理论还是交付合意),不对原因关系本身进行观察,都无法得出妥当结论。Flume, Die Wandlungseinrede des Käufers bei Wechsel-oder Scheckhingabe, NJW 1986, 2482 ff.相同结论:小橋一郎「手形の無因性」手形法小切手法講座一卷 52 頁以下参照。

Wechsels oder Schecks vereinbarten Zweck)。[29] 有学者[30]认为,法院通过交付合意使得原因关系上的抗辩对票据关系产生影响,并如此宽泛地解释交付合意的内容,有违无因性原则。本庭认为这种观点无法苟同,正如 1982 年 11 月 8 日判决[31]指出的那样,无论人们多么推崇无因性原则,从《德国支票法》第 22 条(《德国票据法》[32]第 17 条同理)出发,也无法得出这一结论:直接当事人之间无法主张直接关系上的抗辩。实际上,当票据关系的当事人与原因关系的当事人身份重合时,即便无因性原则不至于被全面排除,也会基于法律上考虑(von Gesetzes wegen)有所让步。”

至于票据的支付功能与 1900 年《德国民法典》第 478 条的关系,法院指出:“票据债务的负担无论在法律上还是经济上都无法与现金支付等量齐观。现金支付会导致债务消灭,而票据债务的负担仅仅产生了新的债务——这一新的债务必须通过支付得到履行,可见其同样伴有不履行的危险。因此,作为票据授受基础的债权直到票据付款之后方才消灭。若买卖价款债务最终确定无须履行——在本案,是根据《德国民法典》第 478 条——而收款人还可以基于票据债权获得满足,在结果上就难谓无疑义。站在买卖法的角度考虑,《德国民法典》第 478 条规定的解除权即便罹于时效,也应当让买受人以此对抗票据债权人。理由在于,根据《德国民法典》第 478 条,即便针对瑕疵给付的解除权罹于时效,买受人仍可拒绝支付尚未给付的买卖价款,只不过已为之给付不得请求返还——这是基于法律状况安定化的要求所作的安排。但是,若当事人尚未实际支付买卖价款,而只是以履行为目的交付票据的,尚不存在上述法律状况安定化的问题。此时,鉴于买卖价款并未获支付,只要买受人主张了第 478 条的解除抗辩(Wandlungseinrede),出卖人即无法再要求付款。”

法院的结论是:“如果本案中的买受人丙可以主张上述抗辩,则承兑人乙同样应当享有这一权利。的确,乙并非甲、丙之间买卖合同的当事人,但其系为丙的买卖价金债务之履行作出承兑。对于这种情况,1982 年 11 月 8 日判决[33]已经指出,在收款人尚未获得付款且持票的限度内,票据承兑具有与并存的债务承担(Schuldbeitritt)类似的效果。因此,若买卖合同上的债权不存在或无须履行,通过《德国民法典》第 417 条第 1 款第 1 句的类推适用,乙可凭借甲、丙之间法律关系(买

[29] Baumbach/Hefermehl, Wechselgesetz und Scheckgesetz, 17. Aufl., C. H. Beck, 1990, Rdz. 10, 38 und Art. 17 Rdz. 67c.

[30] 此处是指德国学者 Zöllner。

[31] BGHZ 85, 346.

[32] 德国的“Wechselgesetz”多被译为“德国汇票本票法”,本文为论述方便,将其称为“德国票据法”。

[33] BGHZ 85, 346.

卖合同)上的抗辩对抗收款人甲。"〔34〕

(三) 小结

纵观德国司法实践的进展,不难发现,原因关系上抗辩的许容经历了从传统的"不当得利抗辩"到"权利滥用(unzulässige Rechtsübung)"再到"交付合意"的理论变迁。〔35〕总结起来,德国司法实践的裁判状况是,原因关系上的抗辩并非当然及于票据关系,而是经由目的合意的媒介间接地对票据关系产生影响。具体而言,若票据债权人的权利行使无法经由目的合意得以正当化,那么他就不得主张其票据权利。

德国学者在对上述判决整理分析的基础上,以法院所谓"目的合意"或"合同上的目的决定"为基础,发展出了"交付合意(Begebungsabrede)"或"目的决定(Zweck-bestimmung)"这种具有特定理论意涵的概念。〔36〕但不容忽视的是,对于上述判决

---

〔34〕 1900 年《德国民法典》第 478 条第 1 款规定:"解除或减价的请求权时效完成前,买受人就瑕疵通知了买受人或发出了通知的,即便时效完成后,亦得在解除或减价的范围内拒绝买卖价款的支付。"本案中,有关 1900 年《德国民法典》第 478 条的理解至关重要。对此的学说介绍,Vgl. Tiedtke, Der Einfluß der Wandlung auf Wechselforderung des Verkäufers, ZIP 1986, S. 953 ff.根据蒂德克的观点,若买受人在第 478 条规定的解除权罹于时效前就瑕疵事实通知了出卖人,即便嗣后时效届满,并不妨碍买受人以主张解除的抗辩(Wandlungseinrede)拒绝支付买卖价款。但已经支付的部分则无法请求返还。值得注意的是,此时买受人对其给付义务享有永久性的抗辩权,根据《德国民法典》第 813 条,他本可请求出卖人返还其已经支付的买卖价款,但蒂德克认为,此时依据第 813 条的效果要受到第 478 条规定的限制,即"已支付的部分,保留原状,未支付的部分,不必支付"。本案中的问题表现在,为履行买卖价金债务而交付的票据是否属于第 478 条所谓"支付(Zahlung)"。肯定说的结论是,即便买受人及时就瑕疵通知了出卖人,也无法主张基于第 478 条的抗辩。否定说的结论是,如同他可以拒绝支付买卖价款那样,他也可以拒绝支付票据价款(即以原因关系上抗辩对抗票据债权的行使)——这与德国联邦最高法院的观点相同。在这个意义上,蒂德克反对卡纳里斯的观点,他认为将票据交付等同于"支付"并不妥当。卡纳里斯的观点,参见 Ca-naris, Mängeleinrede des Käufers aus § 478 BGB gegenüber Wechselforderung des Verkäufers, JZ 1986, 684 – 686.

〔35〕 Zöllner, Die Wirkung von Einreden aus dem Grundverhältnis gegenüber Wechsel und Scheck in der Hand des ersten Nehmers, ZHR 148 (1984), S. 321.

〔36〕 Vgl. Huber, Einwendungen des Bezogenen gegen den Wechsel, Festschrift für Werner Flume zum 70. Geburtstag, 2, Bd., Verlag Dr. Otto Schmidt KG, 1978, S. 83. S. 101; Sedatis, Einführung in das Wertpapierrecht, De Gruyter, 1988, S. 40.值得注意的是,有德国学者在讨论票据行为的法律上原因时使用了"交付合意"的概念,而在原因关系上抗辩的许容之问题上则沿用了法院判决中提及的"合同上的目的决定"的概念。Heuck/Canaris, Recht der Wertpapiere, 12. Aufl., Verlag Franz Vahlen, 1986, S. 166 f.应予留意的是,德国学理与实践中出现的"票据授受的合意""交付合意""票据交付的目的""合意确定的目的""合同上的目的决定""履行的合意""履行的目的"等用语几乎同义。

持否定观点的学者并不在少数——问题的核心仍然在于，"交付合意论"是否有违票据行为的无因性。

三、票据行为无因性与票据交付合意

（一）作为票据行为法律上原因的票据交付合意

德国法上所谓"票据交付合意"或"交付合意"的概念，[37]是以德国联邦最高法院自 20 世纪 70 年代以来作出的一系列重要判决为契机被提出的，它成为原因关系上抗辩在直接当事人之间许容的理论根据。然而，交付合意的意义不止于此，它在相当程度上修正、重塑了人们有关票据行为无因性固有的思考方法，并为其添加了一抹浓厚的民事法色彩——这是通过区分"原因关系"与"票据行为的法律上原因"得以实现的。

德国学者普兰特尔（Prantl）指出，虽然通说认为，无因的票据行为区别且独立于原因关系，但实际上，票据行为仅仅是在相对于其法律上原因，也就是"票据交付合意"的关系上才具有无因性。普兰特尔以为履行买卖价金债务而交付票据为例展开了说明：在买卖合同或买卖价金债务中无法当然推导出当事人具有交付票据的意思，因为买卖价金债务的履行并不以票据交付为必要。[38]由此可见，在买卖价金债务的履行与票据授受之间，事实上存在一项将两者进行结合、表明为债务履行而交付票据的意旨、确定票据内容的合意。不难发现，票据授受可能出于多种目的，但无论是哪一种情形，当事人都会明示或默示地就"为何种目的授受票据"以及"票据的内容"达成合意，此即为"票据交付合意"。[39]

德国学者卡纳里斯（Canaris）也指出，票据授受的法律上原因（Rechtsgrund der

---

[37] Heuck/Canaris, Recht der Wertpapiere, 12. Aufl., Verlag Franz Vahlen, 1986, S. 166; Sedatis, Einführung in das Wertpapierrecht, De Gruyter, 1988, S. 40; Zöllner, Wertpapierrecht, 14. Aufl., C.H.Beck, 1987, S. 30 f.

[38] Prantl, Die Abstraktheit des Wechsels, Verlag Recht und Wirtschaft, 1989, S. 63.

[39] 德国学者 Prantl 认为，票据交付合意可能发生在以下两种场合：第一，原因关系上的债务人对债权人负有交付票据义务的场合。第二，原因关系上的债务人虽然并不负担交付票据义务，但为了达成一定的目的（例如原因债务的履行）希望交付票据，且债权人对此知情的场合。Prantl 指出，无论是哪种情形，当事人都必须对票据交付及其产生的法律效果达成合意，由此才使得原因关系与票据关系发生关联。这种合意，既可以是明示也可以是默示的，既有可能随同原因行为被一并作成，又有可能在嗣后交付票据时被作成。Prantl, Die Abstraktheit des Wechsels, Verlag Recht und Wirtschaft, 1989, S. 63 f.福瀧博之「手形行為とその原因関係」竹内昭夫編·特別講義商法Ⅱ（有斐閣、1995 年）126 頁参照。

Wechselhingabe)并非买卖合同或借款合同,而是与之相区别的"交付合意(Bege-bungsabrede)"。与普兰特尔不同,卡纳里斯是从另一个角度进行观察的:在票据系为担保原因债务而被交付的场合,若原因债务本身不存在瑕疵而债务人交付票据的意思表示却存在瑕疵的(例如,被胁迫交付票据),他可以通过撤销为其设定票据交付义务的合同从而请求票据的返还。由此可见,不当得利返还请求权的成立系基于交付合意之无效或消灭而非被担保权的无效或消灭。在这个意义上,票据行为或票据授受的法律上原因非票据交付合意莫属。但不容忽视的是,被担保债权的无效、消灭也会无例外地对交付合意的效力产生影响——无论是根据《德国民法典》第139条有关法律行为部分无效的规定还是第313条有关交易基础(Geschäftsgrundlage)的规定——这在结果上与通说的结论大体相当,尽管通说的法律构成无法苟同。[40]

德国学者胡贝尔(Huber)也表达了相同观点,他在评价德国联邦最高法院1982年11月8日判决时指出,买受人为买卖价金债务的履行对出卖人开具的指己汇票作出承兑,若此买卖价金债务并不存在,则买受人拒绝履行票据债务的理由并非源自不当得利法,而是当事人"为履行原因债务而交付(承兑)票据的合意"。所谓"若出卖人或者受托人主张票据上权利不符合当事人的目的合意,则其不享有行使票据上权利的权限"也可以在交付合意的视角下得到说明。只有在履行的合意(Erfüllungsvereinbarung)或其他有关票据授受法律上原因的合意本身无效的情况下,才有不当得利抗辩的问题。[41]

像这样,在作为票据行为法律上原因的意义上理解交付合意,可以重新认识票据行为与原因关系之联系。诚如前述,德国传统观点认为,只有在原因关系欠缺、无效,即原因关系上存在权利障碍抗辩以及权利消灭抗辩的场合,方才成立不当得利。但事实上,作为(给付型)不当得利构成要件之一的"(客观意义上的)法律上原因",在票据不当得利的场合并不指向其原因关系,而是"表明交付票据之意旨"的交付合意。换言之,有且只有在交付合意本身无效或欠缺的场合,才有可能发生票据不当得利返还的问题。但诚如卡纳里斯所言,此种解释方法并不会彻底颠覆通说的结论,因为原因关系的无效几乎会无一例外地对交付合意的有效性产生影响(无论是通过《德国民法典》第139条或第313条)。由此观之,胡贝尔的观点是值得商榷的,因为在原因关系无效的场合,同样会产生票据不当得利返还,只不过原因关系的无效并非直接导致票据授受失其法律上原因,而是间接导致这一结果。在这个意义上,普兰特尔所言"票据授受的直接根据就是票据交付合意,间接根据则是作为基础

---

[40]　Canaris, Der Einwendungsausschluß im Wertpapierrecht, JuS 1971, S. 441, S. 446; Heuck/Canaris, Recht der Wertpapiere, 12. Aufl., Verlag Franz Vahlen, 1986, S. 166(Fn. 4).

[41]　Huber, Einwendungen des Bezogenen gegen den Wechsel, Festschrift für Werner Flume zum 70. Geburtstag, 2, Bd., Verlag Dr. Otto Schmidt KG, 1978, S. 83. S. 101.

债务关系的原因关系"〔42〕即深明大义,颇值赞同。

(二) 作为原因关系上抗辩之媒介的票据交付合意

普兰特尔认为,票据交付合意在构成票据行为之法律上原因的同时,还成为原因关系上抗辩许容的依据。具体而言,当事人以确定票据利用方法的形式将原因关系上的抗辩纳入交付合意,并将不符合交付合意内容的行为(票据权利行使)解释为契约违反,从而构成票据抗辩。换言之,原因关系上的抗辩并非直接,而是间接地及于票据关系,因此,这是一种不违反票据行为无因性的理论。〔43〕

普兰特尔以原因关系上存在同时履行抗辩权(《德国民法典》第 320 条第 1 款)的场合为例进一步阐释了其观点。他认为,票据债务的作成若没有破坏原因关系上的履行顺序,则票据债务人仍可以之对抗票据债权人。反之,若票据债务的作成创设了票据债务人的先履行义务,他便不再享有该项抗辩。具体来说,可能出现如下几种情况。**情形一**:票据授受发生在给付与对待给付的履行期前,且票据到期日在对待给付履行期前的,可以认为票据债务人负担了先履行义务,他无法以原因关系上的同时履行抗辩权对抗票据债权人。**情形二**:票据到期日在对待给付履行期之后的,可以认为债务人是在期待债权人及时履行对待给付的前提下作成票据债务的。若债权人未履行对待给付即凭票祈付,票据债务人可以同时履行抗辩权对抗票据债权人。**情形三**:票据到期日与对待给付的履行期日相同的,可以认为债务人是通过票据交付的形式使自己负担了先履行义务,此时不存在主张同时履行抗辩权的余地。**情形四**:票据授受发生在对待给付履行期之后,且票据在对待给付履行期满后才到期的,票据债务人仍可主张同时履行抗辩权。**情形五**:票据授受若以对待给付之先履行为前提的,并不妨碍票据债务人以同时履行抗辩权对抗票据债权人。〔44〕简而言之,普兰特尔是通过解释交付合意中当事人就票据利用方法所达成的合意来为原因关系上抗辩之许容寻找理论基础的。

胡贝尔同样注意到了交付合意对于原因关系上抗辩的影响。他认为,交付合意的存在使得票据债务人可以原因关系上的一时性抗辩对抗票据债权人。例如,当事人约定出卖人应在票据到期日前交付买卖标的物而未交付的,买受人得以《德国民法典》第 320 条规定的合同未履行的抗辩对抗票据债权人。又如,买受人对出卖人享有具有牵连性的反对债权而得主张《德国民法典》第 273 条规定的留置权的场合,前者也可以之拒绝履行票据债务。反之,债权人在原因关系上不享有的权利,亦无法

〔42〕　Prantl, Die Abstraktheit des Wechsels, Verlag Recht und Wirtschaft, 1989, S. 63.

〔43〕　Prantl, Die Abstraktheit des Wechsels, Verlag Recht und Wirtschaft, 1989, S. 64.

〔44〕　Prantl, Die Abstraktheit des Wechsels, Verlag Recht und Wirtschaft, 1989, S. 64.

在票据关系上进行主张，这都是从当事人的交付合意中得出的结论。[45]

卡纳里斯也指出："仅以交付合意作为原因关系上抗辩许容的道具，并不违反无因性。"理由在于，一方面，原因关系上的抗辩并不否定票据债权的存在，另一方面，票据债权上也没有"原因关系上不存在抗辩"的条件。[46]但他同时指出，虽然交付合意的理论构成本身不存在问题，但法院运用交付合意的方法却十分可疑：德国联邦最高法院以"票据债权人不得主张超过其在原因关系上所享有范围的权利"为依据，使得原因关系上的永久性抗辩、一时性抗辩原则上都可以在票据关系中被援引，"除非票据交付的具体情况另有所指"。但这种解释方法，未尝不存在本末倒置原则与例外的问题。考虑到放弃抗辩的合意事实上难以证明，那么最终的结果必然是对无因性原则的背离。这是因为，无因性本来的意义就在于为债权人权利的实现提供便利（schneidig），因此不应当由债权人就对方"放弃了抗辩"承担证明责任。[47]

德国学者策尔纳（Zöllner）表达了和卡纳里斯类似的担忧，他认为，像德国联邦最高法院那样如此广泛地理解交付合意的内容，很难说不存在背离无因性的问题。"当事人将原因关系与票据关系进行条件关联，从而废止、限制无因性尚且无法被允许，若概括性地认可当事人提出原因关系上的抗辩，未免过于荒谬。……当事人就票据权利行使之特别条件（如延期支付、留置权）达成合意并不为法律所禁止，当然了，这同样不能与票据关系有条件关联。"[48]不难发现，策尔纳虽未否定交付合意，但实际上只是在不违反无因性的限度内对其效力予以认可。

尽管有不少学者对其颇有微词——主要是针对其使用方法，但总体而言，交付合意论在德国学说上保有较高的接受度，可以说，以"原因关系上抗辩（通过交付合意的媒介）间接地对票据关系产生影响"——尤其是原因关系上的一时性抗辩因此得以在票据关系中被援引——为理论核心的交付合意论被主流学者奉为一种行之有效的理论工具。

（三）原因关系上抗辩的理论重构

不可否认，交付合意作为一种新的理论构成，与既有理论多多少少存在隔阂，这在无形中消磨了其影响力。有没有这样一种解释方法，它能将这个看似新颖的理论

〔45〕　Huber，Einwendungen des Bezogenen gegen den Wechsel，Festschrift für Werner Flume zum 70. Geburtstag，2，Bd.，Verlag Dr. Otto Schmidt KG，1978，S. 103.

〔46〕　Heuck/Canaris，Recht der Wertpapiere，12. Aufl.，Verlag Franz Vahlen，1986，S. 167.

〔47〕　Canaris，Mängeleinrede des Käufers aus § 478 BGB gegenüber Wechselforderung des Verkäufers，JZ 1986，S. 686.

〔48〕　Zöllner，Die Wirkung von Einreden aus dem Grundverhältnis gegenüber Wechsel und Scheck in der Hand des ersten Nehmers，ZHR 148 (1984)，S. 330 f.

构成纳入既有的解释论范畴,从而提高其接受度呢? 普兰特尔意识到了这一问题。他发现,尽管德国传统学说并未使用交付合意这样的概念,但"票据债务人可以基于票据外特约提出抗辩"却几乎未受到任何质疑,〔49〕而票据外特约的抗辩似乎又与交付合意具有千丝万缕的联系。

具体而言,由于交付合意属于票据行为的法律上原因,那么通说对于票据行为无因性的定义"票据行为独立于原因关系",就可以相应被修正为"票据行为独立于票据交付合意"。如此一来,通过将交付合意打造为新的"原因关系",可以将所谓"原因关系上的抗辩"解释为经由交付合意而来的票据抗辩——一方面,在形式上,由于"交付合意由来的抗辩"在本质上属于"票据外特约的抗辩",〔50〕因此,通过将前者纳入后者的理论范畴,可以为前者在直接当事人之间许容之理论依据寻找适合的参照系。〔51〕另一方面,在实质上,通过票据交付合意,可以将原因关系上抗辩的许

---

〔49〕 卡纳里斯在批判德国联邦最高法院 1986 年 1 月 30 日判决时指出,从《德国票据法》第 17 条、《德国支票法》第 22 条来看,直接当事人之间的确存在援引"直接关系"上抗辩的可能,但这并非无因性"基于法律上考虑有所后退",因为即便是在严格贯彻无因性的场合,这种类型的抗辩也同样存在,例如,不当得利的抗辩、延期支付合意或在一定条件下才能行使票据债权的"债权法上的合意(schuldrechtliche Abreden)"位于上述条文的范畴内,向来皆无异议。总而言之,无因性原则与《德国票据法》第 17 条、《德国支票法》第 22 条的调和不存在矛盾之处。Canaris, Mängeleinrede des Käufers aus § 478 BGB gegenüber Wechselforderung des Verkäufers, JZ 1986, 685. 在我国情况也是如此,例如,在"合肥创元小额贷款有限公司与金谷源控股股份有限公司、安徽欧堡万国酒庄贸易有限公司票据付款请求权纠纷案"(最高人民法院(2016)最高法民申 1952 号民事裁定书)中,最高人民法院认为:"……根据合肥市庐阳区人民法院的谈话笔录,金谷源公司交付汇票的条件是基于 2013 年 12 月 25 日前,将欧堡进出口公司的红酒解除查封和质押。如不能解除查封和质押,金谷源公司收回汇票。金谷源公司交付汇票的目的是通过购买被查封、质押的红酒,向创元公司清偿欧堡进出口公司债务。创元公司取得汇票的前提是同意对欧堡进出口公司的红酒予以解除查封和质押。在解除查封和质押前,暂保管汇票,并承诺如到期不能解除查封和质押,退还该汇票。该谈话笔录反映在合肥市庐阳区人民法院的组织下,金谷源公司、创元公司对交付汇票、取得汇票及应履行的义务达成一致,且双方权利义务相对等,构成了金谷源公司与创元公司直接的债权债务关系。……本案在创元公司没有履行申请解除查封和质押义务的情况下,金谷源公司有权以此作为抗辩,对抗创元公司的付款请求,因此,创元公司主张金谷源公司承担付款责任的请求不予支持,原审判决驳回创元公司诉讼请求并无不当。"本案中,双方所作约定即相当于前述"在一定条件下才能行使票据债权的'债权法上的合意'"。

〔50〕 票据法上的"人的抗辩"是指基于请求人与被请求人之间人的关系所产生的抗辩,其典型为① 原因关系上的抗辩、② 票据外特约的抗辩(例如延期付款、不请求付款合意)。小桥一郎『手形法·小切手法』(成文堂、1995 年)124 页。诚如前述,在将票据交付合意理解为原因关系的基础上,可以将"原因关系上的抗辩"纳入"票据外特约上的抗辩"的范畴。

〔51〕 Prantl, Die Abstraktheit des Wechsels, Verlag Recht und Wirtschaft, 1989, S. 64. 福瀧博之「手形行為とその原因関係」竹内昭夫編·特別講義商法Ⅱ(有斐閣、1995 年)127 页参照。

容最终植根于当事人的合意，从而对其正当性作出合理说明。[52]

不难发现，将"原因关系上抗辩"重构为"交付合意由来的抗辩"，实质上是将新的理论构成纳入既有的解释论范畴的尝试，这似乎是行之有效的。

四、从"交付合意论"到"不当得利抗辩"的理论回归

（一）交付合意论的问题点

在比较法上，直接对抗说最为人诟病之处在于其背离票据行为的无因性。那么，理论上是否存在这样一种解释方法或理论构成，它既能与票据行为无因性相得益彰，又能妥当顾及直接当事人之间的经济目的，为容许主张原因关系上抗辩提供依据？对此，德国司法实践是通过"交付合意论"进行理论构成的，但其同样面临背离无因性的指责。由此可见，为明晰问题之所在，需要首先对"票据行为无因性"的具体意涵进行细致考察。

无因性的概念具有多种含义，根据其使用场景的不同，其具体意涵也会相应发生变化。例如，就票据债权人行使票据权利无须就原因关系承担主张、证明责任这一现象，学者多从票据行为独立于原因关系的角度对无因性进行说明。又如，无因性也被广泛使用于抗辩切断问题的说明，此时，论者多是在强调"票据行为不受原因关系存否、效力的影响"之意义上理解无因性的。[53]不难发现，围绕票据行为无因性的讨论，主要是从"无因性的法律效果"或"无因性的功能"之视角展开的，但问题在于，如此一来，无因性在票据法甚至私法体系上的位置就十分暧昧。事实上，"无因性"非为票据法所特有，只要我们承认这一事实，那么有关无因性的讨论就无法忽视其在私法中所处的体系位置。

首先，根据法律行为所变动的法律关系之性质，可以将其区分为财产行为与身份行为。其次，以财产行为是否减少自己的财产而增益他人财产为标准，可以将其区分为给予行为（例如，所有权移转、担保物权的设定、债务免除等）与非给予行为（例如，所有权的抛弃、代理权的授予）。最后，在给予行为中，若给予行为以为其本身提供正当性基础的原因（法律上原因）为要素，原因欠缺即导致其不成立的，为要

---

〔52〕　福瀧博之「手形行為とその原因関係」竹内昭夫編・特別講義商法Ⅱ（有斐閣、1995 年）130 頁。

〔53〕　参见赵新华：《票据法论》，吉林大学出版社 1998 年版，第 61—62 页；谢怀栻：《票据法概论》，法律出版社 2017 年版，第 38 页。大隅健一郎『新版手形法小切手法講義』（有斐閣、1989 年）26 頁、鈴木竹雄『手形法小切手法』（有斐閣、1957 年）20 頁、前田庸『手形法・小切手法入門』（有斐閣、1983 年）46 頁以下、小橋一郎「手形の無因性」手形法・小切手法講座第一巻 41 頁以下参照。

因行为;反之,若给予行为单纯以财产上给予本身为标的,则为无因行为。[54]

将无因性作为票据行为(法律行为)的性质进行重构,可以明晰作为无因行为的票据行为在法律行为体系甚至私法体系中所处的位置。以此为据,票据行为无因性的意涵也可以获得全新的阐释:一般认为,票据行为无因性具有以下三项功能:第一,票据行为的效力独立存在;第二,持票人不负证明给付原因的责任;第三,票据债务人不得以原因关系对抗善意第三人。[55] 事实上,与其说上述三者为票据无因性的功能,不如说是无因性的当然结果——既然票据行为抽象于其法律上原因(交付合意),则票据行为的存在及内容都应与其法律上原因相分离。也就是说,票据行为无因性至少具有以下两方面的意义:第一,法律上原因的独立性(Rechtsgrundunabhängigkeit);第二,抗辩上的独立性(Einwendungsunabhängigkeit)。[56]

既然无因性是指票据行为不受其法律上原因之效力、存否的影响,那么理论上,只有(作为票据行为客观意义上的法律上原因的)交付合意本身无效或欠缺时才有可能产生票据抗辩的问题。由此可见,无论是通过交付合意间接援引原因关系上的抗辩,还是通过票据外特约援引票据外法律关系上存在的抗辩,都无法与票据行为无因性兼容——如果说(原则上)与不当得利返还请求权无关的原因关系上的一时性抗辩在直接当事人之间尚且无法构成票据抗辩,同样与不当得利返还请求权无关的票据外特约的抗辩也无法成为票据债务人拒绝付款的理由。在这个意义上,那种通过将原因关系上抗辩置换为票据外特约的抗辩,并利用后者之无争议性来说明前者正当性的解释方法[57]也不能成立。

综上所述,票据行为无因性的理论射程并不止步于原因关系对票据关系的影响,毋宁说,票据外的一切情事无法对票据关系产生影响也位于无因性的理论射程之内。

(二) 新不当得利抗辩理论的展开

交付合意论所暴露出的无法与票据行为无因性相兼容的问题,引领了部分学者

---

〔54〕　参见[德]维尔纳·弗卢梅:《法律行为论》,迟颖译,法律出版社 2013 年版,第 158 页以下。也有部分日本学者在上述私法体系内部对票据行为无因性进行解释,小橋一郎『新版手形法小切手法講義』(有信堂、1982 年)8 頁、木内宜彦『手形法小切手法(企業法学Ⅲ)』(勁草書房、1982 年)210 頁。

〔55〕　長谷川雄一『手形抗弁の研究』(成文堂、1990 年)111 頁。赵新华:《票据法论》,吉林大学出版社 1998 年版,第 60—62 页。

〔56〕　Franz Schnauder, Einreden aus dem Grundverhältnis gegen den ersten Wechsel- und Scheckgläubiger, JZ 1990, S. 1047.

〔57〕　Vgl. Hans-Joachim Pflug, Literatur-Baumbach/Hefermehl, Wechselgesezt und Scheck- gesetz, 15. Aufl. München (C. H. Beck) 1986, ZHR 151 (1987), 266.

开始重新思考原因关系上抗辩许容的依据,其中尤其值得关注的是德国学者施瑙德尔的见解,他通过将交付合意与传统的不当得利抗辩相结合,秉持法律上原因的主观说,为不当得利抗辩的理论重生创造了条件。

施瑙德尔认为,即便当事人在票据授受时达成了"为履行原因债务而交付票据"的合意,也不过是为给予行为提供了法律上原因——在目的不达的场合发生不当得利返还或抗辩——这并不能当然推导出"原因关系上的一时性抗辩可以在票据关系上进行主张"的结论。[58] 为了深入阐释其观点,施瑙德尔将问题场景划分为两种情形,分别为"票据债权由原因关系上的债权人所享有的情况(例如,债务人为债权人出具本票、支票,或在债权人出具的指己汇票上作出承兑)",以及"票据债权由第三人所享有的情况(例如,债务人对收款人为第三人的汇票作出承兑)"。由于与本文主旨相关的仅为前一种情况,故后者不赘。在此基础上,施瑙德尔从"法律上原因的独立性"以及"抗辩上的独立性"两个方面对原因关系上抗辩与票据行为无因性的关系展开了考察。

1. 法律上原因的独立性

施瑙德尔指出,票据债权由原因关系上的债权人所享有的情况中,票据行为的法律上原因是交付合意确定的给付目的之达成(主观的法律上原因),而非交付合意本身。理由在于,其一,债务人在原因关系上虽然负担给付一定金额的债务,但并不负担交付票据之义务,交付合意的功能在于课以债务人以交付票据的义务。其二,在主观说立场下,票据行为的法律上原因并非交付合意。[59]

施瑙德尔认为,"法律上原因的独立性"意义上的无因性是指,给予行为独立于其法律上原因,二者在内容上被切断。当事人有关给付目的之合意是否有效、给付目的是否达成,都不影响票据债权的效力,只有在欠缺给付目的或给付目的的落空的场合,才会导致通过不当得利调整当事人之间的损益变动。这种利益配置也促成债权人权利实现的便捷化——债权人在诉讼中无须就给付目的之实现承担证明责任,相反,债务人必须就其瑕疵承担证明责任。就此而言,债权人享有的票据上权利已经超过了"其在原因关系上所享有范围"。[60]

---

〔58〕 Franz Schnauder, Einreden aus dem Grundverhältnis gegen den ersten Wechsel-und Scheckgläubiger, JZ 1990, S. 1047.

〔59〕 Franz Schnauder, Einreden aus dem Grundverhältnis gegen den ersten Wechsel-und Scheckgläubiger, JZ 1990, S. 1048.

〔60〕 Franz Schnauder, Einreden aus dem Grundverhältnis gegen den ersten Wechsel-und Scheckgläubiger, JZ 1990, S. 1048.对此,Tiedtke, Der Einfluß der Wandlung auf Wechselforderung des Verkäufers, ZIP 1986, S. 953, S. 954.认为,票据的利用并非为债权人提供了"更多的权利",而只是使他的权利"更容易实现"。

2. 抗辩上的独立性

施瑙德尔认为,在上述情形中,票据债务人要么是出于履行原因债务的目的(《德国民法典》第 364 条),要么是出于担保原因债务的目的才负担票据债务的。因此,若应被履行或担保的原因债权不存在或已消灭的,给付目的无法实现,票据债务人可以票据行为欠缺法律上原因为由以不当得利抗辩对抗票据债权人。[61]

但更为棘手的问题在于,原因关系上若仅存在权利阻止抗辩(rechtshemmende Einrede),那么无因的票据行为究竟会受到何种影响? 对此,施瑙德尔又区分了两种情形:

第一,为履行原因债务交付票据(zum Zweck der Erfüllung)。若原因债务附有永久性抗辩,则债务人可以拒绝票据付款请求。结果是,这种情况与债务不存在的处理方式相同。[62] 与之相反,若原因债务附有一时性抗辩,此种债务不仅可以履行,而且履行后无法请求不当得利返还。就《德国民法典》第 812 条第 2 款以及第 813 条第 1 款的价值评价来看,认为债务人原则上无法以原因关系上的一时性抗辩对抗票据债权人是妥当的。[63]

原因关系上的一时性抗辩之所以无法在直接当事人之间构成票据抗辩,需要在票据行为的给付目的中寻找答案。具体来说,当事人并非将原因债务的给付目的当作票据交付的给付目的,而是当作独立的给付义务。从新的给付义务的到期日、诉讼时效(《德国票据法》第 70 条)皆不同于原因债务这一点来看,已经可以得出原因关系上的一时性抗辩原则上应予排除的结论了。换言之,原因关系上的一时性抗辩受到限制的根据,就在于当事人通过票据授受对于独立于原给付目的之"新的给付目的"之追求。那么,在给付目的不达的场合则可能产生不当得利抗辩的问题。由此可见,"抗辩上的独立性"意义上的无因性,仅在发生不当得利抗辩的场合才有所让步。[64]

第二,为担保原因债务交付票据(zum Zweck der Sicherung)。施瑙德尔指出,就《德国民法典》明文规定的具有从属性的担保权(抵押权、质权)而言,法律规定债务人对债权所得主张之抗辩权,所有权人皆得行使。对于那些不具有从属性的担保而言(例如,为担保借款返还债务而作出无因的给付约束、以担保为目的承兑票据或以

---

〔61〕 Franz Schnauder, Einreden aus dem Grundverhältnis gegen den ersten Wechsel- und Scheckgläubiger, JZ 1990, S. 1049.

〔62〕 Franz Schnauder, Einreden aus dem Grundverhältnis gegen den ersten Wechsel- und Scheckgläubiger, JZ 1990, S. 1049.

〔63〕 Franz Schnauder, Einreden aus dem Grundverhältnis gegen den ersten Wechsel- und Scheckgläubiger, JZ 1990, S. 1049.

〔64〕 Franz Schnauder, Einreden aus dem Grundverhältnis gegen den ersten Wechsel- und Scheckgläubiger, JZ 1990, S. 1049.

担保为目的设定土地债务、让与担保或进行债权让与），从当事人之间就实现担保权利所达成的合意来看，上述规则也应当适用。也就是说，担保权利的实现须以原因债权未附着抗辩且履行期届至为前提。否则，担保义务人可以原因关系上所有的抗辩权对抗债权人。[65]

3. 一时性抗辩的全新构造

兜兜转转，我们似乎又回到了理论的原点——不当得利抗辩。不可否认，在原因关系上存在权利消灭抗辩、权利障碍抗辩以及永久性抗辩的场合，无论采纳哪一种理论构成，都可以获得相同结论。相反，最富探讨价值，同时也是最为棘手的，则是原因关系上只存在一时性抗辩的情形。交付合意论之所以广受追捧，理由恰好就在于它为一时性抗辩在直接当事人之间的许容提供了理论基础。如果说交付合意论基于其理论瑕疵受到否定，而不当得利抗辩又无法针对此种情况作出有效说明，则直接当事人之间似乎完全丧失了限制票据权利行使的可能。

破题的关键，还是在于交付合意。施瑙德尔指出，当事人可以在交付合意中为票据权利的行使附加限制。对此，理论上存在两种方法：第一，当事人在交付合意中可以"原因关系上的对待给付被全面且适时履行"作为票据付款的停止条件。这并不违反票据法的规定，因为《德国票据法》第 26 条第 1 款、《德国支票法》第 12 条第 2 款禁止的是将条件记载于票据文本（否则，承兑人可以借此对所有的持票人有所主张），并不妨碍当事人在票据外就条件达成合意。[66] 如果说这种解释方法存在疑义，还有第二种路径，即当事人可以将原因关系上的交换目的（der Austauschzweck）（即无瑕疵对待给付的获取）纳入交付合意，由此一来，在票据债权人没有履行对待给付的场合，债务人可以拒绝付款——其理论依据并非《德国民法典》第 320 条第 1 款规定的同时履行抗辩权，而是《德国民法典》第 812 条第 1 款第 2 句以及第 812 条第 2 款，因为此时票据交付的给付目的已落空。[67]

两相对照，交付合意论的观点是，违反交付合意的票据权利行使会直接导致票据抗辩发生，而施瑙德尔提出的新不当得利抗辩理论则认为，违反交付合意的票据权利行使并不直接导致票据抗辩发生，此举仅会使得票据行为的法律上原因，即交付合意确定的给付目的落空，从而发生不当得利返还与抗辩。两者的核心区别在于，如何认识"违反交付合意的票据权利行使"之法律效果。交付合意论的局限在于

〔65〕 Franz Schnauder, Einreden aus dem Grundverhältnis gegen den ersten Wechsel-und Scheckgläubiger, JZ 1990, S. 1050.

〔66〕 Franz Schnauder, Einreden aus dem Grundverhältnis gegen den ersten Wechsel-und Scheckgläubiger, JZ 1990, S. 1053.

〔67〕 Franz Schnauder, Einreden aus dem Grundverhältnis gegen den ersten Wechsel-und Scheckgläubiger, JZ 1990, S. 1053.

并未言明"交付合意之违反如何导致票据行为的法律上原因产生瑕疵"，它以维护无因性为理论出发点，但实际上半途而废。施瑙德尔的观点则是在无因行为框架内所作推演的必然结论，值得赞同。

（三）小结

交付合意，在德国的学理与实践中是作为直接对抗说的理论对立物被提出的，其功绩在于，一方面维护了票据行为的无因性，另一方面为原因关系上的抗辩在直接当事人之间的许容提供了理论依据。但通过上文分析不难发现，即便是交付合意论本身，同样存在背离无因性之嫌。只要我们承认票据行为无因性的意义是根据其在整个私法体系中所处的位置来决定的，我们就只能依据与之相伴而生的固有制度——不当得利，来调整无因性原则可能产生的不当的经济上后果。可以说，这正是施瑙德尔新不当得利抗辩理论之内核。

本文认为，施瑙德尔新不当得利抗辩理论具有如下特点：第一，重视交付合意的功能；第二，以主观说重构票据行为的法律上原因。可以说，交付合意成为不当得利抗辩"复活"的关键——作为确定给付目的内容与边界之媒介的交付合意为普兰特尔所谓"交付合意中当事人就票据利用方法所达成的合意"赋予了新的内涵：违反交付合意的票据权利行使会导致票据行为的给付目的落空，从而产生不当得利返还与抗辩。在这个意义上，施瑙德尔最终得出的结论是，在上述"票据债权由原因关系上的债权人所享有的情况"中，虽不至于使原因关系上所有的抗辩皆被排除，但的确存在抗辩限制，票据债务人只有绕道不当得利法或者通过《德国民法典》第 242 条，才能以原因关系上的抗辩对抗票据债权人。[68]

五、"交付合意"对我国的启示

（一）"票据预约"与交付合意

在我国围绕票据行为无因性展开的讨论中，有关"原因关系"或"原因"的诸多见解之间存在微妙的差别。有的学者将原因关系理解为买卖合同或借款合同等债权债务关系。[69] 也有学者认为，为履行既存债务而交付票据的场合，既存债务本身

---

〔68〕 Franz Schnauder, Einreden aus dem Grundverhältnis gegen den ersten Wechsel- und Scheckgläubiger, JZ 1990, S. 1052.

〔69〕 谢怀栻：《票据法概论》，法律出版社 2017 年版，第 36 页；赵新华：《票据法论》，吉林大学出版社 1998 年版，第 60 页。

(例如,支付买卖价款的债务、借款返还债务等)就是原因关系。[70] 还有学者指出,票据授受可能出于多种目的,债务的清偿、票据权利的买卖(票据贴现)、信用授予(融通票据)、委任取款、债务担保——此类法律关系皆可构成原因关系。[71]

实际上,原因债权、原因行为或原因关系,表面上看是观察视角不同的问题,实质上却与论者对票据行为无因性的理解密切相关。如果将无因性作为票据行为的性质进行理解而不单纯着眼其所表征的法律效果,那么票据行为仅相对于"正当化给予行为的法律上原因"才具有无因性。[72] 因此,基础债权债务关系意义上的,或是既存债务意义上的"原因行为"与此处所谓"票据行为的法律上原因"恐非同一事物,其根本理由就在于,基础债权债务关系中无法当然推导出当事人具有交付票据的意思。[73] 相反,上述最后一种见解中所谓"原因行为"应与"法律上原因"同义。理由在于,为票据授受或票据行为提供正当性基础的,正是当事人之间有关债务清偿、票据上权利买卖、信用授予、债务担保等目的之合意。换言之,票据行为的(客观意义上的)法律上原因就是此等"票据交付合意"。[74]

"交付合意"这一概念虽从未出现在我国票据法理论中,但值得注意的是,作为票据基础关系之一的"票据预约"与交付合意却如出一辙。一般认为,当事人在出票前,还必须就票据的种类、金额、到期日、付款地等事项达成合意,这种合意就是票据预约。[75] 事实上,票据预约的功能不限于此,票据授受的目的、票据利用的方法、票据权利行使的限制等约定都可一并纳入票据预约。由是观之,票据预约与交付合意几乎等同,完全可以作为交付合意在我国票据法理论上的对应物。

重视票据预约的功能、赋予票据预约更为丰富理论内涵的尝试,还可以为票据法解释论的发展提供增量。[76] 以"特约的抗辩"[77]为例,一般认为,特约的抗辩属于票据抗辩体系中"人的抗辩"之范畴,它本质上属于当事人在票据外法律关系中约定的抗辩,比如延期付款合意。不难发现,特约的抗辩本质上也属于在一定条件下

---

〔70〕　刘心稳:《票据法》,中国政法大学出版社 2015 年版,第 38 页。

〔71〕　刘心稳:《票据法》,中国政法大学出版社 2015 年版,第 38 页;大隅健一郎『新版手形法小切手法講義』(有斐閣、1989 年)66 頁。

〔72〕　Prantl, Die Abstraktheit des Wechsels, Verlag Recht und Wirtschaft, 1989, S. 63.

〔73〕　Prantl, Die Abstraktheit des Wechsels, Verlag Recht und Wirtschaft, 1989, S. 63.

〔74〕　Prantl, Die Abstraktheit des Wechsels, Verlag Recht und Wirtschaft, 1989, S. 63 f; Canaris, Der Einwendungsausschluß im Wertpapierrecht, JuS 1971, S. 441, S.446.

〔75〕　谢怀栻:《票据法概论》,法律出版社 2017 年版,第 38 页。

〔76〕　参见任我行:《汇票承兑人对收款人享有保证债权场合下的票据抗辩关系——最高人民法院"(2000)经终字第 72 号"民事判决评释》,载"观得法律"微信公众号。

〔77〕　参见赵新华:《票据法论》,吉林大学出版社 1998 年版,第 121 页。

才能行使票据权利的"债权法上的合意（schuldrechtliche Abreden）"[78]，而这种限制票据权利行使的约定也可被纳入票据预约调整的范畴。因此，所谓票据外特约的抗辩，完全可以被理解为"票据预约中有关限制票据权利行使的约定"。另一方面，票据预约的活用也为交付合意论的引入创造了条件。[79]

（二）"相对无因性"及其理论缺陷

与德国热闹非凡的学说争论相比，我国票据法理论界似乎对于原因关系上的抗辩在直接当事人之间的许容这一问题并无太大兴趣，"直接对抗说"行遍天下，畅通无阻。[80] 之所以如此，我国多数学者都会通过"无因性原则的例外"或"相对无因性"这样的用语来表达以下几方面的理由：第一，禁止权利滥用，实现直接当事人之间的实质公平；第二，防止不当得利；[81] 第三，防止循环诉讼；[82] 第四，与促进票据

---

〔78〕 Canaris, Mängeleinrede des Käufers aus § 478 BGB gegenüber Wechselforderung des Verkäufers, JZ 1986, S. 684–686.

〔79〕 事实上，我国早已有学者提出了类似于交付合意的概念。傅鼎生教授认为，票据授受中存在所谓"票据清偿协议"，这与上文提及的"交付合意"存在类似之处。但值得注意的是，傅鼎生教授同时指出，票据清偿协议以当事人"取得票据权利、限制基础关系为效果意思"。值得说明之处有以下两点，第一，票据权利是否因票据清偿协议而发生，若是，则票据清偿协议与票据行为之关系何解，尚待细致说明。对此，傅鼎生教授认为，票据行为既具有独立性，又属于票据清偿协议的组成部分。与之相反，本文是在区分票据行为与交付合意的基础上使用交付合意之概念的，即交付合意只是为债务人创设了作成票据行为之义务，并不直接产生票据权利，恰如负担行为与处分行为之区别。也许正是因为概念使用方式存在不同，傅鼎生教授才未将票据清偿协议作为票据行为的法律上原因。第二，"限制基础关系"涉及票据关系对于基础关系，尤其是原因关系的影响，这一问题仍有待深入研究，在此不赘。然而，票据清偿协议对于票据权利之限制作用，亦不容忽视。在这个意义上，笔者认为傅鼎生教授列举的票据清偿协议之效果意思并不全面。参见傅鼎生：《票据无因性二题》，载《法学》2005 年第 12 期，第 62—63 页。

〔80〕 在日本法上，究竟出于何种理由，才使得原因关系上的抗辩得以在票据关系中被援引，无论在理论还是实践上几乎都无人问津。日本学者对于这一问题的说明：木内宜彦『手形法小切手法（企业法学Ⅲ）』（勁草書房、1982 年）209 頁以下、上柳克郎「手形の無因性にについての覚書」会社法·手形法論集（有斐閣、1980 年）388 頁以下、最判昭和三九年一月二三日民集一八巻一号 37 頁参照。对此，在日本法上具有代表性的观点有如下几种：① 不当得利抗辩说；② 权利滥用说（一般恶意的抗辩）；③ 以票据权利移转行为有因说为基础的无权利抗辩说（采纳二阶段创造说的学者多持此种观点）。高窪利一『現代手形·小切手法』（経済法令研究会、1989 年）369 頁以下参照。

〔81〕 参见赵新华主编：《票据法问题研究》，法律出版社 2007 年版，第 57—58 页。

〔82〕 傅鼎生教授认为，直接前手以基础关系中的抗辩事由对抗直接后手，实质是在肯定票据行为效力的基础上，以基础关系中的抗辩事由进行抗辩，其目的在于防止循环诉讼，仍然体现了无因性。参见傅鼎生：《票据无因性二题》，载《法学》2005 年第 12 期，第 59 页。

流通的目标无涉。[83][84]

　　这实际上涉及价值判断与路径实现两方面的问题。第一,就价值判断而言,诚如日本学者小桥一郎所言:"票据关系是作为直接当事人之间具体交易关系的一部分被缔结的。换言之,票据授受本身就体现了与原因关系相关联的意义。"[85]但另一方面,若票据债务人于票据授受时放弃了原因关系上的抗辩(详见本文第三部分所述普兰特尔列举的情形一和情形三),此种交易安排难道不值顾虑? 若要妥当处理,又如何与《票据法》第 13 条第 2 款协调? 不难发现,上述理由实际上是以第一种情形为预设的问题背景,并未将第二种情况纳入考量范畴,以偏概全,难谓妥当。

　　第二,就路径选择而言,既然我们的学理与实践都认可票据行为的无因性原则,相应地,就必须将这种理论贯彻到底——票据行为无因性是指票据行为抽象于其法律上原因,则票据行为的存在及内容都应与其法律上原因相分离(法律上原因的独立性和抗辩上的独立性)。[86]申言之,无因性原则无论是在直接当事人之间还是非直接当事人之间皆应有其用武之地。而"相对无因性"无非是将无因性的功能在直接当事人之间人为地进行限制,这就类似于无因性原则的"比例适用",试问物权行为无因性理论存在"比例原则"吗? 我们基本的立场,诚如傅鼎生教授所言,应该是"同一个行为,应具有同一属性。行为性质不能因人而异"。[87]诚然,直接当事人之

---

　　[83]　参见杨继:《我国〈票据法〉对票据行为无因性规定之得失——兼与欧洲立法比较》,载《比较法研究》2005 年第 6 期,第 78 页。

　　[84]　相对无因性的思考方法,在我国司法实践中也极为常见。例如,在"中国有色金属建设股份有限公司、中国华融资产管理股份有限公司浙江省分公司金融不良债权追偿纠纷案"(最高人民法院(2020)最高法民申 1633 号民事裁定书)中,最高人民法院指出:"汇票以无因性为原则,以有因性为例外,即汇票将票据关系与票据原因关系分离,从而使票据具有很高的流通性、安全性和可靠性,只有存在法定情形时才考虑票据的原因关系。"又如,在"宜昌市某共谋公司诉宁波保税区某塑料公司票据纠纷案"(湖北省高级人民法院(2013)鄂民二终字第 00006 号民事判决书)中,湖北省高级人民法院认为:"基于票据无因性以及票据行为独立性的法理,票据法律关系与基础原因关系相分离而无效力上牵连,因此票据法律关系当事人不能以基础原因关系事由进行票据法上抗辩。但我国票据法采相对无因性制度,即在票据法律关系当事人为直接具有票据基础法律关系的当事人的情形下,票据法律关系当事人可以以基础原因关系进行抗辩。"

　　[85]　小桥一郎「手形の無因性」手形法小切手法講座一卷 41 頁以下。Baumbach/Hefermehl, Wechselgesetz und Scheckgesetz, 17. Aufl., C.H.Beck, 1990, Art. 17, Rdn. 63.

　　[86]　Franz Schnauder, Einreden aus dem Grundverhältnis gegen den ersten Wechsel- und Scheckgläubiger, JZ 1990, S. 1047.

　　[87]　傅鼎生:《票据无因性二题》,载《法学》2005 年第 12 期,第 59 页。笔者还想进一步指出,票据行为无因性原则只能"全有全无",根本不存在"比例原则"。我国学者之所以会人为地创造出"绝对无因性"与"相对无因性"之争,缺乏体系化思维、没有在私法体系中理解无因性的意义恐怕是根本原因。

间的利益状态确有不同,区别对待成为必然,但这也对我们实现价值判断之路径选择提出了要求:不能破坏法律体系之融贯。[88] 显然,"相对无因性"难堪此重任。

相同的问题在日本法上同样存在。日本学者上柳克郎指出,日本的学说与判例在承继德国法上的票据行为无因性的同时,并没有采纳与无因性互为表里的"无因债务的不当得利论",以至于出现了理论的"半面继受",这也许就是"抗辩上的独立性"意义上的无因性向来不受重视的理由。[89]

一般认为,票据债务的负担适用与无因的债务约束相同的规则,即法律上原因的欠缺虽不至于导致票据行为无效,但可以引起票据的不当得利返还。换言之,无因的票据行为可能导致的不当的经济上的后果是通过不当得利法进行矫正的,也只能在不当得利法的框架内进行矫正,否则就会产生背离无因性的问题。日本与我国的学理与实践虽然都赋予了票据行为无因性以崇高的地位,却忽视了与无因性原则相伴而生的、互为表里的不当得利法的损益矫正功能,以至于出现了"绝对无因性与相对无因性之争"[90]这种功利性、机械性理解无因性原则的现象。在这个意义上,原因关系上的抗辩唯有通过不当得利抗辩才得以渗透至票据关系。也许有人会质疑,如此一来,若原因关系上只存在一时性抗辩,是否永无成立不当得利抗辩的可能? 对此,前述施瑙德尔提出的"新不当得利抗辩理论"就具有充分参考意义。新不当得利抗辩理论区别于传统不当得利抗辩说的关键就在于重视交付合意的功能。具体而言,当事人可以将原因关系上的交换目的纳入交付合意,从而使得"无瑕疵对待给付的获取"构成票据行为的给付目的之内容。由此一来,若票据债权人没有履行对待给付即凭票祈付,则此一违反交付合意的票据权利行使会导致票据行为的给付目的落空,从而产生不当得利返还与抗辩。[91]

但应注意的是,上述规则应仅适用于为履行原因债务而交付票据的情况,若属于为担保原因债务而交付票据,考虑到担保权与被担保债权之间的从属性,[92]原则

---

〔88〕 在这个意义上,票据行为与意思表示一般理论的整合同样是一种价值体系式思考的结果,其最终目的在于贯彻正义原则,避免评价矛盾,具有方法论上的正当性。Canaris, Systemdenken und Systembegriff in der Jurisprudenz, 2.Aufl., 1983, S.14ff.

〔89〕 上柳克郎『会社法・手形法論集』(有斐閣、1981 年)389 頁。

〔90〕 参见董惠江:《票据无因性研究》,载《政法论坛》2005 年第 1 期,第 139 页以下;杨继:《我国〈票据法〉对票据行为无因性规定之得失——兼与欧洲立法比较》,载《比较法研究》2005 年第 6 期,第 72 页以下;傅鼎生:《票据无因性二题》,载《法学》2005 年第 12 期,第 56 页以下;张燕强:《论票据关系无因性之否认》,载《法商研究》2007 年第 4 期,第 31 页以下。

〔91〕 Franz Schnauder, Einreden aus dem Grundverhältnis gegen den ersten Wechsel- und Scheckgläubiger, JZ 1990, S. 1053.

〔92〕 大塚龍児「原因関係の消滅時効は人的抗弁となりうるか」北大法学論集第 38 巻第 5・6 合併号下巻 1674 頁(1986)。

上票据债务人可以主张原因关系上所有的抗辩。

总而言之，无论是价值判断还是路径选择，不当得利抗辩都是优于"相对无因性"的选择，它使得当事人的经济目的通过不当得利法的运用间接地对票据关系产生影响，既保全了法律体系之融贯，又妥当地实现了直接当事人之间的实质公平。行笔至此，遗留的一个技术性问题是，我国实证法上并无类似《德国民法典》第 821 条的规定，不当得利抗辩如何可行？关于这一问题，德国学者格恩胡贝尔（Gernhuber）指出，所谓不当得利抗辩，相对于不当得利返还请求权，实际上是一种防御性的转换（defensive Wendung）。[93] 简而言之，程序法意义上的不当得利抗辩源于实体法上的不当得利返还请求权，前者是后者在诉讼中的一种实现方式，二者是一个事物的两面。[94] 在这个意义上，不当得利抗辩可以《中华人民共和国民法典》（以下简称"《民法典》"）第 985 条作为实证法基础。

（三）"交付合意"的内容边界

无论是交付合意论还是施瑙德尔提出的新不当得利抗辩理论，都将"交付合意"这一理论工具置于核心地位。具体而言，前者是将"违反交付合意的票据权利行使"作为票据债务人的抗辩进行理解的。而后者则认为"违反交付合意的票据权利行使"会导致票据行为的给付目的落空，从而产生不当得利返还与抗辩。[95] 就此而言，票据债务人能否以原因关系上的事由对抗票据债权人，关键在于确定交付合意的内容——原因关系上的事由究竟是原则上构成交付合意的内容还是例外地构成交付合意的内容，其背后隐藏了不同的思考方法。

卡纳里斯在批判德国联邦最高法院 1986 年 1 月 30 日判决时指出，德国联邦最高法院提出的"票据债权人不得主张超过其在原因关系上所享有范围的权利"这一教条，实际上是将"原则"与"例外"的关系本末倒置了，既然无因性本来的意义在于为债权人权利的实现提供便利，因此不应当由债权人就对方"放弃了抗辩"承担证明责任。卡纳里斯指出："就德国法院的立场而言，个案中有关交付合意的解释至关重要，但这似乎并未被认真对待，法院事实上是在'票据债权从属于原因债权'的意义

---

〔93〕 Joachim Gernhuber, Das Schuldverhältnis Begründung und Änderung Pflichten und Strukturen Drittwirkungen, 8. Bd., J.C.B. Mohr, 1989, S. 449.转引自朱晓喆：《诉讼时效完成后债权效力的体系重构——以最高人民法院〈诉讼时效若干规定〉第 22 条为切入点》，载《中国法学》2010 年第 6 期，第 86 页。

〔94〕 日本法上虽无类似于《德国民法典》第 821 条的规定，但民法学说却多对此予以认可。四宫和夫『事务管理·不当利得（事务管理·不当利得·不法行为上卷）』（青林书院、1981 年）124 页、藤原正则『不当利得法』（信山社、2002 年）47 页。

〔95〕 Franz Schnauder, Einreden aus dem Grundverhältnis gegen den ersten Wechsel- und Scheckgläubiger, JZ 1990, S. 1053.

上理解二者的关系的。"[96]施瑙德尔也认为,就上述案件的情况而言,很难认为当事人将原因关系上的交换目的纳入了交付合意。在这些场合,只能通过《德国民法典》第 242 条考虑案件中的具体情事探究票据债务人是否享有抗辩。[97] 德国学者蒂德克(Tiedtke)也批评道,从交付合意中能够直接明确的,只有"票据系为哪一个债务的履行而被交付"的事实而已,不能说债务人能够主张的所有抗辩都被涵盖于这一合意中。一旦票据权利的行使构成权利滥用,在交付合意上就会产生限制票据债权行使的效果。[98]

　　上述问题的实质在于对合同或意思表示的解释。德国联邦最高法院的立场是,原则上,原因关系上的情事都可构成交付合意的内容,除非当事人合意排除。以卡纳里斯为代表的反对者的观点是,原因关系上的情事只有在当事人达成合意的前提下才得以构成交付合意的内容。考虑到票据的支付功能和便利权利行使的机能,后一种观点更值赞同。但是这并不意味着当事人只能以明示的方式对此进行约定,默示亦未尝不可,只不过通过意思表示的解释,若无法认为当事人就此达成合意或合意不明时,不得将原因关系上的情事纳入交付合意。易言之,为最大限度维护票据授受的固有经济意义,除狭义的合同解释之外,原因关系上的事由不得经由补充的合同解释进入交付合意。[99]

　　上述论理对于我国《票据法》第 13 条第 2 款的解释论展开亦有助益。《票据法》第 13 条第 2 款存在两个特点:第一,调整范围狭窄;第二,不具有强行法的性质。就第一个特点而言,《票据法》第 13 条第 2 款以直接当事人"不履行约定义务"作为原因

---

　　[96]　Canaris, Mängeleinrede des Käufers aus § 478 BGB gegenüber Wechselforderung des Verkäufers, JZ 1986, S. 684 - 686.

　　[97]　Franz Schnauder, Einreden aus dem Grundverhältnis gegen den ersten Wechsel- und Scheckgläubiger, JZ 1990, S. 1053. 施瑙德尔认为,在权利滥用的视野下,具有重要意义的有以下几个方面的问题:第一,债务人的交易经验如何;第二,债权人是否恶意地从债务人处取得票据(例如,为获取不相当且不当的利益)。

　　[98]　蒂德克认为,德国法院虽未明示权利滥用的理论构成,只不过是通过交付合意概念的使用隐藏了这一推理过程而已。Tiedtke, Der Einfluß der Wandlung auf Wechselforderung des Verkäufers, ZIP 1986, S. 953, S. 954 f.

　　值得注意的是,弗卢梅认为 1971 年 11 月 24 日判决与 1986 年 1 月 30 日判决涉及的问题在本质上是相同的——问题的核心都在于原因关系。因此,无论是依据哪一种思考方法(权利滥用理论还是交付合意),不对原因关系本身进行观察,都无法得出妥当结论。Flume, Die Wandlungseinrede des Käufers bei Wechsel-oder Scheckhingabe, NJW 1986, 2482 ff.

　　无论是蒂德克还是弗卢梅,都指出了交付合意在权利滥用理论中的重要性,这也就意味着,交付合意论、不当得利抗辩、权利滥用理论,实际上都可以在交付合意的视角下得到更为充分的说明。

　　[99]　有关合同的解释,参见韩世远:《合同法总论》,法律出版社 2018 年版,第 863 页以下。

关系上抗辩许容的前提，这明显是针对权利阻止抗辩中的一时性抗辩而言的，毕竟权利消灭抗辩、权利障碍抗辩以及权利阻止抗辩中的永久性抗辩之构成不以"不履行约定义务"为前提，故不属于该条款文义调整的范围，根据上文结论，应绕道《民法典》第 985 条。[100] 就第二个特点而言，《票据法》第 13 条第 2 款不具有强行法的性质。例如，甲为履行对乙的买卖价金债务而交付票据，彼时双方约定，甲必须保证在票据到期时无条件付款。此种约定明显排除了甲以作为原因关系的买卖合同上的同时履行抗辩权对抗票据债权人乙的可能性。由于此种约定属于当事人对自己私法上法律地位的处分，不涉及公法上利益之维护，因此双方合意排除《票据法》第 13 条第 2 款之适用并无效力障碍。就此而言，《票据法》第 13 条第 2 款可作为一种实质性的解释规范，在适用上，应为其添加但书"但当事人另有合意的，不在此限"。如此解释，最大限度发挥了交付合意的功能，完善了解释论构造，相较于传统的直接对抗说已是巨大进步。但我们必须注意到，若所有原因关系上的情事（原则上）皆可通过交付合意间接地对票据关系产生影响，此与传统的直接对抗说相比，无非"五十步笑百步"，[101] 亦有卡纳里斯所谓"本末倒置"之嫌。

在为履行原因债务而交付票据的场合，若不分青红皂白，径直认为票据债务人可以主张所有原因关系上的抗辩，的确不合时宜。但在为担保原因债务而交付票据的场合，基于担保权与被担保债权之间的从属性，票据债务人以所有原因关系上的抗辩对抗票据债权并不存在任何疑问。因此笔者倾向于认为，《票据法》第 13 条第 2 款只规范了"为担保原因债务而交付票据"的情况——在此种场合，票据债务人提出原因关系上抗辩的实证法依据就是《票据法》第 13 条第 2 款。

至于"为履行原因债务而交付票据"，应当坚持这一原则：原因关系上的情事只有在当事人合意的前提下才得以构成交付合意的内容。就此而言，《票据法》第 13 条第 2 款明显与之不符。而且，原因关系上的一时性抗辩即便通过交付合意被纳入抗辩的范畴，在保全票据行为无因性的前提下，也应将此一抗辩之性质解释为不当得利抗辩。因此，在此种情形中，票据债务人提出原因关系上抗辩的实证法依据，应为《民法典》第 985 条而非《票据法》第 13 条第 2 款。

相应地，与《票据法》第 13 条第 2 款相伴而生的《最高人民法院关于审理票据纠纷案件若干问题的规定》（以下简称"《票据纠纷司法解释》"）第 10 条在程序法上带来的问题也不容忽视。在我国司法实践中，若票据债务人对直接相对人提出抗辩，人

---

[100]　参见《最高人民法院关于审理票据纠纷案件若干问题的规定》第 2 条。

[101]　相同见解，参见陈自强：《无因债权契约论》，中国政法大学出版社 2002 年版，第 132—134 页。

民法院一般会"合并审理票据关系和基础关系",[102]然而,这一规定同样存在如下两个问题:第一,《票据纠纷司法解释》第 10 条规定,票据债权人"应当提供相应的证据证明已经履行了约定义务",但在原因关系存在权利消灭抗辩、权利障碍抗辩以及永久性抗辩的场合,毋宁说票据债务人应当证明的,只是其取得票据权利具有法律上原因。[103] 第二,《票据纠纷司法解释》第 10 条规定的合并审理隐藏的前提应当是"票据债务人可以提出基础关系上的抗辩",[104]在为担保原因债务而交付票据的场合固然不存在疑义,但在为履行原因债务而交付票据的场合,若其交付合意已经排除了此种可能性,则合并审理毫无意义,其结果无外乎司法资源的浪费。不难看到,若票据债务人对直接相对人提出原因关系上的抗辩,法院首先应当合并审理的是票据关系与交付合意,只有原因关系上情事(抗辩)被纳入了交付合意,法院才有进一步合并审理原因关系的必要。简而言之,一方面,应当区分不同情形中票据债权人证明责任的对象;另一方面,应对《票据纠纷司法解释》第 10 条"当然合并审理"的对象进行明确:裁判者在案件审理过程中应当区分交付合意与原因关系,尽管二者都属于"基础关系"的范畴,但只有前者才属于(票据债务人主张原因关系上抗辩的场合)当然合并审理的对象。

(四)原因关系上抗辩的实质

梳理德国学理与实践的发展,不难发现,原因关系上抗辩许容的问题,向来都是

---

[102] 例如,在"成都市商业银行、中国长城计算机深圳股份有限公司与四川银通电脑系统有限责任公司票据、债务纠纷案"(最高人民法院(2005)民二终字第 181 号民事判决书)中,最高人民法院认为:"本案虽是票据纠纷,但持票人长城公司与票据债务人银通公司有直接债权债务关系,且银通公司提出了抗辩。因此,本案不仅要审理票据关系,还要审理票据基础关系,即长城公司与银通公司的购销合同关系。银通公司和成都商行均抗辩称,长城公司只履行了 15 张票据项下购销合同的部分供货义务,因此,银通公司有权拒绝兑付票据。"类似判决,参见最高人民法院(2020)最高法民再 86 号民事判决书。

[103] 在"张家口顶善商贸有限公司、张家口鑫海超硬材料有限公司票据返还请求权纠纷、返还原物纠纷案"中,最高人民法院认为:"……案涉当事人之间基于民间借贷法律关系形成的本金和合法利息债权债务总数额为 2322.3212 万元。扣除唐金瑞替鑫海公司还款 370 万元,鑫海公司欠付顶善公司的借款本金和合法利息余额为 1952.3212 万元,并非票据载明的数额。根据上述规定,在鑫海公司对于双方之间存在的基础交易法律关系项下的债务数额提出异议、据此抗辩的情形下,人民法院在确定顶善公司依法能够得到支持的债权数额时,应合并审理票据关系和基础关系,确定该数额为两者在基础法律关系项下的合法债权本息数额。"该案中,票据债权人证明的对象并非"已经履行了约定义务",而是自己获得记载了特定金额的票据具有法律上原因。参见最高人民法院(2020)最高法民再 86 号民事判决书。

[104] 本文前言所载"现代(邯郸)物流港开发有限公司、现代(邯郸)置业有限公司票据追索权纠纷案"(最高人民法院(2017)最高法民终 718 号民事判决书)即明示此意旨。

在"间接对抗说"的视角下得以展开的，无论是传统的支配性观点——不当得利抗辩，还是晚近形成的、产生巨大影响力的交付合意论，皆为如此。间接对抗说，体现了对待原因关系上抗辩的另一种视角——这可以在实体与程序两个维度上得到说明。

1. 实体法上的视角

（1）不当得利抗辩。德国传统见解认为，若原因关系上存在权利消灭抗辩、权利障碍抗辩以及永久性抗辩的，票据债务人可以不当得利抗辩对抗票据债权人。所谓"以不当得利抗辩对抗票据债权人"，更为规范的表述应该是，"以被转化为票据抗辩的原因关系上的不当得利抗辩对抗票据债权人"。

不当得利抗辩，理论上以不当得利返还请求权的成立为前提。若原因关系欠缺、无效，在结果上引起票据不当得利返还，应无疑义。但值得注意的是，由于原因关系并非票据行为的法律上原因，因此引起票据不当得利返还的，并非原因关系上的情事，而是其法律上原因——交付合意——因欠缺、无效所导致的（票据行为仅相对于交付合意才具有无因性）。由此可见，上述情形在原因关系上并无不当得利的问题，反而是在交付合意上，因交付合意本身的欠缺、无效满足了不当得利返还请求权的构成要件。换言之，票据债务人实际上是以交付合意上的事由作为票据抗辩对抗票据债权人的。

施璐德尔的新不当得利抗辩理论也可以在这种视角下进行检验。以原因关系上存在同时履行抗辩权的情形为例：若当事人将原因关系上的交换目的纳入交付合意，则违反交付合意的票据权利行使会导致给付目的的欠缺，从而产生不当得利返还与抗辩。易言之，票据债务人是以"欠缺给付目的或给付目的的落空（主观意义上的法律上原因）"为由对抗票据债权人的，而给付目的是否落空，关键是考察个案中是否存在"违反交付合意的票据权利行使"。因此，票据债务人本质上也是以交付合意上的事由作为票据抗辩对抗票据债权人的。

（2）交付合意论。交付合意论的思考方法是，当事人以确定票据利用方法的形式将原因关系上的抗辩纳入交付合意，并将不符合交付合意内容的行为（票据权利行使）解释为契约违反，从而构成票据抗辩。换言之，在交付合意论的视角下，原因关系上的抗辩对于票据关系没有意义，在票据关系上足以构成票据抗辩的，只能是"违反交付合意的票据权利行使"这一事实。由此可见，票据债务人并非以原因关系上的事由，而是交付合意上的事由对抗票据债权人。当然了，这并非意味着原因关系上的抗辩无足轻重，究竟何种原因关系上的抗辩被纳入了交付合意，涉及的是意思表示或合同解释的问题。

总而言之，实体法视角下间接对抗说所谓"间接"，应指票据债务人非以原因关系上的情事，而是交付合意上的情事对抗票据债权人。

2. 程序法上的视角

一般认为，诉讼中的抗辩，为主张权利消灭事实、权利障碍事实、权利阻止事实的陈述,[105]那么票据抗辩究属何者?

(1) 不当得利抗辩。传统不当得利抗辩说认为,原因关系上存在的权利障碍抗辩、权利消灭抗辩、永久性抗辩并不否定票据债权的存在,只不过票据债务人可以提出不当得利抗辩而已,由此可见,作为票据抗辩的不当得利抗辩只能起到阻止权利行使的作用,因此它是一种不同于原因关系上抗辩的、特殊的权利阻止抗辩。

新不当得利抗辩理论则认为,即便票据债权的取得本身构成不当得利,但这一事实并不否认票据债权之存在,故基于法律上原因存在的不当得利抗辩在诉讼上并不表现为权利消灭抗辩或权利障碍抗辩,而仅构成一种特殊的权利阻止抗辩。

(2) 交付合意论。一方面,若原因关系上存在权利消灭抗辩或权利障碍抗辩的,交付合意本身的效力亦会受到否定,但这一事实不会否定票据债权之存在,而只能作为阻止票据权利行使的事由被援引。另一方面,若原因关系上存在的一时性抗辩被纳入了交付合意的内容,票据债务人也并非以原因关系上的一时性抗辩进行对抗,而是以交付合意中存在契约违反为由对抗票据债权人。由此可见,在交付合意论的视角下,交付合意层面上存在的事由在诉讼中同样是作为一种特殊的权利阻止抗辩被建构起来的。

由此可见,程序法视角下间接对抗说所谓"间接",应指票据债务人在诉讼中系以一种特殊的权利阻止抗辩对抗票据债权人。

3. "直接对抗说"及其缺陷

有学者指出,在我国学理与实践中占据支配性地位的"直接对抗说"实际上存在两种不同的理解方式。其一是所谓"权利限制说",即原因关系上存在抗辩的并不妨碍票据债权人享有票据权利,只不过票据债务人可以原因关系对抗票据关系。其二是所谓"无权利抗辩说",即直接当事人之间丝毫不存在无因性原则的适用余地,如果票据债权人在没有真实交易关系的情况下取得票据,不能享有票据权利,债务人可行使无权利的抗辩。[106]

权利限制说,本质上是前述"相对无因性"之延伸,由于其自身无法与票据行为

---

[105] [德]罗森贝克、施瓦布、戈特瓦尔德:《德国民事诉讼法》(下),李大雪译,中国法制出版社2007年版,第744页以下。

[106] 参见吕来明:《票据法判例与制度研究》,法律出版社2012年版,第7页。据笔者考察,两种观点的差别实际上与论者对于我国通行的"相对无因性"之理解有关。一部分学者使用的"相对无因性",是指无因性原则在直接当事人之间的"比例适用"(赵新华主编:《票据法问题研究》,法律出版社2007年版,第56页;赵新华:《票据法论》,吉林大学出版社1998年版,第120页),而另一部分学者所谓的"相对无因性",则是指在对第三持票人的关系上才适用无因性原则(金锦花,于海斌,李微娜:《票据法问题研究》,吉林人民出版社2017年版,第40页;傅鼎生:《票据无因性二题》,载《法学》2005年第12期,第60页;杨继:《我国〈票据法〉对票据行为无因性规定之得失——兼与欧洲立法比较》,载《比较法研究》2005年第6期,第78页)。

无因性相兼容，因此在理论上无法证成。再者，权利限制说下由于票据债权的存在并不受原因关系上抗辩的影响，实际上票据债务人也是通过上述特殊的权利阻止抗辩对抗票据债权人，因此，它本质上还是应当归入间接对抗说的范畴。

无权利抗辩说，则以无因性原则在对第三持票人的关系上方才适用作为逻辑起点。这种见解在 20 世纪初由瑞士学者威兰（Wieland）提出，但很快就泯灭于时代的洪流中。威兰认为，在直接当事人之间，票据行为无非变更原因关系上法律关系的附随契约（eine den Rechtsgrund modifizierende Nebenberedung），只有在对票据善意受让人的关系上才转化为负担无因债务的意思表示。[107] 由于 Wieland 从根本上否定直接当事人之间票据行为的独立意义，如今在理论界几乎不存在附议者。

总而言之，直接对抗说要么存在理论瑕疵，要么存在论证负担过重的问题，无论是对于理论认识还是裁判说理，已不具有任何价值。

六、结论

票据授受的直接当事人能否提出原因关系上的抗辩？关于这一问题，理论上存在直接对抗说与间接对抗说两种观点。德国学理与实践是通过不当得利抗辩、权利滥用理论或交付合意的运用间接使得原因关系对票据关系产生影响的，其目的在于维护票据行为无因性的同时促进直接当事人之间的实质公平。直接对抗说则与我国盛行的"相对无因性"理论密不可分，但它要么存在理论瑕疵，要么存在论证负担过重的问题，不足为凭。

传统的不当得利抗辩说认为，只有在原因关系上存在权利障碍抗辩、权利消灭抗辩或永久性抗辩时票据债务人才得以不当得利抗辩对抗票据债权人。而德国联邦最高法院则以"票据债权人不得主张超过其在原因关系上所享有范围的权利"为理由，通过交付合意，原则上使得原因关系上所有的情事皆能对票据关系产生影响。反对者普遍认为，此种理论构成有违反票据行为无因性之嫌。施瑙德尔提出的新不当得利抗辩理论认为，有且仅有票据行为之法律上原因——给付目的欠缺时，才会发生不当得利返还与抗辩的问题。为克服传统的不当得利抗辩之理论缺陷，施瑙德尔指出，为调整原因关系上的一时性抗辩，当事人可以合意将原因关系上的交换目的纳入交付合意，"违反交付合意的票据权利行使"会导致票据行为的给付目的落空，从而产生不当得利返还与抗辩。至于为担保原因债务而交付票据的情形，考虑到担保权与被担保债权之间的从属性，票据债务人可以主张原因关系上所有的抗辩。

从传统的不当得利抗辩到交付合意论，再从交付合意论到新不当得利抗辩理论，德国学说发展的脉络清晰可见，其背后隐藏的逻辑线索正是在摸索中回归票据

---

[107]　Wieland, Der Wechsel und seine civilrechtlichen Grundlagen, Schwabe, 1901, S. 63 - 68.

法理论的民事法基础。

　　就我国的情况而言，《票据法》第 13 条第 2 款只规范了为担保原因债务而交付票据的情况，至于为履行原因债务而交付票据，原因关系上的情事只有在当事人达成合意的前提下才得以构成交付合意的内容。在后一场合，票据债务人主张原因关系上抗辩的实证法依据并非《票据法》第 13 条第 2 款，而是《民法典》第 985 条。

中德法学论坛

第 19 辑·下卷，第 137～156 页

德国著作权法中的报酬请求权

——基于财产规则与责任规则之间关系的视角

［德］米夏埃尔·格林贝格尔* 著

易 磊** 译

摘 要：著作权法必须回答两个基本问题：第一个问题是，应向谁授予对无形客体的主观权利。考虑到作者和表演者需要以适当收入作为进一步创作和艺术工作的基础，现行法偏向他们回答了这个问题。在此基础上，需进一步回答的第二个问题是，权利人的报酬应以排他权（排他权、禁止权）的方式，还是以负有支付义务的法定许可方式进行保障。这涉及财产权利（property rights）与责任规则（liability rules）之间适用的选择。最开始，排他性权利作为对新技术发展的回应，占据着主导地位。然而这一贴合市场的解决方案早就在现行法律中，被诸多的报酬请求权打破。本文描绘三组不同的报酬规则，它们的共同点都是作为解释学上的接触规则（methodische Zugangsregeln）发挥作用。得益于这些规则，主观权利的固有理性就可与其他功能系统的内在逻辑进行具体协调。此外，通过对著作权发展中的三个实例进行分析，本文也将探讨司法实践是否，以及在何种条件下，能够以报酬请求权的形式确立妥当的接触规则。

关键词：排他权；报酬请求权；财产规则；责任规则；接触规则

---

* 米夏埃尔·格林贝格尔（Prof. Dr.Michael Grünberger）：德国拜罗伊特大学民法、经济与科技法教席教授，法学博士，纽约大学法学硕士。本文所有互联网资料更新日期截至 2017 年 2 月 28 日。

** 易磊：德国萨尔大学法学博士，湘潭大学知识产权学院讲师，原文来源于《智慧财产权》（Zeitschrift für geistiges Eigentum），2017 年第 9 卷，第 188—209 页。本文的翻译和发表得到了 Michael Grünberger 教授的授权。同时也要感谢中央财经大学法学院李陶老师的悉心校对，华东政法大学法学博士研究生邬演嘉对本译文进行了仔细阅读并提供了宝贵意见。本译文受中国国家留学基金委 2017 年"建设高水平大学公派培养研究生项目"（201707080013）的资助。

Das Urheberrecht muss auf zwei Grundfragen antworten.

Abstract：Das Urheberrecht muss auf zwei Grundfragen antworten：Wem soll es subjektive Rechte an immateriellen Gegenständen zuweisen? Weil Urheber und ausübende Künstler ein angemessenes Einkommen als Grundlage für weiteres schöpferisches und künstlerisches Arbeiten benötigen，hat das geltende Recht diese Frage zu ihren Gunsten beantwortet. Deshalb muss es auf zweiter Stufe regeln，ob es die Vergütung der Rechteinhaber mit Ausschließlichkeitsrechten（Ausschließungsrechten，Verbotsrechten）oder mit vergütungspflichtigen gesetzlichen Nutzungserlaubnissen sicherstellen soll. Es hat sich also zwischen property rights und liabilty rules zu entscheiden. Im Ausgangspunkt dominieren Ausschließlichkeitsrechte als Antwort des Rechts auf neue technologische Entwicklungen. Diese marktkonforme Lösung wird bereits de lege lata von zahlreichen Vergütungsansprüche aufgebrochen. Der Beitrag arbeitet drei verschiedene Gruppen von Vergütungsregeln heraus. Gemeinsam ist ihnen，dass sie als methodische Zugangsregeln fungieren，mit denen die Eigenrationalität des subjektiven Rechts systemspezifisch mit den Eigenlogiken anderer Funktionssysteme abgestimmt werden kann. Anhand von drei Beispielen aus der Urheberrechtsentwicklung wird untersucht，ob und unter welchen Voraussetzung die Rechtsprechung in der Lage ist，adäquate Zugangsregeln in Form von Vergütungsansprüchen herauszubilden.

Key words：Ausschließlichkeitsrechten；Vergütungsansprüche；Property Rights；Liabilty Rules；Zugangsregeln

一、著作权法的两个基本问题

"著作权法的任务是保护文学、音乐或美术作品的创作者(作者)，使其创作成果不受未经授权的商业利用和作品中的精神利益不受侵犯"。[1]这一目的已反映在《德国著作权法》第 11 条第 1 句。著作权法应确保作者——尤其是对使用其作品——获得适当报酬。这一规定明确地作为著作权法的目的，[2]现在被规定在《德国著作权法》第 11 条第 2 句。[3]欧盟著作权法也跟随这一目的，确保作者、表演者和制作者在其受法律保护客体被使用时，可以获得适当的报酬[《欧盟信息社会指

---

〔1〕　BT-Drs. IV/270，27.

〔2〕　参见供法律事务委员会作出决定的建议和报告，BT-Drs. 14/8058，18。

〔3〕　BVerfG ZUM 2014，130 Rn. 87-*Übersetzerhonorare*.

令》(InfoSoc-RL)序言暨立法理由书第 10 段,〔4〕《欧盟租赁和出借权指令》(Vermiet-und Verleihrechts-RL)序言暨立法理由书第 5 段〔5〕]。著作权法从而回答了每个法秩序的,被 Calabresi 和 Melamed 描述为"权益问题"即"偏向哪一方"的,这第一个基本问题。〔6〕对此,在法律的语言里可谓,是否,以及何人应被赋予主观权利。著作权法将特定的智慧性保护客体(geistige Schutzgegenstände)分配给特定人——权利人,借此规定所有其他想要使用这些对象的人(使用者)必须为此向权利人支付报酬。这是一个真正的分配决定(Verteilungsentscheidung)。然而,这一分配决定一直以来受到正当性指责。对这种分配决定的理由,以及由此产生的法益分配〔7〕的争议,也由来已久。〔8〕

　　当著作权法回答了第一个基本问题,它就必须对第二个基本问题进行定位:如何具体地安排这个在第一个层面被授予的资格——作为财产权利或作为责任规则?〔9〕转化至著作权法的教义中,就涉及排他权与报酬请求权之间的决定,以及与此相关的依合同还是依法定方式获得使用许可的优先性。在知识产权法中,对于如何正确地调和财产权利(property right)和责任规则(liability rules)一直就有着激烈争议。〔10〕当决定选择法定使用许可时,则在次级层面就涉及对合同方式和法定使用许可方式的使用许可的正确理解。在此就必须回答两个更进一步的问题:其一,应将已有的合同方式协议置于(在债法层面的)法定方式使用许可之前吗?〔11〕其二,应

---

　〔4〕　Richtlinie 2001/29/EG v. 22.5.2001 zur Harmonisierung bestimmter Aspekte des Urheberrechts und der verwandten Schutzrechte in der Informationsgesellschaft,ABl. L 167 v. 22.6.2001,10.

　〔5〕　Richtlinie 2006/115/EG v. 12.12.2006 zum Vermietrecht und Verleihrecht sowie zu bestimmten dem Urheberrecht verwandten Schutzrechten im Bereich des geistigen Eigentums,ABl. L 376 v. 27.12.2006,28. Die Richtlinie löst Richtlinie 92/100/EWG v. 19.11.1992,ABl. L 346 v. 27.11.1992,61［im Folgenden Vermiet-und Verleihrechts-RL aF］ab.

　〔6〕　*Calabresi/Melamed*,85 Harv. L. Rev. 1089,1090 (1972).

　〔7〕　相关概念参见 *Peukert*,Güterzuordnung als Rechtsprinzip,2008,31 ff.

　〔8〕　*Schack*,Urheber-und Urhebervertragsrecht,7. Aufl. 2015,Rn. 5 ff.;深入的研究可参见 *Stallberg*,Urheberrecht und moralische Rechtfertigung,2006,passim;*Hansen*,Warum Urheberrecht? 2009,87 ff.,251 ff.

　〔9〕　*Calabresi/Melamed*,85 Harv. L. Rev. 1089,1092 (1972).

　〔10〕　美国关于财产权优先的争论,仅参见 *Merges*,94 Colum. L. Rev. 2655 (1994);反对意见参见 Lemley/*Weiser*,85 Texas L. Rev. 783 (2007);更多参见 *Crane*,88 Texas L. Rev. 253 (2009). 尤其关于著作权法的文章,参见 ALAI-Tagung 2015 in *v. Lewinski*,Remuneration for the Use of Works,2017.

　〔11〕　进一步研究参见 *Stieper*,Rechtfertigung,Rechtsnatur und Disponibilität der Schranken und des Urheberrechts,2009,214 ff.;*Ohly*,FS 50 Jahre UrhG,2016,379.

将这种优先性限制在已有的使用合同，[12]还是延伸至权利人相对应的授权许可协议（Lizenzangebote）？[13]在第三个层面，必须制定关于如何确定应支付的"适当报酬"，以及谁应对此负责的规则；[14]在第四个层面则必须解释，报酬应如何被分配：应只有初始权利人可参与分配，[15]抑或派生权利人，特别是出版者，也可依据实定法的安排[16]参与相关报酬收入的分配。[17]

　　在讨论排他性权利或报酬请求权的优先性中，笔者将在概念上区分两个问题，尽管它们在实践中密切交织在一起：第一个方面涉及的问题是，在数字时代，是否应主要甚或完全通过合同方式——以排他性权利的形式——安排他人接触到受著作权法保护内容，或者，是否仍需要进一步地以法定的形式（通常与报酬义务相关的方式）使他人获得用许可。典型性地体现这个争议的部分角度是在科学界著作权（Wissenschaftsurheberrecht）领域中，以合同方式授权许可协议优先性的讨论。[18]与之相对的第二个问题是，当主张强势的排他性权利时，便会增强权利人的经济利益。在作者和表演者权（Urheber-und Interpretenrecht）中，[19]任何情况下直接从中受益的都是作为（排他性）使用权派生所有者的创作性劳动成果利用人。然而，增强创作人员（作者和表演者）法律地位的做法，不一定能确保这些扩张排他性权利主体的经济地位同样会受到显著影响。[20]如果立法者不太相信排他性权利的扩张会长期改善创作人员的经济状况，那么他有三种应对措施可供选择：第一，立法者可以在著作权合同层面采取行动。这是德国立法者的做法，即《加强作者和表演者合同地位法》（2002 年）[21]和《作者和表演者获得适当报酬请求的改善执行法》（2016年）。[22]（译者注：上述两项法案，并非独立的单行法，而是修订《德国著作权法》的

---

〔12〕　此观点为 EuGH ZUM 2014，883-*TU Darmstadt*（zu Art. 5 Abs. 3 lit. n）InfoSoc-RL）．

〔13〕　此观点为 EuGH ZUM 2014，883-*TU Darmstadt*（zu Art. 5 Abs. 3 lit. n）InfoSoc-RL）．

〔14〕　参见 *C. Pflüger*，Gerechter Ausgleich und gesetzliche Vergütung，2017(出版中)．

〔15〕　此观点为 EuGH ZUM 2016，152 Rn. 46 ff.-*Hewlett-Packard/Reprobel*；EuGH ZUM 2012，313 Rn. 89 ff.-*Luksan/van der Let*；BGH ZUM 2016，639 Rn. 47 ff.-*Verlegeranteil*．

〔16〕　《著作权集体管理组织法》(旧版)第 27(2)、27a 条的解决办法是基于私人自治。对此的批评可参见 kritisch dazu *Peifer*，GRUR-Prax 2017，1，3．

〔17〕　此观点为 Art. 12 RL-Vorschlag v. 14.9.2015 über das Urheberrecht im digitalen Binnenmarkt，COM(2016) 593 final.

〔18〕　相关可参见 *Grünberger*，GRUR 2017，1，6 ff.，10 f.

〔19〕　其概念可参见 *Vogel*，in：Loewenheim（Hrsg.）；Handbuch des Urheberrechts，2. Aufl. 2010；§ 38 Rn. 25；*Grünberger*，Interpretenrecht，2006，43 ff.

〔20〕　主要判决可见 BGH ZUM 2002，740，743-*Elektronischer Pressespiegel*；进一步研究参见 *Hilty*，GRUR 2005，819.

〔21〕　BGBl. I，2002，1155.

〔22〕　BGBl. I，2016，1190.

修正案。)欧盟委员会在 2015 年的时候也同意这样的观点,即作者和表演者依合同约定的报酬,特别是在数字化利用的情况下,并没有得到充分的保障,因此,其建议完善欧盟著作权制度中合同关系的透明度和平衡,但仍然相当迟疑。[23](译者注:在欧盟著作权法层面,上述完善意向,已经通过 2019 年欧盟《数字单一市场中的版权指令》第 18 条至第 22 条进行了欧盟法层面的落实。)第二,立法者可以——替代性地或甚至累积地——给予创作人员对使用者的强制性额外报酬请求权。这方面的例子比如有线继续广播(《德国著作权法》第 20b 条第 2 款)和出租(《德国著作权法》第 27 条第 1 款)中的报酬请求权。[24]作为第三种选择,立法者可以放弃将使用行为列入禁止权之下,而只将对应利用行为的报酬请求权授予给权利人。这方面的一个例子是出借权(《德国著作权法》第 27 条第 2 款)。[25]

当技术创新使对现有保护客体的新型利用形式得以实现,以下两点就会成至关重要的问题:首先,对当前利用权保护内容的探究。"保护内容回答的问题是,在何种利用行为时,初始权利能提供保护。"[26]故而须探讨的是,新型利用行为是否属于当前排他性权利保护内容所规制的范围。尽管如此,立法者和法律工作者必须确保,作者和表演者切实且适当地参与到对他们初始被赋予保护的客体的商业利用之中。就此而言,他们必须总是扪心自问,到底是财产权好,还是责任规则好。

由于立法权限的划分,(欧洲)立法者首先负责为著作权法的两个基本问题提供解答。这其中欧盟立法者[27]和——只要在协调领域仍有转换余地的[28]——德国立法者享有很大的自由度。[29]在欧洲多层次著作权法体系中,这种回旋余地以惊人的方式被多样化地利用,如对许可使用的各种形式的分析指出,这些形式与权利人的法定报酬请求权结合起来(本文第二章)。然而,当这种规制机能专属立法者时,还是会存在不足之处。通常而言,首先面对这些问题的是法院,他们被要求进一步地发展和推进法之运行,续造出合乎时势的解决方案。对此,笔者将结合三个例子,研究哪些框架条件有利,或阻碍新的接触规则的充分发展。其中值得特别关注的

---

〔23〕 Art. 14 RL-Vorschlag v. 14.9.2015 über das Urheberrecht im digitalen Binnenmarkt, COM(2016) 593 final.

〔24〕 参见本文第二章第(二)节 2 目。

〔25〕 参见本文第二章第(二)节 3 目。

〔26〕 就其概念可参见 *Oebbecke*，Der "Schutzgegenstand der Verwandten Schutzrechte", 2011，45 ff，50.

〔27〕 参见 EuGH ZUM 1998，490 Rn. 21 ff.-*Metronome Musik GmbH/Music Point Hokamp GmbH*.

〔28〕 BVerfG ZUM 2011，825 Rn. 88 ff.-*Le Corbusier*.

〔29〕 最新判决 BVerfG ZUM 2016，626 Rn. 70 ff.-*Metall auf Metall*.

是,欧洲法院判决将负有报酬义务的出借权延伸至数字图书[30]（具体见本文第三章）。本文最后将以总结性概括对环境敏感的著作权概念作为结尾。

二、著作权法中报酬请求权的类型

当著作权法已经在第一层面决定了对无形客体的主观权利配置,那么它就必须进一步回答第二个基本问题,即它是否应以排他性权利（排他权、禁止权）的方式,或是以负有报酬支付义务的法定使用许可方式,保障权利人的报酬。

（一）排他性权利作为市场相关的主观权利

当前法律立足的基本原则是,作者作为初始权利人,对其作品的使用拥有排他性权利（《德国著作权法》第 15 条,《欧盟信息社会版权指令》第 2 至 4 条）。在这方面,德国联邦宪法法院提到了作者的"支配权",并将其界定为作者"排除他人而自行负责支配"的自由权利。[31]如果使用者希望从事被这一权利所涵摄的行为,他/她必须在以合同方式往来的框架内,从权利人那获得授权。[32]这种支配权"在历史上和经济上对于……权利人……是一种能够在有兴趣者使用前与之协商报酬的手段"。[33]根据德国联邦宪法法院的一贯判例,这种"创造性劳动的财产性成果的基本归属是作者,并且,作者享有自行对此负责支配的自由以及在适当条件下对其成果商业性利用的自由……这属于基本法所保护的著作权之核心"。[34]在欧盟著作权法中,"智慧财产权的特殊客体尤其保障相关权利人以有偿许可的方式从事对所保护客体进行发行或供给的商业利用"。[35]最后,在国际法层面,三步检验法（《伯尔尼公约》第 9 条第 2 款、TRIPS 第 13 条、WCT 第 14 条,WPPT 第 16 条第 2 款）确保保护客体在市场上的正常利用。[36]据此,著作权法在第二个基本问题上,更倾向于财产规则。这一基本原则的多重保障支持了这一论点,即排他权旨在"以与市场相符的方式组织文学、科学和艺术领域的价值创造。……以作品和其他成果作为媒介所进

---

〔30〕 EuGH ZUM 2017, 152-*Vereniging Openbare Bibliotheken*.

〔31〕 BVerfG ZUM 2016, 626 Rn. 72 f.-*Metall auf Metall*.

〔32〕 关于财产权的定义,参见 *Calabresi/Melamed*, 85 Harv. L. Rev. 1089, 1092 (1972).

〔33〕 BVerfG ZUM 2016, 626 Rn. 73-*Metall auf Metall*.

〔34〕 BVerfG ZUM 2014, 130 Rn. 87-*Übersetzerhonorare*.

〔35〕 EuGH GRUR Int. 2011, 1071 Rn. 107-*Football Association Premier League*; grundlegend EuGH GRUR 1981, 659 Rn. 12-*Musik-Vertrieb membran*.

〔36〕 *Senftleben*, GRUR Int. 2004, 200, 208; s. dazu auch *Geiger/Griffiths/Hilty*, GRUR Int. 2008, 822.

行的全球交流，通常应通过单独的交易进行。"[37]"文化创造的所有者市场模式"[38]这一理念上的基础选择具有相当大的影响。它将保护客体的中间利用权能集中在权利所有者身上，并将在社会所有其余功能系统中的知识分享过程，如在艺术或科学领域，或者家庭范围内文件的分享，置于经济理性之下。[39]通过个人交易的方式，权利人决定"他的"非物质商品（Immaterielle Güter）能否以及如何成为科学、教育、文化、商业等领域的传播对象。[40]

（二）报酬请求权作为"接触规则"

这种对市场自身逻辑的拥护，给著作权背上了"持久抵押"的包袱。[41]非物质商品被嵌入到一个交往（交流）语境（Kommunikationskontext）中。通过出版，这部作品"不再仅仅由所有人单独支配，而是按预期进入社会的空间，并以此成为一个独立的、具有时代性特征的文化和精神成像的元素"。[42]因此，依从市场功能建立的，通过市场激发知识共享的接触限制（Zugangsbeschränkungen），应该不会导致其他子系统的知识共享机制受到不合理的损害。非物质商品上主观权利的使用必须"考虑艺术、科学、竞争、日常文化、各项媒介甚至网络中互动的特殊性"。[43]著作权法的构建不仅要有"所有权逻辑（Eigentumslogik）"的空间，同时还要考虑各种法律环境中保护权的多边效应。[44]为此，主观的著作权（法）必须对在社会所有功能系统交流过程中的各自运行状况有足够的敏感度。必须在分析社会各个功能系统中著作权和邻接权的使用可能性、使用需求和功能的各自特殊性中，具体化和限制它们各自的整体保护范围。Dan Wielsch 为此创造了"接触规则（Zugangsregeln）"这一概念：[45]"考虑到作为相关讨论基础的知识共享制度，接触规则限制了权利人的禁止权，借此它去使用权能中心化，创造了无须许可（即便不是自动免费）的非物质产品的使用可能性。"[46]与限制或法定许可不同，"接触规则"不是一个教义学的概念；从方法论上

---

　〔37〕　*Peukert*，FS 50 Jahre UrhG，2016，305，312.

　〔38〕　参见 *Wielsch* 一文中的标题，*Wielsch*，ZGE 2013，274，274.

　〔39〕　*Wielsch*，Über Zugangsregeln，in：Grünberger/Jansen，Privatrechtstheorie heute，2017，268，278.

　〔40〕　进一步研究参见 *Wielsch*，Zugangsregeln，2008，40 f.

　〔41〕　*Wielsch*（前注〔40〕），17.

　〔42〕　BVerfG ZUM 2016，626 Rn. 87-*Metall auf Metall*.

　〔43〕　*Wielsch*，ZGE 2013，274，306.

　〔44〕　主要研究可见 *Wielsch*（前注〔40〕），56 ff；*ders.*，ZGE 2013，274，297 ff.；*ders.*（前注39），268，277 ff.

　〔45〕　*Wielsch*（前注〔40〕），60 ff.

　〔46〕　*Wielsch*，ZGE 2013，274，305.

来看，它帮助确定和界分了著作权法的整体保护范围：[47]"在法律形成时，它要求法律根据社会环境，反映排他权能分配的语境相关的方式和范围。"[48]

　　德国和欧盟的著作权法打破了在排他权和公共自由使用这二者之间作出选择的不可改变性，认识到触发权利人报酬请求权的须允许或无须允许使用的多种形式。[49]这些报酬请求权——如此处展现的论点——可以成为解释学上接触规则的教义基石。笔者下面的分析限于债法上支付金额尚待确定的[50]报酬请求权。[51]与基于合同的合理报酬请求权不同（《德国著作权法》第 32 条第 1 款、第 32c 条），[52]它基于法定之债的关系。这种债的关系出现于（初始）权利人和每个（!）进行特定利用行为的使用者之间。此处的报酬请求权是责任规则。但并不是所有的责任规则都是报酬请求权。例如，强制性集体管理权项中所包括的排他权的内容（《德国著作权法》第 20b 条第 1 款）或强制许可（《德国著作权法》第 42a 条）就不符合财产权的传统定义：尽管使用是基于权利人的合同许可，但基于这些情形下所适用的强制缔约（Kontrahierungszwang），权利人不能再自由地决定"是否"允许他人的使用。在这一情况下，权利人缺少嵌入在"权利束"中的"排他权"，[53]因此他必须在合理的价格条件下同意他人的使用，所以这虽然属于责任规则情形，但不是报酬请求权情形。就此处研究的报酬请求权而言，我将其分成三类。

　　1. 作为法定使用许可法律后果的报酬请求权（限制）

　　第一类是法律"在特定的特殊情况下"收回作者禁止权的规范（《欧盟信息社会指令》第 5 条第 5 款）。这方面的典型例子是《德国著作权法》第 44a 条及以下条款和《欧盟信息社会指令》第 5 条第 2 款（b）（c）（e）项中有关付酬义务的限制规则。这是法定使用许可（"法定许可"）代替作者许可的利用。[54]在大多数限制中，法律将这种

---

　　〔47〕　其概念可参见 *Oebbecke*（前注〔26〕），45：Gesamtheit der Sachverhalte, in denen das urheberrechtliche Primärrecht Wirkung entfaltet.

　　〔48〕　*Wielsch*（前注〔39〕），268，279.

　　〔49〕　概览可参见 *Schack*（前注〔8〕），Rn. 475 ff.

　　〔50〕　深入研究参见 *C. Pflüger*, Gerechter Ausgleich und gesetzliche Vergütung, 2017（出版中）.

　　〔51〕　进一步研究，参见 *v. Diemar*, GRUR 2002, 587；*Rossbach*, Die Vergütungsansprüche im deutschen Urheberrecht, 1990, 79 ff.；*Stöhr*, Gesetzliche Vergütungsansprüche im Urheberrecht，2007，70 ff.

　　〔52〕　毫无疑问，《德国著作权法》第 1371 条第（5）款并不适合这一体系，因为《德国著作权法》第 1371 条第（1）款假定将使用权授予利用者，而《德国著作权法》第 1371 条第（5）款对此规定了与使用采用（Nutzungsaufnahme）相关的法定报酬请求权。

　　〔53〕　对此可参见 *Crane*, 88 Tex. L. Rev. 253, 255 (2009).

　　〔54〕　*Hilty*, GRUR 2005, 819, 821.

法定许可与报酬请求权结合起来。这一请求权不是在每一个法定许可情形中(如《德国著作权法》第 52a 条第 4 款第 1 句)出现,就是在个别情形(如《德国著作权法》第 52 条第 1 款第 4 句所规定的情形)中当优惠性使用的特定附加要求不存在时出现。[55]这种法定的因使用产生的报酬请求权是对处分权的替代。[56]德国联邦宪法法院认为——考虑到著作权法教义方面有些令人困惑[57]——(是)作者的“利用权”。[58]这一类型的报酬请求权是解释学上接触规则的典型情形。为实现不同制度本身所特有的知识共享之需求,通过法定使用许可的方式,市场功能的禁止权(das marktfunktionale Verbotsrecht)被收回。与此同时,这些需求调和了接触自由与作者今后在商业上参与这种来往的正当利益之间的关系。

2. 合同方式许可利用的额外报酬

第二类规则涉及的情形是,负有支付义务的使用者已经通过合同获得了许可,但对这一使用行为,他还负有向初始版权持有人(作者、表演艺术家、电影制片人)支付额外报酬的义务(这里提出请求权通常属于集体管理组织的法定职责)。这类获酬权包括有线继续广播的报酬请求权(《德国著作权法》第 20b 条第 2 款、第 78 条第 4 款、第 94 条第 4 款)[59]和图像或录制品租赁时的报酬请求权(《德国著作权法》第 27 条第 1 款、第 77 条第 2 款第 2 句,《欧盟租赁和出借权指令》第 5 条)。[60]在这种情形下,使用者必须为利用行为支付两次费用,作者则可以获得两次报酬:第一次,向派生权利人支付报酬,该权利人将使用权许可给他,而这一权利人通过合同从初始权利人那获得了使用权,并负有向初始权利人支付适当报酬的义务(《德国著作权法》第 32 条、第 79 条第 2a 款);第二次,向代表初始权利人的著作权集体管理组织支付额外的报酬,由他们将所获得的收益分配给初始权利人。这种双重报酬的模式被欧盟(《欧盟租赁和出借权指令》序言暨立法理由书第 12 段)和德国的立法者有意地接受。该法(《德国著作权法》)旨在确保新型利用权的引入同样也能使创作人员真正受益,并使他们适当地获得这种新型作品利用带来的经济收益。[61]这一直接针对使用者的请求权使得作者——在集体管理组织的斡旋与介入下——能够参与经济收益的分配。间接的单纯基于著作权合同法规定的收益分配之参与,在立法者看来显然是不够的。人们不无理由地怀疑,作为经常处于弱势的缔约方,创作者是否可

---

[55] *Hilty*, GRUR 2005, 819, 821.

[56] BVerfG ZUM 2016, 626 Rn. 73-*Metall auf Metall*.

[57] 参见 *Schack*(前注[8]), Rn. 409 ff.

[58] BVerfG ZUM 2016, 626 Rn. 73-*Metall auf Metall*.

[59] 参见 *Ungern-Sternberg*, in: Schricker, Urheberrecht, 5. Aufl. 2017, § 20b Rn. 42.

[60] *Schulze*, in: Dreier/Schulze, UrhG, 5. Aufl. 2015, § 27 Rn. 10.

[61] 参见 BT-Drs. 13/4796, 10.

以只指望以这种方式(译者注：单纯的基于一般性的著作权合同规则)得到适当的报酬。[62]《德国著作权法》第 20b 条第 2 款第 4 句证实了这一观点，该条仅赋予集体性的报酬规则以优先地位。[63]立法者需要以著作权法中的"三极利益状况"[64]为出发点，对三种相关的关系进行调整：(1) 在第一级的著作权合同法中，[65]通过《德国著作权法》第 32 条及以下条款，确保在作者与派生权利人之间的双边法律关系中合同报酬之公平。(2) 第二级的著作权合同法主要由合同自由原则来规范，其中保护创作者的法律规定了对派生权利人的支配限制(《德国著作权法》第 34 条、第 35 条以及第 79 条 2a 款)。(3) 在创作者与终端使用者的关系中，它规定了一项法律义务，即确保创作者能够直接参与在这一层面出现的价值创造的收益分配。乍看之下，这些情形似乎不太符合接触规则的概念，因为接触已经通过合同方式被允许。但此观点误读了"接触规则"与经济系统的解释学上的关联性。事实上，接触规则同样能使法律提高竞争对社会协调机制的具体规范要求之意识。如果由于势力结构(译者注：此处可理解为"缔约势力结构")的原因，合同机制不能确保创作者基于其主观权利的行使获得与市场水平相匹配的收入，那么对环境敏感的著作权法的任务就是对这种市场机制的失灵做出应对。[66]为了能够让著作权法根据社会环境反映专有权能的配置范围，实现著作权法的市场功能目标，需要额外的法律制度保障，这也是著作权法完全将主观权利分配给作品作者的原因。

3. 排他权保护内容之外的利用行为

第三类规则涉及排他性权利的保护中未(不再)涵盖的使用行为。因此，具体的使用行为既不需要合同许可，也不需要特别的法律准许。尽管如此，立法者还是规定使用时必须支付报酬，以确保创作者尽可能地合理地参与到对其创作或其成果的经济收益分配中。

(1) 追续权

追续权属于这类规则[《德国著作权法》第 26 条，《追续权指令》(Folgerechts-RL)第 1 条[67]]。由于发行权(Verbreitungsrecht)(译者注：我国台湾地区翻译为

---

〔62〕　BT-Drs. 13/4796，10. 对这一问题的研究可见 *Ehrhardt*，GRUR 2004，300，相对方可见 *Conrad*，GRUR 2003，561；*Mand*，ZUM 2003，812(Vorrang von § 32 UrhG).

〔63〕　与之相关的问题可参见 *Erhardt*，in：Wandtke/Bullinger，Praxiskommentar zum Urheberrecht，4. Aufl. 2014，§ 20b Rn. 14.

〔64〕　对此可参见 *Hilty*，GRUR 2015，819，820.

〔65〕　其概念可参见 *J.B. Nordemann* in：Fromm/Nordemann，UrhG，11. Aufl. 2104，Vor § § 31 ff. Rn. 32.

〔66〕　参见 *Peukert*，FS 50 Jahre UrhG，2016，305，313.

〔67〕　Richtlinie 2001/84/EG v. 27.9.2001 über das Folgerecht des Urhebers des Originals eines Kunstwerks，ABl. L 272 v. 13.10.2001，32.

"散布权")随着首次销售而完全用尽(《德国著作权法》第 17 条第 2 款,《欧盟信息社会指令》第 4 条第 2 款),作者便不(不再)拥有同意转让艺术作品的排他性权利。然而,立法者"通过《德国著作权法》第 26 条规定了一种对发行自由的排除制度,为了协调相关主体之间的关系,引入了一项获得报酬的请求权"。[68]它是"一种财产性权利,给予作者/艺术家能够从其作品的每次转售中获得报酬的可能"(《追续权指令》序言暨立法理由书第 2 段)。[69]这种优先地位是接触规则的特点:法律承认,作品的市场价值是因为它与作者的关系而上升的。尽管如此,对独家发行权能的保护仍然是有限的,因为它过高地估量市场主体的接触利益以及艺术品市场的内在合理性。相反,作者的财产利益以一种只些微触及市场销售的报酬请求权方式被考虑。

（2）出借权

同样属于这一类的还有在出借保护客体时权利人的请求权。(《德国著作权法》第 27 条第 2 款、第 77 条第 2 款第 2 句、第 85 条第 4 款、第 87 第 4 款、第 87b 条第 4 款、第 94 条第 4 款、第 95 条,《欧盟出租与出借权指令》第 6 条)。德国立法者利用了《欧盟出租和出借权利指令》第 6 条中的选择,有意决定不将出借作为个人排他权的保护内容。[70]与德国的传统方案不同,出借自完全统一(Vollharmonisierung)[71]后就不是发行权的保护内容(《德国著作权法》第 17 条第 1 款),这也是为什么发行权的穷竭与出借没有关联。[72]根据欧洲法院的裁决,对德国法律同样起着典范作用的《欧盟信息社会指令》第 4 条第 1 款[73]中的发行概念仅涵盖"与所有权转移有关"的实物的利用行为。[74]出租和出借作为使用控制的临时性转让,不属于发行权的一部分,而是独立的、在《欧盟出租和出借权指令》中明确规定的利用权。[75]因此,虽然出

---

〔68〕 BGH GRUR 1994，798，799-*Folgerecht bei Auslandsbezug*；näher *Rossbach*（前注〔51〕），75 f.

〔69〕 进一步研究参见 *Katzenberger/Schierholz*，in：Schricker（脚注〔59〕），§ 26 Rn. 3 ff.

〔70〕 BT-Drs. 13/115，8.

〔71〕 过往法律状况可见 BGH GRUR 1985，131，132-*Zeitschriftenauslage beim Friseur*.

〔72〕 进一步研究可见 *Grünberger*，FS G. Schulze，2017（出版中）；aA *Loewenheim*，in：Schricker（前注〔59〕），§ 27 Rn. 12；*Schulze*，in：Dreier/Schulze（前注〔60〕），§ 27 Rn. 15.

〔73〕 这同样适用于 Art. 9 Abs. 1 Vermiet-und Verleihrechts-RL；由于《计算机程序指令》(Computerprogramm-RL)第 4 条的措辞不同,有关软件的法律状况值得怀疑。

〔74〕 EuGH ZUM 2008，508 Rn.33，36-*Peek & Cloppenburg KG/Cassina SpA*；批评可见 *Schulze*，GRUR 2009，812；*v. Welser*，GRUR Int 2008，596；*Eichelberger*，ZGE 2011，403；*Stieper*，ZGE 2011，227，232 ff. *Heerma*，in：Wandtke/Bullinger（前注〔64〕），§ 17 Rn. 4 ff.

〔75〕 对此可参见 *Grünberger*，in：Schricker（前注〔59〕），§ 77 Rn. 48 f.；*Leistner*，EuZW 2016，166，169.

借在德国法中在任何时候都不属于禁止权的范围,但《德国著作权法》干脆赋予所有权利人——在超额转换《欧盟出租和出借权指令》第 6 条时——报酬请求权来代替。支付报酬的义务"并不是著作权利用行为的必然结果;(这项义务)确切地只是在某些特定情形下的例外性规定,以至于有必要在个案中考察是否符合这一例外规定的适用条件,以及是否得到例外规定的意义和目的的支持"。[76]联邦政府认为,"公共图书馆的文化、教育和培养政策任务"将得到保障,这一事实证明了支持报酬请求权而反对排他性权利的决定是正确的。[77]没有更好的制定基本接触规则的理由了!

(3) 表演者和录音制品制作者的二次利用权

这一类中的第三种例子是表演者和录音制品制作者在通过一定的形式公开再现录音制品时的报酬请求权(《德国著作权法》第 78 条第 2 款、第 86 条,《欧盟出租和出借权指令》第 8 条第 1 款)。《德国著作权法》——在符合指令的转换《欧盟出租和出借权的指令》第 8 条第 1 款时——有意不规定表演者对公开再现的全面性排他权。[78]简而言之,禁止权只存在于向公众提供(öffentliche Zugänglichmachung)(《德国著作权法》第 78 条第 1 款第 1 项)和直播演出之直接利用的所有形式,而针对已固定的表演的间接利用(第二次或第三次利用)则无须获得相关权利主体之授权,但需要对此支付报酬。[79]表演者虽对此应获得适当的报酬,但他却不能加以禁止。[80]这样一个判断建立在——错误的[81]——评估上,即表演者可能利用相应的排他性权利去损害作者利益。[82]不过,考虑到表演者、使用者、消费者和公众的多极利益,以及由此产生的主观权利的多边性,这一限制还是有意义的。[83]使用者能畅通无阻地获取表演的图像和唱片。借此,文化需求就能更快地得到满足。[84]与此同时,这种解决方案降低了交易成本,从而为下游市场的多样性服务的产生与勃兴创造了可能。因此,这种报酬请求也可以重新表述为接触规则。立法者此类制度设计的正当性还在于,不受限制的排他性权利不一定能必然强化创作者们的地位。由于表演者或将所有使用权转让或授予录音制品制作者或其他利用者(《德国著作权法》第 79 条),表演者并不能直接受益于排他权,而只是间接地通过艺术家合同中的预期报酬(预付款)的可能性受益。这一想法也是一种接触规则的体现,这在有线继续广

---

[76]　BGH GRUR 1985, 131, 132-*Zeitschriftenauslage beim Friseur*.

[77]　BT-Drs. 13/115, 8.

[78]　BT-Drs. Ⅳ/270, 34, 89 f., 91 f.

[79]　细节处可参见 *Grünberger*, in: Schricker(前注[59]), § 78 Rn. 1.

[80]　BT-Drs. Ⅳ/270, S. 91

[81]　*Grünberger*, Das Interpretenrecht, 2006, 38 ff.

[82]　BT-Drs. Ⅳ/270, 34, 90.

[83]　可参见 *Grünberger*, in: Schricker(前注[59]), § 78 Rn. 38.

[84]　基本法上的许可性可参见 BVerfG GRUR 1990, 438 (441)-*Bob Dylan*.

播(Kabelweitersendung)和出租报酬诉求的概述中已经很清楚了。

三、技术环境变化中法律的学习过程

立法者在多层次体系中只能在非常有限的范围内,"及时回应商业模式的快速发展和新型行为"。[85]通常情况下,法院需要首先面对前文所提及的著作权法的两个基本问题,并被当事人要求在对应的法的续造中对此发展出适当的、同时尊重权限分配的解决办法。法院需要首先决定,"如何归类社会中通过新商品的生产或对现有商品新的使用而产生的新型行为之可能"。[86]接触规则的司法创制在这样的语境下就被提出了。通常而言,这是经历一个学习过程后得出的结果,因为他们根据"现有法律规范中是否充分考虑了所有相关的社会视角"来检视法律。[87]一部合适的著作权法也必须按这一要求来进行衡量。

(一)《文学与音乐作品著作权法》中的私人复制

立法者和学者们对旧法中私人复制制度的处理和解读,即可视为这一学习过程的事例。作为现行《德国著作权法》制定之前的著作权法,《文学与音乐作品著作权法》(LUG)[88]和《视觉作品与摄影作品著作权法》(KUG),[89]明确列出了作者的多种利用权,[90]"结果是,除这些权利外,基本上作者不再享有任何其他权利"。[91]正如 Martin Vogel 以广播权为例指出的,这难以应付新技术的出现。[92]同样的,法定许可利用也被详尽地列出。这包括个人使用的免费复制,只要不从中获得收入(《文学与音乐作品著作权法》第 15 条第 2 款)。1955 年,德国联邦最高法院裁定,录音机的购买者也会侵犯专有的复制权,当他不以营利为目的,仅为私人使用而录制音乐。[93]法院作出这一利益评估的原因是,作者权利实现的外在环境,会因技术环

---

〔85〕 *Hilty/Senftleben*,FS 50 Jahre UrhG

〔86〕 *Wielsch*(前注〔39〕),268,280.

〔87〕 *Wielsch*,ZGE 2013,274,307.

〔88〕 Gesetz betreffend das Urheberrecht an Werken der Literatur und der Tonkunst v. 19.6. 1901,RGBl. 1901,227.

〔89〕 Gesetz betreffend das Urheberrecht an Werken der bildenden Künste und der Photographie v. 9.1.1907,RGBl. 1907,7.

〔90〕 RGZ 113,413,415-*Der Tor und der Tod* (1926).

〔91〕 BT-Drs. Ⅳ/270,29.

〔92〕 *Vogel*,FS 50 Jahre UrhG,2016,3,13.

〔93〕 BGH GRUR 1955,492-*Grundig-Reporter*.

境的巨大变化发生改变,这会对作者经济利益的实现产生影响。[94] 借此,法院对著作权法的第一个基本问题——偏向哪一方——给出了答案。由于当时的法律仅认识到排他权或无偿接触自由这两种选择,因此德国联邦最高法院以一种自然法基础上[95]排他权扩张的方式,回答了偏向财产权的著作权法第二个基本问题。这种排他权没有给作者带来任何好处。只有很小一部分使用者遵照了商人提出的要求,[96]签订了使用合同。[97]由于缺乏可执行性和隐私保护的优先性,财产权的解决方案失败了。[98]德国联邦最高法院在近 10 年后认识到这一点,因此——可能也是为了回应当时正在讨论中的著作权法改革——提出了一项责任规则:权利人可以根据妨害者责任(Störerhaftung)允许录音设备运行,条件是设备制造商为用户的复制支付适当的一次性费用。[99]这一解决方案最终果然被贯彻下来。[100]

(二) 作为扩张性利用权限制的互联网特有接触规则

这个学习过程的另一个结果是,1965 年《德国著作权法》放弃以列举方式赋予作者确定的权利。在这一决定中,著作权有意地被设计为一项广泛的绝对权利,这为作者保留了其对当前和未来的他人利用其作品进行控制的所有可能性。[101]对此,鉴于未知的(作品)利用,《德国著作权法》就该问题明确回答了本文所关注的著作权法中的两个基本问题:(1) 财产性权利的利益应分配给作者。(2) 这是以排他权的形式进行的。

以一般条款的方式指示所有的使用权历来被誉为现代的、技术中立的著作权法的重大成就。[102]然而在这种观点中,接触自由太过简略,法律将所有利用可能性笼

---

〔94〕 BGH GRUR 1955,492,496 f.-*Grundig-Reporter*.

〔95〕 BGH GRUR 1955,492,496-*Grundig-Reporter*;1945 年后自然法的复兴及其对德国联邦最高法院的影响,参见 *Herbe*, Hermann Weinkauff (1894—1891)-Der erste Präsident des Bundesgerichtshofs, 2008, 111 ff., 198 ff.

〔96〕 这是他们侵权责任的后果,参见 BGH GRUR 1955,492,500-*Grundig-Reporter*;BGH GRUR 1960,340,343 f.-*Werbung für Tonbandgeräte*.

〔97〕 BGH GRUR 1964,91-*Tonbänder-Werbung*.

〔98〕 对此可参见 BGH GRUR 1965,104,107-*Personalausweise*;*Bergmann*,FS Ullmann,2006,23,29 f.

〔99〕 BGH GRUR 1965,104,108.-*Personalausweise*.

〔100〕 参见 BT-Drs. Ⅳ/270,32;关于程序,可参见 *Maracke* Die Entstehung des Urheberrechtsgesetzes von 1965,2003,464 ff.

〔101〕 BT-Drs. Ⅳ/270,29.

〔102〕 参见 *Schulze*,in: Dreier/Schulze(前注〔60〕),§ 15 Rn. 10;*Schack*(前注〔8〕),Rn. 410 f.

统地分配给了作者,最后将第三人具体的使用许可以分类的方式进行了呈现。这一做法有极大的民主理论上的影响:比起技术变革中,权利人的经济利益已经被考虑的现状,为了在法律上回应不同的接触利益,使用者必须得到足够的政治上多数人的支持。这就使著作权法陷入了尴尬的境地。它不能完成其基本法上创造平衡的任务,申言之,"在这种平衡中,一方的自由与另一方的自由相协调"未能实现,而且在其中未能考虑"冲突的基本权利地位(Grundrechtspositionen)……之间相互作用和根据实际协调的原则,使它们达到平衡,从而使其对所有参与方尽可能地有效"。[103]

因此,司法机构利用判决寻求摆脱这一困境的做法也就不足为奇了。互联网迫使他们发展了媒体特有的(medienspezifische)接触规则。[104]从全面的排他权中非常有可能推断出,"个人的,特别是有偿许可的一般性保留"很有可能阻断全球性的交流。[105]然而,接触规则的教义学式构建并不一定能顺利地融入现有的著作权法的教义中。这让笔者想起德国联邦最高法院一则关于互联网图像搜索的判决。[106]在那起案例中,德国联邦最高法院对接触规则进行了表述,即那些在互联网中,经其同意可以访问其作品的人必须"考虑这种情况下常见的使用行为"。[107]这种把接触规则作为(正当的)同意的教义学表达正遭到持续不断的质疑与抵制。[108]

德国联邦最高法院和欧洲法院——在细节上有所不同[109]——没有将(简单的)链接纳入复制权保护范畴,[110]确切地说是公开再现权的保护中。[111]网络环境下[112]面对排他性文化和接触文化之间的冲突,他们决定支持媒体特有的链接自由。欧洲法院发展并阐明了(在这一语境和情景下的)"接触规则",即链接到合法可访问作品不需要授权,因为它并没有使新的受众接触该作品。[113]这种解决方案

---

[103] BVerfG ZUM 2016,626 Rn. 70.-*Metall auf Metall*.

[104] 其概念可参见 *Wielsch*(前注[40]),255 ff.

[105] *Peukert*,FS 50 Jahre UrhG,305,315.

[106] BGH ZUM 2010,580-*Vorschaubilder*;BGH ZUM 2012,477-*Vorschaubilder* Ⅱ.

[107] BGH ZUM 2010,580 Rn. 36-*Vorschaubilder*.

[108] 仅参见 *Ohly*,GRUR 2012,983,987 ff.;*Klass*,ZUM 2013,1;反对意见,参见 *Grünberger*,Aspekte eines umweltsensiblen Urheberrechts,in:*ders.*/Leible(Hrsg.),Die Kollision von Urheberrecht und Nutzerverhalten,2013,1,11 f.

[109] 对此可参见 *Grünberger*,ZUM 2015,273,276.

[110] 进一步研究参见 *Grünberger*,ZUM 2016,905,907.

[111] BGH ZUM 2003,855-*Paperboy*;EuGH ZUM 2014,289-*Svensson*.

[112] 就相关概念,可参见 *Peukert*,GRUR-Beilage 2014,77,78.

[113] EuGH ZUM 2014,289 Rn. 26 f.-*Svensson*;深入研究(同样是批评)参见 *Grünberger*,ZUM 2015,273,276 ff.;*ders.*,ZUM 2016,905,910.

受到许多批评,[114]至少是当欧洲法院将这一方案运用到那种将他人网站内容作为自己网站一部分[115]的链接的情况时。[116]从应然的角度看,或许有更好的解决方案。[117]但欧洲法院也只能判断,内嵌链接是否受制于专属权利。由于司法权限的原因欧洲法院不能随心所欲地适用并发展其他的方案,尤其是制定一种相应的责任规则。对此,也只有(欧盟)立法者才具有对应的职权。这些例子表明,随着著作权法越来越大的技术差异,将接触规则进行教义化阐释的需求也越来越大。如果能通过借助报酬请求权的方式,来创造缓解排他权与接触自由之间二分的可能性,那著作权法中诸多激烈的争论就会平息下来。

(三) 排他性和报酬请求权之间的电子图书出借

著作权法能够使法院进行有意义的法之续造,只要它为新制定的接触规则提供了教义学上连接点。就这点而言,笔者想根据欧洲法院在 *Vereniging Openbare Bibliotheken* 案的判决来进行分析。[118]欧洲法院必须决定,《欧盟出租和出借权的指令》第 6 条第 1 款是否允许公共图书馆向其用户出借电子图书。原则上,作为时间受限的、服务于非商业目的的使用转让,[119]公共机构的出借是独立排他权的对象。(《欧盟出租和出借权的指令》第 1 条第 1 款)。但是,成员国可以选择只规定作者的报酬请求权,而不是排他权(《欧盟出租和出借权的指令》第 6 条第 1 款)。从解释学的角度来看,这一"例外"是接触规则。[120]不论是排他权,抑或接触规则,都涉及作品实物副本的出借,这一点没有争议;但存在争议的是,两者是否适用于不存储在永久载体媒介上的数字作品的临时性使用转让。这是一种新型利用模式,1992 年通过的指令中对此并没有明确规定。[121]这从而再次引出了著作权法的两个基本问题:谁应被授予针对这一种使用行为的权利,权利人(《欧盟出租和出借权的指令》第 3 条)还是使用者? 如果将其转让给权利人,应如何对其安排,作为一种排他性权利,还是对其予以豁免,但须支付报酬(《欧盟出租和出借权指令》第 6 条第 1 款)?

---

[114]　Statt vieler *Leistner*, ZUM 2016, 580, 581 f.; *Haberstumpf*, GRUR 2016, 763.

[115]　同意的观点,参见 *Grünberger*, ZUM 2015, 273, 278 ff.; *ders.*, ZUM 2016, 905, 910 f.

[116]　参见 EuGH ZUM 2015, 141-*BestWater International*.

[117]　参见 *Grünberger*, JZ 2016, 318, 319.

[118]　EuGH ZUM 2017, 152-*Vereniging Openbare Bibliotheken*.对此同样可参见 *Marly/Wirz*, EuZW 2017, 16; Peifer, LMK 2017, 385298; *Stieper*, GRUR 2016, 1271.

[119]　相关定义可参见《欧盟出租和出借权指令》第 2 条第 1 款第 b)项。

[120]　参见上文第二章第(二)节第 3 目。

[121]　EuGH ZUM 2017, 152 Rn. 42 ff.-*Vereniging Openbare Bibliotheken*; *GA Szpunar*, Schlussanträge v. 16.6.2016, C-174/15 Rn. 25-*Vereniging Openbare Bibliotheken*.

第一个基本问题的答案是：权利人，因为这些使用行为原则上落在欧盟指令的适用范围内，而且这个指令规定了权利人相应的权能。发行权（《欧盟信息社会指令》第 4 条第 1 款）被排除在外，因为这涉及的是一种临时性使用转让。[122]因此，行为要么是在公开再现权的保护范畴内，特别是通过向公众提供该行为（《欧盟信息社会指令》第 3 条第 1 款和第 2 款），要么是出借权。[123]归入这两种制度中的一种，其实与第一个基本问题无关，因为在这两种情况下，作者都被赋予了主观的权利。正如《欧盟出租和出借权的指令》序言暨立法理由书第 4 段对法律适用者的要求，现行法使著作权法所提供的保护很容易适应新的经济发展。然而，对这一项或另一项利用权的决定会影响到著作权法是否有能力，为合时宜的接触规则提供教义学上的连接。这构成利益衡量能整体性适应新型经济发展的前提。

如果电子图书在"一副本一用户"（One-copy-one-user）[124]模式下的临时利用转让是一种复制处理，那么作者将对其享有排他性权利（《欧盟信息社会指令》第 3 条）。但是，他通常已经把这个权利转让给了他的出版商，出版商才是市场的参与者。[125]这就有两个重要的现实结果：（1）通过许可协议的市场组织——像人们经常看到的那样——不能确保作者真正适当地参与其中。[126]这个问题在唱片的流媒体市场是众所周知的：表演者已将其专属权利（《德国著作权法》第 78 条第 1 款第 1 项）转让给开发者，并获得少量的流媒体收入。或许通过对现行法（从实然的角度看）《欧盟租赁和相关权利指令》第 5 条[127]的适用能够对该问题的解决有所帮助；对于将来的法律（从应然的角度看）或许立者能参考这一模式，在合同规则中引入针对平台的报酬请求权。[128]（2）排他权使出版商能够控制一个（下游）市场，但他们认为这个市场对他们初级利用是一种威胁。[129]然而，公共机构的出借"市场"并没按照经济理性的

---

[122] 参见上文第二章第（二）节第 3 目。

[123] 涉及的问题，可参见 *GA Szpunar*，Schlussanträge v. 16.6.2016，C-174/15 Rn. 49-*Vereniging Openbare Bibliotheken*.

[124] 概念可参见 *Marly/Wirz*，EuZW 2017，16，18.

[125] 参见 *GA Szpunar*，Schlussanträge v. 16. 6. 2016，C-174/15 Rn. 34-*Vereniging Openbare Bibliotheken*.

[126] *GA Szpunar*，Schlussanträge v. 16.6.2016，C-174/15 Rn. 34-*Vereniging Openbare Bibliotheken*.

[127] 反对意见——不过主要集中在对《德国著作权法》第 27 条第 1 款——参见 *Schäufele*，ZUM 2017 (Heft 4). D出借的定义可参见 EuGH ZUM 2017，152 Rn. 35-*Vereniging Openbare Bibliotheken*. 开放性图书馆无疑是对《欧盟出租出借权指令》第 5 条相应法律续造的一大障碍。

[128] 对此可参见 *Gerlach*，ZUM 2017 (Heft 4).

[129] *GA Szpunar*，Schlussanträge v. 16.6.2016，C-174/15 Rn. 38-*Vereniging Openbare Bibliotheken*.

标准来运作。"书籍对于文化保护和其增益,以及科学的重要性,始终高于纯粹的经济考虑。"[130]这些机构使所有人能不依靠其收入而接触到(数字)内容。因此,它们完成了一项重要的,被立法者一直坚持的社会政治任务。[131]环境敏感型著作权法的任务便是逐步形成接触规则,借此能语境相关地考虑社会环境,反映出借行为主观权利的简要多边性。[132]这就已经涉及专有权权能分配的方式和范围。[133]

这项任务已由欧洲法院所完成。随着将数字化作品的临时使用转让(Nutzungsüberlassungen)纳入公共出借权的保护这一裁决的做出,欧洲法院已经给著作权法第二个基本问题(财产权或责任规则)提供了合适的答案:图书馆的行为——即使是有偿的——是否为《欧盟出租和出借权指令》第6条第1款所允许,这个问题只有在确定它原则上是专属出借权的保护内容后才能提出和回答。[134]关于第二个基本问题,欧洲法院选择了责任规则。法院通过使用行为在功能上的可比性来证明这一点——根据 UsedSoft 案[135]——确实不足为奇:[136]印刷形式作品的使用转让与"一副本一用户"模式的使用转让基本相当,因此也应受到同样的监管。[137]借此,欧洲法院将一个对类似领域创造的接触规则转移适用到数字模式的使用转让上。

球现在又被踢到了成员国法院的脚下。德国法院必须决定,如何以合乎指令[138]的方式对《德国著作权法》第27条第2款进行法的续造。认为只有立法者才有权决定,是否将有偿出借适用于没有稳定载体的数字作品,是误认了法院的权限。[139]"鉴于社会关系的快速变化、立法者有限反应的可能性,以及众多标准的开放性制定",使已生效法律与变化的关系相协调,属于第三方权力的基本任务。[140]对此,德国联邦宪法法院在国家法中划定了一条界线,即法院将能辨认的立法者意图

[130]　*GA Szpunar*,Schlussanträge v. 16.6.2016,C-174/15 Rn. 37-*Vereniging Openbare Bibliotheken*.

[131]　参见 BT-Drs. 13/115,8.

[132]　其概念可参见 *Wielsch*,ZGE 2013,274,297 f.

[133]　*Wielsch*,(前注[39]),268,279.

[134]　Deutlich EuGH ZUM 2017,152 Rn. 49-*Vereniging Openbare Bibliotheken*.

[135]　EuGH ZUM 2012,661-*UsedSoft*.

[136]　具体参见 *Peifer*,LMK 2017,385298.

[137]　EuGH ZUM 2017,152 Rn. 52 f.-*Vereniging Openbare Bibliotheken*.

[138]　*Canaris*,FS F. Bydlinski,2002,47,74 对此则说到"(欧盟)指令对非源自指令的法律的辐射"(Ausstrahlungswirkung der Richtlinie auf das richtlinienfreie Recht);以及 *Lorenz* NJW 2013,207,208 指出:"对指令的这种间接考虑并不优先于其他解释标准,而只是构成在历史解释中解释的全面权衡框架内若干要素之一"。

[139]　同样的结论,参见 *Peifer*,LMK 2017,385298;*Marly/Wirz*,EuZW 2017,16,18;保守观点,参见 *Stieper*,GRUR 2016,1270,1271.

[140]　BVerfG NJW 2011,836 Rn. 53-*Dreiteilungsmethode*.

放到一边,代之以自足的利益权衡。[141]但法院不得以自己追求的正义观念代替立法者的正义观念。[142]法院的任务是,已改变的关系是否,以及在何种程度上需要新的法之解答。这些答案必须在实定法中找到回应,并且尊重立法者的根本决定和其目标。[143]

《德国著作权法》第 27 条第 2 款立足于两项立法者的根本决定:(1) 有意放弃"在公共借阅中引入作者和其他权利人的新型排他性权利(禁止权)",是为确保"公共图书馆的文化、知识和教育政策上任务的行动范围,这也包括重要的社会政治因素"。[144]这其中,满足借阅需求的媒介多样性应维持"公共设施的吸引力和接受度"。[145](2) 报酬的债权人不仅是作者,而且是所有邻接权的权利人。[146] 这些前提允许德国法院有效运用这一由欧洲法院发展的,有利于公共图书馆、创作者的,和《德国著作权法》第 27 条第 2 款适用的接触规则。

《德国著作权法》第 27 条第 2 款应这般被续造,未储存在固定载体上数字作品的临时性使用转让就是"一副本一用户"模式中《德国著作权法》第 27 条第 1 款意义上的出借。问题是,《德国著作权法》第 27 条第 2 款出借权与《德国著作权法》第 17 条第 2 款所定义的穷竭存在联系。这是建立在被欧盟法所取代,因此已经过时的[147]出借权概念之上,[148]所以(这一概念)对于《德国著作权法》第 27 条第 2 款的典型适用案例来说,已经过时了。然而,欧洲法院对荷兰法律中的一项类似条款进行了如下解释,国家立法者——符合指令的——对出借权进行了额外限制,以便适当地保障作者的利益。[149]因此,法的续造应仅限于"借给公众的图书的数字副本,必须先由权利人或经其同意后投放市场"的情形。[150]这一要求可以在对《德国著作权法》第 27第 1 款续造的转化中实现,通过这种方式,这一权能限于根据《德国著作权法》第 6 条

---

[141]　BVerfG NJW 2012，3081 Rn. 74-*Delisting*.

[142]　BVerfG NJW 2012，3081 Rn. 74-*Delisting*.

[143]　参见 BVerfG NJW 2011，836 Rn. 53 f.-*Dreiteilungsmethode*.

[144]　BT-Drs. 13/115，8.

[145]　BT-Drs. 13/115，8.

[146]　BT-Drs. 13/115，8.

[147]　参见 BT-Drs. 13/115，8.

[148]　参见 EuGH ZUM 2017，152 Rn. 55-*Vereniging Openbare Bibliotheken*;对此持批评的观点可参见 *Stieper*，GRUR 2016，1270，1271;详细研究可参见 *Grünberger*，FS G. Schulze，2017(出版中).

[149]　EuGH ZUM 2017，152 Rn. 61 ff.-*Vereniging Openbare Bibliotheken*.

[150]　EuGH ZUM 2017，152 Rn. 64-*Vereniging Openbare Bibliotheken*.

第 1 款对公众开放的数字副本。[151]

四、结论

本文明确了著作权法上两个基本问题的答案——谁应被赋予利用行为的主观权利和如何构建这一权利——是分配决定。它们因而不可避免的是政治性手段。笔者认为,在传统的著作权法学中,对这一点以及由此而产生的法律适用者的规制职责(Regulierungsverantwortung)[152]认识不足。著作权法"通过将创造性归于个人,可以……参与非政治性公民权利的拟制(Fiktion),并将其永久的分配决定隐藏在创造性个人的超大幕布之后,巧妙地掩饰必要的正当性讨论"。[153]这块幕布应该放在角落里。著作权法的当前设计意识到其多体系的隶属关系。它把主观(排他性)权利再一次与其行使条件联系起来。在这方面的方法工具是接触规则。这也包括报酬请求权。它们是一个例子,说明著作权法会被社会其他功能子系统的交往条件刺激。准备好并有能力有效地处理这些刺激,合乎情境地或将其界定为财产权利,或作为责任规则,是环境敏感型著作权法的特点。

---

[151] Zu den damit berücksichtigten Interessen s. *GA Szpunar*, Schlussanträge v. 16.6.2016, C-174/15 Rn. 85-*Vereniging Openbare Bibliotheken*.

[152] 就私法的规制功能可参见 *Hellgardt*, Regulierung und Privatrecht, 2016, 50 ff.

[153] *Wielsch*(前注〔39〕), 268, 274.

中德法学论坛

第 19 辑·下卷,第 157～171 页

在方法论上继续盲目飞行的"指南"？*

［德］伯恩德·吕特斯 ** 著

吴国邦 *** 译

摘 要：卡尔·拉伦茨的《法学方法论》首版因应时代需求,在当时被奉为经典,并于其后五度再版。但该书数次再版所透视的,不是或不全是学说的演进、影响的扩大,而是或更多是"学术与政治"关系的暧昧和曲折。拉伦茨在某种程度上异化了社会学法学的实践立场,有选择地忽略了直指其基本价值的批评声音,未能坚持科学的禁欲主义,为联邦德国法学学者处理国家社会主义问题提供了错误范例；其以统治者

---

* Ein Kommentar zu Karl Larenz/Claus-Wilhelm Canaris, Methodenlehre der Rechtswissenscha, Studienausgabe, 3. Aufl., Springer-Verlag, Berlin, Heidelberg, New York, Barcelona, Budapest, Hongkong, London, Mailand, Paris, Santa Clara, Singapur, Tokio 1995, 325 Seiten, DM 49, 50.-Vgl. hierzu auch die Rezension von Rüßmann, NJW 1996, 1264 (in diesem Heft).——作者注

关于题目的翻译,有两点需要说明。第一,"指南"一词系对"Anleitung"的直译,未选择其他变通译法的原因在于,为该词加注引号并配合问号,可以达到反用效果。本文意在检讨,拉伦茨的《法学方法论》到底是否会为"方法论上的盲目飞行"加功,或者说,该书为读者提供的指引究竟是不是一种"盲目飞行"。如上述般配合标点的灵活修辞处理恰如其分。第二,"方法论上的盲目飞行"系中国大陆法学界对魏德士语用的通行译法,笔者继承之,现列举三项具体参照,分别是舒国滢教授《并非有一种值得期待的宣言——我们时代的法学为什么需要重视方法》一文所述:"'方法论上的盲目飞行'一语是德国法学家伯恩德·吕特斯(有人译为'魏德士')在其一篇文章(指的就是本文——译者注)中所提出来的。后来,其在《法理学》一书中再次提到这个问题。"(舒国滢:《并非有一种值得期待的宣言——我们时代的法学为什么需要重视方法》,载《现代法学》2006 年第 5 期。)许中缘教授《论法学方法论与中国法学发展》一文在评价拉伦茨的《法学方法论》一书时写道:"该体系缺乏核心,使得相关内容零散。在方法论上,如果没有一个中心,就会导致'方法论上的盲目飞行'。方法论上的盲目飞行与不具有方法在司法裁判的结果上一样可怕,而前者所带来的恶劣影响甚至远甚于后者。"(许中缘:《论法学方法论与中国法学发展》,载《比较法研究》2012 年第 4 期。)特别值得一提的是,谌洪果副教授的书评文章《我是谁？——〈法学方法论〉第 2 章读后》指出:

需求为准据,处理涉及法秩序基本概念的诸多元理论问题,丧失了理智的政治诚实,更致使方法论使用者们变得麻木、机械。这种法学方法论上"盲目飞行"的企图便是雪藏历史,或者更为直接地说,是试图矫饰国家社会主义的"恶果"并拒斥对其进行合理的反思与批判。历史是人的活动,但后果只能加诸科学。盲飞使法学方法论患上了"幼稚病",其建构的"事物本质"等核心操作化工具也逐渐沦为回避批评且经不起批评的"道具"。由此,启示我们思考,如何在妥善处理"学术—政治"关系的过程中正视历史,使法学学术在时间维度中获得独立反思与理性自反的能力,是回顾这段学术史最为重要的价值。

关键词:法学方法论;"盲目飞行";国家社会主义;卡尔 · 拉伦茨

Abstract:Die erste Auflage von Karl Larenz' Methodenlehre der Rechtswissenschaft war ein Klassiker seiner Zeit und wurde danach fünfmal neu aufgelegt, um den Bedürfnissen der Zeit gerecht zu werden. Was jedoch aus den verschiedenen Nachdrucken des Buches hervorging, war nicht oder nicht ausschließlich die Entwicklung der Doktrin und die Ausweitung des Einflusses, sondern vielmehr oder häufiger die Zweideutigkeit und die Komplexität der Beziehung im Verhältnis zwischen "Wissenschaft und Politik". Larenz verfremdete gewissermaßen die praktische

---

"正因为拉伦茨从未虚心地检讨法学与纳粹主义的关系,所以他的'法学方法论'也无法提供法律人在面对政权递嬗时的思考指南,特别不能使其免于沦为极权体制的工具。把拉伦茨所建构的那一套精致的方法论全部弄通了之后,法律人恐怕还是不免夤缘附势,乃至成为统治者的走狗。如此一来,'正确的法'(Richtiges Recht)究竟如何追求,自然无异缘木求鱼。从而,如同吕特斯所批判的,拉伦茨的'法学方法论'一书也就难逃'方法论上的盲目飞行指南'之讥。"(谌洪果:《我是谁?——〈法学方法论〉第 2 章读后》,载《法律方法与法律思维》第 3 辑,中国政法大学出版社 2005 年版。)该文将"方法论上的盲目飞行指南"称为吕特斯对拉伦茨之讥。译者并未原样复刻"方法论上的盲目飞行指南"这一译法,而是在语法结构上作了细微调整。再者,需要关注的是,被称为拉伦茨法学方法论"另一条腿"的《正确法》一书已由中国政法大学雷磊教授于近期翻译出版,《法学方法论》不能脱离基本价值关怀,两书相结合才能避免方法论的"盲目飞行"。(参见[德]卡尔 · 拉伦茨:《正确法:法伦理学基础》,雷磊译,法律出版社 2022 年版。)——译者注

** 　伯恩德 · 吕特斯(Bernd Ruthers):写作该文时系德国康斯坦茨大学民法学与法律理论教席教授。本文原载贝克出版社在线出版物(Beck-Online)《新法学通讯》(*Neue Juristische Wochenschrift*)1996 年第 19 期"论坛"(Forum)栏目,原文标题为"Anleitung zum fortgesetzten methodischen Blindflug",页码范围为 1249—1253。

*** 　吴国邦:维也纳大学法学院博士研究生,中国政法大学《法理》杂志编辑。本文受教育部国家留学基金管理委员会"国家建设高水平大学公派研究生"项目(项目编号:202007070012)资助。特别感谢中国政法大学法学院雷磊教授为译文校订提出的细致而关键的指导意见;当然,文责自负。

Grundhaltung der soziologischen Rechtswissenschaft, ignorierte selektiv kritische Stimmen, die auf ihre Grundwerte hinwiesen, vernachlässigte die wissenschaftliche Askese und lieferte den westdeutschen Juristen ein falsches Beispiel für den Umgang mit den Problemen des Nationalsozialismus; er behandelte die zahlreichen theoretischen Probleme, die die Grundbegriffe der Rechtsordnung betrafen, verlor auf der Grundlage der Bedürfnisse der Herrschenden die politische Ehrlichkeit der Vernunft und ließ die Anwender der Methodenlehre betäubt und mechanisch zurück. Dies alles hat zu einem "Blindflug" in der rechtswissenschaftlichen Methodenlehre geführt, der darauf abzielt, die Geschichte auszublenden oder, genauer gesagt, die "Folgen" des Nationalsozialismus zu beschönigen und seine legitime Reflexion und Kritik abzulehnen. Geschichte ist eine menschliche Tätigkeit, deren Folgen jedoch nur der Wissenschaft auferlegt werden können. Der Blindflug hat dazu geführt, dass die rechtswissenschaftliche Methodenlehre an einer "Kinderkrankheit" leidet, und dass die von ihr konstruierten zentralen Operationalisierungsinstrumente, wie das "Wesen der Dinge", allmählich zu "Requisiten" werden, die der Kritik ausweichen und ihr nicht standhalten. Auf diese Weise werden wir zu Überlegungen angeregt, wie wir uns der Geschichte stellen können, um das "akademisch-politische" Verhältnis richtig zu gestalten, damit die Rechtswissenschaft die Fähigkeit zur unabhängigen Reflexion und zur rationalen Selbstreflexion in der Dimension der Zeit erlangt, was der wichtigste Wert der Rückschau auf diese Periode der Wissenschaftsgeschichte ist.

Key words:Stichwörter: Methodenlehre der Rechtswissenschaft; "Blindflug"; Nationalsozialismus; Karl Larenz

卡尔·拉伦茨(Karl Larenz)去世后,他的学生克劳斯-威廉·卡纳里斯(Claus-Wilhelm Canaris),对作为学生版(Studienausgabe,或译为"学习版"——译者注)的《法学方法论》(*Methodenlehre der Rechtswissenschaft*)第二版进行了重新修订(从而形成了作为学生版的第三版——译者注)。鉴于这位新作者的学术声誉、他对贝克(Beck)出版社出版的关于债法教科书的修订质量[1]以及他对拉伦茨方法论的熟悉程度和影响力,人们对该著作的修订版本抱有很高的期望。但需要遗憾地指出,出自卡纳里斯之手的修订版并没有达到人们的预期。根据卡纳里斯自己的说法,他只是怀着极其谨慎的态度对(旧)文本进行了加工。他的目的在于尽可能地保留拉伦

---

[1] Larenz/Canaris, Lehrb. d. SchuldR, Bd. II, Halbbd. 2, 13., völlig neuverfaßte Auflage (1994).

茨作品的原貌。[2] 只有当拉伦茨的最新观点与书中所载的原始立场存在根本差异时,卡纳里斯才会对书中一些很少且很短的段落加以修改。

只要看一眼该版本的目录,就能证实刚才的说法:无论是整体框架,还是细处的章节划分,都几乎没有改动。卡纳里斯就第一章直接作了删除处理,反而因此特别引人注目。该章是"当代方法论的讨论"(Methodendiskussion der Gegenwart),其中,占据 67 页篇幅的内容是回顾方法论从 1955 年以来的发展历程。[3] 学生版现在仅限于完整版(vollständige Ausgabe,或译为"全本"[4])中的所谓"实质内容"[5]。显然,与他的老师拉伦茨不同,[6]卡纳里斯认为即使是对该学科发展历史的基本解释也是多余的,或者至少是可有可无的。这一版本的目标群体主要是法学院的学生们,旨在帮助他们顺利完成学业。[7] 这很难不让人对这本"无历史的"学生版方法论的价值产生怀疑。

此外还有一点,关于方法论在德国的发展,卡纳里斯提到了作为完整版第六版中对该学科进行历史追溯的部分,并在很大程度上沿用了该版本中拉伦茨对方法论发展作历史考量的相关内容和研究结论。因此,卡纳里斯似乎完全采用了拉伦茨所提出的方法论总体概念。因此,在"经典的"[8]第一版(也即作为"完整版"的《法学方法论》第一版——译者注)出版 35 年后,必须考虑这样一个问题:现在由卡纳里斯修订的这一版本,是不是一本合乎时宜的、关于方法论的教学和学习用书?

有一点是可以肯定的,即这部作品的各种版本都是令人惊叹的史料价值。通过对该著作的概述,并回顾当前德国法学方法论标准教科书的历史演变状况,便可以清楚地认识到这一点。

一、被多次"改写"的完整版

就目前来看,"法学方法论"这一科目在 1945 年之前几乎不存在于德国法律系的课程中,至少不是作为一门考试科目或是作为一门单独的课程而存在。即使在"二战"结束后的前 20 年,它也只是偶尔被列入培训科目(Ausbildungsfächer)。1960

---

〔2〕 Vgl. das Vorwort der 3. Auflage.

〔3〕 S. Larenz, Methodenlehre der Rechtswissenschaft, 2. Aufl. (1992), S. 9 ff.

〔4〕 参见[德]卡尔·拉伦茨:《法学方法论》(全本·第六版),商务印书馆 2020 年版。——译者注

〔5〕 主要处理 19 世纪初到第一次大战结束之间,德国的法律理论及方法论,其陈述始于介绍 20 世纪初的利益法学及评价法学。——译者注

〔6〕 Vgl. das Vorwort der 2. Auflage der Studienausgabe.

〔7〕 So der Umschlagtext der 3. Auflage der Studienausgabe.

〔8〕 Vgl. den Umschlagtext der 3. Auflage der Studienausgabe.

年，卡尔·拉伦茨《法学方法论》的第一版出版了。该书前五章概述德国从19世纪初到现在的法学理论和方法论的发展以及当前关于方法论的讨论(1991年出版的第六版仍然如此)。由于该书第一版出版时，与之相似的其他法律文献尚未出现；又鉴于作者深厚的学养、高超的文字表达能力以及彼时新成立的联邦共和国(指联邦德国——译者注)对反思法学方法论的迫切需要，该书很快便被同行奉为"经典"并被同领域文献大量引用；甚至，联邦最高法院——法官们不被允许根据主观判准与个人"法感"作出裁决——也乐意并经常依靠它展开法律论证。该书在随后的31年内再版五次。在此过程中，拉伦茨对关乎其法律哲学和法学方法论基本立场的部分内容，作了相当大的修改和调整——尽管是以一种非常不明显的形式，因为这些对拉伦茨基本立场构成实质影响的文献都有两项共同特征，一是之前未曾受拉伦茨关注和引用，二是未明确就拉伦茨的论述提出批评，而只是潜在或间接地同拉氏观点形成张力；只要这些文献在历史和政治方面的"矫正"被拉伦茨认为言之有理，他皆有"从善"之举。[9] 正如施韦尔特纳(Schwerdtner)[10]早期[11]指出的那样，对批评声音的掩盖导致了科学诚信的丧失。拉伦茨的做法在客观上成为联邦德国法学界部分人面对和处理国家社会主义问题的"范本"，以至于当时的那些"压制"与"隐瞒"至今仍在法律教科书和实用手册中存有余波，[12]这一牵连历史痛感的"隐秘的羞耻"，同样成为该著作及其后续版本被持续关注的重要原因。

二、作为法学方法训练与经验来源的体制变革及其中作为"变色龙"的法学家

拉伦茨的《法学方法论》一书于1960年出版，哪怕对于那些熟稔不同政治体制项下法学方法论研究文献的学者们来说，拉伦茨也是一个老练的作者；换句话说，他颇

---

〔9〕 Vgl. die zahlreichen Einzelnachweise bei Rüthers, Wir denken die Rechtsbegriffe um, 1987, S. 62ff., 68, 78, 80ff., 84.

〔10〕 Rechtswissenschaft und kritischer Rationalismus (Ⅱ), Rechtstheorie 1971, S. 224ff., 235f.

〔11〕 这里的表达可能产生歧义，原文表述为"Wie Schwerdtner bereits früh festgestellt hat..."，其中的"früh"一词可翻译成"先前""之前""以前""早些时候"等，但目前综合语境和背景知识，很难判断出，这里的"早期"指的究竟是施韦尔特纳一生的"早期"，还是相对于作者写作本文时间的"早年间"，抑或是相对于《法学方法论》出版时间脉络的"早些时候"。故而只能作译者注于此，以求教于方家。——译者注

〔12〕 一些关于现代私法历史、国家和宪法理论、刑法、劳动法和法律体系其他分支学科的教科书也是如此。

丰的著述见证了多个政治体制的变革。[13] 拉伦茨一再宣扬他所倡导的"具体概念（konkrete Begriffe）"[以前也被称作"具体——一般"（konkret-allgemein）的概念，后来则被指称为"类型和类型系列"（Typus und Typenreihen）]在内容（inhaltliche）和世界观（weltanschauliche）方面的转换能力（Wandlungsfähigkeit）。我们可以通过对比《德国观念论法哲学和国家哲学及其当代意义》（*Die Rechts-und Staatsphilosophie des deutschen Idealismus in ihrer gegenwärtigen Bedeutung*）一书的两个不同版本——于 1931 年初版、1935 年再版——便能轻松地获得此项经验。两者都涉及世界观的元系统及其对法秩序诸项基本概念——如"人""权利能力""合同"等可能在不同法域项下的法秩序中均处于核心地位的那些基本概念——的意义。1931 年，拉伦茨在书中指出：

"观念论（Idealismus）与基督教是日耳曼精神（der deutsche Geist）（原文如此！）为终极问题找到的最为深刻的答案。"[14]

在 1935 年的第二版中，拉伦茨这位德国知识分子的思想已经发生了转变：

"得到正确理解的'民族精神说'（Volksgeistlehre），正将某种与之联通的思想和概念形式灌注入法律领域，而这些思想和概念的形式恰为国家社会主义取向的德国法学所表达和强调；在这一过程中，'民族精神说'便逐渐塑造甚至成为它们的哲学基础。"[15]

聚焦拉伦茨的学术转徙脉络，我们能够观察到一种如政治墙头草般的"意义展现"（Sinnentfaltung）灵活性，这种灵活性往往通过那些具备一般化能力的具体法律概念——如"人"的概念——得以体现。他首先于 1935 年，在其《法律主体与主观权利——基本法律概念的变迁》（*Rechtsperson und subjektives Recht-zur Wandlung der Rechtsgrundbegriffe*）一文中[16]论述了"人"的概念；而后又分别于 1960 年版《法学方法论》、1969 年版《法学方法论》与 1972 年《德国民法通论》（*Allgemeines Teil des deutschen bürgerlichen Rechts*）中对这一概念作了补充和拓展。

---

[13] Larenz, Die Rechts-und Staatsphilosophie des deutschen Idealismus in ihrer gegenwärtigen Bedeutung, 1931; ders., Deutsche Rechtserneuerung und Rechtsphilosophie, 1934; ders., Rechts und Staatsphilosophie der Gegenwart, 2. Aufl. (1935); ders., in: Grundfragen der neuen Rechtswissenschaft, 1935, S. 225ff.; ders., Über Gegenstand und Methode völkischen Rechtsdenkens, 1938; ders., Zur Logik des konkreten Begriffs, DRW V (1940), 279ff.; ders., Wegweiser zur richterlichen Rechtsschöpfung, in: Festschr. f. Nikisch, 1958, S. 275ff.

[14] Larenz, Die Rechts-und Staatsphilosophie des deutschen Idealismus in ihrer gegenwärtigen Bedeutung, 1931, S. 107.

[15] 2. Aufl. (1935), S. 163ff., 165.

[16] In: Larenz (Hrsg.), Grundfragen der neuen Rechtswissenschaft, 1935, S. 225ff.

三、悄然从历史隐退：雪藏的企图

在拉伦茨《法学方法论》的前两个版本中，法律中"人"的概念仍然被遵照"具体——一般"的逻辑进行了客观阐述，[17]正如他在《德国民法通论》（1967 年版，第 56 页起）第一版中所做的工作那样。这一概念在纳粹时期被"赋予"的其他意义并未被提及。在《法学方法论》第三版（1975 年）出版之前，与"人"的概念相关的长达 17 页，并构成了该版本的精华部分。然而从第三版开始，这部分内容被缩减，进而被等置为"黑格尔（Hegel）对抽象概念与具体概念的区分"的相关介绍，尽是无关痛痒的阐述。同样的情况也发生于《德国民法通论》第二版（1972 年）。与初版相较，那些涉及法律哲学基础的核心章节，也被拉伦茨在该版本中完全改写了。1960 年至 1969 年间，拉伦茨一直以"具体——一般"的方式来定义"人"的概念，即便这种提法已经湮灭于当下，但它始终应当被标记为服务于纳粹时期国家社会主义种族政策的概念曲解，我们无须再多作介绍[18]。在《无限制的解释》（*Unbegrenzten Auslegung*）（1968 年）第一版及类似的分析、评论著作[迈克尔·施托莱斯（Michael Stolleis）[19]，安德布吕格（Anderbrügge）[20]出版后，拉伦茨在经其修订的两本书（《法学方法论》和《德国民法通论》）中根本没有对此作出任何回应，更没有对纳粹政权所倡导的世界观（价值基础）进行批判，这种回避的态度不免令人尴尬。无论是旨在报告国家社会主义时期法学方法论发展状况的文献，还是那些对拉伦茨前述两书在先版本加以分析和评论的作品，都未能在学说史中得到彰显，即便后者才是促使拉伦茨改易其著的核心动力。这也间接导致读者们"麻木"地使用"法学方法论"这一工具，因为他们在被推荐使用该"工具"时，完全没有意识到，无论是出于何种目的，只要涉及对法律的意识形态重释，作为"工具"的"法学方法论"便不可能保持"技术中立"，而会不可避免地展现出其多面性。

在此前的版本中，为实现法律可期待的灵活性，以及法律在方法上对价值、世界观和时代精神变迁的灵活适应，拉伦茨通常借助对黑格尔具体概念的参考，而在新

---

〔17〕 Vgl. 1. Aufl. （1960），S. 322.

〔18〕 Vgl. eingehend Rüthers, Die unbegrenzte Auslegung, 4. Aufl. （1991），S. 302ff.，322ff. 这本书虽被卡纳里斯收录——与拉伦茨形成鲜明对比——于"文献索引"部分，但在索引该书的版本付梓 27 年后，仍未有任何讨论或批判性的"诠释学自我反思"聚焦于它。i. S. des selbstgewählten Buchprogrammes von Larenz/Canaris （S. 63ff.）. Vgl. ferner Rüthers （o. Fußn. 7），S. 43ff.

〔19〕 Stolleis，Gemeinwohlformeln im nationalsozialistischen Recht，1974.

〔20〕 Anderbrügge，Völkisches Rechtsdenken-Zur Rechtslehre in der Zeit des Nationalsozialismus，1978.

版本中则尝试借助"类型和类型系列"学说。该学说在实务中得到运用,通常是因为未被或无法被精确证立的"法官自身的评价"(richterliche Eigenwertungen)获得某种科学色彩。通过总结联邦劳动法院(Bundesarbeitsgericht,简称"BAG")的裁决,不难发现,当法官们面对司法实践中层出不穷的"新"事实,而无明确法律条文可供援引时,运用"类型学"(typologisch)思维寻找合理的论证依据,已成为其法律发现(Rechtsfindung)操作的典型路径依赖。简而言之,它被用作一种虚假却不失为权宜之计的论据,以替代缺失的规范性理由或论证。驱动"类型学"发挥法律论证功用的,实质是法律适用者们对潜藏于内的某些"意识形态"要素的规范性假设,这些"意识形态"要素能够塑造法律适用者们对"事实"的先入之见或作为决定他们智识走向的"前理解"而存在,这恰恰容易为我们所忽略。

四、继续盲目飞行?

(一)不可缺失的历史

行文至此,我们已经触及了拉伦茨"方法论"的核心范畴,虽然其中一些部分处在不断改变的状态中。那么,我们究竟为何要回顾本世纪方法论的历史演变?这项工作在当下总显得有些不合时宜。是为了找寻那令人不适却早已被忘却的过去?很可惜,原因并非如此。不得不承认,如今被作为学习用书的《法学方法论》,是一本有意隐匿了历史叙事的作品。此外,按照修订者的理解,该书保留了拉伦茨方法论的整体理念。但在删减历史的作为上,卡纳里斯比其师拉伦茨有过之而无不及。

卡纳里斯删除了关于"当代方法论的讨论"的章节,该章节旨在追溯约 1955 年以来的方法论发展脉络,这也是上一版本的学生版中仅存的"历史考量";但在卡纳里斯的修订版中,它却被"序言"对完整版历史叙事的简单引述所替代。这似乎特别值得注意,主要但非唯一的原因在于,历史的发展"对更为深入地理解当前的方法论而言仍然必不可少"[21]。此外,完整版虽然设置了"历史批判"(Historisch-kritischen Teil)部分(涉及第六版第 175 页内容),旨在介绍"自萨维尼以来德国的法理论与方法论",但其对于该项内容的阐释似乎自始便有明显疏漏。

(二)19 世纪社会学法学的淡出[洛伦茨·冯·施泰因(L. v. Stein)]与 20 世纪社会学法学的影响[马克思(Marx)]

自上世纪中叶以来,在不限于德国的许多国家和地区,一种新兴的法理论潮流得以出生,它将法秩序的发展、国家与法律的全部构成归因于社会,主要包括社会阶

---

〔21〕　So Larenz im Vorwort zur 2. Auflage der Studienausgabe.

层分化、不同社会"阶级"(Klasse)或阶层的利益冲突等。这种法理论流派被称为"社会(学)法学"(gesellschaftliche Rechtswissenschaft)。社会法学在"革命"方向上的变体,曾经是且依然是马克思列宁主义。通过马克思列宁主义影响和指导下建立的国家,深刻影响了 20 世纪的世界秩序;与此同时,这些国家关于国家和法律的理论,也以多种方式对德国乃至全世界的法律及其方法论的发展,产生了持久的影响。洛伦茨·冯·施泰因的理论则代表了 19 世纪社会(学)法学的演变方向。[22]

作为一种新的法哲学基础,这两种社会(学)法学的发展方向也深刻地影响着法学者们的方法论思维。而若想要进一步了解其对法学知识生产和司法运行实践所产生的影响,以拉伦茨的著作为依据,似乎不是理想的方案。因为我们很难想象,该如何用 20 世纪(拉伦茨时代)的经验去印证 19 世纪(施泰因时代:早在 1876 年!)的观点。根据施泰因的论述,所有的基本法律概念本质上都是社会性的概念,因此也是可以改变的概念。但这种历史的鸿沟并非无法跨越,因为它为两种学说搭建了时序上的因果关联:拉伦茨的理论毕竟以利益法学和评价法学(Interessen-und Wertungsjurisprudenz)为基底,如果没有社会(学)法学的基础,很难得到圆满的哲学阐释;可是拉伦茨的著作却并未提及社会(学)法学,这不能不说是其中的重大历史漏洞。不过,我们也需要关注到,如果以观念论取向的德国哲学和历史法学派的观点为准据解读"过去",便可能导向历史的"解构";这种"解构"将内在地宣称,即便我们所处的时代是一个不断更新的政治化的时代,法学研究和法律实践也不受任何政治因素的影响。

(三) 拒斥提及德国频繁的政治体制变革(Systemwechsel)

更让人难以理解的是,拉伦茨在历史批判与诠释(Hermeneutisch)方面,缺乏必要的自我反思,这构成了其作品的另一重"历史漏洞"。当他的《法学方法论》于 1960 年首次出版时,德国法学界已经普遍意识到,凭借相较于 19 世纪末基本未变的法律典籍[《民法典》(BGB)、《民事诉讼法》(ZPO)、《刑法典》(StGB)、《刑事诉讼法》(StPO)、《商法典》(HGB)、《工商业管理条例》(GewO)等],这个国家的法学者们通过灵活运用诠释学方法和己身不断增长的专业知识,已经"令人满意地"连续为五个完全不同的政治体制[23]提供了服务。他们知道如何按照新的国家意识形态来解释甚或

---

[22] Vgl. insb. L. v. Stein, Gegenwart und Zukunft der Rechts-und Staatswissenschaft Deutschlands,1876.

[23] 根据上下文推断,这里所说的五个政治体制,是指 19 世纪末到《法学方法论》首次出版的年份 1960 年间的五个政治体制,分别应当是:第一,1871 年,普鲁士统一德意志各国,成立的德意志第二帝国;第二,1919 年成立的魏玛共和国;第三,1933 年成立的纳粹德国,又称"德意志第三帝国";第四,西德被盟军接管后步入"战区状态"时期;第五,1949 年成立的德意志联邦共和国(西德)。——译者注

重新解释传统的"旧"法律文本。作为经历过两个或三个"帝国"时期的法学者,他们忽然之间成为经验丰富的"变色龙"[24]。约瑟夫·埃塞尔(Josef Esser)的著作《私法法官续造中的原则与规范》(*Grundsatz und Norm in der richterlichen Fortbildung des Privatrechts*)[图宾根(Tübingen),1956]是一个里程碑式的著作,它在某种程度上回答了,在频繁或剧烈的体制转换中法学应当如何自处的问题。或许是受到这本著作的启发和激励,自其出版以降,许多学者都认为,对在屡次体制转换中始终保持稳定的法学方法与论证工具,进行一次历史性的批判和总结,似乎颇为必要。然而,在拉伦茨的《法学方法论》中,更为具体地,在 1960 年至 1991/1992 年间出版的任何版次、任何版本的《法学方法论》中,德国政治体制的频繁变化(1918 年、1933 年、1945/1949 年、1989/1990 年)均未被提及。这一点非常值得我们注意。

埃塞尔的奠基性工作使经历过 1945 年纳粹政权崩毁、1949 年东、西德分立等重大体制变革的我们,在战后(一般指"二战"后——译者注)第一次意识到,最高法院在规范创制方面发挥着突出的作用,而且它们还就此与立法机关之间存在资源竞争。很明显,不同政治体制变革在法律上首先由司法和法学(Jurisprudenz)来"克服"。这一认知是在"体制变革"语境中讨论法学方法论的逻辑前提,而且这种讨论逐渐在部门法学层面表现出扩张趋势。当然,我们有必要对相关讨论抱持审慎态度,或者说,我们不能将政治体制变革向法律和法学施加的影响视作理所当然,因为迄今为止,主流的观点仍然宣称,法学和司法具有不受政治影响的独立性。

(四) 对国家社会主义的掩藏

在这个时代,人们特别关注国家社会主义情境中的法律发展与方法论演化。就这方面而言,拉伦茨的《法学方法论》从一开始就在"方法论的目标和任务"(Ziel und Aufgabe der Methodenlehre)的"诠释学上的自我反思"(die hermeneutischen Selbstreflexion)等章节中提出了对概念与历史批判意识的困惑。体制变革和"国家社会主义的法律更新"(Nationalsozialistische Rechtserneuerung)等话题既没有出现在索引中,也没有出现在对方法论知识体系的介绍中,尽管这些话题确与当下德国学界对法学方法论的总体性讨论、拉伦茨写作《法学方法论》的原初目的,在某种程度上存有关联。

拉伦茨因此将自己置于自相矛盾的境地。他在 1960 年第一版的序言中写道,只有那些熟悉过去 150 年法理论和方法论发展的人,才能充分理解当前的法学方法论问题。这无疑包括 1933 年之后的方法论发展。在由纳粹政权倡导的"民族主义法律

---

[24] Vgl. Rüthers, Die Wende-Experten, Zur Ideologieanfälligkeit geistiger Berufe am Beispiel der Juristen, 1995.

更新"（völkische Rechtserneuerung）初期，"基茨贝格阵营"（Kitzeberger Lager）[25]
最先亮相，达姆（Dahm）、胡贝尔（Huber）、拉伦茨、米凯利斯（Michaelis）、沙夫施泰因
（Schaffstein）、西伯特（Siebert）和维亚克尔（Wieacker）等人亦参与其中，而后，激烈
的方法论争论伴随而生。这场争论始于 1934 年，在将近十年时间里均保持热度，也
难免掺杂着人身攻击与主观恶意。论战的双方分别是民族主义法律更新者与所谓
的"自由主义的"利益法学派，后者的主要代表人物是菲利普·黑克（Philipp
Heck）[26]。正如评论家们所知的那样，对所有参与这场争论的人来说，想要从中获
得科学或知识的进步，几无可能；因为论辩的注意力已经被意识形态分歧拉偏，论战
双方所遭受的大多是意识形态方面的指责，而非纯粹学术观点的批评。拉伦茨完全
忽视了这场关于方法论的、颇具戏剧性的争论——就像他忽视了纳粹时代的整个法
学发展一样——仿佛这一切都没有发生过，又仿佛它根本与方法论——无论是当时
的，还是现在的——无关。相应地，关于这场争论的历史性评论也被刻意忽略了，而
且正如前文所述，这迫使拉伦茨放弃了他已无法自圆其说的立场。

五、后果

（一）方法论"幼稚病"

这样一来，《法学方法论》给 1960 年以后的几代年轻读者们留下了这样的印象：
纳粹时期围绕方法论而起的那些争论，对于理解今天的方法论问题而言毫无意义，
甚至可以忽略不计——这是一个重大的错误暗示。即使是联邦最高法院的法官们，
有时也会在判决中表现出一种由历史性缺失引致的"方法论幼稚病"，而若要总结这
些判决的共性，其中之一便是它们都援引了拉伦茨的著作。这种为读者们造成错误
的暗示，至少部分延续到了作为学生版的第三版中。由于回避了历史，也没有就法

---

〔25〕 "基茨贝格阵营"是帝国科学部部长鲁斯特和帝国律师领袖弗兰克委托的"基尔—基茨
贝格联合阵营"的名称，该营地在柏林法律教授奥古斯特-埃克哈特的领导下，"在我们为国家社会
主义精神所承载的新德国法学的斗争中，以同志式的合作……寻找一条明确的路线"。Vgl.
Dahm/Eckhardt/Höhen/Ritterbusch/Siebert, DRW Ⅰ（1936），123 zitiert nach Rüthers, entartetes
Recht, S. 41.——译者注

〔26〕 Vgl. einerseits Binder, ZHR 100（1934），4（64）；Larenz, Deutsche Rechtserneuerung
und Rechtsphilosophie, 1934；ders., AcP 143（1937），257；Forsthoff, ZStW 97（1937），371；
ders., ZStW 96（1936），49（67ff.）；Carl Schmitt, Über die drei Arten rechtswissenschaftlichen
Denkens, 1934；andererseits Philipp Heck, Rechtserneuerung und juristische Methodenlehre,
1936；ders., AcP 143（1937），129；vgl. zum Methodenstreit im Nationalsozialismus näher
Rüthers, Die unbegrenzte Auslegung, 4. Aufl.（1991），S. 270ff.

学方法论在相应历史中发挥的政治作用展开必要阐述，它给人的印象是——这与拉伦茨在完整版中的惯常做法如出一辙，甚至他编辑的、内容（相较于完整版）被压缩的两版学生版也是如此——在对法学方法论问题进行"非政治的"和"无历史的"考量和解释；而拉伦茨所宣称的"法律诠释学上的自我反思"（Larenz/Canaris，3. Aufl.，S. 63ff.）的批判性功能，也只余下了一些碎片。

（二）以"事物本质"（Natur der Sache）为道具的魔术

这里还有一个例子，卡纳里斯几乎原原本本地沿用了作为学生版的第二版中对"事物本质"的介绍和评价，即将其假定为法官在进行法律续造时惯常使用的重要工具，甚至连脚注中对同样持此观点的其他代表人物的介绍，也完全因袭了之前的内容。而且，与第一版、第二版一样，在由卡纳里斯修订所得的第三版中，读者们也无法窥见先前那些围绕法学方法论所生争论的全貌，这难免会妨碍读者们对相应争议焦点及其背后学理的理解。拉伦茨在作为学生版的第二版中高度认同将"事物本质"作为规范性推导（normative Ableitungen）的理据，卡纳里斯在第三版中强化了这一观点。第二版中的"索引"部分仅列出了四种参考文献，卡纳里斯则有所进步，列出了六种。还值得注意的是，对制度性法律思维拥护者（institutionelle Rechtsdenker）[27]从"事物本质""法律制度的'本质'""具体的秩序""具体——一般的概念"以及"类型和类型系列"等出发进行的推导而展开批判的文献仍然被刻意忽视，尽管这类批判距今已有 30 年之久。如此一来，在法律续造中将事物本质作为"客观目的论的解释标准"（objektiv-teleologischen Auslegungskriteriums）的阐释，就变成了对这种通过解释来设定规范的、所谓经过验证的、看似科学的工具的不加批判的赞美。

在研究伦理上更值得质疑的是，所有得到广泛认可并充分论证的、对"事物本质"这一命题提出的反面意见，统统被忽略了。我们很难想象，拉伦茨为何连同时代的批判文献都没有注意到。还是说他为了保证自己的理论"安全"落地而刻意没有将它们展示给读者？例如，在关于"事物本质"的参考文献中，[28]没有提到拉尔夫·德莱尔（Ralf Dreier）的《关于事物本质的概念》（*Zum Begriff der Natur der Sache*，1965），没有提到威廉·舍雷尔（Wilhelm Scheuerle）的《实质的实质》（*Das Wesen des Wesens*，AcP 163，431），没有提到恩斯特·托琵西（Ernst Topitsch）的《意识形态与科学之间的社会哲学》[*Sozialphilosophie zwischen Ideologie und Wissenschaft*，2.

---

〔27〕 "制度性法律思维拥护者"指的是以卡尔·施密特（Carl Schmitt）为代表的纳粹法学家。所谓"制度性法律思维"，也正是施密特在《论法学思维的三种模式》中提出的"具体秩序思维"。参见［德］卡尔·施密特：《论法学思维的三种模式》，苏慧婕译，中国法制出版社 2012 年版。——译者注

〔28〕 Larenz/Canaris，3. Aufl.，S. 236 Fußn. 120.

Aufl. (1966)，S. 15，32ff.]。德莱尔在 30 年前(！)就证明了：规范论证(normative Argumente)，或者说是以科学性为诉求的、力图导向清晰法律后果的推论(Ablei-tung)，无法从事物本质中获得。舍雷尔的杰出贡献指向同一方向，他以敏锐的分析证明，从某一事物或制度的所谓"本质"或"性质"出发进行论证所得到的结果，可能始终都只会是一个伪命题。

从"本质"或"性质"出发的论据，主要用于消除被规范评价的事实与评价事实的(法律)规范之间的界限，也就是实然与应然的界限[29]。我们需要对从"本质"和"性质"出发的论据，在方法论上予以批判性关注：当事物的"本质"或"实质逻辑结构"(sachlogische Strukturen)、"法律制度的本质"或"具体规定、概念、制度的含义"、某个法规的"精神"等被援引时，真正起支配性作用的并非这些"本质""含义"与"精神"，而是援引者"出场"的意识状态，即其(通常基于世界观)对规范调整对象应如何被相应法律规范所调整这一问题的"前理解"。除此之外的其他要素都不适用于"类型学思维支配下的法律发现"(typologische Rechtsfindung)，即从"类型和类型系列"的角度进行的规范性论证。

高级法院(如联邦劳动法院)有时也会采用这种方法。卡纳里斯在作为学生版的第三版中(第 290—297 页)相当重视这一方法的应用，并指出，法律适用者需要诉诸法律解释工具，以就那些未得法律明确规定的法益，提出基于个案裁判的调整或规制方案。在这一过程中，类比推理是常见的思维形制，而识别和构造类案的主要依据，同样是法律适用者们的"前理解"。[30] 关于这一问题，作为学生版的第三版中甚至未提及那些与之相关的最新文献，更不用说将它们纳入讨论了。即便浏览一下本学院同行新近出版的作品[31]，都可能对该问题的理解有所帮助。

与"事物本质"这一概念相同，对于"类型和类型系列"，《法学方法论》作为学生版的第三版也基本避免引用和回应对"类型学思维支配下的法律发现"的批评。当拉伦茨和卡纳里斯在关于"类型和类型系列"的相关论述中所倡导的系统思维，被正确地理解为从"事物本质"中推论规范后果的一种表现形式时，这种在方法论上值得质疑的做法，对法学方法论问题整体阐述的全部影响变得清晰了："因此，正如阿图尔·考夫曼（Arthur Kaufmann）所强调的，从事物本质出发的思维就是类型学思维。"[32]

---

〔29〕　Bettermann，DVBl 1963，41 (43).

〔30〕　Vgl. dazu schon Rüthers，Die unbegrenzte Auslegung，1. Aufl. (1968)，S. 307ff. Ähnlich jetzt Raisch，Juristische Methoden，1995，S. 176ff.

〔31〕　Vgl. Lepsius，Die gegensatzaufhebende Begriffsbildung，1994.

〔32〕　Larenz/Canaris，3. Aufl.，S. 301；A. Kaufmann，Analogie und "Natur der Sache"，2. Aufl. (1982)，S. 37.

六、总结:对历史视而不见的法学者是危险的

拉伦茨总是习惯以简略的形式呈现方法论的历史,但他似乎没有意识到,由于时空的交叠,在我们所处的这个时代,法学方法论的学说史——至少是其中的某些截面或片段——也正是拉伦茨自己的学术成长史与个人发展史。卡纳里斯则更为激进,他完全剔除了学生版中的历史叙述,即便那些叙述几乎已简短、粗糙得删无可删了。

无论是拉伦茨的淡化处理,还是卡纳里斯的彻底回避,都可能误导读者对法学方法论在"法律—政治"结构中的机能的理解,并使读者们认为法学方法论对政治而言是无关紧要的。这种贯穿于《法学方法论》各个版本的、对法学方法论之"政治专题史"的处理方式,很容易成为在方法论上继续盲目飞行的"指南"。

剔除所有历史元素的倾向在《法学方法论》作为学生版的第三版中表现得尤为明显,或者说,第三版最为彻底和整全地完成了这一"任务"。我们必须承认,无论是什么样的法律体系,无论是其知识构成还是应用实践,都不得不浸润在带有该法律体系所处时代之烙印的政治、意识形态和社会框架条件(gesellschaftliche Rahmenbedingungen)中。这种联系尤其凸显在方法论技术工具和论证模型之上,因为它们可以被反复应用于那些有关意识形态、政治和其他方面确凿利益的法律议程之上。

再者,对法学方法论的阐述几乎完全剔除了它所包含的历史元素,也很可能导致读者对其科学意义和实践价值的认识带有历史盲目性。

天真地相信所描述的法律适用技巧的可靠性、客观性或"正确性"(Richtigkeit),很容易导致对法律内容"相对性"(Relativität)的误判。此外,法律适用者对于方法论的选择不当,也会造成这种情况。《法学方法论》一书内隐的矛盾性于此处展现得淋漓尽致:本世纪欧洲众多体制变革的历史及受意识形态启发、具有阐释作用的"法律更新",使法学方法论成为法学和法律教育的核心议题;但以"法学方法论"为核心议题的著作却抛弃了它们。

借用施托莱斯的话进行总结:"对历史视而不见的法学者是危险的。"[33]他们很容易再次成为可怕的法学者,因为对纯粹法律技巧的运用和对文字的盲从,无法使他们认识到,当他们将由法律规范固化的意识形态,转化为指向社会与政治的有效伦理实践时,他们究竟在为哪种价值体系和世界观服务。

由于对历史和政治缺乏敏感性与必要阐述,《法学方法论》一书并没有满足读者们对拉伦茨之作业的本来期待,也因此很难同其巨大影响力相称。然而,将一切错处归咎于卡纳里斯的迟钝,似乎失之偏颇。也许他认识到了拉伦茨在方法论学说史

---

〔33〕 Stolleis, FAZ v. 23. 1. 1996, S. 29.

上的缺陷,甚至,可能就是基于这种认知,他才决定删除"当代方法论的讨论"的相关章节。如果真的如此,那么很遗憾,学生们和其他对该书感兴趣的读者们都(还)没有意识到卡纳里斯的意图。

可以理解的是,为了使《法学方法论》在法律典藏文献(juristische Standardliteratur)中始终占有一席之地,亦是出于成本考量,卡纳里斯甚至保留了该书以前的排版样式,[34]但这并无法为该著作在整体构想上变得不合时宜开脱,即便这种"不合时宜"可能只是暂时的。

---

〔34〕 Vgl. Vorwort.

中德法学论坛

第 19 辑·下卷,第 172～199 页

"机会丧失"的观点

[德]尼尔斯·简森* 著

张莹莹** 译　冯洁语*** 校

摘　要:机会的丧失可能会产生损害赔偿,这一观点与因果关系不明的情况相关。本文检视了该观点,并在概念上基于机会与最终事件之间常见的语义分离对其诠释。"机会丧失"的观点将机会确立为一种法律权利,借此限制了对假设的后果的追踪,否则基本上不可能在损害性事件和最终遭受的伤害或损失之间建立起因果关系。本文认为,英国法和德国法都应该普遍接受"机会丧失"的观点。然而,本文要表明的是,这不是出于认识的或逻辑的("哲学的")的原因,而是基于规范的法律思考。"机会丧失"的观点有希望克服现行法的结构性困难。这些困难可以通过比较德国法和英国法在面临因果关系不明问题的案件时迥然不同的回答体现出来。

关键词:因果关系;机会;损害;风险

Abstract: The idea that a lost chance could be a harm generating recovery is relevant for cases of unclear causation. This article examines that idea and explains it as being conceptually based on the common linguistic separation between chances and final events. The idea of a lost chance establishes chances as legal rights which constitute limits against tracing hypothetical consequences, where it is principally impossible to establish a causal connection between a damaging event and a finally suffered injury or loss. This article claims that both English and German law should

---

　* 尼尔斯·简森(Prof. Dr. Nils Jansen):德国明斯特大学教授,法学博士。感谢 John Eekelaar 博士、Sonja Meier 博士、Ralf Michaels 博士、Simon Whittaker 博士以及 Reinhard Zimmermann 教授对本文初稿的有益评论。

　** 张莹莹:南京大学法学院 2021 级民商法学硕士研究生。

　*** 冯洁语:南京大学法学院副教授。

generally accept the idea of a lost chance. It aims to show, however, that this is not for epistemic or logical ("philosophical") reasons, but due to normative legal considerations. The idea of a lost chance makes it possible to overcome structural difficulties of the present law which are shown by comparing the similar deficiencies of the totally different German and English legal answers to problematic cases of unclear causation.

Key words:Causation; Chance; Damage; Risk

一、引言

通常,在机会丧失的标题下讨论的问题是,如果被告阻止了原告获得某种利益或避免损害的机会,那么侵权法上的请求权是否能够成立。这个观点在部分因果关系不确定的情况下尤其重要,下文二将从概念上更清楚地加以解释。此种情况下,大致上不能说被告的作为或不作为是原告的损害的必要条件(conditio sine qua non)[1],但也不能否认有因果关系。[2] 这些案件从根源上就必须与那些机会丧失具备可赔偿损害性的案件加以区分。在那种情况下,假设的未来损失或风险显然是可弥补的,如受阻的未来收益机会。[3] 然而,这里的问题是,机会的丧失本身是否可以构成引起侵权责任的损害。

(一)一个假设的案例

一个(略显刻意的)假设案例将更详细地阐明这个问题:

---

〔1〕 必要条件(conditio sine qua non)的概念只有在相对简单的案情下才是充分的;在更为复杂的真正多重因果关系的事件中(如两人射杀同一受害者,每一枪都是致命的),它就无法发挥作用。因此这个概念就必须被"足以导致后果发生的一组先决实际条件中的必要因素"这一完善的概念所取代[简称"Ness 准则",参见 Richard W. Wright, 'Causation in Tort Law', 73 Cal L Rev 1735, 1775 ff., 1790 (1985)及进一步的讨论和参考文献]。然而,对于绝大多数案件(同上,第 1791 页)以及此处探讨的案件来说,较为简单的必要条件概念仍是有用的。

〔2〕 例如参见 Hotson v East Berkshire Health Authority [1987] AC 750。本案中,原告在到达医院时尚有 25% 的机会完全康复。然而,他的伤情在五天内没有得到正确的诊断,之后他再无被治愈的机会。他的余生将不良于行,而他要求赔偿 25% 损失的主张却失败了。

〔3〕 John G. Fleming, 'Probabilistic Causation in Tort Law', 68 Can Bar Rev 661 ff., 665 (1989); Jane Stapleton, 'The Gist of Negligence, Part Ⅱ', 104 L Q Rev 389 ff., 392 (1988); Peter Cane, Tort Law and Economic Interests (1991) at 149 ff. 这些案件中的不确定性被视为损害评估的问题,而不是责任本身的问题。在德国法中,相同内容参见《德国民法典》第 252 条以及《德国民事诉讼法典》第 287 条;详见下文四(二)2。

A 突发心脏骤停的疾病,如果她能立即得到治疗,本可以有 80％的概率活下来。然而,在她被送往医院的过程中,一个过马路的行人 B 疏忽地引发了一场与救护车的轻微事故,造成了 10 分钟的延误。这使 A 生还的概率从 80％减少到40％。不幸的是,由于医生 C 异常严重的过失[4],A 在另外 10 分钟内也未得到救治,这使她的生存几率减少到零。C 宁愿先喝完自己的那杯茶,因为她觉得 A 的心脏病发作可能不是很危险,她的茶比 A 的病更重要。最终,A 在三个"原因"的共同作用下死亡。

这个案件的因果关系之不清晰在于不明确。我们不能说 B 或 C 的行为是 A 死亡的必要条件。[5]因此,更完善的多重因果关系概念[6]或排除责任的合法替代行为的观点[7]在本案中也无济于事。更重要的是,本案不只是追究哪件事造成了 A 的死亡这样一个或然的、后验的、不确定性的问题,而是一个必要的(necessary)不确定性的案件。任何一个事件都无法被我们认定为最终导致死亡的充分原因,因为对于 B 和 C 的行为,我们只能说,如果他们能表现适法,那么在 100 件这样的案子里,有 40 件中 A 的死亡本可以避免。但这种说法对本案没有什么建设性。然而,我们确实知道这三个事件的总和是一个充分原因。我们只能说每个事件都在因果关系上促成了 A 最终的死亡,但我们不能称之为原因。[8]

尽管如此,英国法和德国法的出发点都是 B 和/或 C 是否导致了 A 的死亡的问题。这意味着必须确定 B 或 C 的行动是不是 A 死亡的必要条件。如果是,那么若非 B 或 C 的行为,A 就不会死亡。关于 B,英国法和德国法都假定,因为 C 的严重过失行为打破了归责于 B 的事故而引发的因果关系链[9],所以她不对 C 后来的

---

[4] 过失的程度之重要性仅仅是针对德国法而言。至少在理论上,英国法通常不区分过失的程度;对此的批评,参见 John F. Fleming, *The Law of Torts* (8th edn, 1992) at 123 ff.

[5] 当然,A 的心脏骤停是她死亡的必要条件(*conditio sine qua non*)之一,因为如果没有这次心脏病发作,她就不会死亡。然而,这与 B 和 C 的法律责任无关。

[6] 参见前注[1]。

[7] 这种德国法上的观点 (rechtmässiges Alternativverhalten)认为,若即使被告行为合法,相同的结果也会发生,那么违法行为未必会产生法律责任。参见 Dieter Medicus, in *J. von Staudingers Kommentar zum Bürgerlichen Gesetzbuch* (12th edn, 1983) s. 249, nn 107 ff.; Wolfgang Grunsky, in *Münchener Kommentar zum Bürgerlichen Gesetzbuch* (3rd edn, 1994) Vor s. 249, nn 87 ff.

[8] 对此将在下文二(二)进行详细解释。

[9] H.L.A. Hart and Tony Honoré, *Causation in the Law* (2nd edn, 1985) at 12,72 ff 指出了谈论"因果链"的"中断"或"断裂"是一种高度隐喻。但由于这就是法院处理此问题的方式,故该表达在此沿用。

行为负责。[10] 这是因为 C 严重的疏于职守行为是极不寻常的,且完全独立于 B 的行为,不能算作 B 的错误的后果。[11] 这种因果进路的替代方案是将 A 的生存机会的丧失本身视为引起侵权法责任的损害。

　　虽然这个问题在普通法的法律文献[12]和判例法[13]中已经被深入探讨,但在德国几乎没有这样的讨论。[14] 无论如何,不论是作为一种普遍的损害类型去提起过失赔偿(英国法)或《德国民法典》(BGB)第 823 条第 1 款的请求权,[15]抑或是“积极

----

　　[10]　有关英国法,参见 Hart and Honoré, ibid at 152, 184 及进一步的参考文献;有关德国法的更多参考内容,参见 102 *RGZ* 230 f.;BGH (1989) *Neue Juristische Wochenschrift* (*NJW*) 767 ff.;Stoll, *Kausalzusammenhang und Normzweck im Deliktsrecht* (1968) at 25 ff., 31;Reinhard Zimmermann, 'Herausforderungsformel und Haftung für fremde Willensbetätigung nach s. 823 I BGB' (1980) *Juristenzeitung*, 10 ff., 15 ff., 及进一步的参考文献。更严格的路径,参见 Deutsch, above n 6 at 165;Dieter Giesen, *Arzthaftungsrecht* (4th edn, 1995) n 192.

　　[11]　另一种完全不同的做法是,基于 B 和 C 都存在过失行为的论证让他们承担共同责任,而且可以肯定的是,他们中的一个人造成了 A 的死亡,只不过由于损害事实的复杂性,不可能找出具体是谁(普通法的案例,参见 *Cook v Lewis* (1952) 1 DLR 1(1952)1 DLR 1. 尽管该案在加拿大被裁判,但仍被认为是良好的英国法律(B.S. Markesinis and S.F. Deakin, *Tort Law* (3rd edn, 1994) at 175;Fleming, above n 4 at 198, 200;Hart and Honoré, above n 9 at 423 ff.);德国法参见 s. 830 Ⅰ 2 BGB,其规定,“如果无法确定其中谁以他的行为造成损害”,则多个侵权行为人负有连带责任;比较的观点参见 Christian von Bar, *Gemeineuropäisches Deliktsrecht* vol Ⅰ (1996) nn 321 ff. 即使这个论点可以扩展到不清楚原因是这一个还是另一个,或原因是因果不确定的事件的情况,这个论点也不适用于我们假设的案例。因为我们知道因果关系的不确定性:很明显,B 和 C 都促成了最终结果,没有人是唯一的致害者。

　　[12]　例如,Joseph H. King, 'Causation, Valuation, and Chance in Personal Injury Torts Involving Preexisting Conditions and Future Consequences', 90 *Yale L J* 1353 ff (1981).

　　[13]　然而,在加拿大,机会丧失并未被认可作为过失索赔的一般依据(*Lawson v Lafferiere* (1991) 78 DLR (4th ser) 609;进一步有关加拿大案例的讨论,参见 S.M. Waddams, 'The Valuation of Chances', 30 *Can Business L J* 86 ff. (1998)),澳大利亚高等法院在一个不太明确的案件中表达了反对的观点,见 *Poseidon Ltd v Adelaide Petroleum* (1994) 68 ALJR 313;参见 Mark Lunney, 'What Price a Chance?' (1995) 15 *Legal Studies* 1 ff.

　　[14]　但例外情况参见 Hans Stoll, *Haftungsfolgen im bürgerlichen Recht* (1993) at 41 ff.;以及 Erwin Deutsch, *Allgemeines Haftungsrecht* (2nd edn, 1996) n 852,他认为机会丧失是一种损害的观点不失为“将损害归责的不确定性从程序法转化成实体法的一个好方法(*ein guter Weg, die Unsicherheit der Zurechnung des Schadens vom Prozessrecht in das materielle Recht zu verlagern*)”,然而,他并未就此作进一步解释。

　　[15]　BGB 第 823 条第 1 款规定:“凡故意或过失地不法伤害他人的生命、身体、健康、自由、所有权或任何其他受法律保护的利益的人,应对因此造成的损失负责。”

债权侵害"(positive Forderungsverletzung)(德国法),[16]机会的丧失都未能得到英国法[17]或德国法[18]的承认。这导致了严重的困难,不只是在医疗事故的案件中。[19] 对于此类案件,两种法律体系都从能否建立因果关系这一问题出发,但它们处理问题的方式完全不同。然而,两者最后都诉诸简单粗暴的"全有或全无"的解决方案。然而,这些解决方案将被证明是不尽人意且往往有失公平的。这应被视为一种迹象,表明两种法律体系的因果关系路径都被误导了。

〔16〕 违反默示的合同义务。在许多德国案例中(包括本文假设的案件中 C 的责任问题),除了侵权上的损害赔偿外,还存在合同上的损害赔偿要求。这是因为许多案件涉及不作为(见下文二和下文脚注〔59〕),在这种情况下,履行也被认为是一种默示的合同义务。然而,机会的丧失是否可以被看作是一种损害的问题,以及下文一(三)解释的举证责任的解决方案,这两个问题在合同法和侵权法中是一样的。参见例如 Helmut Heinrichs, in Palandt (ed.), *Bürgerliches Gesetzbuch* (58th edn, 1999) Vor s. 249 n 162 ff., 168; Heinz Thomas, in Palandt (ed.), ibid, s. 823 n 169 ff., 及进一步的参考文献。

〔17〕 *Hotson v East Berkshire Health Authority* above n 2. 尽管上议院并未明确排除丧失机会的观点(*per* Lord Bridge at 782 ff.; *per* Lord Mackay at 789),该案的判决也是基于丧失机会不能作为过失索赔的依据这一假设。此外,*Allied Maples Group Ltd v Simmons & Simmons* [1995] 1 WLR 1602 一案中,认为机会丧失引起了过失索赔,但该案并没有使得这一观点被普遍承认。案情是有关丧失获得经济收益的机会,人们通常对此种类型的案件区别对待,适用特殊的论断。参见下文四(一)1。

〔18〕 在德国,司法裁判中甚至不讨论机会丧失的问题;这显然间接地体现出德国的损害赔偿法中没有机会丧失的概念。参见例如 BGH (1968) NJW, 2291 ff. 该案中,由于误诊,一个病人在一场手术之后死于内出血。然而,目前尚不清楚的是,如果出血立即得到治疗他是否能康复。其他例子见下文一(三)。

〔19〕 其他可能的情况包括失去以更有利的条款订立合约的机会,以及失去在交通意外中生还的机会。安全气囊如果没有失效,可能会挽救司机的生命,但这一点无法确切证明。失去胜诉机会的案件是否可以用"机会丧失"来理解是一个更加困难的问题,取决于一个有关司法裁判地位的理论。这些也可以视为我们对法律的一种描述:法律总是应该能够给出一个解决法律问题的答案,或者更现实地讲,有时这答案不可避免地掺杂了自由裁量的因素。[参见 Reinhard Zimmermann and Nils Jansen, ' *Quieta movere*. Interpretative Chance in a Codified System' in Peter Cane and Jane Stapleton (eds), *The Law of Obligations*: *Essays in Celebration of John Fleming* (1998) 285 ff. at 302 if.]如果采取第一种观点,法院将不得不问原告是否本来能够胜诉。这将是一个法律的问题;不涉及任何事实问题,这是德国法的坚定立场(91 *RGZ* 164 f.; 117 *RGZ*, 287, 293; 72 *BGHZ* 328, 329 f.; BGH (1996) *NJW* 48, 49),也是机会丧失没有在德国被讨论的原因之一。只有从第二个观点来看,这个问题才会被视为一个机会丧失的案件。(英国法,参见 *Kitchen v Royal Air Force Association* [1958] 1 WLR 563.)处理这类案件的第三种可能性是询问法院实际上将如何判案。然而,这就产生了证据方面的巨大困难。

　　另一方面,法国[20]和荷兰[21]的法律确实承认"机会丧失"的观点。这意味着,法律并未试图依据侵权行为与最终损害之间的因果关系来解决这些问题。相反地,它从损害本身与损害的量化的方面处理此类案件:如此就承认了一种新的损害形式,并且也体现了与它相关的因果关系。尽管 A 所丧失的康复或获益的机会既不会造成身体上的损害,也不一定会导致经济损失,但其本身被视为构成法律上的损害,并会产生损害赔偿。不过,承认这种损害的基础仍然在于保护此种机会带给人们的利益。

　　这是一种截然不同的路径。[22] 显然,它并没有给法国或荷兰的法律造成严重的困难,[23]因为它具有诸多优点,这些优点将在后文一一阐明。本文旨在说明机会丧失在损害赔偿法中通常是一个有用的概念,应当被英国法和德国法所采用。然而,人们会争辩说,这样做的理由既不是认识上的,也不是逻辑上的。与人们有时提出的观点相反,[24]不承认丧失机会的概念并不是一种逻辑错误。相反,这是一个构建适当法律的问题,需要系统的内部法律论证和政策考虑。令人惊讶的是,即使在普通法的讨论中也极少提到这些问题。而这正是本文要实现的目的。不过,首先要详细讨论的是英国法和德国法上的路径。

---

　　[20]　Gonthier J 对于主要在 *Lawson v Laferriere* 一案中由法院发展出来的法国学说进行了详细的批判性讨论,见前注[13],621 ff. 承认机会丧失(perte d'une chance)的案件中,除其他外(inter alia),还包括英国法和德国法上可以产生求偿权的其他案件,比如失去获得体面工作的机会[Cass Crim (1970) *La Semaine Juridique* Ⅱ,16456,note Philippe Le Tourneau]以及在证券交易所因延迟执行订单而失去获利的机会[Cass Req (1932) *Recueil Sirey* part 1,387 ff.]。然而,在其他情况下,英国法和德国法一样都会拒绝索赔。这些都是类似失去生存机会的案例[Conseil d'Etat (1990) *Recueil Dalloz Sirey*,487 ff.,note Jean-Jaques Thouroude et Jean-Francois Touchard]或者保留假肢的机会的案例[Cass Civ (1986) *Recueil Dalloz Sirey*,390 ff.,note Jean Penneau]。

　　[21]　有关荷兰的裁判的概述,参见 H.O. Kerkmaster,'De terugkeer van het bemiddelend vonnis: de doctrine van het kansverlies bij medische aansprakeljkheid' (1998) *Nederlands Juristenblad* 435 ff.,437 ff. 在荷兰,"机会丧失"学说被适用于包括失去胜诉机会和医疗事故在内的案例。

　　[22]　Stapleton, above n 3 at 393,将这种伤害认定为侵权赔偿的"要点"(gist);见下文二(三)。

　　[23]　但是,参见例如 Boris Starck,Henri Roland,and Laurent Bayer,*Obligations*,1. *Responsabilité délictuelle* (4th edn,1991) at 66,他们认为这只是出于公平的原因为帮助受害者而做出的一种努力,并且造成了严重的法律不确定性。Gonthier J 在 *Lawson v Lafferriere* 案中提供了许多法国的批评声音,见前注[13],632 ff.,然而,这些对于英国的讨论没有多大帮助。

　　[24]　Marc Stauch,'Causation, Risk, and Loss of Chance in Medical Negligence' (1997) 17 *OJLS* 205.

（二）英国法

从概率的角度来看，英国法中决定性的问题是，在我们假设的案例里，B 或 C 的行为是不是 A 死亡的必要条件。[25] 法院要问的是，究竟 B 或 C 的行为是否比较有可能造成了 A 的死亡。因此，原告因 A 的死亡同时针对 B 和 C 提起的诉讼将会败诉，因为他们中任何一个人导致结果发生概率的增加都不到必要的 50%，而且没有一个是必要的累积性条件。[26] 因此，即使没有 B 或 C 的作用，A 本来也比较有可能死亡。

在 *McGhee v National Coal Board* 一案的判决中，这种要求必要条件的严格立场似乎受到了质疑。[27] 在该案中，上议院持的观点是，如果原告能表明被告"实质上促成了伤害"，就足以确定因果关系。[28] 但是，初始的立场现在已经在 *Hotson v East Berkshire Health Authority* 案[29]，特别是在 *Wilsher v Essex Health Authority*[30] 一案中被坚定地重新建立了。Bridge 勋爵将 *McGhee* 案解释为并没有为原告的证明义务确立任何例外，即在概率的基础上，需要证明被告的行为是造成原告伤害的必要条件。[31]

（三）德国法

英国的解决方案建立在相对较低证明标准的基础之上。这使得在绝大多数的

---

〔25〕 Markesinis and Deakin, above n 11 at 167；*Hotson v East Berkshire Health Authority*, above n 2. 在普通法中，通过描述概率的方式来建立证据的观点正变得越来越有争议。例如，参见 Brian Coote, 'Chance and the Burden of Proof in Contract and Tort' (1988) 62 *Austral L J* 761 at 762，及其进一步的参考文献。但是，这对于确立法律证据不需要高度证据这一事实来说，并没有什么不同。

〔26〕 这将我们假设的案例以及 *Hotson* 案，与 *Bonnington Castings Ltd v Wardlaw* [1956] AC 613 之类的案例区分开来。在该案中，原告争辩说，如果不是因为一些不同的累积因素，他就不会感染疾病，据说被告对其中的一个因素负有责任。参见第 623 页（*per* Lord Reid）。

〔27〕 [1973] 1 WLR 1.

〔28〕 同上，第 8 页（*per* Lord Simon）。原告因砖尘而感染了皮炎。在为被告工作的期间，他合法地暴露在砖尘之中，但被告违反了注意义务，并没有提供充足的洗涤设施。然而，即使原告在下班后洗了澡，他是否会感染皮炎仍未可知。上议院依然认为被告有责任。

〔29〕 见前注〔2〕。

〔30〕 [1988] AC 1074；与有时提出的观点相反，本案并未提出一个机会丧失的问题（下文二（二））。然而，在这个案件中原告败诉了，原因是他无法建立起与被告违反注意义务的可能性超过 50% 的因果关系。除了被告的过失之外，他的失明同样可能是由其他五种可能性中的任何一种造成的。

〔31〕 同上，第 1090 页。

过失案件中,原告都可以不用太费力就能建立起因果关系。然而,德国的证明标准要高得多,法院必须确定事实。这并不意味着法院必须能够排除每一个微小的理论可能性。但是对法院来说,必须对事实没有合理的怀疑,才能作出有利于承担举证责任的一方的判决。[32]

显然,根据这一证明标准,在许多案例中几乎不可能建立因果关系。每一个实质性的选择都会破坏原告的证据。尽管如此,对于被告的行为和原告的损害之间严格的因果关系要求,德国法律通常并不允许有任何例外。[33] 相反,它在程序上以举证责任倒置的方式处理此类问题。[34] 如果证明了被告的行为有严重的过失,就应该由被告来证明她的行为不是造成原告伤害的原因。[35] 适用这一规则,如果法院想帮助原告的话,可以很容易地发现严重过失。这可能发生在医疗事故的案例中。例如,如果医生以客观上不符合医学常规(lege artis)的方式[36]犯了错,从这个意义上说,不进行必要的调查算作重大过失。[37]

因此,在我们的假设案例中,针对 C 的索赔将是成立的。因为 C 没有立即对 A 进行治疗的做法是严重的过失行为,她将不得不去证明她的过失行为不是造成 A 死亡的原因。而在德国法较高的证明标准之下,这是不可能的,因为根本不清楚 A 在到达医院后是否会不可避免地死亡。另一方面,假如 C 的行为是"正常的过失",就必须证明她造成了 A 的死亡。因此,由于 B 并没有因严重的过失而造成救护车事

---

〔32〕 53 *BGHZ* 245, 253; BGH (1993) *NJW* 935, 937.

〔33〕 在德国刑法中,通常认为导致了风险范围的扩大应足以建立起因果关系[风险升高学说(Risikoerhöhungslehre)]。此观点与我们假设这类案件是相关的,即虽然不能肯定地说合法行为会避免伤害,但又有证据表明有一定的可能性。此外,侵权理念一定是要避免实际发生了的损害。法院拒绝采纳这种观点,但是有时又会因不清楚的推理得出同样的结果[参见 Claus Roxin, *Strafrecht Allgemeiner Teil* vol 1 (2nd edn, 1994) nn 314 ff., 及进一步的参考文献]。在私法中,这种观点是不相关的,因为此刻问题是以举证责任倒置的方式解决的。此外,在刑法中没有损害评估的问题,这是风险升高学说的概念框架所不能处理的。

〔34〕 Medicus, above n 7, s. 249 n 245 ff.; Grunsky, above n 7, Vor s. 249 n 134; Dieter Giesen, 'Wandlungen im Arzthaftungsrecht' (1990) *Juristenzeitung* 1053 ff., 1062 f.; 具体见 above n 10, 391 ff., 406 ff. 如果只有一般过失,但最终的损害是这种过失的典型结果,那么举证责任也是倒置的。参见 Reinhard Gregor, *Zoeller*, *Zivilprozessordnung* (20th edn, 1997) Vor s. 284 n 30.

〔35〕 BGH (1968) *NJW* 1185, and 2291 ff.; (1988) *NJW* 2948. 所有这些判决都是针对医疗事故的案件,因为这个问题大多在此种情况下出现。应该指出的是,如果被告的行为极不可能是导致原告受伤的原因,则不适用这种举证责任的倒置;BGH (1988) *NJW* 2949 ff.

〔36〕 BGH (1996) *NJW* 2428 ff.; 所以即使是对于重大过失来说,主观因素也是无关紧要的。

〔37〕 Court of Appeal Karlsruhe (1987) *NJW* 718 ff.

故,所以不会对 A 的死亡负责。

（四）批判

在我们这样的案例中,两个法律制度都提供了一个"全有或全无"的解决方案。原告要么获得全额损害赔偿,要么什么都得不到。现在,"全有或全无"的解决方案往往是有缺点的,因为它们不能将各种因素和反对的理由考虑在内。[38] 此处应该考虑到 C 毁掉了 A 生存的每一个机会,[39]但是 A 已经处于一种死亡可能性更大的情况。从统计的角度来看,B 对 A 的死亡的作用和 C 一样大。尽管如此,也可以这么说:法律也应该考虑到 B 没有"毁掉"任何东西,她只是增大了 A 的风险。从这些因素来看,两个法律体系都试图避免极端化和过于明显的不公平。因此,它们确保原告并不会总是败诉。但这就足够好了吗?[40] 而且,德国和英国法律中的不同结果能被证明是合理的吗,还是说它们其实也不过是随意（得出）的?[41]

在德国法中,只有严重过失的受害者才能获得赔偿,成为"一般"过失的受害者则是一种不幸。但是,受害者的损害赔偿真的应该与过失的程度相关吗? 当然,可以说为了公正起见,应当惩罚严重过失的侵权行为人,但对于"一般"过失的受害者而言,这是不为他留有任何法律索赔余地的好理由吗? 即使惩罚的理念要在侵权法中发挥作用,它也不能取代公正赔偿的基本原则。更重要的是,如果从惩罚的角度为德国的做法辩护,那么一个过失程度上的微小差异是否应该导致风险或者说责任

---

[38]　Nils Jansen, *Die Struktur der Gerechtigkeit* (1998) at 140 ff.

[39]　这个争议在前注[2]的 *Hotson v East Berkshire Health Authority* 案中就已成问题,但是在上议院的演讲中从未被认真解决过;参见 John G. Fleming, 'Probabilistic Causation in Tort Law: A Postscript' (1991) 70 *Can Bar Rev* 136 ff., 137; Stapleton, above n 3, at 393; Cane, above n 3 at 148 ff.

[40]　Peter Cane, *The Anatomy of Tort Law* (1997) at 175, 指出,英国法律给出的"全有或全无的"解决方案是"在双方当事人（在本文案例中,即 A 和 B 或 C)的利益冲突之间达成一个粗略但并非明显不公的妥协"。但这也会,例如,成为证明共同过失的概念绝不应被引入法律的论据。对于一个得当的侵权法概念来说,大致公平地总体调和利益冲突的理想是不够的。我们的任务应该是以一种精致的方式分配损失,在个案中尽可能地做到令人满意。这是因为当事人通常对其他当事人是否在类似情况下获得赔偿并不感兴趣。

[41]　也可以批判地说,传统的解决方案使法律具有内部任意性。例如,在 *Lawson v Lafferiere* 案中（前注[13],第 657 页）,*Gonthier J* 明确赞同法官不应让自己被科学证据所束缚。即使在只有 25% 的康复机会的医疗案件中,他们也可以假定是医生的过失造成了病人的死亡或疾病。但是,那将允许法官在自认为有必要的情况下任意地帮助受害者,并不是依照侵权法的理性观念。

的完全转移,也是值得怀疑的。这是因为惩罚应该与过失成正比。[42] 现在,举证责任必须由其中一方承担,将过失的程度纳入考量似乎并无不公。因此,在缺乏证据以及各方对事实有争议的情况下,基于举证责任的解决方案可能是恰当的。但对于我们这样的案例来说,这不一定是一个合理的路径,因为此时事实是没有疑问的,各方对可以知道的一切都达成了一致。

另一方面,从英国法来看,B 和 C 则好运得多,因为他们都对导致最终结果起了作用,否则 A 的死亡将更多地被归因于过失行为,而不是心脏病发作。忽略其中一个侵权者的作用,并假设 A 在任何情况下都会死亡,这将仍然是一个因果关系不明确的情况,但死亡更可能是由剩余的过失行为(2/3)造成,而不是由最初的心脏病发作(1/3)导致。[43] 但是,B 和 C 因为另一个人导致了受害者的死亡而逃避责任,这是"好的法律"吗?当然,为了给 50% 的严格界限做辩护,可以说严格的规则是必要的,可以用来保证法律的安全。但是,对于一个恢复健康机会不到 50% 的受害者来说,即使遭受了疏忽的对待,却始终得不到法律补救,这也是正确的吗?[44]

需要强调的是,本文对此的批评并不在于两种法律制度都没能提供始终令原告满意的解决办法。没有人认为法律应该总是帮助那些通常难以证明因果关系的原告,这对被告来说可能是不公平的,因为只有当他们对原告的损失负有责任时,他们才有权被追究责任。批评的点在于,法律并没有令人满意地平衡 A 的利益与她的对立利益。一方面,A 能够获得对所受损害的全部赔偿,另一方面则是 B 和 C 根本无须负责。这两种结果都未能认真地对待这一事实:C 没有及时治疗 A,不仅在实质上造成了 A 的伤害,而且还破坏了唯一留给 A 的存活机会。这两种结果都是基于相同的基本法律缺陷,即必须找到一个"全有或全无"的解决办法,而不可能考虑到此类案件在规范上的所有相关方面。这使得这一缺陷在结构上类似于早期法律的缺陷,即无法就共同过失作出决断。[45] 总而言之,案件结果的差异必须被视为任意性的。将丧失机会视为可赔偿损害的观点可以避免这些困难。然而,在解释这一点之前,必须弄清楚这一思想的确切含义,因为它在法律论述中仍然没有非常精确的含义。

〔42〕 其他内容,参见 Tony Honoré, 'Social Justice' in Robert S. Summers (ed.), *Essays in Legal Philosophy* (1968)at 61 ff., 72 ff.

〔43〕 这里将作用的相对权重(40∶20)转换为分数。如果没有第三个事件,那么只有前两个事件是因果相关的。则只有前两个事件共同构成了最终损害的原因(conditio sine qua non)。

〔44〕 King, above n 12 at 1372.

〔45〕 古罗马"全有或全无"的思路统治了 19 世纪的法律实践,并且,共同过失的问题发展到现代,其解决方式更为精细,对此的概述参见 Reinhard Zimmermann, *The Law of Obligations* (1996) at 1010 ff., 1047 ff. 及进一步的参考文献;有关这种发展批判,参见 Thomas Honsell, *Die Quotenteilung im Schadensrecht* (1977) at 4 ff. 普通法上的发展,参见 Fleming, above n 4 at 269 ff.；比较的观点,参见 Tony Honoré, 'Causation and Remoteness of Damage' in *International Encyclopaedia of Comparative Law* vol XI, ch 7, nn 145 ff.

二、机会丧失的观点

机会丧失的概念包含两个要素,机会的要素和失去的要素。在讨论机会丧失的法律意义及其与因果关系问题之间的关系之前,有必要对此分别加以区分和解释。

(一) 机会

简单地说,机会就是获得某种利益或避免可能的伤害或损害的可能性。它构成了一种善,可以被理解为与构成恶的"风险"的概念正好相反。[46] 避免损害的机会反映出,存在这种损害成为现实的风险,而获得利益的机会则反映了不获益的风险。

因此,一个机会总是需要一个必要的假设性期望。显然,当我们回顾过去时,机会和风险早已不复存在。它们早已具体化为这里所说的"最终收益"或"最终损害"。但是,在机会成为现实之前,它总是预先假定一种真正的、不可避免的不确定性,当然,这种不确定性与科学知识的标准相关。这意味着,通常情况下证据不确定的问题不构成机会,因为证据在原则上是具有确定性的。因此,可能会有一个城镇,其中只有四辆出租车,三辆蓝色的,由一家公司经营,一辆黄色的,由另一家公司经营。如果一个人被四辆出租车中的一辆撞倒而不知道车的颜色,这不是机会丧失或有风险的情况,而只是一个证据问题。[47] 然而,在我们假设的案情中,不确定的问题是 A 能否在心脏骤停中存活下来。这个问题只能用概率来回答,因此要从机会和风险的角度来看待。

应该注意的是,与本文讨论的情况相似的案例里可能不存在这种不确定性。例如,在 *McGhee v National Coal Board* [48]一案中,无法证明原告不会因为在被告工厂工作而感染疾病,也不清楚是否还有任何机会可供被告"破坏",因为不排除最初合法接触砖尘是后来患病的充分理由。因此 *McGhee* 案不是一个机会丧失的案例。[49]

---

〔46〕 因此,与 Lunney 的论点(见前注〔13〕,第 5 页)相反,谈论缔结造成损失的合同的机会是毫无意义的,那是一种风险(risk)。

〔47〕 与 Mackay 勋爵在 *Hotson* 案中(前注〔2〕,第 789 页)提到的相反,从机会丧失的概念来看,这样的案件是不成问题的,因为人们根本不会从风险和机会的角度来看待这种案件。

〔48〕 前注〔27〕;事实部分在前注〔28〕。

〔49〕 因此尚不明确。Stapleton, above n 3 at 第 406;Markesinis and Deakin, above n 11 at 171;Lunney, above n 13 at 8. 然而,Stapleton 确实承认 *Hotson* 案可以与 *McGhee* 案区分开来(前注〔3〕第 395 页)。只有假定举证责任倒置,才能将 *McGhee* 案理解成一个机会丧失的案例;参见 Ernest J. Weinrib, 'A Step Forward in Factual Causation' (1975) 38 *MLR* 518 ff., 521, 523 ff. 那么,被告就未能证明他们的失职行为没有破坏原告的机会。然而,这种解释被 *Wilsher v Essex Health Authority* 案所排除,参见前文一(二),nn 30 ff. 有关风险增加的解释,参见 Fleming, above n 3 at 669.

尽管机会的概念似乎非常简单，但可能有两种基本的反对意见。在这里解决它们可以帮助澄清这个概念。第一个反对意见具有认识论（spistemic）的特点，认为至少在不涉及人类行动或选择的情况下，机会的概念可被认为是一种幻觉。自然事件是确定的。因此，看起来是机会或可能性的东西，不过是缺乏信息而已。关于我们的假设案例，可以说，要么 A 即将康复，要么她将死去，这是一个事实问题，它可能不为人所知，但它确实是被确定的。[50]

第二个论点与第一个论点有关，但它更多的是在本体论（ontological）的方面陈述的。根据这个论点，在这个世界上没有机会这种东西：一个人不可能失去生存或获得金钱的机会。相反，应该说是一个人失去了自己的生命或金钱，此外再没有其他东西。这一论点很少被公开表达。然而，它是进一步论证的默示预设前提，即统计学上的机会永远不能满足侵权法上的要求，因为它不能证明原告失去了任何东西；[51]失去机会的想法是一种"人为的构造"。[52]

即使这些反对意见在理论层面上是正确的，也不意味着侵权法中没有机会的容身之地。不管世界在哲学中的真实面貌是什么，都不是法律所关注的。相反，法律关注的是人类所感知的世界。基于这样的理解，机会的概念具有根本上的重要性。其原因在于，作为第一种反对意见的要点，信息的缺乏是不可避免的。例如，在假设的案例里，我们不可能预测 A 是否会生存。人们只能等待和观察。在事后看来，也不可能发现哪个条件导致了最终的结果，因此，无法确定原因并不只是一个偶然缺乏证据的情况。在该案中，唯一不明确的就是 A 到底是死于心脏病发作还是死于未及时得到治疗。这种不可避免的不确定性的情况，通常被概念化为机会和风险。因此，这些概念是正常理解世界的一个必要因素。因此，从法律的角度来看，第一个论点不能成为反对意见。

法律所关注的是正常语言中所感知的世界。因此，法律确实保护机会。没有人会质疑 C 有义务照顾 A 的机会。她负有及时治疗 A 的义务，且该义务并不以 A 只要在及时治疗的情况下就能活下去为前提。而且，从相反的角度看，A 会要求 C 照

---

〔50〕　参见 Helen Reece, 'Losses of Chances in the Law' (1996) 59 *MLR* 188 at 192 ff., 及更多的参考文献。

〔51〕　参见，例如 Timothy Hill, 'A Lost Chance for Compensation in the Tort of Negligence by the House of Lords' (1991) 54 *MLR* 511 ff., 514, 518; Hill 试图区分"统计机会"和"个体机会"，但倾向于认为"个体机会"总是指代最终损害。这是因为"机会"的定义是统计学的，它们只能用统计学来表达。参见 Lunney, above n 13 at 12.

〔52〕　至少有关物理损害的案例，参见 Coote, above n 25 at 772; *Lawson v Laferriere*, above n 13 at 655 (*per* Gonthier J).

顾她的机会。她可能知道,即使治疗得当,她也有可能死亡。但无论如何,每一个处于她这个位置的人都会坚定地认为他/她仍然有一些东西可以失去:生存的机会。显然,人们认为机会是需要法律保护的重要存在。[53] 这使第二个反对意见无效。总而言之,机会的概念是一个完整的法律体系中的一个要素。但是,当然仅凭这一点并不能得出这样的结论:在侵权法中,机会的丧失应该被承认为一种独特的损害。这是一个需要进一步考虑的法律问题。

(二)损失

损失的要素将机会丧失的案件与仅仅暴露于风险之下或风险增加的案件区分开来,对于理解一些似乎与之非常相似的案件是很重要的,必须对这些案件进行区分,以避免由于在侵权法中承认损失机会是一种可赔偿的损害而大开闸门。

因此,在 *Hotson v East Berkshire Health Authority* [54] 案中,原告确实失去了25%的康复机会,而在 *Wilsher v Essex Health Authority* [55] 案中,并没有发生类似情况。在后者中,被告不小心给已处于危险境地的原告增加了进一步的风险,但他并没有破坏任何机会。[56] 通过与我们的假设案例进行比较,可从因果关系的角度给出最佳解释。假设案例中,最终导致 A 的死亡的是共同的部分因果关系,可以称之为具有"附加性"。[57] 无论是 B 造成的事故还是 C 没有及时治疗 A,其本身都是导致 A 死亡的必要条件,但它们与 A 的心脏病发作一起构成了一个充分的原因。可以说是由一个"附加"到另一个。这就是与 *Wilsher* [58] 案的不同之处。在 *Wilsher* 案中,原告的失明是由(至少)五个条件中的一个独立作用造成的。我们不知道这些条件中哪一个最终有效,但我们知道每一个条件都是独立于其他条件而发

---

[53] King, above n 12 at 1378.

[54] 前注[2],事实部分。

[55] 前注[30],事实部分。

[56] 一些批判并未意识到这一点,如 Lunney, above n 13 at 5.

[57] 重要的是将这种附加性(additive)因果关系与累积性(cumulative)因果关系做出区分。在累积性因果关系中,若干并发原因中的每一个都是必要条件,而且通常不会导致特殊的因果关系问题。参见前文一(二),前注[26]。应当注意的是,Hart and Honoré, n 9 at 205 ff., 235 ff., 在涉及案件时,以某种具有误导性的方式提及了"附加性因果关系"(additive causation)这一用语,该用语指若干并发条件中的任何一个都是充分条件集合的元素之一(参见前注[1]),一个更佳的措辞是"选择性"(alternative)(然而 Hart 和 Honoré 在第 249 页谈论假设条件时提及了"选择性"原因)。

[58] 但是,参见 Stapleton, above n 3 at 406; Lunney, above n 13 at 8.

挥作用的。而且,更重要的是,由于不同的风险不能简单地相加,所以还存在实质性机会。[59]

最后,还应该明确的是,在我们的假设案例中,B造成的事故和治疗延误并未导致机会的丧失。虽然从统计学上看,对于A的死亡,她起到的作用与C一样大,但A仍有一线生机,因为A的心脏病发作与B的过错本身并不是导致A死亡的充分原因。如果没有C的过错,A是否会死亡仍未可知。因此,B只是造成了A机会的减少,或者风险的增加。[60] 这个区别很重要;[61]但机会的减少是否也应导致侵权上法律责任,鉴于本部分的讨论比较概念化,暂不考虑。显然,在某些情况下,在损失和单纯的机会减少之间划定边界并不容易。如果剩余机会十分渺茫的话,将会成为一个难题。然而,法律可以处理这种问题。借助实质性机会的概念,损失的情况和机会减少的情况的区分就完全可以理解了。所以,"损失"意味着不留有实质性的机会。[62]

(三) 机会丧失观点的法律意义

机会丧失的观点认为,机会的丧失应该被法律承认为一种可要求赔偿的新损害。[63] 由此,它实际上将因果关系的证明问题转化成损害赔偿的评估问题。因此,在 *Hotson* 案[64]中,被告的过失与原告最终的残疾之间的因果关系只有在25%的可能性下才能确定,而他失去25%的可能性则可以百分之百地得到证明。[65] 这种因

---

[59]　这也是附加性因果关系的机会丧失案件大部分都与不作为相关的原因:第二个、第三个乃至更多的侵权人的原因并没有抵消掉第一个原因,而是由此附加性地导致已存在的风险增大,从而延长了因果关系链。这区别于创造新的风险的情况(如 *Wllsher* 案)或者直接造成了最终的损害的情况(比如射杀了某个最终会因其他原因死亡的人;例如,参见 *Smith v Leech Brain & Co. Ltd* [1962] 2 QB 405,在下文四(二)予以解释)。然而,增加性的因果关系在积极作为的案件中也是可能的。因此,环境污染会导致风险,而风险会随着危险物质数量的增多而增加。这样一来,添加这种物质就成了积极作为的附加性因果关系的情形之一。

[60]　参见 Fleming, above n 3 at 669.

[61]　尽管有时这一点会被忽视,例如,参见 Hill, above n 51 at 512.

[62]　注意:在本文中,机会不应当从具体风险的角度来阐述,这样做会使得机会减少和机会丧失之间直接的有益区分失效。举例来说,如果让一个人暴露在某种危险物质中,那么她本来不会因此而患上癌症的机会就被破坏了。所以,机会和风险应当根据结果来阐述。在这个例子中,普遍存在的患上癌症的风险(只不过是)增加了。一方面,只有从具体风险的角度对机会的丧失进行误导性的、狭隘的、循环论证式的阐述,才会导致单纯的风险暴露与风险增加是无法进行区分这一印象;另一方面,机会的丧失是可以被描述的。参见,例如 Lunney, above n 13 at 8; Hill, above n 51 at 517.

[63]　参见上文一(一)。

[64]　前注[2]。

[65]　King, above n 12 at 1366; Stapleton, above n 3 at 392.

果关系的前提是将机会丧失作为一种损害。若持机会丧失的观点,那么已成问题的必要条件的基本要求也可以被坚持。从这个角度来看,或许可以武断地说,机会丧失观点的基本原理只是意在减轻原告在证明因果关系方面的证据困难。[66]

然而,重要的是要认识到机会丧失的主要观点是规范性的:它与法律权利(规范)相关,而不是与因果问题(事实)相关。如果机会的丧失在法律上被承认构成可赔偿的损害,那么它就为被告设定了一种限制,限制被告在多大程度上可以考虑在没有他的侵权行为的情况下,已经十分明显的风险会导致什么后果。因此,在我们的假设案例中,我们不追问如果 C 能正确地对待 A,A 是否有可能活下来。因为如果我们把她的生存机会的丧失视为可赔偿的损害,那么这个问题就不相关了。这种限制功能是法律损害概念的一个一般要素。在侵权客体是一些有经济价值的商品的类似案例中,这一点会很明显。如果一个行为人毁坏或偷窃了受害者准备在赌场消费的钱,他并不能因为受害者无论如何都会失去或花掉这笔钱,就声称实际上没有造成任何损害。由于钱财的损失本身就是一种可赔偿的损害,所以它为这种假设性调查设定了一个限制。同样,机会丧失这一观点的意义恰恰在于不能够去质疑,如果没有侵权行为,在权衡各种可能性后,受害人是否也会遭受最终的损害。这个问题在法律上不再产生。

因此,如果在侵权法中承认机会丧失的观点,最终损害的风险就变成了完全属于受害者个人的事情。以自身的名义避免最终损害或获得最终利益就被视为一种个人权利。[67] 这保护了受害者免遭基于必要条件的概念的种种争议,彼时此种因果关系是不可能建立的。然而,机会丧失观点的做法并不是建立另一个因果关联的概念,而是为建立因果关系设定一个限制。[68] 因此,在我们的假设案例中,不允许 C 辩称说 A 即使得到正确的治疗也可能会死亡。这种风险不会实现的机会现在被视为 A 的权利。[69] 因果关系只需在她丧失机会的情况下建立。

当然,所有这些都没有为采用这种权利提供论据。本节唯一的目的是解释机会丧失的概念及其法律意义:它是一种规范性的法律限制,用于追踪基于机会和最终

---

〔66〕　参见 Lunney, above n 13 at 9.

〔67〕　所以,在 *Poseidon Ltd v Adelaide Petrolium* 案中,Brennan J 正确地提到了"获益的权利"(前注〔13〕,第 327 页)。Hart 和 Honoré 似乎也提出了同样的观点,解释为"这可以看作是被告把原告索赔的机会当成彩票一样的事物予以剥夺"(前注〔9〕,第 418 页)。

〔68〕　当然,每一方当事人总是试图去证明与最终损害的因果关系。机会丧失索赔的可能性既不排除对最终损失提出全面索赔的可能,也不排除进行全面辩护的可能,但这只意味着每一方都可以表明与另一方的主张相反的立场,该案件实际上与机会丧失无关,因为它不是有关真正不确定性的案件。见上文二(一)。

〔69〕　它也可以给被告提供一个辩护。如果被告能在概率大于 50%(在普通法中)或严重过失(在德国法中)的情况下,证明他事实上没有造成最终伤害,而只是造成了机会的丧失,原告的索赔将减少。因此,这也可以成为被告的无须依靠单纯的概率的权利。见下文四(一)。

事件之间常见的语言分离的假设性后果;[70]而且这种规范性因素不应该与人为性相混淆。[71] 然而,如果问题能够更容易或更好地以因果关系的方式处理,那么在损害和评估损害方面就没有必要采取这种教条的做法。必须排除这种可能性,然后才能问是否应当在法律制度中采纳机会丧失的观点。

三、因果关系?

从因果关系的角度来看,有两种方法可以解决我们的问题。第一种观点的支持者认为,经典的"若无则不"条件(but-for condition)说[72]已不再适合于侵权法责任的复杂问题。因此,它应该被较弱的具有统计意义的因果关系的概念所取代。第二种观点的支持者试图解释说,可以在传统的"若无则不"因果关系概念的基础上找到针对本文所讨论问题的合理解决方案。

(一) 排除条件因果关系

从经济学分析的角度来看,侵权行为法的两个主要目标就是将损害分配给"最廉价的成本回避者",并确保外部损害得到充分的赔偿。在许多情况下,必须在"若无则不"条件方面建立强有力的因果关系,这是实现这些目标的一个主要障碍。因此,是否应该用统计学上的相关性来表示不太强的因果关系,从而取代"若无则不条件"的观点被加以考虑。[73] 如果这个想法被接受,那么在我们的案例中,C 和 B 都要对 A 的死亡负责,因为他们都以统计学上的相关方式促成了死亡。现在,如果统计学上的相关性是足够的,那么侵权责任就脱离了个人责任,[74]这就意味着人们只

---

〔70〕 参见前文二(一)。

〔71〕 对此反对意见,参见前文二(二),前注〔52〕,及更多的参考文献。

〔72〕 这里的"若无则不"条件是指基于必要条件思想的因果概念。它还包括更精确的 Ness 准则,见前注〔1〕。

〔73〕 参见,例如 Guido Calabresi, 'Concerning Cause and the Law of Torts: An Essay for Harry Kalven, Jr', 43 *U Chicago L Rev* 69 ff., 88 ff. (1975 - 76); William M. Landes and Richard A. Posner, 'Causation in Tort Law: An Economic Approach' (1983) 12 *J Legal Studies* 109 ff.; Daniel Rosenberg, 'The Causal Connection in Mass Exposure Cases: A "Public Law" Vision of the Tort System', 97 *Harv L Rev* 849 ff.(1984). 就本文写作的目的而言,对侵权行为法的经济分析进行深入的探讨既不可能也没有必要。

〔74〕 Fleming, above n 3 at 668; Hart and Honoré, above n 9 at 424; 另见 Richard W. Wright, 'Actual Causation vs. Probabilistic Linkage: The Bone of Economic Analysis' (1985) 14 *J Legal Studies* 435 ff. 相反的, Rosenberg, above n 73 at 877 ff. 认为暴露于风险之下将导致个人权利受到侵犯,因此,应该出于矫正正义给予补偿。但与机会丧失不同的是,单纯的暴露于风险之下通常不会被视为个人损害,见上文二(二),下文四(三),因此,没有什么可矫正分配的。

能对他们自己造成的或由另一个人造成的损害负责,因为他们对这个人的行为负有替代责任。例如,仅利用统计学上的概率,就可以根据被告是造成受害人损害的危险产品的几个独立制造商之一来施加侵权责任,而不需要证明被告自己制造了该产品。[75] 然而,侵权责任以某种自己责任(individual responsibility)为基础是英国和德国侵权法的最基本的规范性思想之一。

诚然,此种广泛的责任依然可能被认为是可取的。但人们应该意识到,这与侵权法的基本原则相冲突:侵权法应该是一个单纯的分配问题;不应主要以纠正性正义的原则为指导。[76] 不能排除这种发展可能是必要的。[77] 但是,这应该是最后的手段,以这种激进的方式改变侵权法的形式是立法者的事,而不是法官的事。因此,最好是在"若无则不"因果关系、"损害(harm)"和"损害赔偿(damages)"的旧概念范围内处理我们的问题。

(二)条件因果关系(conditio sine qua non)的适用

这样做的方法之一是证明我们假设的案例中出现了"若无则不"因果关系。这一点已经被尝试过了,那就是把"在 y 发生的 x‰的时间里,x 随之发生"这样的统计命题解释为因果证据的表现。[78] 这种论证的出发点是,因果陈述总是不完整的,因为它们没有明确指出产生某种结果所必需的背景条件。事实上,只有在其他一些条件也很明显的情况下,事件的大多数必要条件才足以导致后来的结果。[79] 例如,只有在空气中也有氧气的情况下,火灾才能摧毁房屋。考虑到这一点,这样的统计命

---

〔75〕 参见 Ness 案中的事实。不同的制造商生产了相同的药物。后来,受害者因其母亲在怀孕期间服用这种药物而罹患癌症。虽然无法证明是哪个制造商的产品导致了原告的疾病,但她还是根据每个被告的市场份额获得了赔偿(Sindell v Abott Laboratories, 607 P 2d 924)。但是如果被告应该承担责任,也应该是出于统计因果关系之外的其他原因。然而,这里的想法是,由于因果关系情况的复杂性(参见前注〔11〕的解释)举证责任倒置是不适用的。这一原则要求证明因果关系的不可能性是由于侵权事件本身的复杂性造成的(参见 Theo Bodewig, 'Probleme alternativer Causalitaet bei Massenschäden' (1985) 185 Archiv für die civilistische Praxis 505 ff., 514 f., 520 ff.)。然而,在 Sindell 案中,证明因果关系的困难性仅仅是源于时间的流逝。纵使如此,要求被告承担责任的有效理由可能是参与共同行动引发的替代责任或共同责任。普通法,参见前注〔3〕,第666 页;德国法,《民法典》第 830 条第 1 款第 1 句规定,因共同行为造成损害的,每一个人对全部损害负责任。必须证明这一原则应被广泛适用,以便对此类案件的事实进行公正处理。然而,这一论点被加利福尼亚州高等法院驳回,但这不是此处讨论的问题。

〔76〕 Fleming, above n 3 at 668.

〔77〕 讨论参见 Jane Stapleton, Disease and the Compensation Debate (1986) at 49 ff., 119 ff.

〔78〕 Stauch, above n 24 at 217 ff.

〔79〕 Hart and Honoré, above n 9 at 17.

题可以作如下理解:首先,尽管在一组未知的背景条件下,y 仍是 x 发生的必要条件。其次,这一组背景条件在 y 发生的 z% 的时间里出现。[80] 在我们的案例中,可以说在由 B 的事故引起的时间迟延中的 40% 中此种延迟是一个在 A 的处境下的人最终死亡的必要条件。在"若无则不"因果关系的概念下,这样的论证足以建立因果关系。它公正对待了我们"存在某种因果关系"的法感,而且将比普通法中的概率平衡证明更好地完成这一任务。[81]

虽然上述解释可以视为对统计证据的恰当描述,但事实上,它并没有建立"若无则不"的因果关系。从因果关系上去理解统计命题并不足以建立"若无则不"联系。例如,在我们的案例中,B 和 C 引起的延迟是否为导致 A 死亡的必要条件仍然不清楚。[82] 即使没有任何进一步的延迟,A 也完全有可能死去。[83] 单出于这一原因,"若无则不"因果关系的适用就无法解决我们的问题。但更重要的是,这样的解决方案不能公正地处理一些有关机会丧失的案件,因为即使在这样的统计基础上,这类案件也不能显示出因果关系。现在,对这些案例进行解释将会说明机会丧失作为可赔偿损害概念的一个重要方面。

对统计学进行的每一种证据的因果理解都必须区分经验概率和数学概率。[84] 比如在我们假设的案例中,经验概率反映的是未知的因果关系,而数学概率则表明了给定情况下的一种先验的可能的结果,不包含任何因果关系。典型例子是在可用数学方法预测结果的情况下掷骰子。现在,对统计学的因果理解排除了数学概率,因为根据定义不可能存在因果关系。[85] 然而,正确地说,机会丧失的观点也包含了数学概率。这在最终结果取决于人的决定的情况下显得很重要,因为人的决定无法用经验性的因果规则来描述。这种情况有失去赢得选美比赛的机会[86]或失去找到

---

[80] Stauch, above n 24 at 217.

[81] 同上,第 219 页。

[82] 然而,如果没有 A 的心脏骤停,他们也不会造成任何死亡的结果,所以前注[1]中的 Ness 准则也不适用。

[83] Staunch, above n 24 at 219,承认了那一点。因此,他诉诸我们对因果关系的感觉,认为在这种情况下,侵权行为人也应承担责任。但是,如果我们坚持"若无则不"的因果关系概念,在我看来,只有一个可行的合理理由可以让被告在我们假设的案件中承担责任,那就是规范性的想法,即通过承认机会的丧失是法律上的损害这一观点来禁止对后果的追踪(上文二(三))。

[84] 同上,第 220 页。

[85] 同上。

[86] *Chaplin v Hicks* [1911] 2 KB 786. Stauch 在解释这个案件时明显很费力(above n 24 at 221,n 54)。

工作的机会[87],以及失去胜诉的机会[88]或失去获得遗产的机会[89]。用于理解统计学上因果关系的方法无法处理这样的情况。这些情况必须按照上面解释的传统方式来对待。[90] 但是从规范上来说,失去数学上的机会和失去经验上的机会的情况是没有区别的。在这两种情况下,机会都被认为是宝贵的。规范性的问题是,应该允许还是禁止对假设后果的追踪。这个问题将在下一节中回答。

四、基于机会丧失的解决方案

基于机会丧失的观点,我们假设的案例的解决方法之一就是要求 C 为没能及时治疗 A 而破坏她的生存机会负责。当然,这样的赔偿在数量上必然少于对最终损害索赔的主张,因为它必须与机会的程度有关。最简单的方式是使赔偿直接取决于机会的统计价值,因此在我们的案例中,C 必须支付她因 A 的最终死亡所必须支付的赔偿额的 40%。[91] 另一方面,B 不应因毁掉 A 的生存机会而负责,因为造成 A 治疗 10 分钟的延迟仅仅增加了她的风险,A 仍保留了 40% 的实质性生存机会。从上文第二部分所解释的机会丧失的概念出发,现在的问题是:第一,是否有法律上的理由让 C 承担责任;第二,为什么尽管从统计学上讲,B 和 C 都对 A 的最终死亡起了相同的作用,但正确的做法可能是对这二人的区别对待。对于第一个问题,将内部的法律论证与外部的政策和正义考量进行区分较为合适。

(一)内部法律论证

德国和英国的法律都没有为我们的问题提供直接的答案。在德国法律中,没有明确的直接解决机会丧失的问题的法律条款,而在英国[92]普通法中,也没有直接适用于此的先例。因而问题一定是,在法律中采用将丧失机会作为一种损害的观点是否比不采用更符合现有的理论。[93] 对于这一点,首先应该指出的是,上文第一(四)

---

[87]　*Spring v Guardian Assurance plc* [1995] 2 AC 296.

[88]　*Kitchen v Royal Air Force Association*, above n 19.

[89]　*Ross v Caunters* [1980] Ch 297; *White v Jones* [1995] 2 AC 207.

[90]　前文第一部分。

[91]　然而,也可以持对丧失的机会的评价不能与机会的统计价值成比例的观点,因为人们评价机会时并不只考虑到统计数字。也可能认可边际效用的增加或对更小的机会感兴趣。从这个角度看,不直接根据统计学上的生存前景来评价存活的机会并非不理性;但如何正确评价的问题在这里难以讨论出结果。

[92]　其他的适用普通法地区的情况,参见前注[13]。

[93]　关于 Ronald Dworkin 法律体系完整性的思想中的一致性原则,参见 *Law's Empire* (1986) at 94 ff., 164 ff., 176,在此他谈到了"对一致性的承诺"。

部分解释的传统解决方案的缺陷导致了严重的法律不一致,因为德国和英国处理机会丧失案件时都未能考虑到所有规范上的相关方面。但在这里,我们将更详细地检视这个观点如何在法技术上与英国和德国的法律相符。

1. 英国法

英国法院已经在某些案件中承认机会丧失是一种损害,可以产生因缺乏合理注意产生的赔偿责任,而重要的是看到这些裁判并未将其确立为一般原则。特别是,有两个案例必须从根源上与我们假设的案件正式区分开来。第一个是合同违约的案件以及失去扶养金(dependencies)和未来收入的案件。[94] 此时,机会的丧失总是被认为能够引发损害赔偿。然而,这并不能被理解成是我们的问题的直接先例,因为在这些案件中,丧失的机会依赖于可赔偿的损害。因此,它们仅仅是间接损失。机会的丧失本身是否会引起侵权法上的索赔的问题并没有出现。这是因为,违反合同本身(per se)是可诉的,[95] 而丧失的扶养金和未来收入是人身损害的间接后果。

第二,有观点认为如果丧失的机会具有经济价值,就必须予以区别对待。在这一点上,上诉法院对 *Allied Maples Group Ltd v Simmons & Simmons*[96] 一案的裁判明确表明,失去以更有利的条件签订合同的"实质性机会"将会产生侵权法上的过失赔偿。[97] 区分的标准可以从机会的经济价值中看出。因此,*Allied Maples* 案不能作为我们讨论的案件的先例。

然而,必须追问的是,这是不是将 *Allied Maples* 案与假设案例或 *Hotson v East Berkshire Health Authority* 案[98]区分开来的有效的法律理由? 初步来看,它不是,因为失去的生存机会与最终危及的生命有关,就像失去的签订合同的机会与最终合同利益有关一样。机会的价值可能低于某些利益,但机会的价值必须与最终

---

〔94〕 参见 Fleming,above n 4 at 232;Markesinis and Deakin,above n 11 at 718,730,及其相关参考文献。在判定未来收入或扶养金的总额时,法院考虑的是纯粹假设的未来预期,例如可能的寿命和失业风险(生活变故)。因此,损失的未来收益实际上被视为损失的未来收益的机会,其价值就是这样评估的。

〔95〕 然而,在前注〔17〕的 *Allied Maples Group Ltd v Simmons & Simmons* 一案中没有划出这样的界限。但现在要解释的是,即使如此,合同的案例也可以被视为现在要解释的具有经济上有价值的机会的案例。

〔96〕 参见前注〔17〕,之后的类似裁判参见 M. Hoog,'Lost Chances in Contract and Delict' (1997) *Scots Law Times* 71,72 ff.

〔97〕 *Allied Maples Group Ltd v Simmons & Simmons*,above n 17 at 1611 (*per* Stuart-Smith L J). 本案中,法官发现原告有实质性的而非仅仅是推测的机会可以重新谈判有关资产接管的合同,这将导致获得对或有债务的适当保护。由于被告在收购中为原告行事,他们有责任重新谈判。该案被明确判定为侵权赔偿的案件。

〔98〕 前注〔2〕。

濒危利益(good)的价值相一致。[99] 因此,由于在侵权法中,人们普遍认为人身不受损害的利益比纯粹的经济利益值得更有力的保护,毋宁说,应该保护的是生存的机会和避免身体受损害的机会! 否则,在可比较的情况下将会对原则赋予不同的权重,这将导致法律的不一致。[100]

然而,如果经济机会本身有一个市场价格,例如,以固定价格购买股票的未来期权,则可能是区分 *Allied Maples* 案与我们的假设案例和 *Hotson* 案的有效法律论据。但 *Allied Maples* 案的情况并非如此,上诉法院在该判决中提到的大多数案件的说理也并非如此。没有市场提供重新谈判合同的机会,也没有市场提供获得就业的机会,[101]并且赢得选美比赛的机会也显然不能被出售。[102] 因此,唯一相关的点是,应不应该禁止追踪假设的后果。而关于这一点,在失去的有经济价值的机会和失去的没有经济价值的机会之间,并没有有效的法律区别。

要将 *Allied Maples* 案与其他案件区分开来,还可求诸两种方式。第一点,当事人之间存在特殊的合同关系也可能与他们的侵权责任有关。然而,应该注意的是,在医疗过失案件中,当事人之间的这种特殊关系是普遍存在的。即使在紧急手术的情况下,外科医生也负有保护病人康复机会的特殊义务。无论是将这一义务划分为合同性的还是一般侵权法上的,对于丧失的机会是否应产生损害赔偿的问题来说,都不具有决定性。[103] 因为在这两种情况下,相关的义务是相同的,也就是要照顾好病人剩余的机会。此外,特殊关系到底是否应该与承认特殊类型的损害有关,这一点值得怀疑。当然,在没有特殊关系的情况下,通常不会有照顾机会的义务。由于通常情况下,机会的丧失是由不作为引起的,[104]除非有作为的义务,不作为通常并不引发责任。这可能会导致这样的印象:机会只在有合同关系的情况下受到保护。但是,在没有合同关系的情况下,可能会出现与合同案件相同的机会丧失问题。例如,有人可能会破坏安全气囊,从而使受害者无法在事故中存活,否则,受害者就还有 30% 的实质性生还机会。在这种情况下,法律是否保护机会,是否承认机会损失是可赔偿的损失,就不能取决于当事人之间是否存在合同关系。因为合同关系通常与如何保护人们免遭他人主动的人身安全危害无关。

---

[99]　Fleming, above n 4 at 4; Tony Weir, *A Casebook on Tort* (8th edn, 1996) at 6.

[100]　Nils Jansen, 'The Validity of Public Morality', (1998) 84 *Archiv für Rechts-und Sozialphilosophie* 1 ff., 14.

[101]　*Spring* v *Guardian Insurance plc* [1995] 2 AC 207.

[102]　*Chaplin* v *Hicks* [1911] 2 KB 786.

[103]　*Barnett* v *Chelsea and Kensington Hospital Management Committee* [1969] 1 QB 428, 435 ff. (*per* Nield J).

[104]　见前注[59]。

第二点,在 *Allied Maples* 案中,不可避免的不确定性源自对某些人如何行动的推测。而在我们的假设案例当中,不确定性涉及的是物理事件。心理过程和物理事件之间的这种区别,已经被作为只在前一种情况下承认机会丧失这一观点的理由。[105] 然而,这种区别只有在与建立因果关系不可避免的不确定性存在关联时,才能证明对这些情况的不同处理是合理的。但在这方面,我看不出有这样的区别,[106] 也还没有人提出这样的论断。因此,尽管这种区别在其他情况下非常重要,但从法律的角度来看,应视为与我们的问题无关。

所有这些都表明,在普通法中机会的丧失应该被初步(prima facie)承认为损害,从而产生侵权法上的损害赔偿。这是一个普通法中关于损害赔偿的一般结构性概念(general structural idea),不能始终局限于某些类型的最终损害或当事人之间的某些关系或任何其他因素。当然,要把这个概念巧妙地融入现有的法律中,还有一些表面上的困难。例如,可能不清楚在涉及机会丧失的案件中如何适用时效规定和保险条款。[107] 但这些技术问题并非无法克服,无须费力解决。然而,似乎更困难的是如何将机会丧失作为法律损害的观点与传统的普通法证明标准相协调。[108] 如果足以证明在概率的平衡方面丧失机会,那么也可以说原告能起诉要求过高的损害赔偿。在我们假设的情况下,如果 A 的 40% 的生存机会可以 100% 确定地被证明,为何不能以 60% 的确定性就被证明的 80% 提出诉讼呢?这说明概率不能被重复考虑。

但,若概率必须只能考虑一次,可以通过要求对丧失机会的统计概率提供近 100% 的证明来实现。[109] 这并不意味着绝大多数其他问题的证明标准也必须改变。例如,在我们的假设案例中,原告必须具有盖然性优势来证明,C 没有立即对 A 进行治疗的做法是一种过失行为。只有统计学上的存活概率才需要准确确定。[110] 这种不同的标准源于机会概念的特殊性,它通常是用统计学术语表达的。它使原告有机会去准确地表明她到底失去了什么。此外,在机会损失超过 50% 的情况下,它给了被告一个辩护理由,即被告没有真正造成原告受到的最终损害,而原告受到的损害仅仅是失去了一次机会。在这些案件中,较高的标准并不会对审判中的任何一方造成不公正。

---

[105] Fleming, above n 4 at 173 ff.;另见 Reece, above n 50.

[106] 关于对机会概念的认识论异议,另见上文二(一);关于经验概率和数学概率之间的区别,见上文三(二)。

[107] Stapleton, above n 3 at 396.

[108] *Lawson v Lafferiere*,前注[13],653 ff.(*per* Gonthier J);Lunney, above n 13 at 10 ff. 普通法上依赖概率平衡的证明标准参见上文一(二)。

[109] Reid 勋爵似乎也提出了这样一种方法,*Davies*(*A.R.*)*v Taylor* [1974] AC 207 at 213:"所以我拒绝这种情况下的概率平衡"。

[110] 如果有一些初步的事实问题,例如 A 是在什么情况下到达医院的,也必须根据概率的平衡来确定。这是一个事实问题,通常不用统计命题来表达。

由于机会通常是以公认的统计学术语表示的,当事人可以依靠科学知识轻松地实现确定性。典型的由于时间推移和必须依赖证词而产生的不确定性,在这一部分的证明中是不存在的。因此,在 *Hotson* 案中,原告肯定地表明他失去的机会有 25% 的概率。

2. 德国法

可以说,机会丧失的观点根本不适合德国法。即使是在英国法上能以失去的机会所引发的损害赔偿为基础解决的情况中,德国法也认为存在争议,比如上文提到的合同案件和有经济价值的机会的案件。[111] 相反地,德国法再次 [112] 回到了依靠法律推定和举证责任的程序性解决方式。因此,《德国民法典》(BGB)第 252 条对失去签订有利合同 [113] 或发展事业 [114] 的机会的经典案例进行了规定,该条规定,待赔偿的损害包括通常预期的收益。此外,《民事诉讼法》(ZPO)第 287 条赋予法官估计损害的自由裁量权。[115] 有趣的是,法院假装这样做就可以不用去注意统计学上的概率。[116] 不要求对假设的损失进行一定的证明,这样,机会的丧失也不成为一个法律问题。

然而,从体系来看,所有这些规定都涉及潜在的未来损失依赖于可赔偿损害的情况。这些规定涉及对损害的经济评估(Haftungsausfüllung);它们与我们讨论的丧失的机会本身是否可以成为可赔偿损害(Haftungsbegründung)这一问题无关。在德国的语境下,我们的问题是失去的潜在利益或失去的避免最终伤害或损害的机会是否构成法律上承认的损害。[117] 这个问题是《德国民法典》第 249 条及以下条款

---

[111]　Above nn 86 ff.

[112]　见前文一(三)。

[113]　大多数情况下,这些案件涉及的是失去转售货物的机会;参见 68 *RGZ* 163; 2 *BGHZ* 310.

[114]　Court of Appeal Cologne (1972) *NJW* 59 ff.; Court of Appeal Karlsruhe (1989) *Versicherungsrecht* 1101 ff.; 127 *BGHZ* 391.

[115]　此外,还有一些关于特殊类型的赔偿和损失的特别规定,《德国民法典》第 842 条和第 844 条涉及潜在的经济损失,例如,由于直接受害者的死亡而导致的第三人的生活费的计算,规定必须对寿命进行估计。

[116]　Court of Appeal Cologne (1972) *NJW* 59. 本案涉及的问题是,如果原告没有受重伤,后来是否会通过考试。法院认为,不应为解决这一问题去考察这种考试的结果的一般统计数据,而应看他的个人能力。然而,这只是为了在考虑到所有相关事实的情况下能够正确地应用统计数据。即使个人能力强也不能保证通过考试,它们只能增加概率。法院不可能知晓假设的未来事件;因此,在这种情况下,他们也必须求助于统计学或可以用来比较的事实的一般知识。参见 Court of Appeal Karlsruhe (1989) *Versicherungsrecht* 1101 ff. 法院考虑到原告其他家庭成员的能力和成就,以评估他假设的未来收入。

[117]　在合同法中,标题是“*Schaden*”(伤害)的概念,在侵权法中是“*Rechtsgutsverletzung*”(侵犯法益)的概念。说机会是“*sonstiges Rechtsguf*”(其他法律保护的利益,参见前注[17])是不必要的,标题应该为:破坏机会是不是对受法律保护的利益之一的侵犯。

预设的,而它只回答了逻辑上的第二个问题,即如何评估损害。[118] 然而,第一个问题并没有在其他地方得到解决。因此,《德国民法典》在法技术上对机会丧失是否为可使请求权成立的损害这一问题漠不关心。

还应注意的是,承认机会丧失是一种损害,不会放弃或改变德国的证据规则和举证责任。原告仍必须证明被告造成了他们的损害。唯一的区别是,原告若不能证明被告造成其最终损害,还可以证明是被告造成了机会的丧失。另一方面,举证责任将由具有严重过失的被告承担。但她可以为自己辩护,证明她事实上没有造成最终损害,而只是造成了原告机会的丧失。[119]

因此,对于德国法律来说,是否承认机会丧失是一种损害,似乎不过是一个政策问题。然而,主要的政策问题,即个人基本利益应受法律保护的观点,在宪法上被转化为一个法律原则问题。如果基本权利受到严重威胁,私的侵权法必须保护这些权利。[120] 现在,对于保护最终受到威胁的权利而言,机会的保护非常重要,因为在仅剩机会的情况下,没有什么比机会本身更容易失去的了。这就是为什么人们显然认为法律保护这些机会非常重要。私法在这种保护方面绝不能缺位。如果侵权法不能保护受害者让他们不失去机会,[121] 那么它就没有达到宪法的要求。[122] 然而,在

---

[118] 参见,例如 Palandt-Heinrichs, above n 18, Vbr s. 249 n 1.

[119] 见前注[69]。

[120] 这也是为什么德国联邦最高法院(*Bundesgerichtshof*)裁判一般隐私权(*allgemeines Per-sönlichkeitsrecht*)应当在侵权法中被承认(13 *BGHZ* 334, 338),与《德国民法典》第 253 条规定的相反,(精神上)承受的痛苦产生损害赔偿请求权[26 *BGHZ* 349 (*Herrenreiter*);更详细内容以及要件见 35 *BGHZ* 363 (*Ginseng*)]。这些判决为联邦宪法法院所确认[34 *BVerfGE* 118, 135 f.; 34 *BVerfGE* 269, 281 ff. (*Soraya*)],并且到现在都是很好的法律[参见,例如 128 *BGHZ* 1, 12 (*Caroline von Monaco*)]。

[121] 德国宪法通常不讨论机会。这是因为,如果危险不在正常的生命风险范围之内,危及生命和健康的基本权利就被视为对权利的侵犯[Dieter Lorenz, 'Recht auf Leben und körperliche Unversehrtheit' in Josef Isensee and Paul Kirchhoff (eds), *Handbuch des Staatsrechts* vol Ⅵ (1989) at 3 ff., nn 30 ff., 及相关参考文献]。在此,我们只需回顾一下,破坏机会与仅仅暴露在风险中相比是对利益的更严重的侵犯,见前文二(二)。

[122] 相关的宪法条文是《德意志联邦共和国基本法》(GG)保护相关利益的条款:GG 第 1 条Ⅰ款规定了生命权,第 2 条Ⅱ款规定了身体完整权。这些权利不仅禁止国家干预受保护的利益;还具有要求积极保护的功能(*Schutzfunktiori*)。这一点得到了普遍的认可,联邦最高法院(*Bundesverfassungsgericht*)也是这样裁判的[39 *BVerfGE* 1, 41 ff.(关于堕胎的第一个决定)]。它可以通过论证保护公民的义务是国家权力理由的一部分来证明[参见 Josef Isensee, 'Das Grundrecht als Abwehrrecht und als staatliche Schutzpflicht', in Josef Isensee and Paul Kirchhoff (eds), ibid vol Ⅴ (1992) at 143 ff., n 32, 及相关参考文献]。这种积极保护的功能在侵权法中尤其重要,因为侵权法被认为是积极保护宪法基本权利这一要求的私法实现。因此,如果受保护的利益受到侵犯,宪法要求进行私法制裁[49 *BVerfGE* 304, 319;另见 Claus Wilhelm Canaris, 'Grundrechte und Privatrecht'(1984) 184 *Archiv für die civilistische Praxis* 201 ff., 219 ff.]。

这种情况下,侵权法确实保护了受害者(见上文第一(三)部分)。这满足了宪法的要求,因为基本法并没有任何具体的规定。但目前的私法解决方案并不令人满意(见上文第一(四)部分)。因此,综上所述,可以说德国宪法要求对那些除了机会之外没什么可失去的受害者们提供一些保护,而承认机会的丧失是一种损害,将是满足这一要求的可行方法。

(二) 政策

赞成从机会丧失的角度来解决问题的主要政策观点已经引起注意。首先,有一个基于利益的观点认为,法律必须保护机会,因为人们显然认为保护机会是非常重要的。其次,在只剩下一个机会的情况下,危害人类利益的行为不能没有法律制裁(威慑功能)。最后,基于机会丧失的方法正确地直接解决了此类案件的相关问题,提供了一个平衡良好的解决方案,将双方的利益都考虑在内。但是,当然,也可能有其他的政策原因反对采用机会丧失作为损害赔偿的观点。

第一种实用主义(pragmatic)的反对意见强调了评估机会价值 [123]的困难,甚至用更规范性的(normative)表达争辩说:仅仅是避免人身损害的统计机会根本没有价值。[124] 现在,第二点是完全错误的,因为人们显然认为机会是有价值的。当然,给丧失的机会赋予经济价值是有困难的,特别是它们与人身损害有关时。但这只涉及法律在其他情况下能够令人满意地解决两个问题。首先是正确的衡量标准(right measure)问题。从经济上评估身体伤害是很困难的。法院判给身体伤害者的赔偿金额差别很大就说明了这一点。但这只表明了没有"客观的"衡量标准,因此,衡量标准将由政策考虑决定。法院确实一直在努力解决这个问题。[125]

第二个困难是,假设性的未来事件往往难以评估。虽然这是事实,但这个不给予任何赔偿的论据并不令人信服。必须记住的是,对古罗马人来说,评估损害赔偿的困难是根本不对假设的损失给予一个赔偿的理由,即使这些损失取决于可赔偿损害。然而,乌尔比安(Ulpian)却持反对意见,[126]现代法律通常也会判给这种损害赔偿。[127] 这表明,原则上已经承认,法律不能以法官难以评估损害为由让受害者得不

---

　　[123]　Stapleton, above n 3 at 407.

　　[124]　Hill, above n 5 at 516, 519.

　　[125]　Fleming, above n 4 at 236；Palandt-Thomas, above n 18, s. 847, n 9 ff.,及相关参考文献。

　　[126]　在《阿奎利亚法》(lex Aquilia)下没有可得利益损失(lucrum cessans)的追索权。例如,在破坏渔民的渔网之后,被告因这种损害而未能捕获的鱼的价值不承担赔偿责任。参见 Zim-mermann, above n 45 at 972 ff.,及相关参考文献。

　　[127]　见前注[3]。

到保护：至少，总是有可能对损失进行估算的。[128] 在今天，普遍认可损害有可能被估计的案件 [129] 与本文假设的案件没有区别。因此，这些困难并没有提供有效的法政策理由，来反对丧失的避免损害的机会将产生赔偿的观点。

第二种实用主义（pragmatic）的反对意见认为，必须担心的一点是，如果承认机会丧失能引起侵权法上的索赔，将为大量的投机性索赔打开闸门。[130] 但是，承认机会丧失索赔 [131] 的地区的经验证实这种担忧是不必要的。法院从纯粹的投机性索赔中区分出可赔偿损失的实质性机会并不难。[132] 在人身损害案件中也可以做出同样的区分。当然，会有更多的侵权法索赔被提出。但这只是因为丧失的机会是一种损害，在法律上是可以起诉的。如果一项索赔基于法律原因应该是可赔偿的，那么就不应该声称它会因为引发更多诉讼而导致实践中的不便！[133]

最后，一个主要的规范性（normative）反对意见可能是，评估机会将导致对人的生命价值的评估，而法律不应该这样做，因为这将破坏内在的人类生命绝对价值（absolute value of human life）。事实上，对机会丧失是一种损害这一观点的一些争论，部分是基于对不同人的生命评估会有不同的价值。[134] 但承认丧失机会是一种损害并不一定要进行这样的评估。只有机会被评估，被赋予人的生命的价值可以（也应该）不被触及。只有最终受损的利益可赔偿时，机会才可赔偿。因此，在承认机会丧失的主要地区，包括可以对身体损害要求赔偿的案件，以及第三方可以在受害者死亡后要求赡养费的案件，这些案件都不需要对人的生命价值进行评估。这一点在 *Smith v Leech Brain & Co. Ltd.* 一案 [135] 中可以看出。在该案中，原告的丈夫由于被告的过失而感染了癌症，并因此死亡。然而，事实证明，由于某种生理倾向，即

---

　　[128]　例如，英国法参见 *Chaplin v Hicks* above n 86 at 791 (*per* Vaughan Williams L J)；德国法见 ss. 252 BGB, 287 ZPO.

　　[129]　前注〔3〕。

　　[130]　参见 Fleming, above n 4 at 227, 及相关参考文献。

　　[131]　前注〔3〕。

　　[132]　*Davies (A.R.) v Taylors*, n 109；*Allied Maples v Group v Simmons & Simmons*, n 15 at 1613 (*per* Stuard Smith L J).

　　[133]　同样，也可以说，像保险公司这样处于强势地位的被告可以利用他们的新辩护理由（见前注〔69〕）争论说机会比原告声称的要小。因此，他们可以迫使受害者接受过低的赔偿，例如，向法院支付过少的赔偿金。当然，这可能会发生。但是，当被告利用他们的权力阻止原告起诉时，这种情况就已经发生了。在英国，他们会辩称，剩下的概率不到50%。而在德国，原告没有因过失致死。被告可能试图滥用他们的权力并不是不改进实体法的理由。相反，应该确保被告不会拥有太多程序性权力，以至于他们能够有效地阻碍原告提起诉讼。关于共同过失这个平行问题，参见 Cane, n 40 at 121.

　　[134]　Wright, above n 1 at 1370, 1376 ff.

　　[135]　前注〔59〕。

使没有被告的原因,他也可能在几年内死于癌症。原告就他的死亡提起诉讼要求抚慰金(solatium),并获得了全部赔偿。抚慰金一分不少,因为被告不仅破坏了原告丈夫的生存机会,而且造成了他的最终死亡。然而,这个寡妇的扶养费用却严重的减少了。[136] 这是正确的,因为原告只是失去了一个假设的未来获得扶养费的机会。然而,这种减少并不意味着对其丈夫的生命价值的评估。

总而言之,没有任何合理的政策理由反对接受丧失机会作为产生赔偿的损害这一观点。唯一剩下的反对意见是,机会的丧失与单纯的风险暴露或增加之间没有区别,由于这单纯的风险暴露或增加不应该引起侵权法中的索赔,机会丧失也就不会。

(三) 增加的风险与丧失的机会

可以说,如果唯一重要的是对最终损害的因果贡献,那么暴露于风险之下和破坏剩余机会之间没有区别。但事实并非如此。显然,人们认为破坏机会与增加风险是不同的。[137] 人们知道,人总是暴露在风险之下,例如,交通的风险、工厂的风险等等,他们也知道自己也让其他人暴露在风险之下。因此,风险暴露被认为是正常生活条件的一部分;与机会丧失相反,它不被认为是一种损害。[138] 当然,风险暴露可能是非法的。但法律问题必须是,是否有强制令或任何其他法律机制来防止这种暴露。赔偿责任的问题只有在风险成为现实的情况下才会出现,然后才是一个基于最终损害的普通侵权索赔。

因此,如果能考虑到机会的特殊重要性,法律就不是任意的。因此,它可以将风险暴露视为与最终损害有关的一般因果关系问题,并将丧失的机会概念化为可产生赔偿的损害。这证明了我们假设情况的结果:C 毁掉了一个机会,而 B 只是增加了 A 的风险。即使没有其他的类似 C 的过错的"因果"事件,B 也不应该承担责任。在这种情况下,她的过错也不是 A 最终死亡的一个必要条件,她也没有毁掉 A 存活的机会,因为还有 40% 的可能性。在这种情况下,B 可以进行这样的辩护:一方面,她没有造成 A 受到的最终损害,因为 A 的生命已经受到很大的威胁,另一方面,她没有毁掉 A 存活的机会,因为机会还很大(见上文第二(二)部分)。因此,一方面,如果事先不存在最终损害的实质性风险,即使在被告的行为之后还有一些机会,法律也应给

---

[136] *Smith v Leech Brian & Co. Ltd* [1962] 2 QB 405 at 415 ff.

[137] 参见前文二(二)。

[138] 但是,参见 Glen O. Robinson, 'Trobabilistic Causation and Compensation for Tortious Risk' (1985) 14 *J Legal Studies* 779 ff., 785 ff., 他认为,在处理大规模风险暴露问题时,法律应当将风险而不是最终损害作为侵权索赔的对象,原告应当利用所得金额为自己保险,以防范假设的未来损害。同样的观点由 Rosenberg 提出,参见前注[73]。对这些概念的批判,参见 Jules L. Coleman, *Rights and Wrongs* (1992) at 399 ff.

予一项索赔权。那么被告就应该承担责任,因为其行为构成了最终损害的必要条件。另一方面,如果没剩下实质性的机会,法律也应该给予索赔的权利。那么,被告应该为破坏机会而承担责任。但是,如果原告的处境已经受到威胁,以至于被告只是侵犯机会,而原告还留有实质性的机会,那么被告就不应该有责任。对于这些仅仅是减少机会或增加风险的情况,我认为在传统的条件因果关系的概念框架内,没有可行的方法来提出侵权法索赔。[139]

现在,只要侵权法主要基于自己责任的理念,它就不会提供全面赔偿的方案。如果这一点被接受,那么就必须认为不追究 B 的责任是正确的。另一方面,根据这里提供的分析,B 和 C 将被区别对待,这一事实表明,机会丧失的观点主要不是为了克服因果关系问题,而是为了构建侵权法,使其能够将所有规范性的相关方面考虑在内,更好地回应人类的利益保护需求。

五、结论

总而言之,机会丧失的观点是一个合理的规范性概念。它是损害赔偿法中的一个一般结构性构想,其基础是在语义上区分机会和最终结果。它的意义在于将避免最终损害或获得最终收益的机会确立为个人权利。因此,它对要求证明必要条件的要求程度设定了限制。英国法和德国法都应该承认机会的丧失是引起侵权法索赔的一种损害,[140]这样做是基于规范性的原因。处理这类的案件,从丧失机会的角度来解决,比从因果关系的标准或举证责任的角度切入的纯粹的程序性方法要好。这是因为它使得这类案件的规范适用问题更公开,避免了一种"全有或全无"的解决方案。只有承认这个观点,法律才能一致地处理考虑机会的必要性。与之相反的其他方案要么是不完善的,要么不如机会丧失的方案有优势。

---

[139] 然而,应该注意到,B 将会对另一个"因果事件"负责,而这个"因果事件"没有打破因果链,例如,如果 C 只是存在一般过失的情况[参见前文一(一),前注[22]]。

[140] 本文并未论证法律应始终坚持条件因果关系说。这个问题甚至没有涉及,因为,一些例如大规模风险暴露的案件(如前注[75]所述的 Ness 案件)并不是这里讨论的主题。然而,有人认为,涉及丧失机会的案件完全可以在传统的因果关系概念中得到处理,对于这些案件,没有必要对这一基本概念进行重大改变。

中德法学论坛

第 19 辑·下卷,第 200~232 页

数据化时代的公司法及其因应

[德]格拉尔德·施平德勒*　著

李　剑**　译

摘　要: 数字化彻底改变了包括公司法在内的所有法律领域。本文主要讨论了数字化对公司沟通方式的不同影响,例如线上的股东会或董事会沟通模式,以及与第三方(即投资者)的沟通模式。这些沟通方式的法律框架不仅涉及公司法,还涉及媒体法、数据保护法以及资本市场法。数字化也影响了董事的责任感:随着大数据和新算法改善了董事决策的信息基础,他们不得不利用这些技术方式进行决策。另一方面,IT 安全已成为董事的主要任务之一,因为企业中所有工作流程的数字化要求有必要的 IT 安全标准,以避免遭受攻击时存在风险。此外,区块链作为一种新技术,可以安全地识别所有类型的交易,包括可以增强符合公司程序的自动化合同(所谓智能合约),以及有关使用区块链作为 DAO 以太坊等投资形式的新问题。最后,本文还讨论了使用数字工作流程和半智能化流程(所谓的工业 4.0)在不同合作伙伴之间紧密合作的现象。

关键词: 公司法;数字化;工业 4.0;区块链

Abstract: Digitalization revolutionizes all legal areas, including Corporate Law. The article deals with different impacts of digitalization on communication schemes in corporations, such as virtual communication pattern in board of shareholders or directors, also encompassing communication with third parties, namely investors. The legal framework for these communication patterns refers not only to Corporate Law but also to media regulation law, data protection law, as well as capital

---

＊　格拉尔德·施平德勒(Prof. Dr. Gerald Spindler):德国哥廷根大学商法、经济法教授。

＊＊　李剑:法学博士,中南林业科技大学讲师。本文为湖南省教育厅科学研究项目(青年项目)"人工智能安全性保障的法理基础与法律风险规制研究(21B0236)"的成果。

market law. Digitalization also has an impact on liability of directors. On the one hand, as big data and new algorithms improve the information basis for decision taking of directors, they are obliged to make use of it. On the other hand, IT-security has become one of the main tasks for directors as digitalization of all work flows in enterprises requires necessary IT-security standards in order to avoid existential risks in case of attacks. Furthermore, blockchain as a new technology enables the secure identification of all kind of transactions, including automatized contracts (so called smart contracts) which could enhance procedures in corporations. New problems arise concerning the use of blockchain as an investment form such as DAO Ethereum. Finally, the phenomenon of close cooperation between different partners by using digital work flows and semi-intelligent agents (so called industry 4.0) is discussed.

Key words: Corporate Law；Digitalization；Industry 4.0；Blockchain

一、引言

在以计算机或"IT 律师"的方式为人们服务了数十年之后,数字化现在几乎涵盖了生活中的所有领域,并且在很大程度上已经被广泛"适用于"法律领域。这在公司法领域也不例外,尽管有关促进数字化沟通的可能性问题在很早的时候就引起过人们的关注,例如有关股份公司法的在线股东大会方面的问题。[1] 然而持续了很长时间之后,立法者以及(相关的)法学理论上才接受了数字化方面可能的应用。最新的表现形式是《欧盟股东权利指令》和欧盟委员会下属的公司法专家小组(ICLEG)所提出的关于公司管理数字化的建议。[2] 但是,数字化的业务流程也带来了其他一

---

〔1〕 对此还可以参看 HASSELBACH/SCHUHMACHER, ZGR 2000, 258, 258 ff; NOACK, in: Noack/Spindler, Unternehmensrecht und Internet, 2001, S. 13 ff; KLAWITTER, in: Noack/Spindler, Unternehmensrecht und Internet, 2001, S. 37 ff; HEISE, in: Noack/Spindler, Unternehmensrecht und Internet, 2001, S. 51 ff; MARSCH-BARNER, in: Noack/Spindler, Unternehmensrecht und Internet, 2001, S. 57 ff; THAN, FS Peltzer, 2001, S. 577 ff; HABERSACK, ZHR 165 (2001), 172, 179 ff, 195 ff; RIEGGER, ZHR 165 (2001), 204 ff; NOACK, NZG 2001, 1057 ff; DERS., NZG 2003, 241 ff; DERS., NZG 2004, 297, 299 ff; CLAUSSEN, AG 2001,161 ff; HÜTHER, Aktionärsbeteiligung und Internet, 2002, S. 253 ff;请比较以下文献 ZETZSCHE, Die Virtuelle Hauptversammlung, 2002.

〔2〕 The Informal Company Law Expert Group (ICLEG): Report on digitalisation in company law, March 2016, abrufbar unter http://ec.europa.eu/justice/civil/files/company-law/icleg-report-on-digitalisation-24-march-2016_en.pdf (zuletzt abgerufen am 29.9.2017).

些工作,它将数字化的机会和风险带到了(公司)法律讨论的重点领域。本文回顾了数字化应用的各个领域:从仍然开放的在线企业设立登记领域(第三章)开始,与股东(第五章)的交流技术的使用,包括线上股东大会的席位问题(第四章第二节第 1 段),直至对公司责任的影响(第六章)和公司法中运用区块链技术的可能性(第七章)。相关的问题,例如在公司法和合同法中,由业务流程数字化所造成的现象,尤其是"工业 4.0"的网络化,成为本文第八章的讨论主题。

二、互联网技术(IT)和互联网(Internet)在公司法中的应用与问题

数字化和使用互联网的优势可以被快速地总结并概括出来:[3]它极大地促进了各种形式的交流,大大降低了交易成本,同时它可以完全解决参与者(尤其是股东)共同交流的问题。大众交流与个人交流之间的界限消失了,人们可以根据需要对交流方式进行更改。这同时也带来了公司决策透明性的显著提高,其中任何信息都可以进行个性化设置,包括信息的实时可用性。最后,与以前相比,公司中数据的大规模扩展可以显著提高审计和评估的准确性,以便人们识别出新的趋势。它还可以识别公司和公司环境中的风险与问题,特别是依托大数据加上部分机器学习的算法,人们可以实现通过新形式的信息获取和直接访问公司以行使相关职能,这包括了审计、会计和必要时的合规性审查等。[4]

与此相反的情况是,数字化中的"经典"问题,尤其是对基于互联网的工具、程序和数据的使用,这里的问题也是众所周知的:[5]就是人们可以随意处理消息的内容

---

〔3〕 还可以参看 KLAWITTER, aaO (Fn. 1), S. 37 ff; HEISE, aaO (Fn. 1), S. 51, 52 f; MARSCH-BARNER, aaO (Fn. 1), S. 57 ff; ZÖLLNER, in: Noack/Spindler, Unternehmensrecht und Internet, 2001, S. 69 ff; HÜTHER, aaO (Fn. 1), S. 391 ff; SCHIEBER, in: Zetzsche, Die Virtuelle Hauptversammlung, 2002, S. 213, 213 ff; CLAUSSEN, AG 2001, 161, 163 ff; SCHWARZ/STEIN, DB 2017, 1525, 1526 f; M. MÜLLER, AG 2017, R15 f.

〔4〕 也可参看 ICLEG, aaO (Fn. 2), S. 6 f; zu den Auswirkungen auf die Unternehmenssteuerung 请比较 KIENINGER/MEHANNA/MICHEL, Controlling im digitalen Zeitalter, 2015, S. 3 ff; 关于大数据对公司管控之影响可参看 GRÖNKE/KIRCHMANN/LEYK, in: Horvárth/Michel, Controlling im digitalen Zeitalter, 2015, S. 27, 28 ff;关于工业 4.0 对公司管控之影响可参看 LANZA/BÜRGIN/ BERGER/PETERS, in: Horvárth/Michel, Controlling im digitalen Zeitalter, 2015, S. 87, 88 ff.

〔5〕 相关的问题与风险可参看 SCHMIDL, in: Hauschka/Moosmayer/Lösler, Corporate Compliance, 3. Aufl., 2016, § 28 Rdn. 1 ff; LANZA/BÜRGIN/BERGER/PETERS, aaO (Fn. 4), S. 87, 88 f; HORN, ZIP 2008, 1558, 1564; V. HOLTEN/BAUERFEIND, AG 2015, 489, 491 ff; KÖNIG, AG 2017, 262 f, 266 ff; 也请比较 KUBIS, Münchener Komm. z. AktG, 3. Aufl., 2013, § 118 Rdn. 91 f.

和发送者,而不需要任何进一步的安全措施。这同样适用于随后的例如出于证据目的文件归档;如果可以随意更改它们,那么显然所有文档都一文不值。与 IT 安全密切相关但不完全相同的问题是:这种现象现在被社会大众所广泛知晓。尤其是通过所谓的勒索软件(Ransom-Ware),例如"WannaCry",它在部分地区对德国铁路公司(Deutsche Bahn AG)造成了负面影响。[6]特别是数字化程度的提高还使公司容易受到第三方的网络犯罪攻击,从而可能对公司造成重大损害;毫无疑问,(经常使用的)程序已经普及,IT 安全现在已成为公司的"头等大事"。[7]最后但并非最不重要的一点是,无论是在民法、刑法还是公法领域,使用包括云计算在内的任何基于 Internet 的工具都是各种形式的法律冲突的演习场。公司法和资本市场法也面临特殊挑战,例如,当涉及与资本市场相关的网络活动时。

三、在线成立公司和注册信息披露

电子通信可以在全球范围内进行而不会造成时间上的浪费,并且信息可以轻松地在全球范围内更新和被访问,这一事实导致人们要求改革商业登记和各种形式的公司设立公告方式,这同时也大大降低了公司设立的难度。

欧盟指令 RL2009/101/EG 和 RL2017/1132/EG[8]特别解决了电子出版和提交文件的可能性问题,这使得替换公司章程或与该类文件基本原则有关的其他文件成为可能。尤其是公司(清算、代表权等)可以通过电子方式传输文件,请参阅欧盟指令 RL2009/101/EG 第 3 条第 3 款及第 2 条第 1 句,或者现在的欧盟指令

---

〔6〕 另外:向欧洲议会和理事会提交的关于应对混合威胁的共同框架的执行情况的联合报告——欧盟的回应,参看 JOIN/2017/030 final; BSI, Die Lage der IT-Sicherheit in Deutschland 2016, abrufbar unter: ttps://www. bsi. bund. de/SharedDocs/ Downloads/E/BSI/Publikationen/ Lageberichte /Lagebericht2016. pdf; jsessionid = DCBFB2ECE38850BB0A6719A18AB20DD1. 1 _ cid351? __ blob = publicationFile&v = 5 (zuletzt abgerufen am 29.9.2017), S 18 ff; BEUKEL-MANN, NJW-Spezial 2017, 276 f; RAUE, NJW 2017, 1841.

〔7〕 RATH/KUß, in: Umnuß, Corporate Compliance Checklisten, 3. Aufl., 2017, Kap. 8 Rdn. 5; BEHLING, in: Borges/Meents, Cloud Computing, 2016, § 13 Rdn. 10 f; GRAF KERS-SENBROCK/KIRCH, BC 2013, 388, 393; UHRIG, InTeR 2015, Beil. zu Heft 3, S. 6, 7.

〔8〕 欧洲议会和理事会于 2009 年 9 月 16 日发布 Richtlinie 2009/101/EG,该指令对成员国所辖公司及其股东权益进行调整,按照该指令第 48 条第 2 款之规定,它调整成员国对其所辖公司的保护性规定,以及针对第三方的相关规定,以确保一致对等的保护。参考 ABl. L 258 vom 1.10. 2009, S. 11 ff; aufgehoben mit Wirkung zum 19.7.2017 durch Art. 166 der Richtlinie (EU) 2017/ 1132 des Europäischen Parlaments und des Rates vom 14. Juni 2017 über bestimmte Aspekte des Gesellschaftsrechts, Abl. L 169 vom 30.6.2017, S. 46 ff.

RL2017/1132/EG 第 16 条第 3 款以及第 2 款第 1 句。文件的完整性和真实性由《电子签名指令》第 2 条第 2 款第 G 项所指的高级数字签名来保证;[9]但是该指令已于 2016 年 7 月 1 日被欧盟法规 VO(EU)910/2014 所废除,[10]其中将高级电子签名保留在欧盟法规 VO(EU)910/2014 第 26 条中,而没有重大的文字改动。[11]欧盟指令 RL2012/17/EG,[12]即所谓的"商业登记簿联网系统"(BRIS)的引入,使跨境访问相关文件和登记簿得到欧盟委员会 VO(EU)2015/884 实施条例的确认,[13]其中规定了技术规范和电子支付选项。[14]但是这还不包括所有可公开访问的注册簿,因此非正式公司法专家组(ICLEG)提出了明确的建议,以扩大 BRIS 方法并消除跨境通信中的其他障碍。[15]

关于在线设立公司的可能性问题,没有单纯的以互联网或在线启动的方式来进行的现成方案。例如,与法国或西班牙的法律形成鲜明对比的是——这是对欧盟法

---

〔9〕 Richtlinie 1999/93/EG des Europäischen Parlaments und des Rates vom 13. Dezember 1999 关于电子签名的通用框架条件,ABl. L 13 vom 19.1.2000, S. 12 ff.

〔10〕 Verordnung (EU) Nr. 910/2014 des Europäischen Parlaments und des Rates vom 23. Juli 2014 关于内部市场中电子交易的电子识别和信任服务的规定,并废除指令 RL1999/93/EG, Abl. L 257 vom 28.8.2014, S. 73 ff.

〔11〕 Art. 2 Abs. 3 VO (EU) Nr. 910/2014 明确规定,该法规在合同的订立和有效性或其他法律或程序形式要求方面不影响国家法律或欧盟法律的效力。

〔12〕 参见 Richtlinie 2012/17/EU des Europäischen Parlaments und des Rates vom 13. Juni 2012 zur Änderung der Richtlinie 89/666/EWG des Rates sowie der Richtlinien 2005/56/EG und 2009/101/EG des Europäischen Parlaments und des Rates in Bezug auf die Verknüpfung von Zentral-, Handels-und Gesellschaftsregistern, Abl. L 156 vom 16.6.2012, S. 1 ff.

〔13〕 Durchführungsverordnung (EU) 2015/884 der Kommission vom 8. Juni 2015,确定注册网络系统的技术规格和程序,根据指令 RL2009/101/EG des Europäischen Parlaments und des Rates,Abl.L 144 vom 10.6.2015, S. 1 ff.

〔14〕 德国于 2014 年底通过立法的方式转化执行该指令,参见 Richtlinie 2012/17/EU in Bezug auf die Verknüpfung von Zentral-, Handels-und Gesellschaftsregistern in der Europäischen Union vom 22.12.2014, BGBl. I, S. 2409 ff;关于 BRIS 请比较 LUTTER/BAYER/J. SCHMIDT, Europäisches Unternehmensund Kapitalmarktrecht, 5. Aufl., 2012, § 19 Rdn. 7, 16, § 28 Rdn. 2, 73, 92; KRAFKA, Münchener Komm. z. HGB, 4. Aufl., 2016, § 9 b Rdn. 1 ff; BAYER, in: Lutter/Hommelhoff, Komm. z. GmbHG, 19. Aufl., 2016, Anh. § 4a Rdn. 37; STIEGLER, NotBZ 2015, 329 ff; KILIAN, FGPrax 2012, 1851 ff; RIES, ZIP 2013, 866 ff; BAYER/ J. SCHMIDT, BB 2013, 3, 5; DIES., BB 2015, 1731, 1735; DIES., BB 2017, 2114 f; C. MÜLLER, AG 2017, R226 f.

〔15〕 ICLEG, aaO (Fn. 2), S. 16 f, 19,例如,单点交货。

院关于(有限责任公司)"自由开业"的判例获得成功后的反应,[16]即人们有可能通过纯在线方式在西班牙建立有限责任公司(SL)或有限合伙公司(SLNE),[17]或在法国设立有限责任公司(SARL)或有限合伙公司(EURL),[18]甚至是欧洲的一人公司(SUP)[19]——到目前为止,这种可能性在德国法律中并未找到。即使根据《有限责任公司法》第2条第1a款,[20]对于最多拥有三名股东和一名董事兼总经理的小型有限责任公司而言,也没有提供在线设立公司的选择,对公司创始行为的公证仍然很必要。

同样很明显的问题是:必须确保创始股东的可靠身份以及电子文件的真实性和完整性。一方面,针对这些问题的解决方案早已存在,无论是数字签名形式还是其他安全机制(例如 DE-Mail);[21]《关于内部市场中电子交易的电子识别和信托服务

〔16〕 EuGH NZG 2003,1064-Inspire Art,dazu aus der umfänglichen Literatur siehe nur jüngst (alle m. w. N.) BERNER, Interdependenz von Primär-und Kollisionsrecht im europäischen Gesellschaftsrecht, 2015, S. 111 ff insb. S. 122 ff sowie EHMCKE, Reform des Kapitalschutzes bei der GmbH nach dem Beispiel der Ltd. vor dem Hintergrund der Inspire Art-Rechtsprechung, 2006, S. 3 ff; MARTIN-EHLERS, in: Sandrock/Wetzler, Deutsches Gesellschaftsrecht im Wettbewerb der Rechtsordnungen, 2004, S. 1 ff.

〔17〕 VIETZ, GmbHR 2003, 26, 28; FRÖHLINGSDORF, RIW 2003, 584, 586; EMBID IRUJO, RIW 2004, 760, 761; W. MÜLLER/S. MÜLLER, GmbHR 2006, 583, 586; FLEISCHER, NZG 2014, 1081, 1088 f.

〔18〕 KARST, in: Süß/Wachter, Handbuch des internationalen GmbH-Rechts, 2006, Frankreich Rdn. 76, S. 819; BECKER, GmbHR 2003, 706, 707; MEYER/LUDWIG, GmbHR 2005, 346, 348; DIES., GmbHR 2005, 459, 460 f.

〔19〕 请比较 Art. 14 Abs. 3 欧洲议会和理事会关于单一成员有限责任公司的指令的提案,COM/2014/212 final;德国联邦议院于2015年5月6日通过了对该草案的否决决议,BT-Drucks. 18/4843 S. 2 ff,对于没有足够身份验证的在线形式也提出了担忧,参见 S. 4;欧洲议会法律委员会还于2016年1月26日发布了有关 SEA 指令草案的工作文件,可参看 http://www.europarl. europa. eu/sides/getDoc. do? pubRef=-％2F％ 2FEP％2F％2FNONSGML％2 BCOMPARL％2BPE-575.031 ％2B02 ％2BDOC％2BPDF％2BV0 ％2F％2FDE (zuletzt abgerufen am 29.9.2017), wobei in diesem Entwurf ebenso für die Online-Gründung votiert wird, 请比较 Art. 14 Abs. 3 des Entwurfs;请比较 SUP BÖHM, EuZW 2015, 451; DRYGALA, EuZW 2014, 491 ff; HOMMEL-HOFF, GmbHR 2014, 1065 ff; EIKELBERG, NZG 2015, 81 ff.

〔20〕 可以在以下附录中找到示例协议 GmbHG, BGBl. I/2008, S. 2044 f,请比较 https:// www.gesetze-im-internet. de/normengrafiken/bgbl1_2008/j2026_0010. pdf (zuletzt abgerufen am 29.9.2017).

〔21〕 另可参看 EICKELBERG, NZG 2015, 81, 82 f, 84 f; ROßNAGEL, NJW 2011, 1473, 1474 ff.

条例》(EU-eIDAS-VO)[22]最终都规定了对其他欧盟身份识别机制的认可（可参见该条例第 6 条）。[23]但是，并非所有的创业公司都可以通过简单的在线方式来设立：鉴于复杂的价值估算、实物资产或公司收购情形，人们很难通过在线记录来确认初创企业的真实价值。另一方面，令人信服的往往是有关创立的、来自公证过的综合法律建议：特别是在标准化程度较高的企业创立流程中，这些只需要很小的调整即可——现在也可以通过自动化的、自学习的算法程序（即所谓的法律机器人）来记录和回答这些程序性问题。[24]即使认为公证建议或审查是必要的，也可以将其集成到电子化流程中。[25]因此，在算法认证有限的影响范围之内，人们完全可以设想出建立起半标准化、准自动化的基础（条件）。同时，政府机构的相应审计流程也可以实现自动化，例如，通过银行自动查询（募集资金）并检查公司的创始文件。

四、公司投票

在很早之前，公司权益所有者就曾设想过，通过在线方式召开股东大会以及进行表决。[26]尽管实践中以及后来的立法机关都创建了必要的框架，但当时的许多梦想未能实现。尤其是在德国，在线股东大会或多或少地陷入了停顿——我们将试图重启这一进程。但是某些问题具有决定性意义，它会影响所有形式的集会，而无论其合法形式如何。

（一）具有决定性意义的问题

与在线形式一样，安全的标识和安全的通信渠道问题是所有公司会议面对的主

---

[22]　Verordnung (EU) Nr. 910/2014 des Europäischen Parlaments und des Rates vom 23. Juli 2014 内部市场中用于电子交易的电子识别和信任服务的说明，以及废止 Richtlinie 1999/93/EG，ABl. L 257 vom 28.8.2014，S. 73 ff.

[23]　ROßNAGEL, NJW 2014, 3686, 3688 f; SOSNA, CR 2014, 825, 828 f; HECK-MANN, Kommentar Internetrecht, 5. Aufl., 2017, Kap. 5 Rdn. 76; noch zur Entwurfsfassung der eIDASVO SPINDLER/ROCKENBAUCH, MMR 2013, 139, 141 ff.

[24]　此外请比较 J. WAGNER, BB 2017, 898, 902 f; BEN-ARI/FRISH/LAZOVSKI/EL-DAN/GREENBAUM, 23 Rich. J.L. & Tech. (2017), 3, 34; zu „Ross" 请比较 die Homepage, abrufbar unter: http://www.rossintelligence.com (zuletzt abgerufen am 29.9.2017) einem legal ro-bot auch TURNER, in: Washington Post vom 16.5.2016, https://www.washingtonpost.com/news/innovations/wp/2016/05/16/meet-ross-the-newly-hired-legal-robot/? utm_term=.8b7e9c884e7f (zuletzt abgerufen am 29.9.2017).

[25]　也可参见 ICLEG 之建议，aaO (Fn. 2), S. 17.

[26]　参看脚注[1]中的证明；也可参看 ZÖLLNER, aaO (Fn. 3), S. 69 ff zur Binnenkommu-nikation im Unternehmen.

要挑战。就公证证书而言,公证人必须确保有适当的技术框架条件,以防止日后决议中出现瑕疵。例如,第三方可能会在人们不注意的情况下干预沟通过程。

另一种类型的问题涉及对公司中少数群体利益的保护:根据公司章程或关于引入数字股东大会的决议,引发了对不是"数字原住民"的人的权益保护问题。即使有时将其视为代际问题,但鉴于互联网上的安全性,也不应忽略这类问题。这绝不仅仅是一个过渡现象,而是人们不支持互联网会议的事实理由。因此原则上必须规定,引入纯线上会议(或授权这样做)需要多数人修改公司章程。此外,至少在非上市公司的情况下,必须制定这种(修改)流程。[27]在这种情况下,设定退出规则是更可取的方式,该规则允许股东避免进行数字通信,而继续使用纸质版本方式进行信息沟通。[28]

(二)股份公司

1. 在股份公司中召开线上股东大会

从技术的角度来看,根据当前的技术水平,完全采用线上的股东大会是不可能的。[29]从法律的角度来看,线上的股东大会的发言权(除了通过代表进行的某些建议[30])

---

〔27〕 也可参看 ICLEG,aaO (Fn. 2), S. 32 Ziff. 20.2.

〔28〕 也可参见 ICLEG 之建议,aaO (Fn. 2), S. 30 f.

〔29〕 Statt vieler KUBIS, aaO (Fn. 5), § 118 AktG Rdn. 19;虚拟股东大会上的详细信息见 THAN, FS Peltzer, S. 577, 577 ff; HASSELBACH/SCHUMACHER, ZGR 2000, 258, 260 ff; HÜTHER, aaO (Fn. 1), S. 260, 288 ff; RIEGGER, ZHR 165 (2001), 204, 216; NOACK, NZG 2004, 297, 301; DERS., NZG 2003, 241, 245 ff; MUTHERS/ULBRICH, WM 2005, 215 ff; ZETZSCHE, BKR 2003, 736, 737; monographisch dazu PIELKE, Die virtuelle Hauptversammlung, 2009, insb. zur technischen Eignung des Internets für die Hauptversammlung S. 64 ff; MIMBERG/GÄTSCH, Die Hauptversammlung der Aktiengesellschaft nach dem ARUG, 2010, S. 84 ff;也可参见 FÖRSTER, AG 2011, 326, 366 f; BECK, RNotZ 2014, 160 ff; V. HOLTEN/BAUERFEIND, AG 2015, 489 ff; DEHESSELLES/RICHTER, npoR 2016, 246, 247; SIMONS, NZG 2017, 567 ff; zur technischen Entwicklung siehe HECKELMANN, Hauptversammlung und Internet, 2006, S. 100 ff.

〔30〕 还可参见 ROTH, ZIP 2003, 369, 375; HABERSACK, ZHR 165 (2001), 172, 180 f; RIEGGER, ZHR 165 (2001), 204, 208 f; NOACK, NZG 2001, 1057; CLAUSSEN, AG 2001, 161, 168; WICKE, FS Kanzleiter, 2010, S. 415, 416; HORN, Die Virtualisierung von Unternehmen als Rechtsproblem, 2005, S. 95 f; HECKELMANN, aaO (Fn. 29), S. 117; HÜTHER, aaO (Fn. 1), S. 280 f; für den verstärkten Einsatz neuer Medien plädierend bereits NOACK, BB 1998, 2533.

只是根据《欧盟股东权利指令》〔31〕的实施情况进行分级,其中第 8 条要求成员国"允许"以电子方式向其股东提供任何形式的股东参加机会。〔32〕德国立法者在《股东指令实施法》(ARUG)中改变了对这些方面的要求,而不再采用这种方式。面对面会议的模式是在《股份公司法》第 118 条第 1 款第 2 句中规定的:直接或作为对董事会的授权,无须强制举行任何形式的虚拟股东大会就有可能行使所有股东的会籍权。〔33〕从那时起,发言权和提问权都可以在股东大会所在地之外行使,并具有公司章程或董事会确定的条款中的相应效力,投票权也可以行使。但是,法律还规定了仅部分授予个人股东权利的可能性,〔34〕这对于防止滥用股东权利问题至关重要。但是如果拒绝了股东的任何积极参与,则只是《股份公司法》第 118 条第 4 款所述的一种在线传输方式。此外,通常不允许限制关联股东的投票权范围或仅允许某些股东进行在线参与。〔35〕必须确保投票人的身份,尤其是通过适当的识别媒体,例如投票机以及标识符;根据立法机关宣布的意愿,不需要根据《民法典》第 126a 条进行合格的数字签名。〔36〕

---

〔31〕 Richtlinie 2007/36/EG des Europäischen Parlaments und des Rates über die Ausübung bestimmter Rechte von Aktionären in börsennotierten Gesellschaften (Aktionärsrechterichtlinie, AktR-RL), ABl. L 184 v. 14.7.2007, S. 17 ff; Umsetzung durch das Gesetz zur Umsetzung der Aktionärsrechterichtlinie (ARUG) vom 30.7.2009, BGBl. I/2009, S. 2479 ff; siehe dazu SPINDLER, in: VGR, Gesellschaftsrecht in der Diskussion 2005, S. 77, 92; NOACK, FS Westermann, 2008, S. 1203 ff; DRINHAUSEN/KLEINATH, BB 2008, 1238 ff; HEISSE, BB 2010, Heft 38, erste Seite; GROBECKER, NZG 2010, 165, 168; NOACK, WM 2009, 2289, 2292 ff; MIMBERG/GÄTSCH, aaO (Fn. 29), S. 84 ff; V. HOLTEN/BAUERFEIND, AG 2015, 489 ff; zu den vorhergehenden Vorschlägen NOACK, ZIP 2005, 325, 331; GRUNDMANN/WINKLER, ZIP 2006, 1421; NOACK, NZG 2006, 321; RATSCHOW, DStR 2007, 1402; SIEMS, EBOR 2005, 539; ZETZSCHE, NZG 2007, 686.

〔32〕 参见 Art. 8 und Art. 12 Richtlinie 2007/36/EG des Europäischen Parlaments und des Rates über die Ausübung bestimmter Rechte von Aktionären in börsennotierten Gesellschaften, ABl. EU Nr. L 184 v. 14.7.2007, S. 17; zu den Vorschlägen der Kommission SPINDLER, aaO (Fn. 31), S. 77, 92 ff; NOACK, ZIP 2005, 325.

〔33〕 WICKE, FS Kanzleiter, S. 415, 418; KUBIS, aaO (Fn. 5), § 118 AktG Rdn. 80; HOFFMANN, in: Spindler/Stilz, Komm. z. AktG, 3. Aufl., 2015, § 118 Rdn. 36.

〔34〕 WICKE, FS Kanzleiter, S. 415, 418 m.w.N.

〔35〕 KERSTING, NZG 2010, 130, 133; WICKE, FS Kanzleiter, S. 415, 419; SCHAAF/SLOWINSKI, ZIP 2011, 2444, 2445; HOFFMANN, aaO (Fn. 33), § 118 AktG Rdn. 36; a.A. NOACK, WM 2009, 2289, 2293.

〔36〕 Gegenäußerung BReg. BT-Drucks. 16/11462, S. 57;另一方面,联邦委员会的意见:BT-Drucks. 16/11462, S. 49;也可参看 NOACK, WM 2009, 2289, 2290;批评立法机关放弃引入最低标准的参与股东身份认证,参见 WICKE, FS Kanzleiter, S. 415, 417 f.

最近修订的《股东权利指令》[37]还赋予了公司识别股东的权利(第 3a 条第 1 款),包括中介机构有义务识别(第 3a 条第 2 款)并将信息转发给代表的股东(第 3b 条)。在此也记录了通过中介人以电子方式行使的股东权利,特别是在电子投票方面的权利行使(第 3c 条)。[38]

与股份公司法律规避行为的已知问题有关的任何缺陷,始终是从业人员担心的问题。[39]特殊的回避理由可能主要源于技术故障,这些故障使股东完全或暂时无法参与对公司事务的表决。公司仅负责正常运行的 IT 基础设施,以及 IT 系统或 Internet 接口的正常使用。[40]根据《股份公司法》第 243 条第 3 款第 1 项之规定,只有故意或严重疏忽引起的接入中断会导致抗辩理由,但其举证责任在原告。但是,这些法规可以确定更严格的过错标准。[41]如果虽然没有中断,但是公司没有采取足够的预防措施来使电子参与者能够行使授予他们的权利,则可以基于对电子参与者的权利遭到侵犯为由对(相关决议)提出撤销。[42]由于缺乏技术性预防措施而导致线上表决无法进行的情况相当于具有"非法拒绝访问"的效果,那么在此情形下人们可以基于《股份公司法》第 245 条第 2 项提出撤销。[43]与之相关的举证困难可能促使许多公司在很大程度上避免使用虚拟参与权或对其加以限制。

由《公司证券交易法》(TransPuG)[44]引入的《股份公司法》第 118 条第 4 款,它使年度股东大会的视频和音频传输成为可能,但这并不等同于线上参与。《德国公司治理准则》(DCGK)第 2.3.3 节还包含使股东能够使用现代传播媒体参加股东大会的建议(但它不具有必须被遵循或解释的效力);但是,该建议并未被视为《股份公司

---

[37] Richtlinie (EU) 2017/828 des Europäischen Parlaments und des Rates vom 17. Mai 2017 zur Änderung der Richtlinie 2007/36/EG im Hinblick auf die Förderung der langfristigen Mitwirkung der Aktionäre, Abl. L 132 v. 20.5.2017, S. 1 ff.

[38] 请比较促进行使股东权利,参看 NOACK, NZG 2017, 561, 566; LANFERMANN/MAUL, BB 2017, 1218, 1224; 对股东的确认参见 NOACK, NZG 2017, 561 ff; EGGERS/DE RAET, AG 2017, 464, 467 ff; 在德国法律中实施参见 INCI, NZG 2017, 579, 580; 也请比较 KUMPAN/PAUSCHINGER, EuZW 2017, 327, 330; 进一步的建议参看 ICLEG, aaO (Fn. 2), S. 37 ff.

[39] 对"在线"矛盾的可能性可参见 SPINDLER, in: K. Schmidt/Lutter, AktG, 3. Aufl., 2015, § 118 Rdn. 60.

[40] 也可选择参看 KUBIS, aaO (Fn. 5), § 118 AktG Rdn. 91,该法规将来自公司方面的干扰与来自股东自身方面的干扰区分开来,对此也可参看 BECK, RNotZ 2014, 160, 163 f.

[41] 为此提出了一个拟定的建议:SCHÜPPEN/TRETTER, ZIP 2009, 493, 495.

[42] HOFFMANN, aaO (Fn. 33), § 118 AktG Rdn. 38.

[43] HOFFMANN, aaO (Fn. 33), § 118 AktG Rdn. 38.

[44] Zu einem Formulierungsvorschlag einer solchen Regelung siehe MUTTER, AG 2003, R 34.

法》第 161 条第 1 款含义范围内的建议。《股份公司法》第 118 条第 4 款因此部分剥夺了会议主席和股东大会在接受媒体报道方面的决策权，并转而采用普遍适用的法规。[45]通过该标准的立法机构旨在澄清，股东应能够在讨论或提问中记录其贡献，但不能与公司章程或议事规则中的相应规定相抵触。[46]然后，这同样适用于数据保护问题，因为必须根据《欧盟通用数据保护条例》第 6 条第 1 款第 1 项的规定，将参加会议（包括事先对股东的通知）视为同意。[47]

　　2. 监事会

　　人们也可以线上召开监事会会议。在《股份公司法》第 110 条中，该法不再要求监事会必须召开会议；相反，立法机关用"保留"一词表示，它希望在特殊情况下允许采用除面对面会议以外的其他形式，[48]这样做不仅是为日益国际化的趋势做准备，[49]而且还为了节省公司成本。[50]这显然也符合立法机关的意愿，它也适用于强制性会议。[51]但是，监事会不得以电话或视频会议的形式召开任何会议；[52]相反，监事会（特别是监事会主席）必须在《股份公司法》第 108 条第 4 款规定的程序和限制

---

〔45〕　Zu Recht KUBIS, aaO（Fn. 5），§ 118 AktG Rn 118；HECKELMANN, aaO（Fn. 29），S. 183.

〔46〕　参看 Begr. RegE BT-Drucks. 14/8769, S. 20 f；dazu NOACK, NZG 2003, 241, 245；HECKELMANN, aaO（Fn. 29）, S. 183；之前的基本论述参看 SPINDLER, ZGR 2000, 420, 433 ff；也可参看 HÜTHER, aaO（Fn. 1）, S. 265 ff；关于宪法问题参看 HORN, aaO（Fn. 30）, S. 92 ff；SPINDLER, aaO（Fn. 39）, § 118 AktG Rdn. 64.

〔47〕　也可参看 ICLEG, aaO（Fn. 2）, S. 36 f, die allerdings eine Klarstellung befürworten.

〔48〕　BegrRegE BT-Drucks. 14/8769, S. 17；S. H. SCHMIDT, Videokonferenzen als Aufsichtsratssitzungen, 2012, S. 195 ff；ISRAEL, in：Bürgers/Körber, AktG, 4. Aufl., 2017, § 110 Rdn. 3；也可参见 SIMONS, AG 2013, 547, 550 f；J. WAGNER, NZG 2002, 57, 61 ff；MIETTINEN/VILLEDA, AG 2007, 346, 348；allgemein zum Einsatz neuer Medien im Bereich des Gesellschaftsrechts NOACK, ZGR 1998, 592, 595 f.

〔49〕　NOACK, FS Druey, 2002, S. 869, 871 ff mit rechtsvergleichenden Nachweisen.

〔50〕　REICHARD/KAUBISCH, AG 2013, 150, 151；S. H. SCHMIDT, aaO（Fn. 48）, S. 53 ff.

〔51〕　BegrRegE BT-Drucks. 14/8769, S. 17；GÖTZ, NZG 2002, 599, 601 f；KNIGGE, WM 2002, 1729, 1732 f；NEULING, AG 2002, 610；NOACK, FS Druey, S. 869, 873；KOCH, in：Hüffer/Koch, Komm. z. AktG 12. Aufl., 2016, § 110 Rdn. 11.

〔52〕　对于视频会议的限制参看 MERTENS/CAHN, Kölner Komm. z. AktG, 3. Aufl., 2012, § 110 Rdn. 33 关于这是确保必要的可听性和可见性的唯一方法的论点。但是，该限制不受法律依据的约束，参看 BegrRegE BT-Drucks. 14/8769, S. 17, 而且在文献上也不被重视，für alle：HABERSACK, Münchener Komm. z. AktG, 3. Aufl., 2013, § 110 Rdn. 45；HOPT/ROTH, Großkomm. z. AktG, 5. Aufl., 2015, § 110 Rdn. 69；GITTERMANN, in：Semler/v. Schenck, Aufsichtsrat, 1. Aufl., 2015, § 110 Rdn. 61 jeweils m.w.N.

范围内,适当地酌情决定是否采取面对面的形式以外的其他形式来完成监事会的监管任务。[53]如果监事会允许虚拟会议成为惯例,那么这将违反其谨慎的职责。[54]因此,每年至少需要召开一次面对面的线下会议。[55]

此外,人们不再需要线上会议的法定授权。公司章程中关于只能以面对面会议形式进行的最低限度会议已被《股份公司法》第110条第3款的修正案所取代,现在这种绝对形式已被取消。[56]

由监事会主席决定是否召开面对面会议还是以视频会议或互联网会议的形式召开会议,[57]这在组织章程细则有效排除了监事会成员反对此类会议(《股份公司法》第108条第4款)的权利之情况下尤其适用。如果不是这种情况,监事会的每个

---

〔53〕 政府公司治理委员会也强调了这一点,由于合理的例外情况,鉴于监事会办公室的重要性,要求监事会成员亲自出席强制性会议,参看 BAUMS, Bericht der Regierungskommission „Corporate Governance", BT-Drucks. 14/7515, S. 15, Rdn. 57.

〔54〕 LUTTER/KRIEGER/VERSE, Rechte und Pflichten des Aufsichtsrates, 6. Aufl., 2014, Rdn. 690.

〔55〕 KOCH, aaO (Fn. 51), § 110 AktG Rdn. 11 更进一步地说,在每个自然年度的半年中召开两次面对面的会议效果更好;DAV Handelsrechtsausschuss, NZG 2002, 115, 116 f; BOSSE, DB 2002, 1592, 1593; E. VETTER, in: Marsch-Barner/Schäfer, Handbuch börsennotierte AG, 3. Aufl., 2014, § 27 Rdn. 27;通常应召开面对面会议,在有正当理由的例外情况下,应将视频会议或电话会议视为强制性会议;仍坚持限制的观点参看 LUTTER/KRIEGER/VERSE, aaO (Fn. 54), Rdn. 690: Die Mindestsitzungen sollten als Präsenzsitzung stattfinden; a. A. für eine Entbehrlichkeit der Präsenzsitzung: GÖTZ, NZG 2002, 601 f; in diese Richtung auch SIMONS, AG 2013, 547, 551; kritisch auch WASSE, AG 2011, 685, 689 mit Blick auf international besetzte Aufsichtsräte, bei denen ein hoher Reiseaufwand gegen Präsenzsitzungen spräche und mit Blick auf § 110 Abs. 3 Satz 2 AktG, der für nicht-börsennotierte Gesellschaften nur einen Mindestturnus von einer Sitzung im Kalenderhalbjahr vorschreibt, sodass hier kaum Raum für virtuelle Sitzungen bliebe.

〔56〕 对于平等性问题参看 MERTENS/CAHN, aaO (Fn. 52), § 108 AktG Rdn. 20 f; HAMBLOCH-GESINN/GESINN, in: Hölters, Komm. z. AktG, 3. Aufl., 2017, § 108 Rdn. 9; KINDL, ZHR 166 (2002), 335, 344 ff insbesondere im Hinblick auf § 110 Abs. 3; SIMONS, AG 2013, 547, 549 ff; SCHÜTZ, in: Semler/v. Schenck, Aufsichtsrat, 1. Aufl., 2015, § 108 Rdn. 208; HOPT/ROTH, aaO (Fn. 52), § 108 AktG Rdn. 117 stimmen im Grundsatz zu, empfehlen aber eine Regelung in Satzung oder Geschäftsordnung; für Videokonferenzen; genauso KOCH, aaO (Fn. 51), § 108 AktG Rdn. 22; S. H. SCHMIDT, aaO (Fn. 48), S. 200 f; ablehnend LUTTER/KRIEGER/VERSE, aaO (Fn. 54), Rdn. 690 die unter Hinweis auf § 108 Abs. 4 trotz erheblicher Vorbehalte solche Satzungsbestimmungen weiterhin für zulässig erachten.

〔57〕 J. WAGNER, NZG 2002, 57, 62; SPINDLER, in: Spindler/Stilz, Komm. z. AktG, 3. Aufl., 2015, § 110 Rdn. 35.

成员都可以反对召开线上会议。[58]但是,也可以采用(部分)线上投票的混合形式。[59]

3. 董事会和管理层

最后,对于股份公司执行董事会的会议和投票,在线上会议中也是被允许的。[60]线上会议和在线投票的问题,例如身份、文件和保密性或机密性,在这里不会以任何其他方式出现。例如监事会会议(见上文),通常需要有效的加密措施。与监事会不同的是,《股份公司法》(首先是《有限责任公司法》)没有关于董事会或管理层会议的任何要求,因此公司机关在此具有适当的决定权。但是,在此也必须维护董事会成员平等对待的原则,以及诸如如何面向非数字原住民(不会使用线上工具的成员)的问题;由于对执行委员会成员的专业要求很高,因此这类问题可能只是例外。

4. 机构之间的沟通

各个机构之间的通讯形式仅在《股份公司法》中予以基本规定:对于《股份公司法》第 90 条第 4 款,或向监事会进行报告,法律通常根据《民法典》第 126b 条的要求规定了以书面形式进行,但是该书面形式也允许以电子形式进行沟通,以便可以通过电子邮件发送给监事会。[61]立法机关未规定任何技术安全标准;但是董事会和监事会有义务保持机密性,因此要求所有加密选项均应用于防止未经授权而监视公司信息的情况。在特别敏感的情况下,如果有合理的怀疑还可以对监视行为进行加密,甚至必须停止电子邮件通信。由于立法机关没有制定强制性法规以支持电子文本形式,而是保留了基本规则,因此法规和议事规则可以更详细地指定具体形式,例如,作为对电子文本形式的替代也规定了书面形式。

---

[58] 类似观点参看 LUTTER/KRIEGER/VERSE, aaO (Fn. 54), Rdn. 695; HABERSACK, aaO (Fn. 52), §110 AktG Rdn. 13.

[59] SIMONS, AG 2013, 547, 548; DRYGALA, in: K. Schmidt/Lutter, AktG, 3. Aufl., 2015, §108 Rdn. 29; MIETTINEN/VILLEDA, AG 2007, 346, 347; HABERSACK, aaO (Fn. 52), §108 AktG Rdn. 70; MERTENS/CAHN, aaO (Fn. 52), §108 AktG Rdn. 50.

[60] 所以也可参见 ENDERS, ZHR 1999, 441, 447; ARNOLD, in: Marsch-Barner/Schäfer, Handbuch börsennotierte AG, 3. Aufl., 2014, §19 Rdn. 87; MERTENS/CAHN, aaO (Fn. 52), §77 AktG Rdn. 33; KORT, Großkomm. z. AktG, 5. Aufl., 2015, §77 Rdn. 9; FLEISCHER, in: Spindler/Stilz, Komm. z. AktG, 3. Aufl., 2015, §77 Rdn. 22; WEBER, in: Hölters, Komm. z. AktG, 3. Aufl., 2017, §77 Rdn. 21.

[61] LUTTER, Information und Vertraulichkeit im Aufsichtsrat, 2006, Rdn. 260; Zur Textform im Einzelnen WENDTLAND, in: BeckOK BGB, 43. Ed. 2017, §126b Rdn. 3 ff; NOACK/ KREMER, NK-BGB, 3. Aufl., 2016, §126 b Rdn. 8 ff; NISSEL, Neue Formvorschriften bei Rechtsgeschäften-Elektronische Form und Textform im Privatrechtsverkehr, 2001, S. 56 ff; HOFFMANN, NJW 2002, 2602; NOACK, DStR 2001, 1893; EINSELE, Münchener Komm. z. BGB, 7. Aufl., 2015 §126b Rdn. 4 ff.

根据《股份公司法》第 131 条的规定,人们必须在大会上由公司机关来回答问题——但也可以线上完成,前提是这是实时进行的,否则启用线上大会几乎没有实际意义。

(三)线上(有限责任公司)股东大会

与股份公司不同的是,在有限责任公司中举行线上股东大会需要克服的障碍要少得多。有限责任公司的股东大会不要求公开举行,也没有任何与股东相关的强制性义务。《有限责任公司法》第 51a 条第 1 款第 1 项的知情权也可以体现在《公司章程》中,因此知情权也不会受到实质性的限制。[62]在这里,也存在无能力履行其职责的有限责任公司股东(或出于安全原因不希望参加的股东)。因此也必须考虑给予这类股东以退出权(退股),并支付相应的补偿费。

五、与合伙人特别是股东和投资者的一般沟通

互联网和其他数字工具使通信变得相当容易,不仅在法人团体方面得到体现,而且在外部也得到体现,以吸引投资者或保持他们作为股东的地位;这解决了所谓的"投资者关系"领域的所有问题。[63]目前的通信技术为公司与投资者的关系提供了准量子飞跃,这些沟通最终无非是整个个性化互联网领域的一个特殊部分,就像通过广告与客户代表的沟通。这样做的渠道可能是多种多样的:从经典电子邮件、循环电子邮件、密切相关的新闻通讯首页或 Facebook 个人资料和用户组以及 Twitter 粉丝到 YouTube 频道,公司可以在这些频道上与潜在投资者以及现有股东进行沟通。

---

〔62〕 ZÖLLNER/NOACK, in: Baumbach/Hueck, Komm. z. GmbHG, 21. Aufl., 2017, § 51 Rdn. 3; BAYER, aaO (Fn. 14), § 51 a GmbHG Rdn. 41 f; ROTH, in: Roth/Altmeppen, Komm. z. GmbHG, 8. Aufl., 2015, § 51 a Rdn. 41; GANZER, in: Rowedder/Schmidt-Leithoff, Komm. z. GmbHG, 6. Aufl., 2017, § 51 a Rdn. 33; K. SCHMIDT, GmbH-Recht in der Diskussion, 1981, S. 102; BayObLG NJW 1989, 350 f.

〔63〕 关于与投资者的关系请深入比较 E. VETTER, AG 2016, 873 ff; KOCH, AG 2017, 129 ff; FLEISCHER, ZGR 2009, 505 ff; DERS./BAUER/WANSLEBEN, DB 2015, 360 ff; BACHMANN, FS Schwark, 2009, S. 331, 332 f; HIRT/HOPT/MATTHEUS, AG 2016, 725 ff; GRUNEWALD, ZIP 2016, 2009, 2010 f; ROTH, ZGR 2012, 343, 368 f; WILSING/VON DER LINDEN, DStR 2017, 1046 ff; HIPPELI, GmbHR 2017, R113 f; 也请比较 SPINDLER, aaO (Fn. 57), § 107 AktG Rdn. 40; JAHN, in: Hauschka/Moosmayer/Lösler, Corporate Compliance, 3. Aufl., 2016, § 40 Rdn. 16 f; LEYENDECKER-LANGNER, NZG 2015, 44 ff; LEUERING/ SIMON, NJW-Spezial 2006, 507 f.

(一) 公司法框架

但是从公司法的角度来看,这些新的沟通形式几乎不会造成任何重大问题:通常与"投资者关系"问题一样,在任何沟通中都必须考虑其他股东有权获得相同的信息。例如适用于对股东的邀请,它也可以在《股份公司法》第 121 条第 4 款第 2 句的限制范围内通过电子邮件来发送;[64]对法定选择权采用邀请函形式,以便仅通过常规邮件向那些没有为此提供电子邮件地址的股东发送邀请函。[65]《股份公司法》第 131 条第 5 款规定的股东的平等待遇权和相应信息保密义务原则也没有受到影响,[66]因为这里没有特殊的技术功能。向股东或第三方发送相应消息的机构必须记住的唯一事情是,与用电话进行信息沟通相比,此类信息沟通方式在保密性上面临的危险要大得多,因为它们可以被轻松转发和传播。即使不违反保密义务,也必须始终考虑对公司声誉的影响。[67]然而在整个欧洲范围内,社会与股东之间的直接沟通仍然存在许多障碍,因此,ICLEG 建议进行适当的协调,以实现完整的数字化,无论是通知、协调还是会议记录或发票的传输等。[68]

(二) 资本市场法

这同样适用于资本市场法规定的框架条件:即使临时公告或其他消息现在几乎完全在 Internet 上分发,与虚拟世界相比这也没有区别——相关法规是技术中立的。在向公众传播相关信息时,需要考虑的最多也就是能否获益于《证券交易法》(WpHG)

---

〔64〕 ZIEMONS, in: K. Schmidt/Lutter, AktG, 3. Aufl., 2015, § 121 Rdn. 83; NOACK/ZETZSCHE, Kölner Komm. z. AktG, 3. Aufl., 2010, § 121 Rdn. 153; KUBIS, aaO (Fn. 5), § 121 AktG Rdn. 82; KOCH, aaO (Fn. 51), § 121 AktG Rdn. 11 f; HABERSACK, ZHR 165 (2001), 172, 178; eine bloße Abrufbarkeit der Informationen (pull) ist jedoch nicht ausreichend, vielmehr ist erforderlich, dass die Nachricht dem Aktionär überbracht werden muss (push-system), sodass eine Information auf der Homepage nicht ausreichen dürfte, so auch KOCH, aaO (Fn. 51), § 121 AktG Rdn. 11 f; NOACK/ZETZSCHE, aaO (Fn. 64), § 121 AktG Rdn. 153; KUBIS, aaO (Fn. 5), § 121 AktG Rdn. 82 will jedoch eine Homepage-Einladung genügen lassen (ohne Begründung).

〔65〕 所以也可参看 NOACK/ZETZSCHE, aaO (Fn. 64), § 121 AktG Rdn. 157; BUTZKE, Großkomm. z. AktG, 5. Aufl., 2017, § 121 Rdn. 102.

〔66〕 关于投资者关系的问题请比较 FLEISCHER, ZGR 2009, 505, 520 ff; BACHMANN, FS Schwark, S. 331, 332 f; LEYENDECKER-LANGNER, NZG 2015, 44, 47; LEUERING/SIMON, NJW-Spezial 2006, 507 f.

〔67〕 请参阅 DCGK 中有关"荣耀商人标准"的详细内容,以及声誉管理和公司法的要求和限制。FLEISCHER, DB 2017, 2015; KLÖHN/SCHMOLKE, ZGR 2016, 866, 868.

〔68〕 ICLEG, aaO (Fn. 2), S. 24 f.

第 20a 条第 6 款（老版本），以及目前的《滥用市场地位监管规则》（MM-VO）第 21 条[69]所规定的新闻特权条款。由于它们通常缺乏新闻性和社会评论性，并且出于自身利益进行传播，因此关于市场操纵的法规在此仍然完全适用。[70]

（三）数据保护和公平交易要求

但是就其他法律领域的要求而言，情况则有所不同：与股东特别是与潜在投资者进行沟通时，人们需要考虑 2018 年生效的《欧盟通用数据保护条例》之要求。[71] 而且根据计划中的新的《欧盟隐私保护条例》（ePrivacy VO），[72]除了仍然流行的 cookie 和网络跟踪工具外，公司可以依据《欧盟通用数据保护条例》来确定谁来提供《欧盟隐私保护条例》所应包含的规范内容（比如在对投资者或股东有关的宣传中），特别是在《欧盟隐私保护条例》第 10 条第 2 款，[73]主要是对公司的目标股东（以及

---

[69] 关于新闻特权：KLÖHN, WM 2016, 2241; VOGEL, in: Assmann/U. H. Schneider, Komm. z. WpHG, 6. Aufl., 2012, § 20 a Rdn. 131 ff; FLEISCHER, in: Fuchs, Komm. z. WpHG, 2. Aufl., 2016, § 20 a Rdn. 142 ff; MOCK, Kölner Komm. z. WpHG, 2. Aufl., 2014, § 20 a Rdn. 444 ff; SCHWARK, in: Schwark/Zimmer, KMRK, 4. Aufl., 2010, § 20 a Rdn. 33; 也请比较 SPINDLER, NZG 2004, 1138, 1139, 1142 ff; STURM, ZBB 2010, 20, 34.

[70] 也可参看 KLÖHN, WM 2016, 2241, 2243 f, insb. zur Definition der journalistischen Zwecke; VOGEL, aaO (Fn. 69), § 20 a WpHG Rdn. 134: 就时事通讯而言，重点应放在广告和客户咨询目的上，而不是影响公众舆论形成的目的，以使他们不受 § 20 a Abs. 6 WpHG 的保护。des genießen; 也请比较 MOCK, aaO (Fn. 69), § 20 a WpHG Rdn. 456: 如果获得直接或间接利益或损失了利润，则根据 § 20 a Abs. 6 WpHG 不适用特权之规定；也可参看 HOPT/KUMPAN, in: Schimansky/Bunte/Lwowski, Bankrechts-Handbuch, 5. Aufl., 2017, § 107 Rdn. 109; FLEISCHER, aaO (Fn. 69), § 20 a WpHG Rdn. 145; WAßMER, in: Fuchs, Komm. z. WpHG, 2. Aufl., 2016, § 38 Rdn. 112.

[71] Verordnung (EU) 2016/679 des Europäischen Parlaments und des Rates vom 27. April 2016 zum Schutz natürlicher Personen bei der Verarbeitung personenbezogener Daten, zum freien Datenverkehr und zur Aufhebung der Richtlinie 95/46/EG (Datenschutz-Grundverordnung), ABl. L 119 vom 4.5.2016, S. 1 ff, L 314 vom 22.11.2016, S. 72.

[72] 关于欧洲议会和理事会关于尊重私人生活以及保护电子通讯和废除个人数据的法规的提案：Richtlinie 2002/58/EG (Verordnung über Privatsphäre und elektronische Kommunikation) vom 10.1.2017, COM(2017) 10 final 2017/0003 (COD), abrufbar unter: http://eur-lex.europa. eu/legal-content/DE/ TXT/PDF/? uri=CELEX:52017PC0010 (zuletzt abgerufen am 30.9.2017).

[73] 即使可以通过选择设置（以渐进的方式保护隐私）获得同意，也必须由用户在最终决定过程中采取明确（且自愿、具体、知情、明确）的行为来做出对所选设置的原始确认。设置软件，例如浏览器，请比较《欧盟隐私保护条例》。

投资者）进行所谓的侧写（Profiling）分析，[74]以便更好地适应他们的想法和偏好。通过分析，可以根据股东和投资者的先前行为分别对其进行处理；从技术上来讲，该公司也许还可以访问第三方收集和出售的数据。但是，应该指出的是，这些要求仅适用于个人数据，而不适用于此类法人（如果奥地利等成员国未将其适用范围扩展到法人）；因此，以法人形式收集有关机构投资者的数据不受数据保护法规的约束，而仅受公平性法规的约束。

但是，使用和评估个人数据的法律框架非常严格：

首先，该原则适用于作为一种特殊形式的数据处理分析，只有在有关人员为此目的而同意处理其个人数据的情况下才是合法的（请参阅《欧盟通用数据保护条例》第 6 条第 1a 款）。但是，仅涉及股东身份的认定就不需要普遍同意，因为《欧盟通用数据保护条例》第 4 条第 11 项、第 7 条以及第 6 条第 1 款 a 项对于所规定的同意有特殊要求。[75]例如根据《欧盟通用数据保护条例》第 4 条第 11 项的规定，有关人员须对每项自愿的、知情且明确的意图声明（或任何其他明确的平权行为）均表示"同意"，或有关人员须对正在处理有关他的个人数据表示同意。

一般的同意通常是不够的。[76]数据处理者出于透明度和保护的原因，必须证明同意的存在（《欧盟通用数据保护条例》第 7 条第 1 款）。[77]事实上那些基于语言和内容方面的考虑很容易引起人们的关注。可以理解的事实是，人们可以区分出同意请求的事实基础（《欧盟通用数据保护条例》第 7 条第 2 款），[78]对此几乎不存在任何暗示或假设同意的余地。

因此，只能考虑在满足《欧盟通用数据保护条例》第 6 条所规定的其他条件的基础上进行数据处理的合理性。数据处理主要是为了履行合同义务（《欧盟通用数据保护条例》第 6 条第 1 款 b 项）或维护股份公司的合法利益，而有关股东的利益（利益冲突）不超过《欧盟通用数据保护条例》第 6 条第 1 款 f 项之规定。但是，大多数关于

---

〔74〕 根据 Art. 4 Nr. 4 DSGVO，"配置文件"是任何类型的个人数据自动处理，包括使用此个人数据评估与自然人有关的某些个人情况，尤其是分析或预测与工作有关的表现方面的情况，如经济状况、健康状况、个人喜好、兴趣、可靠性、行为、下落或该自然人的安置等。

〔75〕 根据 DSGVO 的同意概述：ERNST, ZD 2017, 110; HÄRTING, DSGVO, 2016, Rdn. 349 ff.

〔76〕 作为例外，如果尚不能完全说明确切的研究目的，仍然允许对于进行科学研究的一般同意，参见 GOLA, DS-GVO, 2017, Art. 4 Rdn. 67.

〔77〕 FRENZEL, in: Paal/Pauly, Datenschutzgrundverordnung, 2017, Art. 7, Rdn. 6; PLATH, BDSG DSGVO, 2. Aufl., 2016, Art. 7 Rdn. 3.

〔78〕 另可见于 Schantz/Wolff/WOLFF, Das Neue Datenschutzrecht, 2017, D Rdn. 522; KÜHLING/BUCHNER, DS-GVO, 2017, Art. 7 Rdn. 25; SCHULZ, in: Gola, DS-GVO, 2017, Art. 7 Rdn. 41.

"投资者关系"的沟通将不会履行公司的任何法律义务,而只是将其提交给股东。对于潜在的投资者而言,这本身就特别清楚,因为他们本就缺乏公司法上的法律地位。因此基于合同义务,人们必须排除对数据的处理。但是,在《欧盟通用数据保护条例》第 6 条第 1 款 f 项中,情况可能有所不同:责任人的"合法利益"包括实际利益和经济利益;数据主体的合法利益尤其与侵犯其基本权利有关。[79]在权衡个别情况下的利益的前提下,必须将未经授权的数据处理对个人的影响与客户对此类配置的利益进行权衡。

此外还应考虑到数据主体对其与数据控制者之关系的合理期望。作为对数据进行合法处理的例子,需要确定数据主体与数据处理者之间必要且适当的关系(例如"服务提供商"或具有客户地位)。在认真权衡利益冲突时,要按要求确定数据主体(在收集个人数据时)是否能够合理地理解将数据用于相应目的的情况。

但是,作为股东的地位已不能再与作为客户的地位相提并论,这使得后合同义务中的数据处理合法化。此外,由于缺乏可预测性和对个人领域进行保护的重要性,在防止未经授权的数据分析方面对数据主体的利益加以保护显得尤为重要,特别是在从第三方平台、cookie 和其他网页跟踪工具中获取数据这方面。[80]因此根据《欧盟通用数据保护条例》第 6 条第 1 款 f 项,数据处理也被排除在合法权益之外,因此其结果仍然需要(对于自然人)客户明确表示同意。根据《欧盟电子隐私保护条例》的规定,对"同意"的要求应与《欧盟通用数据保护条例》采用相同的标准,对此具体可看《欧盟电子隐私保护条例》第 9 条第 1 款。[81]

由于《反不正当竞争法》第 7 条第 2 款和《欧盟电子隐私保护条例》第 16 条的规定比《欧盟通用数据保护条例》的限制更大。在任何情况下,此处都需要事先获得明确同意(《欧盟通用数据保护条例》第 7 条第 2 款)。《反不正当竞争法》第 7 条第 2 款通过"与广告相关的事实"规定了"不合理的滋扰"这一概念。乍一看,人们倾向于不将与公司有关的、对股东发布的信息和通讯归类为"广告",当然也不会将其归为不合理的滋扰;因为它最终只会为股东提供有关公司的信息,从而为股东提供其参与的内在价值,并在必要时增强其提前参加股东大会的意愿。但是,这并不能改变股

---

〔79〕 参见以下说明:Erwg. 47 DSGVO；PLATH, aaO (Fn. 77), Art 6 DSGVO Rdn. 23；FRENZEL, aaO (Fn. 77), Art. 6 DSGVO, Rdn. 30；ALBERS, in: Wolff/Brink, Datenschutzrecht, 21. Aufl., 2017, § 6 Rdn. 48.

〔80〕 当然,利益的平衡总是取决于具体情况,因此合法利益也可以覆盖基于自我获得的数据对股东进行的"轻描淡写"的剖析。但是,剖析越类似于创建人格特征,由于干预的强度,相关人员的利益就越值得保护。类似观点参见 KÜHLING/BUCHNER, aaO (Fn. 78), Art. 6 DSGVO Rdn. 153.

〔81〕 另可参见 SCHMITZ, ZRP 2017, 172, 173；zum Verhältnis von ePrivacy-VO zur DSGVO：ENGELER/FELBER, ZD 2017, 251, 253 f.

东收到《股份公司法》或《商法典（HGB）》规定的通知和披露要求之外的信息的事实，这可能包括为其公司提供的与产品相关的广告。根据《欧盟电子隐私保护条例》（ePrivacy-VO-E）第 16 条第 2 款，也仅涉及与先前销售可比较产品或服务有关的电子邮件广告被视为例外；但是，公司与股东之间的关系并非如此。因此，在《欧盟电子隐私保护条例》第 16 条中不再涉及德国法律在"滋扰"一词中讨论的利益权衡。[82]

但是《欧盟电子隐私保护条例》第 16 条仅适用于自然人作为接受者的情况；对于法人实体而言，请参见《反不正当竞争法》第 7 条第 2 款，这里提供了更为宽泛的解释，尤其是在有关收件人（商业企业家、机构投资者等）的职能方面。[83]

《反不正当竞争法》第 7 条第 3 款允许在某些情况下主动发送消息，尤其是以电子邮件发送的消息；[84]但是，公司与股东之间的关系中通常不存在此类例外情况，因为公司未与股东签订任何销售商品或服务的合同。[85]仅公司法下的关系还不足

---

〔82〕 否则，要进行利益平衡：OBERGFELL/MANKOWSKI, in: Fezer/Büscher/Obergfell, Lauterkeitsrecht, Bd. Ⅱ, 3. Aufl., 2016, § 7 Rdn. 75；KÖHLER, in: Köhler/Bornkamm, UWG, 35. Aufl., 2017, § 7 Rdn. 23 ff；KOCH, in: Ullmann, jurisPK UWG, 4. Aufl., 2016, § 7 Rdn. 35.

〔83〕 Nach ständiger Rspr. des BGH（BGH CR 2004, 445, 447-E-Mail-Werbung I；BGH NJW 2017, 2119-Werbe-E-Mails ohne wirksame Einwilligung；BGH GRUR 2010, 939, 940 Rdn. 20-Telefonwerbung nach Unternehmenswechsel；BGH NJW 2009, 2958 Rdn. 11 f-Eingriff bereits durch einmalige unverlangte Zusendung；BGH GRUR 2008, 189, 190 Rdn. 14-Suchmaschineneintrag；BGH GRUR 2008, 923, 925 Rdn. 20-Fax-anfrage im Autohandel）können konkrete tatsächliche Umstände ein sachliches Interesse des gewerblichen Empfängers vermuten lassen；das LG Ulm, Urteil v. 30.4.2009-10 O 39/09, erkannte solche Umstände in der öffentlichen Angabe der E-Mail-Adresse；siehe dazu auch SCHÖLER, in: Harte-Bavendamm/Henning-Bodewig, UWG, 4. Aufl., 2016, § 7 Rdn. 3；WEBER, WRP 2010, 462, 465；anders OBERGFELL/MAN-KOWSKI, aaO (Fn. 82), § 7 UWG Rdn. 211, wonach die bloße Veröffentlichung einer Faxnummer oder EmailAdresse nicht die Zusendung von Werbung rechtfertige.

〔84〕 Erwg. 40 der Richtlinie 2002/58/EG（Datenschutzrichtlinie für elektronische Kommunikation, Abl. L 201/37）fasst explizit nur E-Mails und SMS-Nachrichten unter die elektronische Post. Aufgrund des ebenfalls „relativ leichten und preiswerten Versandes, verbunden mit einer potenziellen Belastung und/oder eines Kostenaufwands für den Empfänger", müssen neben der klassischen E-Mail und SMS-Nachricht, auch MMS-und WhatsApp-Nachrichten, sowie Facebook-, Instagram-und Twitter-Mitteilungen als elektronische Post qualifiziert werden, ebenso OBERGFELL/MANKOWSKI, aaO (Fn. 82), § 7 UWG Rdn. 186；OHLY, in: Ohly/Sosnitza, Gesetz gegen den unlauteren Wettbewerb, 7. Aufl., 2016, § 7 Rdn. 65.

〔85〕 对此通常可以参看 MENEBRÖCKER, in: Götting/Nordemann, UWG, 2. Aufl., 2013, § 7 Rdn. 107；KÖHLER, aaO (Fn. 82), § 7 UWG Rdn. 204 ff m.w.N.

以实现这一目的。因此,未经公司明确同意,不得在公司法范围之外(就与股东大会有关的邀请)与股东沟通。基于《反不正当竞争法》第7条第2款以及《欧盟电子隐私保护条例》第3条,[86] 以及第13条第1款在同意方面再次引用了数据保护指令95/46/EC,数据保护法中制定的标准也适用于此,[87] 所以默示的同意是不够的。[88]如前所述,于2018年生效的《欧盟电子隐私保护条例》(第9条)和《欧盟通用数据保护条例》也对同意书提出了相同的要求。对于"特定情况"也必须给予同意,一般同意不包括在内;但是,很有可能这种同意只是针对特定的消息类别(例如关于产品类型的信息),而不是针对"所有类型的金融服务"。[89]

另一方面,除非与针对股东或潜在投资者的通知与竞争或促销活动(不包括对公司股份销售的广告宣传等)相关联,否则《电信媒体法(TMG)》第6条关于商业交流的附加要求之规定通常不会对此类行为进行干预。更重要的是,为了公司自身的利益,应遵守《电信媒体法(TMG)》第6条第2款的要求:明确标识发送者和主题。

(四)媒体法

重要的是必须区分"非个人"意义上的交流,例如在 YouTube 频道或一般的 Twitter 关注者们的帮助下所进行的交流。不能邀请或者要求信息接收人参加活动或发表谈话,否则这将被视为"非个人"交流从而受到限制。如果内容是新闻和社论(公司的 YouTube 频道肯定是这种情况),则《德国广播和电视媒体条约》(RStV)第54条及以下条款适用于类似广播的电视媒体活动。[90]此外几乎不会适用视听媒体指南、视听商业传播指南[91]上的相关法规(例如 AVM-RL 第9条,关于易于识别、不违反人的尊严、歧视等规定)。

---

〔86〕 Datenschutz-Richtlinie über die elektronische Kommunikation 2002/58/EG v. 12. 7. 2002, Abl L 201/37.

〔87〕 另可参见 BGH, GRUR 2008, 923 Rdn. 16, 18-Faxanfrage im Autohandel; BGH, GRUR 2008, 1010 Rdn. 28f-Payback.

〔88〕 OBERGFELL/MANKOWSKI, aaO (Fn. 82), § 7 UWG Rdn. 209; KÖHLER, aaO (Fn. 82), § 7 UWG Rdn. 185.

〔89〕 KÖHLER, aaO (Fn. 82), § 7 UWG Rdn. 186.

〔90〕 FIEDLER, in: Gersdorf/Paal, Informations-und Medienrecht, 17. Aufl., 2017, RStV § 58 Rdn. 26; LEEB/SEITER, ZUM 2017, 573, 580; FELDMANN, DSRITB 2016, 743, 746 f.

〔91〕 Richtlinie 2010/13/EU des Europäischen Parlaments und des Rats vom 10. März 2010 协调成员国有关提供视听媒体服务方面的法律和行政法规(《视听媒体服务指令》)。ABl. L 95/1 ff, vom 15.4.2010;新的提案对此几乎未作改变,请参阅 Richtlinie 2010/13/EU,该指令涉及根据不断变化的市场情况对成员国有关视听媒体服务方面的法律、行政规定进行协调。25.5.2016, COM(2016) 287 final, 2016/0151 (COD).

对于那些来自股东乃至第三方的声明或通知,以及可以被其他人(论坛访客)查看的公司门户网站或公司资料,人们还会发现一个特殊的问题。即使不太可能在此适用《德国网络执行法》(NetzDG)——因为几乎不会超过200万德国注册用户的相关限制(《德国网络执行法》第1条第2款),也不会遭到《电信媒体法》(TMG)第10条以相应的责任特权条款进行的干预,[92]但是,公司原则上仍应承担在《德国网络执行法》[93]所规定的在论坛以外的地方进行非法活动所要负的责任。[94]

六、数字化与企业责任

(一)将 IT 安全视为"重中之重"

但是除了交流领域,数字化还影响公司法的其他领域,尤其是在对执行机构的责任方面。正如已经指出的那样,IT 的核心作用和几乎所有业务流程的数字化意味着 IT 安全的含义与10—15年前已完全不同。由于当今公司的命运取决于是否能够防止第三方侵入,取决于从销售和财务控制再到采购或生产的第三方访问的功能正常的 IT 系统,因此很明显,IT 安全已成为"重中之重"。当然,董事会或管理层可以(并且必须)委派 IT 安全特定任务,并聘请合适的专家。由于在风险管理框架内存在《股份公司法》第91条第2款所指的风险,所以 IT 安全专员与管理层的直接联系至关重要。[95]因此,董事会和管理层必须亲自领导相关部门进行定期监控。在金融市场领域,《最低风险管理要求》(MaRisk)已经对此进行了定义,[96]并提出了具体要求。由于广泛的数字化,现在这些规定几乎可以适用于大公司的每个领域。即使

---

〔92〕 关于该法可参看 SPINDLER, K&R 2017, 533 ff; zu den Voraussetzungen des §10 TMG SPINDLER, in: Spindler/Schmitz, TMG, 2. Aufl., 2018, §10 Rdn. 7ff.

〔93〕 非法论坛帖子的基本知识:BGHZ 191, 219 Rdn. 23 f = GRUR 2012, 311, Rdn. 19 ff-Blog-Eintrag;对此也可参看 SPINDLER, 69. DJT 2012, Gutachten F, S. 66 f; siehe zur Frage des „sich zu eigen machens" fremder Bewertungsbeiträge: BGH, GRUR 2015, 1129 Rdn. 25-Hotelbewertungsportal; BGH, GRUR 2016, 855 Rdn. 17 f-jameda.de.

〔94〕 另可参看 SPINDLER, aaO (Fn. 92), §10 TMG Rdn. 17, §7 TMG Rdn. 22; PAAL, in: Gersdorf/Paal, Informations-und Medienrecht, 17. Aufl., 2017, §7 TMG Rdn. 36; ROGGENKAMP, K&R 2010, 499, 500.

〔95〕 V. HOLLEBEN/MENZ, CR 2010, 63, 65 ff; LENSDORF, CR 2007, 413, 414 f; NOLTE/BECKER, BB-Special 5 2008, 63 f; SCHMIDL, aaO (Fn. 5), §28 Rdn. 46.

〔96〕 AT 7.2 des Rundschreibens 10/2012 (BA)-Mindestanforderungen an das Risikomanagement (MaRisk) vom 14.12.2012; hierzu SCHMIDL, aaO (Fn. 5), §28 Rdn. 62; ECKHOLD, in: Borges/Meents, Cloud Computing, 2016, §24 Rdn. 30 ff.

《最低风险管理要求》中包含详细的要求,仍需要进一步说明必要措施:这里必须区分组织措施和技术措施。对于组织要求,可以使用德国联邦信息安全局(BSI)认证[97]的基本保护目录,在《德国数据保护法案》第 9 条和《欧盟通用数据保护条例》第 5 条第 1 款 f 项以及第 25 条、第 32 条中已经提到过。这在很大程度上或将继续在数据保护法中适用。[98]但是对于技术措施,必须在使用 IT 的每种情况下进行审查。

对于这两个领域认证的作用问题反复出现,尤其是关于它们是否减轻了相关责任。但是,此问题绝非 IT 问题所特有,而是经常在组织义务(包括合规性或风险管理系统)的背景下出现。但是,由于在 IT 领域中安全组织的设计是高度个性化的,因此符合某些要求(包括 BSI 认证基本保护目录)本身不能确保符合《股份公司法》第 93 条第 1 款或《有限责任公司法》第 43 条中要求的注意事项。人们始终需要对个案进行审查。即使是认证也不能从一开始就减轻他们的职责,尤其是当这些认证仅基于快速检测而做出时。如果认证仅是所谓的系统测试,则这尤其适用,该测试仅限于测试所提供的管理系统等的一致性,而并不在现场执行任何(随机)测试。[99]

(二)董事责任和大数据

但是,公司或管理层可以使用的信息和数据与以前相比已大大扩展,这也影响了执行机构的责任。众所周知,《股份公司法》第 93 条第 1 款第 2 句或"商务判决规则"要求为该决定建立充分的事实依据,以适用免责条款。[100]此处的决定性因素是,

---

〔97〕 BSI-Grundschutz-Kataloge, 15. EL 2016, abrufbar unter https://download.gsb.bund. de/BSI/ITGSK/ IT-Grundschutz-ataloge_2016_EL15_DE.pdf (zuletzt abgerufen am 26.9.2017).

〔98〕 KARG, in: BeckOK Datenschutzrecht, 21. Ed. 2017, §9 BDSG Rdn. 82, 101; SCHRÖDER, Datenschutzrecht, 2016, 6. Kap. Ⅱ 1; ERNESTUS, in: Simitis, BDSG, §9 Rdn. 22; MARTINI, in: Paal/Pauly, Datenschutzgrundverordnung, 2017, Art. 32 Rdn. 57 ff; GRAGES, in: Plath, BDSG DSGVO, 2. Aufl., 2016, Art. 32 Rdn. 1, 4; QUIRIN-KOCK, DuD 2012, 832 ff.

〔99〕 详细论述另见于 SPINDLER, Unternehmensorganisationspflichten, 2. Aufl., 2011, S. 809 ff.

〔100〕 主流观点参见 BGHZ 135, 244, 253-ARAG/Garmenbeck = NJW 1997, 1926; FREUND, NZG 2015, 1419, 1422; S. H. SCHNEIDER, DB 2005, 707, 708; PETERS, AG 2010, 811, 812; FLORSTEDT, AG 2010, 315, 317; P. SCHAUB/M. SCHAUB, ZIP 2013, 656, 659; S. H. SCHNEIDER, Informationspflichten und Informationseinrichtungspflichten im Aktienkonzern, 2006, S. 89 ff, 91; M. ROTH, Unternehmerisches Ermessen und Haftung des Vorstandes, 2001, S. 80 ff; SEMLER, FS Ulmer, 2003, S. 627, 632 f; FLEISCHER, FS Wiedemann, 2002, 827, 840 f; JUNGMANN, FS K. Schmidt, 2009, S. 831, 843; DAUNER-LIEB, in: Henssler/Strohn, GesR, 3. Aufl., 2016, §93 AktG Rdn. 22.

是否允许总经理或董事会在其谨慎职责范围内行事,并有权确认相关信息基础(条件)是适当的。[101]因此,董事会有义务用尽所有可用的知识资源,但在此董事会也必须权衡对公司进行广泛调查的成本和收益。[102]也许不会存在所有现有的知识可能性都被用尽的情况,[103]判例上还通过提及"具体的决策情况"[104]保留了余地,从而可以调整信息收集的范围。如果决策机构已从相关事前观点中获得了合理可观察的信息,并以此为依据,则该信息基础是适当的。[105]但是,此处的决定实际上并非基于决策而决定的。适当的信息基础,仅是那些被公司机关合理地接收的信息。[106]

但是,访问信息(包括信息的结构)越容易,可用数据越广泛,对足够的事实依据进行业务决策的要求就越高。人们可以构造大量数据并创建新关联的机器学习算法,这些对于将来的创业决策将是必不可少的。如果合理使用这些技术,管理委员会将很难证明放弃使用此类技术是合理的,当然这也取决于公司的规模。因此,收集大量数据不仅对公司有利,而且意味着相关机构必须将这些数据用作其尽职调查的一部分。这在判例法所规定的公司的知识归属和信息正确分配原则的情况下尤其如此:这是因为至少在公司法人组织内部存在有存储、转发和检索"公司组织内部其他成员可识别的具体信息"的相关义务,[107]如果违反了这些义务,则会被视为对

---

[101]　KOCK/DINKEL, NZG 2004, 441, 444；FLEISCHER, ZIP 2004, 685, 691；DRUEY, FS Goette, 2011, S. 57, 64；WEBER-REY/BUCKEL, AG 2011, 845, 851；类似观点参见 BRÖMMELMEYER, WM 2005, 2065, 2067：eine „informierte" Entscheidung；也可参看 Begr. RegE BT-Drucks. 15/5092, S. 11.

[102]　BGH NJW 2017, 580, Tz. 34-HSH-Nordbank；HOPT/ROTH, aaO (Fn. 52), § 93 AktG Rdn. 105；ULMER, DB 2004, 859, 860 ff；IHRIG, WM 2004, 2098, 2105 f；V. WERDER, ZfB 67 (1997), 901 ff；FLEISCHER, FS Wiedemann, S. 827, 841；M. ROTH, aaO (Fn. 100), S. 81 ff；PAEFGEN, Unternehmerische Entscheidungen und Rechtsbindung der Organe in der AG, 2002, S. 223 ff；DERS., AG 2004, 245, 254；OLG Celle WM 2008, 1745, 1746 = AG 2008, 711；BOSCH/LANGE, JZ 2009, 225, 231；BÖTTCHER, NZG 2009, 1047, 1049；SEIBT/ WOLLENSCHLÄGER, DB 2009, 1579；GRUNEWALD/HENNRICHS, FS Maier-Reimer, 2010, S. 147, 148 f；KEBEKUS/ZENKER, FS Maier-Reimer, 2010, S. 319, 330 f；P.SCHAUB/M. SCHAUB, ZIP 2013, 656, 659；strenger KOSSMANN, NZG 2011, 46, 49.

[103]　PELTZER, FS Hoffmann-Becking, 2013, S. 861, 866.

[104]　BGH NZG 2008, 751, 752, Tz. 11 = NJW 2008, 3361, 3362, Tz. 11；BGH NJW 2017, 580, Tz. 34-HSH-Nordbank.

[105]　FREUND, NZG 2015, 1419, 1422.

[106]　BGH NJW 2017, 580, Tz. 34-HSH-Nordbank.

[107]　BGHZ 132, 30, 37.

这类信息的捏造。[108]对公司中几乎所有数据访问的简化最终导致了对一种广泛的知识归属方式的干预。[109]

七、区块链与公司法

在过去的几年中，区块链技术已发展为法律人热衷"炒作"的一个主题，因为该技术似乎带来了全新的可能性。例如，执行自动合同并能够轻松、安全地跟踪交易，如在所谓的金融科技或银行业。[110]德国联邦金融监管局（BaFin）也已经对此话题发表了评论，并饶有兴趣地观察着它的发展。[111]德国联邦金融监管局最初主要着眼于分布式分账本，即账户分配系统和区块链。然后调查它们可能的用途。特别是在这里考虑金融市场上的交易，交易数据的存储、数字支付和银行间交易。此外，德国联邦金融监管局假设分布式账本或区块链技术基本上有潜力在金融领域树立新标准。由于该主题具有"炒作"的性质，所以许多法律人仍不了解相关技术基础，因此在此

---

[108] Erstmals MEDICUS, Karlsruher Forum 1994，4，11 ff；TAUPITZ, Karlsruher Forum 1994，16，26 ff；daran anschließend BGHZ 132，30，37；mittlerweile allg. M.，anstatt aller：KORT, aaO (Fn. 60)，§ 76 AktG Rdn. 203；HABERSACK/FOERSTER, Großkomm. z. AktG, 5. Aufl.，2015，§ 78 Rdn. 39；KOCH, aaO (Fn. 51)，§ 78 AktG Rdn. 24 jeweils m.w.N.

[109] 参看 BUCK 对此问题的广泛讨论：Wissen und juristische Person, 2001；SCHÜLER, Die Wissenszurechnung im Konzern, 2000；RÖMER-COLLMANN, Wissenszurechnung innerhalb der juristischen Person, 1998；BAUM, Die Wissenszurechnung, 1999；NOBBE, Bankrechtstag 2002，S. 121，121 ff；DREXL, ZHR 161 (1997)，491，491 ff；KOCH, ZIP 2015, 1757 ff；BUCK-HEEB, WM 2016, 1469 ff；GASTEYER/GOLD-SCHMIDT, AG 2016, 116；GRIGOLE-IT, ZHR 181 (2017)，160 ff；SPINDLER, ZHR 181 (2017)，311 ff；SCHÜRNBRAND, ZHR 171 (2017)，357 ff.

[110] L. GEILING, Bafin, Distributed Ledger：Die Technologie hinter den virtuellen Währungen am Beispiel der Blockchain (2016)，abrufbar unter：https://www.bafin.de/SharedDocs/Veroeffentlichungen/DE/Fachartikel /2016/fa_bj_1602_blockchain.html (zuletzt abgerufen am 30.9.2017)；HANCOCK/VAIZEY, Distributed Ledger Technology：beyond block chain-A report by the UK Government Chief Scientific Adviser, abrufbar unter：https://www.gov.uk/government/uploads/ system/uploads/attachment_data/file/492972/gs-16-1-distributed -ledger-technology.pdf (zuletzt abgerufen am 30.9.2017).

[111] 可参看 BAFIN, Distributed Ledger：Die Technologie hinter den virtuellen Währungen am Beispiel der Blockchain, abrufbar unter：https://www.bafin.de/SharedDocs/Veroeffentlichungen/DE/Fachartikel/2016 /fa_bj_1602_blockchain.html (zuletzt abgerufen am 27.9.2017)；请比较 auch die Informationen auf der Homepage der BaFin https://www.bafin.de/DE/Aufsicht/FinTech/Blockchain/blockchain_node.html (zuletzt abgerufen am 30.9.2017).

我们有必要简短地介绍一些相关基础知识。

(一) 基础

1. 区块链技术

一般来说区块链是一种信息载体,而与信息的类型无关。它可以随时随地清晰地验证存储在单个区块链或链接中的信息,但在其传输过程和区块链中均保持加密状态,从而仅与发件人和收件人通信或对于此类人员而言,在拥有必要的密钥时才是可以访问的。通常,信息是使用对等网络通过区块链传输的,即通过没有(集中式)服务器结构的分散系统传输。[112]每个新信息或交易都以块和块的形式添加到数据结构的末尾。按时间顺序直接连接到前一个块。这意味着每个新交易都是以独特且可验证的方式创建的,因此最终会创建一个"区块链"。这些区块通过寄存器(分布式账本)分散存储在所有连接的计算机上,从而可以公开和私下地设计网络。[113]

除了传输路径外,所谓的哈希图是区块链的基本组成部分。[114]哈希图是一种数学函数,可将不确定长度的信息转换为固定长度的目标值。在最佳情况下,此函数应该是单射的(injektiv),即对于不同的信息应导致不同的哈希值。反之亦然,相同的信息提供相同的哈希值。如果两个不同的信息提供相同的哈希值则称为冲突,其原因是选择了较差的哈希映射。哈希函数可用于为查看者标识其内容,但不提供有关内容类型的任何信息。但是,由于要传输的信息通常由大的区块组成,因此使用了另一个有效的安全功能,即哈希树。

此外,还使用了时间服务器,该服务器提供带有时间戳的待传输信息。[115]由于区块链随着集成的每条新信息而变得越来越长,因此一方面是时间戳用作验证的临时指示符,另一方面它具有恒定的、不可逆的安全性功能。如果区块链中的相同信息具有不同的时间戳,则相关人员将不会接受它,而只是将其忽略,因此区块链仅会传输正确的信息。

从理论上讲,如果网络攻击者实际上设法在加密哈希函数中引起冲突,则可以设想攻击情形。但是,所涉及的努力通常时间成本太高,以至于这种攻击是不值得

---

[112]　关于通常的功能方式可参看 D. TAPSCOTT/A. TAPSCOTT, Blockchain Revolution, 2016, passim; K ZIEGLER, Smarte Schwärme. Die Technik hinter modernen Peer-To-Peer-Netzen, c't Magazin (16/2005), 160 ff; KAULARTZ, CR 2016, 474 f; MOUGAYAR, The Business Blockchain, 2016, S. 1 ff, 17 ff; WILLIAM, Blockchain, 2016, S. 1 ff.

[113]　也可参看 KAULARTZ, CR 2016, 474, 475 ff.

[114]　另可参看 KAULARTZ, CR 2016, 474, 475 f; 也请参看 WATTERHOFER, The Science of Blockchain, 2016, S. 95 ff.

[115]　CADJAN/HARRIS, Administering NDS, 1999, S. 38 ff.

的。如果将自己限制为已经包含第一次原像攻击的第二次原像攻击,则可以按以下方式计算工作量:SHA-1*哈希映射至少需要 252 次尝试。即使在散列图上每秒进行 1000000 次攻击,攻击者仍然需要大约 6 年才能找到一次冲突。另一方面,如果攻击者没有哈希信息,即只能进行第一次原像攻击,那么甚至有 22104 次尝试。与第二次原像攻击相比,尝试次数增加了 252 倍,这可以通过较少的可用攻击信息来解释。使用其他加密哈希映射,则巨大的工作量又增加了。

因此,如果攻击者在哈希映射中发现冲突,他仍然不会挑战整个区块链。因为相关的信息也有时间戳。这意味着攻击者必须在散列的输出信息接收到时间戳的确切时间点将散列的冲突信息嵌入区块链。要做到这一点几乎是不可能的。只有当攻击者设法操纵服务器时间记录,从而使初始信息和冲突信息在第二次原像攻击成功后同时被赋予时间戳时,才有可能成功突现攻击。但是即使那样,攻击者仍未渗透到区块链中。由于 P2P 原则适用于区块链,因此大多数用户还必须验证哈希碰撞信息。如果这没有发生,则攻击者先前的努力也将毫无价值。总体而言,攻击者的时间精力成本将再次增加。

其另一个特征是不能撤销交易。人们会将完成的交易信息牢固地集成到区块链中;这只能通过相反的交易再次取消,然后再将其重新整合到现有的区块链中。除了加密和分散存储之外,对链和数据库的任何更改都需要获得大多数甚至所有参与者的批准。根据网络的性质——无论公共的还是私人的——某些证据被用作基础。例如在比特币的情况下,使用计算能力("采矿")来进行验证。

2. 智能合约

基本上,区块链可以与所谓的智能合约的思想相结合;智能合约是代表我们执行合约的程序。[116]智能合约可以直接在区块链中表现为信息,也可以用作一系列合约安排的框架。其中,区块链充当信息的发送者。如果是购买对象,例如以分期付款方式还清汽车贷款就可以采用智能合约的模式——假设具有适当的传感器和连接能力——如果到期仍未收到分期付款,则程序可以自动阻止汽车的运行。只能在已付清分期款后才能再次启动汽车。[117]作为智能合约,Kaulartz/Heckmann 可以定义以下代码:

---

* 安全哈希算法 1(Secure Hash Algorithm Ⅰ,SHA-1)。——译者注

[116] So z.B. die Ethereum-Plattform:https://www.ethereum.org/ (zuletzt abgerufen am 30.9.2017);hierzu auch J. WAGNER, BB 2017, 898, 901; SWAN, Blockchain, 2015, S. 16 ff; YERMACK,Corporat Governance and Blockchain, 2016, S. 32 abrufbar unter:https://papers.ssrn.com/sol3/papers.cfm? abstract_id=2700475 (zuletzt abgerufen am 30.9.2017);zu den technischen Grundlagen KAULARTZ, InTeR 2016, 201, 202 f.

[117] KAULARTZ/HECKMANN, CR 2016, 618 f m.w.N.

——"可用数字验证的事件(在这里为:支付租赁费率 true/true 或 false/false),

——处理事件的程序代码(在这里为:汽车车载计算机中的软件),

——根据事件而采取的与法律有关的行动(在这里为:使汽车投入运营)。"[118]

在金融科技或保险行业中也可以考虑使用智能合约。[119]例如,由 R3 HoldCo LLC 牵头的信贷和金融机构协会开发了 Corda 平台,用于金融行业中合约的自动处理。[120]在保险行业,也有关于使用智能合约以加速自然灾害掉期*和债券触发机制的考虑。[121]

3. 限制

因此,区块链解决了许多问题。但是,如果传输信息或智能合约所基于的程序有故障,例如 DAO 以太坊(DAO Ethereum)的著名错误,则它们会变得毫无用处。[122]列出的自动化方法也设置了智能合约以及区块链技术的使用限制:人们可以通过编程来设定自动撤回或撤销的指令,从而实现自动化。但是,如果无法触发自动化流程,则其他权利会引起问题,例如对补充性能或改进的需求。在交易方面,智能合约还仅限于数字内容或至少是有数字接口的领域。[123]人们无须再费周折就可以对不确定的法律条款进行编码,例如适当的期限。[124]

借助智能合约,也出现了许多其他法律问题。到目前为止,人们主要针对比特币进行了讨论。[125]由于很大程度上不可能终止区块链,因此在此技术的框架内不可能采取所有相关的法律补救措施:由于该技术的特征导致终止"仅"会成为一种逆转。这也适用于只有一个(编码)条款被视为无效(例如,公司章程中的规定)的

---

[118]　KAULARTZ/HECKMANN, CR 2016, 618.

[119]　J. WAGNER, BB 2017, 898, 901; Roland Berger GmbH (Hrsg.), Enabling decentralized, digital and trusted transactions, 2017, S. 9; abrufbar unter: https://www.rolandberger.com/de/press/Blockchain-in-der-Finanzdienstleistungsbranche-birgt-grosses-Potenzial-%E2%80%93-breite.html (zuletzt abgerufen am 30.9.2017).

[120]　另请比较 die Homepage von corda: https://www.corda.net/ (zuletzt abgerufen am 30.9.2017).

＊　自然灾害掉期是在场外交易(OTC)衍生品市场中交易的一种可定制的金融工具,使保险公司能够防范重大自然灾害造成的巨大潜在损失。——译者注

[121]　KAULARTZ, InTeR, 2016, 201, 203 unter Verweis auf ALLIANZ, Pressemitteilung vom 15.6.2016, abrufbar unter: https://www.allianz.com/v_1465997377000/media/press/document/Press_Release_ART_Blockchain_pilot_DE_final.pdf (zuletzt abgerufen am 30.9.2017).

[122]　MANN, NZG 2017, 1014, 1015.

[123]　KAULARTZ/HECKMANN, CR 2016, 618, 620.

[124]　KAULARTZ/HECKMANN, CR 2016, 618, 623.

[125]　KÖNIG/BECK, Bitcoin, JZ 2015, 130, 130 ff; SPINDLER/BILLE, WM 2014, 1357, 1369 ff.

情况;重新编码只能对将来进行干预(不包含归罪条款),而对于过去则不能进行干预。

此外,自动化不会改变以下事实,即确定要件要素存在的权限是单方面分配给缔约方的,并且由于制裁或撤销,并不总是与陈述和举证责任的分配相对应地自动发生。

最后,在数据保护方面存在潜在的问题:由于交易是在区块链中进行映射的,并且在某些情况下也可以识别关联的法人实体,因此原则上存在《欧盟通用数据保护条例》范围内的个人数据。原则上,任何人都可以查看公共区块链,因为它们是区块链的组成部分。虽然事务已加密,但即使在匿名的情况下,人们仍假定可以识别相关信息,因为密钥可用于此操作。但是即使那样,在区块链中的应用通常也应符合《欧盟通用数据保护条例》第 6 条的要求,因为数据对于合同的实施是必不可少的,因此至少存在处理数据的理由。

(二)公司法的适用领域

清晰的可验证性和极高的安全性以及同时进行的去中心化使区块链这一加密技术成为合法合规记录和跟踪交易的理想方式。

1. 识别和验证交易

鉴于对防伪的高度保护要求,目前正在讨论用区块链识别股东身份,以及用于分析内幕交易或市场操纵活动——对这一点也不足为奇。[126]但是在这里,区块链最终也不是真正的灵丹妙药。很明显,几乎没有任何允许追溯变更的交易分配;但这并没有说明谁真正发起了交易。信任结构或其他隐藏交易实际控制权的方法即使在区块链中也是对外界不可见的。[127]

另一方面,如果可以查看区块链,从而可以查看交易和参与者的身份,则可以大大降低对透明度和报告的要求。同时借助适当的分析工具,人们无须再费时即可监视相应的阈值——无须股份公司和资本市场法中的复杂报告系统即可完成这些工作。[128]

2. 公司章程

智能合约背后的想法也可以在法律技术领域实施,以便节省法律工作步骤。对于公司法领域中增资之类的标准化流程这样做尤其适合。借助输入掩码,无须实际

---

[126] 可参看 A. WAGNER/WEBER, SZW 2017, 59, 64 f.

[127] 也可见于 A. WAGNER/WEBER, SZW 2017, 59, 65.

[128] 正确指出这一点的见 A. WAGNER/WEBER, SZW 2017, 59, 67 hin.

制定流程就可以控制股东大会决议草案或合同内容。[129]但是,这当然只是对表格簿(Formularbücher)功能的进一步发展,而表格簿在法律实践中早已存在。[130]在这里可以预期,只有随着合法机器人的进一步发展,这些潜力才能得到有效利用。[131]

3. 投票

但是,由于可以明确分配投票行为(即使是在线上会议的情况下),所以清晰的验证程序可以在投票时带来很大的缓冲作用,并防止计数错误等问题,因此不会偏离指令。但是在投票之外,如果使用公共区块链,[132]则经常会出现数据保护问题——当然,通过使用私有区块链可以解决此问题。但由于投票成本的下降,小股东的"集体行动"问题是否可以真正减少,[133]这似乎值得怀疑。在德国,人们对引入电子股东平台有相当清醒的认识,因为它显然并未导致小投资者的参与以及联合行使表决权的增加。[134]

如前所述,智能合约与区块链一起还可以根据特定条件实现自动付款流程。这也可以使公司法上的决议变得更有效率,例如在决定付款的情况下。[135]

4. 会计

人们还讨论了为每个股东开放会计账簿的问题:由于可以轻松检查区块链上的交易,尤其是通过自动化流程,因此审计师的消失是有可能的。然后,他们将转变为要查找的数据量的分析人员以及相应检查算法的开发人员。[136]显然,这涉及数据机密性方面的巨大问题——即使它是事后检查,而不是实时检查。因此,审计师作为"受信任的第三方"和准信息受托人的功能仍然显得必要,即使他将来可以借助电子

---

[129] 关于合同起草方面的问题参看 LANGE-HAUSSTEIN, ITRB 2017, 93, 94.

[130] 正确指出这一点的见解参见 J. WAGNER, BB 2017, 898, 900 hin.

[131] 关于法律机器人请比较前注〔24〕.

[132] 显然假设了这一点,可参看 MUTTER/OTTO, AG 2017, R 145;关于这一危险也可参看 ZETZSCHE/BUCKLEY/ARNER, The Distributed Liability of Distributed Ledgers, S. 14 verfügbar unter: https://papers. ssrn. com/sol3/papers. cfm? abstract_id=3018214 (zuletzt abgerufen am 27.9.2017);另请比较 MARTINI/WEINZIERLE, NVwZ 2017, 1251, 1254.

[133] 所以参见 A. WAGNER/WEBER, SZW 2017, 59, 66.

[134] 法律要件上请比较 BAYER/HOFFMANN, AG 2013, R 61 ff; SEIBERT, NZG 2007, 841, 842; KUBIS/OELKERS, Münchener Komm. z. AktG, 3. Aufl., 2013, § 127a Rdn. 2; RIEKERS, in: Spindler/Stilz, Komm. z. AktG, 3. Aufl., 2015, § 127 a Rdn. 3; DRINHAUSEN, in: Hölters, Komm. z. AktG, 3. Aufl., 2017, § 127a Rdn. 1; HERRLER, in: Grigoleit, AktG, 1. Aufl., 2013, § 127 a Rdn. 1.

[135] 也可参见 A. WAGNER/WEBER, SZW 2017, 59, 66.

[136] 这一类观点可参见 A. WAGNER/WEBER, SZW 2017, 59, 66.

审计程序发挥不同的作用。

5. 权力下放的自治组织(DAO)作为一种新的社会现象

基于以太坊区块链的DAO从投资者那里筹集了资金,这显示出区块链技术可以在众筹范围内成为超越传统平台的去中心化技术,[137]这引发了许多尚未解决的问题,本文只能简单地提及。通常根据《民法典》第705条及以下条款,基于共同追求的目的和目标就已经可以成立民法典意义上的公司。[138]其中DAO作为集资方与一家拥有资本管理人的基金公司很相似。特别是在DAO筹集资金的情况下,他们根据瑞士法律成立了一家公司DAOLink,目的是在外部关系中完成作为信托公司的合法交易。[139]除欧盟范围内的外国公司外,席位理论在法律冲突中对分类具有决定性的作用;[140]该问题尤其是基于对等网络的分散式代码已在开放源代码的开发中被进行了讨论。[141]由于决策是分散进行的,因此在一个决策中就没有具体的法律形式定位。[142]与其诉诸任何法律形式,不如将注意力集中在DAO资产所在的位置,即所收集的资本上。[143]信托公司的注册办公室也可以以类似于资金的方式被使用,因为它可以做出对DAO有效的相关决策。但是,如果资金不是在传统账户中收集而是由比特币组成,则此方法将宣告失败。

八、介于两者之间:工业 4.0 与公司法以及合同法

恰恰相反的观点则认为,数字化对公司法并没有什么影响,反而是法律需要在数字经济中通过合作来适应新的现象,也就是所谓的工业 4.0 合作。简而言之,不管实践中有多少变化,这都是独立公司之间已经众所周知的类似网络的合作问题,然

---

[137]　Näher dazu MANN, NZG 2017, 1014, 1015 ff.

[138]　Zutr. MANN, NZG 2017, 1014, 1016.

[139]　MANN, NZG 2017, 1014, 1018 m.w.N.

[140]　BGHZ 97, 269, 272; statt vieler KINDLER, Münchener Komm. z. BGB, IntGesR, 6. Aufl., 2015, Rdn. 351 f.

[141]　另可参见 SPINDLER, Rechtsfragen Open Source, 2004, Teil C Rdn. 16 sowie C Rdn. 139 zum Kollisionsrecht.

[142]　MANN, NZG 2017, 1014, 1018 f; SIMMCHEN, MMR 2017, 162, 164 f, 但他认为标准可以从相关网站的性质中得出。

[143]　所以参见 MANN, NZG 2017, 1014, 1019.

而通过数字化,这种合作已经有了新的发展趋势。[144]因此,在没有资本或者投票权的相互联系的关联公司之间的紧密合作已经开始很长时间了,例如在即时交付关系或特许经营网络中。[145]然而有趣的是,迄今为止还缺乏对"工业 4.0"现象的详细讨论。[146]

　　但是,数字化在公司之间进一步增强的联系似乎代表着另一个巨大的飞跃:交易是在没有任何人为控制的情况下直接从机器到机器进行处理(即使这两个机器属于不同的公司),物流链在没有人为控制的情况下被解散或在自动化代理人的帮助下通过电子平台重新设立。[147]直接在 IT 系统之间实现的交流与合作无须人为干预,这就要求消除公司义务和合同义务及其相互依存关系之间的典型差异。例如,人们可能倾向于在工业 4.0 网络(可能是临时的)中看到 BGB 或 OHG 公司,其中公司为了共同的数据处理目的而聚集在一起,以增加共同的附加值。回顾 1937 年《股份公司法》之前的德国集团公司法的历史,就可以发现这个想法绝非荒谬:这里讨论的是将涉及的公司或公司集团分类为 BGB 公司。[148]然而与此同时,一种正确的观

---

[144]　VDMA, Industrie 4.0: Chance für Europa, 10-Punkte-Plan für die Umsetzung von Industrie 4.0 in Europa, Februar 2015; 也可参见 HENSELER-UNGER, in: Sassenberg/Faber, Rechtshandbuch Industrie 4.0 und Internet of Things, 2017, Teil 1 Rdn. 18 ff.

[145]　请比较 ROHE, Netzverträge, 1998, S. 384 ff, 412 ff; LANGE, Das Recht der Netzwerke, 1998, Rdn. 152 ff; HELDT, in: Amstutz/Teubner, Networks, 2009, S. 137, 137; BÖHNER, in: Amstutz/Teubner, Networks, 2009, S. 153.

[146]　所以可以查找 Sassenberg/Faber, Rechtshandbuch Industrie 4.0 und Internet of Things, 2017, kein einziges Kapitel zum Gesellschaftsrecht, die Ausführungen von KUSS Teil 3 Rdn. 11 - 77 beziehen sich letztlich nur auf die jeweiligen Einzelverträge wie etwa Softwarepflegeverträge, dem Phänomen der Vernetzung wird kaum Rechnung getragen.

[147]　SCHLICK/STEPHAN/LOSKYLL/LAPPE, in: Bauernhansl/ten Hompel/Vogel-Heuser, Industrie 4.0 in Produktion, Automatisierung und Logistik, 2014, S. 57, 59 ff; PANTFÖRDER/ MAXER/DIEDRICH/GÖHNER/WEYRICH /VOGEL-HEUSER, in: Bauernhansl/ten Hompel/Vogel-Heuser, Industrie 4.0 in Produktion, Automatisierung und Logistik, 2014, S. 145 ff; SIEPMANN, in: Einführung und Umsetzung von Industrie 4.0, 2016, S. 47, 49 ff.

[148]　此外请比较 KRONSTEIN, Die abhängige juristische Person, 1931, S. 3; HAUSSMANN, Die Tochtergesellschaft, 1923, S. 26 ff; 也请比较 SPINDLER, Recht und Konzern, 1993, 82 ff; DERS., in: Bayer/Habersack, Aktienrecht im Wandel, 2007, Bd. 1, Rdn. 213 f, 218, 240 ff; HOMMELHOFF, Die Konzernleitungspflicht, 1982, S. 10 f; ROHE, aaO (Fn. 145), S. 379 ff; 也可参见 RGZ 142, 212, 214, das Patentlizenzverträge zumindest als gesellschaftsähnliches Verhältnis eingestuft hat; 也请比较 ENGEL, RabelsZ 1993, 556, 561, der bei Zulieferverträgen über eine innen-GbR nachdenkt.

点占据了上风,当波及真正由公司法所决定的公司成员从属性权利时,就只能从合同"转向"公司法寻求调整。尽管如此,在合同法中,考虑到存在高度的相互依存性,也可以相应地安排相互的信托义务而无须诉诸公司法。[149]

很难在不考虑具体情况的前提下确定这些受托义务:工业 4.0 非常依赖双向数据通信,但是到目前为止,除了《著作权法》第 87a 条及以下条文和以商业秘密进行保护以外,[150]还没有对(企业)数据进行保护的规定。在进一步使用或评估来自另一方的有关数据之前,缔约双方在此处考虑的义务有所增加——当然,更可取的是在相关合同中加以规定,例如关于工业 4.0 项目相互合作的框架协议。这自然也适用于保护 IT 基础结构不受第三方侵害:例如,如果一方未能充分保护其 IT 通信渠道不受第三方的攻击,则显然合同另一方遭受的损害将归咎于忽视 IT 安全义务的一方。除了这些"基本义务"外,还保证访问对方所需数据或保障在每种情况下创建和制定相互操作的标准。无论如何,反托拉斯法中要讨论的问题在于:是否必须强制访问开发二级市场所需的基本数据。[151]

---

[149]　ROHE, aaO (Fn. 145), S. 381, 419;也请比较 MARTINEK, Franchising, 1987, S. 308 ff; DERS., ZVertriebsR 2015, 350; TEUBNER, Netzwerk als Vertragsverbund, 2004, S. 95.

[150]　当前正在讨论对非个人数据引入特殊财产权的问题,其中绝大多数人都在反对这种权利;关于"数据所有权"的讨论可参看 SPINDLER, ZGE 2017 (im Erscheinen), Ⅱ.; DERS., FS Coester-Waltjen, 2015, S. 1183, 1184 ff; WIEBE, GRUR Int 2016, 877, 881 f; DREXL, Designing Competitive Markets for Industrial Data-Between Propertization and Access, S. 30 ff; DREXL et al., Position Statement of the Max-Planck-Institute for Innovation and Competition vom 26.4. 2017, Rdn. 8 ff, abrufbar unter: http://www.ip.mpg.de/fileadmin /ipmpg/content/stellungnahmen/MPI_Statement_Public _consultation_on_Building_the_EU_Data_Eco _28042017.pdf (zuletzt abgerufen am 26.9.2017); jüngst dezidiert HUGENHOLTZ, Data property in the system of intellectual property law: Welcome guest or misfit?, S. 3 ff, abrufbar unter: https://www.ivir.nl/ publicaties/download/Data_property_Muenster.pdf (zuletzt abgerufen am 26.9.2017); für ein vor Geheimnisbruch schützendem Ausschließlichkeitsrecht: SPECHT, CR 2016, 288, 294 f; selbst einer der ursprünglichen Befürworter wie ZECH (CR 2015, 137, 144 ff; GRUR 2015, 1151, 1159 f) ist inzwischen eher skeptisch; HÜRLIMANN/ZECH, sui generis, 90, 92 ff; dagegen für eine Einführung (im Kontext verhaltensgenerierter Personendaten): FEZER, MMR 2017, 3 ff;相关讨论也可参见 GRÜTZMACHER, CR 2016, 485 ff.

[151]　另可见于 DREXL, aaO (Fn. 150), S. 47 ff, abrufbar unter: www.ssrn.com (zuletzt abgerufen am 27.9.2017); SPINDLER, ZGE 2017 (im Erscheinen), IV 2; DERS./APEL, JZ 2005, 133, 135 ff; FRENZ, WRP 2016, 671, Rdn. 15 ff; WEIDENBACH/VOGT/HAUSER, WRP 2012, 66, 71 ff;也可参见 EuGH, Urt. v. 29.4.2004, Rs. C-418/01, Slg. 2004, I-5039, Rdn. 28 ff = WRP 2004, 717 - IMS Health.

九、结论与展望

当我们比较合同法或侵权法等其他法律领域的后果时,首先想到的是公司法数字化带来的各种影响。公司法在早期阶段就处理了 Internet 的使用可能性问题,但其影响实质上仅限于简化各个级别的通讯。另一方面,使用大数据和新的分析方法来确定(公司)机关的责任可能具有更大的实际重要性,但这尚未得到充分探讨,因为增加的(潜在)知识也可能意味着一种更大的负担。毕竟,区块链技术的前景尚无法完全预见——即使从事 IT 法律工作的人有时也会在咨询行业中感到某种(针对区块链的)"炒作"。但是,这种技术也不会预示着公司法的革命,因为诸如多数/少数派冲突或对公司机关的控制等根本性问题并不是依赖技术来解决。

中德法学论坛

第 19 辑·下卷，第 233～244 页

社会转型与民法学

——人工智能及其对法学的挑战

[韩]申有哲* 著

李诣灏** 译

摘　要：人工智能的迅速发展及其广泛应用，使第四次工业革命发生了不同于前几次工业革命的根本变化。模仿人脑思维的人工智能机器不仅拥有学习能力，甚至在某些领域可以超越人类智慧。人工智能的应用会引发哪些法律挑战？在合同缔结方面，应当将代理的基本原则类推适用在软件代理上，并区分事先预设好的软件代理和完全独立自主的软件代理。表见代理要求代理人具有一定的权利外观，权利义务才能归属被代理人，类推到软件代理上，由于软件内部原因导致错误的情况下，权利外观的存在都会得到肯定，因此可以由软件的用户承担责任。与之相反的则是狭义的无权代理，完全自主的软件代理没有相应的权利外观。而在侵权责任法下，通过法院已有的判例可以发现，法院通过不断提高对交易安全注意义务的要求和实际推定智能软件的操作者/编程者/生产者具有过错来保护被侵权人的利益。为了能真正使举证责任倒置以解决存在的责任缺口问题，有学者建议应当类推适用关于委托人责任的有关规定，甚至提出未来立法还可以考虑规定被委托人的责任，不仅要肯定数字系统作为被委托人的能力，同时也应该肯定其侵权责任能力。

关键词：人工智能；弱人工智能；自主软件代理；合同法；侵权法

Abstract：Die sog. „Vierte industrielle Revolution" kündigt jedoch einen mit den bisherigen industriellen Revolutionen unvergleichbaren，anders dimensionierten，großen Umbruch an，und zwar wegen der rasanten Entwicklung der „Künstlichen Intelligenz" und deren breiten Anwendungen. Die Maschine kann mit einer Künstlichen

---

* 申有哲（Yu-Cheol Shin）：韩国大田忠南国立大学法学院民法、欧洲法律史和比较法教授。

** 李诣灏：南京大学法学院中德法学研究所 2017 级学生。

Intelligenz，die das humane Gehirn und Denken imitiert，nicht nur Lehrnfähigkeit besitzt，sondern sogar im einem bestimmten Bereich die menschliche Intelligenz übertreffen. Es kommt zur Frage，welche juristische Herausforderungen die Anwendung der Künstlichen Intelligenz auslöst. Beim Abschluss des Vertrages müssen die Grundsätze der Stellvertretung per analogiam zur Anwendung kommen. Im Falle des falsus procu－rator haftet also der Anwender nur im Rahmen der Anscheinsvollmacht，welche in den meisten Fällen der internen Ursachen des Softwareagenten zu bejahen wäre. Ansonsten aber haftet der Softwareagent selbst als Vertreter ohne Vollmacht，was freilich ohne Eigenvermögen des Softwareagenten ins Leere laufen würde. Beim Deliktsrecht，das Gericht kann dem Geschädigten wie bisher von Fall zu Fall durch die Erhöhung der Verkehrssiche－rungspflicht und gegebenenfalls mit einer tatsächlichen Vermutung des Verschuldens des Betreibers/Programmierers/Herstellers helfen. Um die Beweislast des Verschuldens nicht nut tatsächlich sondern vielmehr rechtlich umzudrehen und damit die problematische Haftungslücke auszuschließen，schlägt Juristen die Analogie der Geschäftsherrnhaftung vor. Manche Juristen schlägen sogar de lege ferenda eine digitale Assistenzhaftung vor，nicht nur die Stellvertretungsfähigkeit sondern auch die Deliktsfähigkeit des digital－autonomen Systems anzuerkennen.

Key words：Künstliche Intelligenz；schwaches AI；autonomer Softwareagent；Vertragsrecht；Deliktsrecht

一、引言

法学是最古老的学科之一，它的发展历史和大学发展的历史有着相同的轨迹。[1] 自 11 世纪末第一个法学院在意大利博洛尼亚成立以及重新发现《佛罗伦萨手抄本》以来，公元 6 世纪东罗马皇帝查士丁尼命令汇编的《民法大全》的核心内容《学说汇纂》[2]成为欧洲大学法学研究和教学的文本基础[3]。《学说汇纂》主要包括了罗马法学家在罗马法学古典主义时期对民法的见解。

著名的古典时期罗马法学家乌尔比安(Ulpianus)认为"法律"(ius)这个词来源

---

〔1〕 参见 Friedrich Carl von Savigny，《中世纪罗马法历史》(第三卷，第二版)，海德堡，1834年，第 83 页及以下。

〔2〕 参见 Savigny，《历史》(前注〔1〕)第 92 页及以下，第 447 页；Hermann Lange，《中世纪罗马法》(第一册)，慕尼黑，1997 年，第 61 页及以下。

〔3〕 参见 Rolf Knütel，《漫游罗马法》，首尔，2006 年，第 285 页及以下。

于"正义"(iustitia)〔4〕。因此人们也可以将法律这门学科理解为有关正义的学科。乌尔比安进一步解释,在理解法律时主要有两个视角。法律现象可以从宏观的角度来观察;同样的现象也可以从个人微观的角度来看待。乌尔比安将这两种观察的视角区分为公法(ius publicum)和私法(ius privatum)。〔5〕因此,在公法学中,法律共同体或国家的法律秩序是最高目的概念;另一方面,在私法学中,私人的权利和义务构成了核心概念。然而,在我看来,这种区别并不是所涉法律领域的实质性区别,而是法律研究和法律学说的方法论区别。

拉丁语中的"法律"(ius)一词有双重意思。一方面指客观的法律秩序,另一方面则是指主观的权利。因为拉丁语中"ius"一词的二义性,因此在将拉丁语中的"ius"翻译到其他欧洲语言时,也产生了目的语言中的二义性,比如法语中的"droit",德语中的"Recht"。在现代经济学、社会学中广泛运用的宏观、微观角度进行分析研究的方法,很早之前法学领域就已经开始使用了。这两种方法之间存在一种循环的关系,因为法的两种意义是不可分的,因此也对这两种意义时间上的同一性提出了要求。不过《学说汇纂》主要包含的内容是有关罗马法学家对民法上私主体权利和义务的研究,因为正义是赋予每个人其应得权利的不变的和持久的意愿。〔6〕

欧洲法学是在中世纪的道德神学以及近代的人文主义和自然法学说的影响下发展起来,并将内在的理性和有良知的人的尊严以及个人的自由权利确立为普遍价值,〔7〕法国大革命之后的现代法典就是在这个基础上产生的。私法中的核心理念是意思自治原则,〔8〕这一原则与公法中的国家辅助性原则〔9〕相对应。

---

〔4〕 参见乌尔比安在《学说汇纂》第一卷第一题第一段导言中所说:"将欲研究法者,当先知晓法之名称由何而来,而法由正义得其名称,因为正如凯尔苏斯一语中的定义的那样,法是善良与公平之技艺(Iuri operam daturum prius nosse oportet, unde nomen iuris descendat)"这就是所谓的"公正"。所以他的意思不是语言上的,而是概念上的。在这方面,他引用了凯尔苏斯的名言:法律是善良和公正的艺术(Ius est ars boni et aequi)。

〔5〕 乌尔比安《学说汇纂》第一卷第一题第一段第二句:"法的研习存在两种立场:公的立场与私的立场。公的立场是人民的立场。公的立场看到的法是公法。私的立场是公民个体的立场。私的立场看到的法是私法。(Huius studii duae positiones, publicum et privatum. Publicum ius est quod at statum rei Romanae spectat, privatum quod at singulorum utilitatem)。"

〔6〕 乌尔比安在《学说汇纂》第一卷第一题第一段导言说:"正义是分予每个人其应得的不变且持久的意志(Iustitia est constans et perpetur voluntas ius suum cuique tribuendi)。"

〔7〕 参见 Friedrich Carl von Savigny,《当今罗马法体系》,第二卷,柏林,1840 年,第 2 页:所有的法律都是为了每个人内在的道德自由而存在。

〔8〕 参见 Yu-Cheol Shin,《东亚的意思自治?》,载 M. Haase(编辑),《意思自治—任务和边界》,巴登巴登,2015 年,第 35 页及以下。

〔9〕 参见 Josef Isensee,《辅助性原则与宪法——关于国家与社会关系调节的研究》,第二版,柏林,2001 年,多处引用(特别是第 340 页及以下)。

随着 19 世纪鸦片战争之后西方势力在东方的扩张,欧洲法学理念在东亚被逐步接受。当人们将关注的目光集中在民法领域上时可以发现,尽管社会和政治体系急剧变化(这些变化包括了工业革命及其后续带来的经济和社会结构的变化、社会主义和共产主义思想的出现、社会达尔文主义的出现、法西斯主义和帝国主义、两次世界大战和随后的冷战、东欧集团的崩溃),但是与之相对的是,除了社会法和劳动法之外,法的基本原则和法律教条体系没有发生重大变化。

当下,我们正在经历所谓的第四次工业革命和人工智能的飞速发展,对此法学家们一直密切关注,其是否会导致社会的剧烈变革并因此使传统民法学经历一个根本的变革。

二、第四次工业革命和人工智能

"工业革命"这一术语最早是为了和在法国发生的"政治革命"进行对比而产生的。工业革命这一概念用于描述由于生产技术的更新而出现的英国经济和社会结构的变化。[10]"第一次工业革命"是一个统称,它包含了以下诸多 18 世纪中期到 19 世纪在英国出现的现象:蒸汽机的发明、工作和生产的机械化、大众交通工具如轮船和铁路的使用、从手工生产工业到工厂生产的过渡,以及相关的经济和社会结构的变化,特别是城市化、工厂生产的资本集中、垄断资本的形成和工人工作条件的恶化,以及因此产生的经济、社会和政治等相关问题。[11]"第二次工业革命"是一个划时代的术语[12],它解释了以大规模生产和大众消费为特征的高度发展的工业社会。第二次工业革命出现在 19 世纪 80 年代和 20 世纪 20 年代之后,电力的使用使大规模生产成为可能,化学肥料的使用和由此产生的土地革命解决了粮食问题,世界因此迎来了人口爆炸式增长;核能的运用使世界贸易增长、收入和福利进一步提高。[13] 第三次工业革命是指 20 世纪 60 年代以来并一直持续发展到现在的数字革命。它以自动化的生产方式为标志,计算机程序的使用、广泛的个人电脑、互联网和

---

〔10〕　参见 Friedrich Engels,《英国劳动者的地位》,莱比锡 1845 年,第 28 页:"工业革命对英国的意义与政治革命对法国和哲学革命对德国的意义相同"。

〔11〕　参见 Arnold Toynbee,《英国工业革命讲座》,伦敦 1884 年,第 27 页及以下。

〔12〕　参见 Dietrich Hilger, "Industrie als Epochenbegriff-Industrialismus und industrielle Revolution",载 O. Brunner/W. Conze/R. Koselleck (eds.),《历史的基本概念》,第三卷,斯图加特,1982 年,第 286 页及以下。

〔13〕　参见 Georges Friedmann,《进步的危机——1885—1935 年思想史探究》,巴黎,1936 年,多处引用。

智能手机的运用产生了信息社会，并且推动了经济和文化的全球化[14]。

由于人工智能[15]的迅速发展及其广泛的应用，所谓的第四次工业革命[16]有着不同于以前的工业革命的维度上的、根本的变化。谷歌开发的阿尔法狗（AlphaGo）这一计算机程序让我们清楚地了解到，具有模仿人脑和思维的人工智能的机器不仅拥有学习能力，甚至在某些领域可以超越人类的智慧。当下也有诸多类似 IBM 公司开发的沃森（Watson）系统等"专家系统"，[17]在数据分析、检测、诊断、治疗、规划、设计、预测等多个方面被开发和投入使用。它们还广泛用于各种专业领域，如医药、药学、建筑、金融、法律咨询、商业等。和人类水平相当的通用人工智能[18]，也就是至少能和人类拥有相同的执行认知任务的能力且至少可以达到人类处理某些问题的一般效果的人工智能被大量的研究[19]和使用[20]。由于数字革命和人工智能的应用，第四次工业革命正在高科技领域的各个行业以令人惊叹的速度展开，如机器人、生命科学、纳米技术、材料工程等，并已在物联网、自动驾驶汽车、无人驾驶飞机（无人机）、3D 打印、量子计算等多学科技术领域展现出明显成效。关于第四次工业革命的特点，Schwab 教授提到了指数级的速度、广泛而深入的影响以及系统性的效果。[21]根据人工智能真实和潜在的能力，我们将人工智能分为三个层次：在某些和有限的领域能够超越人类智能的人工智能，但总体来说还达不到人类智能的水平，如阿尔法狗或沃森系统，此类人工智能被称为"弱人工智能"；在所有领域都达到人

---

[14] 参见 Daniel Bell，《第三次技术革命和它的社会经济后果》，Merkur 44，1990 年，第 28 页及以下。

[15] 参见 Klaus Schwab，《第四次工业革命——它意味着什么以及如何应对》，载《外交事务》2015 年 12 月 12 日（＝https://www.weforum.org/agenda/2016/01/the-forth-industrial-revolution-what-it-means-and-how-to-respond）；德文译本载 2016 年 1 月 20 日《德国商报》第 1—6 页。"第四次工业革命"是 Schwab 教授在 2016 年创立的达沃斯世界经济论坛的主题。

[16] "人工智能"这一术语是由 John Maccarthy，Mar-Vin L. Minsky，Nathaniel Rocherster 和 Claudie E. Shannon 在 1955 年 8 月 31 日提交给洛克菲勒基金会的研究项目联合提案中首次使用。参见《达特茅斯人工智能夏季研究项目建议书》（http://www-formal.stanford.edu/jmc/history/dartmouth/dartmouth.html）。

[17] 参见 Jerry Kaplan，《人工智能——我们需要知道什么》，牛津，2016 年。

[18] 参见 Max Tegmark，《生活 3.0——人工智能时代的人类》，纽约，2017；德文译本，柏林，2018 年，第 64 页和第 82 页。

[19] 参见 Ben Goertzel 等人，《人工通用智能——第 11 届国际会议 AGI 2018》，纽约，2018 年，XI，第 311 页。

[20] 2017 年 5 月 24 日，在乌镇举办的人工智能未来论坛上，Alphabet 公司的首席执行官 Eric Schmidt 和谷歌 DeepMind 的首席执行官 Demis Hassabis 在阿尔法狗与柯洁的围棋比赛中宣布通用人工智能的到来。

[21] 参见 Schwab，同前注[15]，第 2 页。

类智能水平的人工智能,使其具有自我意识和感觉、认知和反思的主体性,此类人工智能为"强人工智能"[22]。如果人工智能超过了任何人类的任何智力活动,这在理论上并非不可能,[23]则属于"超级智能"[24]。

许多人工智能专家认为,通用人工智能或强人工智能将在本世纪中叶出现。[25]如果强人工智能能够通过量子计算[26]以高速度分析大数据并且可以通过机器语言的深度学习[27]而改进其自身算法和程序代码发展成为"种子AI"[28],人类历史将发生从未有过的转变。这种所谓的技术奇点将结束先前的生物进化并以机械进化取而代之。[29]在这个全新的时代,超级智能的出现只是一个时间问题。一种新的超人类文化[30]将蓬勃发展。随着技术奇点和智能的爆炸式发展,人类的历史将会有何种走向,今天的人们无法真正预见或推测。

当然,关于种子AI或超级智能可能产生的作用以及它们对经济、政治、社会和文化的可能影响,有着悲观或者乐观的不同看法。[31]考虑到美国的资本集中和技术优势,担心超级智能将接管世界统治地位并非完全不切实际。针对反人类AI的出现,就人工智能和智能机器人所产生的伦理问题在全球范围内也有热

---

〔22〕 参见 Ray Kurzweil,《奇点临近——当人类超越生物学》,纽约,2005 年,第 203 页及以下。术语"强人工智能"也与"通用人工智能"同义使用,参见 Tegmark,同前注〔18〕,第 64 页。

〔23〕 参见 Tegmark,同前注〔18〕,第 67 页:[物理学家知道]"大脑是由夸克和电子组成的,像一台强大的计算机一样排列,没有任何自然法则可以阻止我们构造出更加智能的夸克大块。"

〔24〕 参见 Nick Bostrom,《超级人工智能——路径、危险、策略》,牛津,2014 年,第 22 页及以下;德文译本,柏林,2014 年,第 41 页及以下。

〔25〕 参见 Kurzweil,同前注〔22〕,第 121 页;Jürgen Schmidhuber,《新千禧年人工智能和对历史的融合》,载 W. Duch/J. Mandziuk(编辑),《计算智能的挑战》,海德堡,2007 年,第 15 页;更新于 2012 年,A. H. Eden 等人(编辑),《奇点假说》,海德堡,2012 年,第 61 页及以下;Tegmark,同前注〔18〕,第 235 页。

〔26〕 参见 Mathias Schulenburg,《爱因斯坦的意外遗产——量子信息技术》,波恩,2005 年,第 20 页及以下。

〔27〕 参见 Ian Goodfellow 等人,《深度学习》,麻省理工学院,2016 年(http://www.deeplearningbook.org);David Kriesel,《神经网络简介》,2011 年(http://www.dkriesel.com/science/neural_networks)。

〔28〕 参照奇点人工智能研究所,《通用智能和种子人工智能 2.3》(http://web.archive.org/web/ 20110416052529/http://www.singinst.org/ourresearch/publications/GISAI/GISAI.html)。

〔29〕 参见 Kurzweil,同前注〔22〕,第 275 页:"奇点背后的转变不仅仅是生物进化的一长串步骤中的另一个。我们正在完全颠覆生物进化。"

〔30〕 参见 Benedikt Paul Göcke/Frank Meier-Hamidi(编辑),《设计客观人类——超人类主义议程受到的考验》,弗莱堡,2018 年,多处引用。

〔31〕 见 Bostrom,同前注〔24〕,第 127 页及以下;Tegmark,同前注〔18〕,第 201 页及以下。

烈的讨论。[32]

那么人工智能的应用会引发哪些法律挑战？在今天的演讲中，我不会讨论行政法、刑法、劳动和社会法、经济和税法等方面的所有法律问题，而是将注意力集中在民法问题上，并且只将当下已有运用的弱人工智能作为讨论的对象。

三、人工智能和法律问题

（一）合同法

1. 合同的订立

如果一个自然人或者法人使用智能软件来订立合同，且这个软件自主地决定了谈判的基本要素，那么在法教义学上应该如何解释这种现象？

保守的观点认为由软件本身确定和作出的意思表示必须归属于该软件的使用者，应当将软件作出的意思表示视为软件使用者作出的意思表示。[33] 没有一个电子数据处理系统可以有自己的意志，它们仅是被编程的，因此即便是一个完全自动输出的意思表示也应当归属于软件使用者。[34] 如果使用的软件出现故障，无论是由于内部程序故障还是由于外部操作（例如黑客攻击），软件使用者都必须向合同相对方承担风险，因为他在使用软件时必定意识到这些风险的存在。不过也可以按照法律行为的原则去解释这一现象：因软件故障所作出的意思表示是一个客观上发出但是主观上并不想要作出的意思表示，因此软件操作人在这种情况下只需要对合同相对方的消极利益负责。但是如果软件构成了无权代理，如出于某种原因虽然无权但以软件使用者的名义签订合同，那么软件使用者要对合同相对人承担的责任更重，需要对积极利益负责，因为合同相对人不能分辨软件本身是一个忠于指示的机

---

〔32〕 见 Nick Bostrom 等人，《发展超级智能的政策问题》研究报告，2016 年（http://www.nickbostrom.com/papers/aipolicy.pdf）；《生命的未来研究所——阿西洛马人工智能原则》，2017年（https:// futureoflife.org/ai-principles）；欧洲议会法律事务委员会，欧洲议会决议草案（2016年 5 月 31 日）和报告（2017 年 1 月 27 日），向委员会提出关于机器人领域民事监管的建议〔2015/2103(INL)——参见此处的《机器人宪章》、《机器人工程师道德行为准则》和《研究中的道德问题委员会准则》草案〕。

〔33〕 参见 Staudinger/Singer，2017，116 条及以下，边码 57；《慕尼黑法律评论》/Busche，2015 年第 7 版，第 145 节，边码 37。

〔34〕 参见 Gunther Teubner，《数字化的法律主体？——论自主软件代理的私法地位》，AcP 218 (2018)，第 155‐205 (178)页；参见 Teubner 演讲的讨论报告，同上（第 206—212 页），私法的数字化是德国民法教师协会 2017 年会议的首要主题。

器,还是一个自主、独立的代理人。[35]

革新派的观点[36]则对此提出批评,在数字代理人或自主软件代理人[37]的应用中,传统的归属理论是建立在与现实相去甚远的虚构之上。事实上,现代软件代理人已经在扮演人类代理的功能。他们可以自行决定合同的订立并将意思表示的基本构成要素具体化。在这一事实的基础上我们必须就一个被事先预设好的机器和一个完全独立自主的软件代理进行区分。已经被事先设定好的机器所作出的意思表示当然地归属操作人。但是在软件代理完全自主运行的情况下,软件用户并不能凭借自己的意志对软件代理施加影响,因此不可以将软件代理生成的意思表示简单地归属于用户。在面对通过使用自主软件代理产生的数字合同时,必须实际考虑这一软件代理和它的使用者之间的法律关系,并区分代理人和被代理人之间的关系。应当将代理的基本原则类推适用在软件代理上。在面对表见代理时要求代理人具有一定的权利外观,权利义务才能归属被代理人,类推到软件代理上,一般在错误是由于软件内部原因导致的情况下,权利外观的存在都会得到肯定,因此可以由软件使用者承担责任。与之相反的则是狭义的无权代理,完全自主的软件代理没有相应的权利外观。持这一观点的学者认为在未来的法律修订中应当引入保险金和基金,以此解决软件代理的责任财产问题。[38]

当然将代理的有关理论类推适用在自主软件代理上时,是建立在此类软件代理拥有行为能力的基础之上。而行为能力的拥有又是建立在如自然人、法人拥有权利能力的基础之上。因此在有关代理理论方面人们主张软件享有部分权利能力和人格,[39]作出这一定性仅仅是就软件代理在交易实践中所起到的作用而言,而并非从法哲学的角度考虑。因此,其并不意味着数字系统的尊严和自由。欧洲议会法律事务委员会建议至少将智能自主机器人视为电子人,并承认其"电子人格",以使此类机器人能够享有特定的权利和义务。[40]理事会同时建议针对机器人也应当引入和法人类似的登记制度。[41]

---

〔35〕 参见 AcP218(2018),第 210 页。

〔36〕 关于这一点,请参考 Teubner 的演讲(同前注〔34〕)。

〔37〕 关于这些术语,请参考 Teubner 的评注,(同前注〔34〕),第 156 页,脚注 1。

〔38〕 参见 Teubner,同前注〔34〕,第 184 页和 195 页;欧洲议会法律事务委员会草案,同前注〔32〕,第 13 页:第 31 条 a)—d) 项原则。

〔39〕 参见 Teubner,同前注〔34〕,第 179 页及以下;Malte Christian Gruber,《电子商业交易的法律主体和部分法律主体》,载 S. Beck (编辑),《超越人与机器》,巴登巴登,2012 年,第 133 页及以下;Jan-Erik Schirmer,《拥有权利能力的机器人?》,载《法学家杂志》,2016 年,第 660 页及以下。

〔40〕 参见欧州议会法律事务委员会草案(前注〔32〕),第 13 页:原则第 31 条 f)项。

〔41〕 参见欧州议会法律事务委员会草案(前注〔32〕),第 13 页:原则第 31 条 e)项。

2. 合同的履行

如果自然人或法人使用智能数字系统或自动机器人来履行合同，并且该系统或机器人发生故障，从而对缔约方造成损害，从法理上看，债务人的责任又是如何呢？

保守派的观点[42]认为软件或者机器人的使用都应被视为债务人的辅助工具，尽管它们拥有智慧并且可以自主运行。因此，在履行合同中产生的风险和辅助手段的故障总的来说应当归属于软件和机器人的使用者。如果债务人使用智能计算机程序或自主机器人（例如护理机器人，医疗机器人，制造机器人等）履行自己的合同义务，由于辅助工具运行故障或者是功能错误导致合同相对人或者第三人受到损害，如果其不能根据《德国民法典》第 276 条、第 280 条证明自己无过错，则他需要对此产生的损害承担责任。《德国民法典》第 280 条第 1 款第 2 项推定了债务人具有过失，因此只有在极少情况下债务人才能证明自己不需要承担责任。但是债务人可以事先通过合同对可能产生的风险进行约定或者可以购买商业保险并将购买保险的价金折算进交易价格中。

革新派的观点[43]则并不将智能软件或者机器人视为辅助工具，而视为"辅助人"。持这种观点的人认为智能软件或者机器人的使用者可以相对容易地反驳过错推定，特别是以其对软件或者机器人造成的损害之产生的原因无法预测或者无法解释进行反驳并主张不对此承担责任，但这会造成极大的责任缺口。为了解决这个责任缺口（这个缺口在未来还会越来越大），必须将软件和机器人在法律上视为具有行为能力的辅助人。由此产生的结果是软件和机器人的使用者在任何情况下都要依照《德国民法典》第 278 条的规定对辅助人未能正确运行而产生的损害承担责任，并且没有免责的可能。那些保守的观点并没有将产生损害的原因归于智能软件或者是机器人，而是仅将目光放在使用这些软件或者机器人的使用者身上，并仅将使用这些辅助工具作为损害产生的原因，这样的想法不仅在法教义学上是错误的，同时也违背了创新友好的理念。

持保守观点的学者试图辩驳，《德国民法典》第 278 条在使用智能软件和机器人的情况下没有适用的可能，因为这些辅助工具没有被归责的能力。除此之外，保守派认为持革新观念的学者混淆了过错的法律推定（praesumptio iuris）和过错的事实推定（praesumptio facti）。没有适当履行合同的债务人只有在证明损害的具体原因时，才能推翻第 280 条第 1 款第 2 项规定的过错的法律推定。通过证明一个单纯的可能的损害原因，并不可以使其免责。根据合同法的基本原则未能适当履行义务的

---

〔42〕 参见《慕尼黑法律评注》/Grundmann，2016 年第 7 版，第 278 节，边码 46；Palandt/Grüneberg，2018 年第 77 版，第 278 节，边码 11；Thoms Schulz，《自动识别系统中的操作》，巴登巴登，2015 年，第 138 页及以下。

〔43〕 参见 Teubner，同前注〔34〕，第 185 页及以下。

债务人应当承担不能明确损害发生的因果关系的风险。因此在合同法领域并不会出现所谓的责任缺口。

（二）侵权责任法

现在让我们来看一下，除了合同法领域之外，人工智能还会带来什么样的法律问题。如果智能软件或自主机器人发生故障造成人身伤害或损坏物品，受损害一方只能在满足《德国民法典》第 823 条的构成要件尤其是证明侵权人的过错时，才能要求侵权损害赔偿。

在谈到侵权人时首先被考虑的对象是这些人工智能工具的操作者，无论是所有权人或者是占有人亦或者是占有辅助人。被侵权人必须证明操作者有一个具体的侵权行为，操作者至少对引起侵权行为的发生存在过失以及未尽必要的注意义务。但是并不是所有情况下前述事项均能被证明，因为智能工具自动生成的决定并不能被事先预测或控制。如果程序员根据最新的科学技术知识采取了必要的安全措施，他也不应承担责任。如果存在设计、制造或信息缺陷，并且其中一个缺陷与损坏的发生之间的因果关系得到证实，则制造商应根据产品责任法[44]承担责任，并且要依照一般归责原则判断其是否违反了产品检验的义务。但是如果被投放到市场中的产品依据最新的科学、技术不能发现其存在产品缺陷时，则应当免除相应的责任。

智能辅助工具所带来的数字自治风险，即算法决定的被编程的非可预测性风险，至少对受害人所遭受的损害是有部分贡献的。与之前所论述的合同法中所产生的责任不同，在侵权法领域受害方并非自愿承担风险，而是承担了一部分来自社会的客观风险。[45]而在合同法领域中合同一方则是自愿选择使用智能辅助工具并且愿意承担由此引发的风险。

通过法院已有的判例可以发现，法院通过在个案中提高对交易安全注意义务的要求和事实上推定智能软件的操作者/编程者/生产者具有过错来保护被侵权人的利益。为了能使举证责任倒置具有法定依据以解决存在的责任缺口问题，Helmutt Koziol 建议应当类推适用关于委托人责任的有关规定。[46]如果随着技术发展，某些辅助工具取代了以前由人类完成的智力功能，委托人的法律地位因此而发生改变，那么将辅助工具的应用风险转嫁给外部人员是没有道理的。鉴于这种技术的变化和为了在新的事实情况下保持原有的法律评价和结论的合理性，将有关委托人责

---

〔44〕　例如，见 Erwin Deutsch/Hans-Jürgen Ahrens, M,《侵权法》第六版，慕尼黑，2014 年，第 130 页及以下；Hein Kötz/Gerhard Wagner,《侵权法》第 13 版。慕尼黑，2016 年，第 245 页及以下。

〔45〕　参见 Teubner，同前注〔34〕，第 189 页及以下。

〔46〕　参见 Helmut Koziol,《损害赔偿法的基本问题》，维也纳，2010 年，第 228 页及以下；见 Franz Bydlinski,《私法的体系和原则》，维也纳，1996 年，第 125 页及以下。

任的理论类推适用于智能辅助设备相关案件是十分必要的。Gunter Teubner 在此之上更进一步提出未来立法还可以考虑规定被委托人的责任。[47] Teubner 认为不仅要肯定数字系统作为被委托人的能力,同时也应该肯定其侵权责任能力。同时对于委托人来说,其应当对自主决定软件所导致的违法行为造成的第三人人身和财产损害承担更严格的责任,且这个更加严格的责任是没有排除可能和责任限制的。有部分学者[48]赞同就机器人、自动驾驶汽车和其他自动辅助设备引入特殊风险责任机制。不过这里的风险并不是指自身特别危险之物带来的操作风险,而是本身并不危险的计算机系统带来的数字自主风险。对于自身危险系数就相对较高的自动驾驶汽车来说,目前现有的车辆持有人责任原则可以继续适用。还有一些其他的理念亦可对新型风险进行管控,如责任保险、事故险,还有建立特别的基金。[49]

四、结语

正如我在一开始说的那样,法学是最古老的学科之一,尤其是民法学。许多我们当下适用的法学概念和制度可以追溯到罗马法,追溯到《学说汇纂》。当下的德国民法体系建立在 19 世纪的潘德克顿学派发展的基础上,这一学派非常强调对罗马法文本的研究。法学上的全新的发现相对来说是非常罕见的。奥地利的罗马法学者,主要研究民法和劳动法的 Theo Mayer-Maly 教授将这一现象称为"法学制度的回归"。[50]

和我们今天的主题相结合,如果将罗马法中的奴隶法用于解释当下自主机器人和智能辅助手段,则非常有意思。[51] 在罗马法中奴隶虽然在生物上属于人,但是在法律上却被视为物。作为法律上的物的奴隶不具备法律主体性。然而,他们的主人可以委托他们管理有限的财富(peculium)。在管理财物的过程中奴隶会认为管理的财物是他们自己的资产,因此会非常勤奋和用心地管理它,并且还可能进行必要的交易。因此这些奴隶在法律上享有有限的行为能力,尽管他们并没有权利能力。[52]

---

〔47〕 参见 Teubner,同前注〔34〕,第 191 页及以下。

〔48〕 参见欧洲议会法律事务委员会草案(前注〔32〕),第 6 页;另参见 Schirmer,同前注〔39〕,第 665 页;Renate Schaub,《人类和及其的互动》,载《法学家杂志》2017 年,第 342 页及以下。

〔49〕 参见 Schaub,同前注〔48〕,第 345 页。

〔50〕 参见《法学家杂志》1971 年,第 1—3 页。

〔51〕 参见 Jan Dirk Harke,《罗马的奴隶责任》,载 S. Gless/K. Seelmann(编辑),《智能代理及法律》,巴登巴登,2016 年,第 97 页及以下。

〔52〕 参见 Max Kaser/Rolf Knütel,《罗马私法》,第 20 版,慕尼黑,2014 年,第 97 页及以下。

由于缺少权利能力,因此管理的财产所产生的收益当然归属于奴隶主。通过奴隶订立的合同,奴隶主取得相应的债权,但是奴隶主却并不因此负担义务,而仅由奴隶向他们的交易相对人负担债务。但是奴隶在合同中的义务仅仅是一种自然债务,因为他们并无法律上的权利能力。罗马法学家们为了保护和奴隶进行交易的相对人,在某些特定的情形下赋予了交易相对人特别的、附加的可以向奴隶主提出的增附性诉讼(actiones adiecticiae qualitas)。[53] 在这一诉讼中奴隶主以交易的财产额为限承担有限责任。如果奴隶主还有其他不当得利,则在交易财产之外例外地仍然要承担责任。在侵权行为中,奴隶主就其奴隶的侵权行为要承担严格的责任,即不以过错为前提的无过错责任。但是奴隶主可以通过将侵犯他人权益的奴隶交给被侵权人(naxae dedicio)[54]处置来免除自己的责任。

作为私主体我们习惯于在碰到法律问题时从权利和义务的角度去分析问题并找出解决办法。但是这种微观的观察角度还需要通过宏观视角进行补充。比如,民法中有关损害赔偿以及风险的问题和损害保险有着不可分割的联系。在有关损害赔偿的保险制度方面必须区分主要损害保险和次要责任保险。主要损害保险的保险金又要从两个角度进行计算,分别是风险发生的频率和保险对象的价值。而次要责任保险在订立之初则缺乏保险对象的确切价格,因为相应的金额只有在要赔偿的损害实际发生时才能确定。因此,主要损害保险的保费金额分配比次要责任保险更合理和公平。"所有人自负其责"这一原则在这个关系中也能得到适用。为了强化责任而通过提高交易中注意义务或者就责任保险引入更严格的责任制,必须审查这种对有关风险的区分是否正当合理。毕竟在强化责任的同时还存在损害风险对应双重甚至多重保险的可能,这将可能导致资源的浪费。[55] 因此我们必须更加密切地观察人工智能,并根据事故的类型和损害类型,结合公平的损害计算方式和最佳的风险管理找出最理想的解决方案。

关于将传统民法理论中的合同法和侵权法运用到智能软件和自主机器人上时所产生的不同观点,它们之间的差别在我看来并非巨大,而是渐进式的。所谓第四次工业革命尤其是人工智能广泛应用所带来的法律问题,至少在出现技术奇点前,主要依据传统的法律原则和体系就能解决,无须对它进行重大变革。当然,关于如何公平分配人工智能所产生的利益的公法问题则是另一回事。

---

〔53〕　参见 Kaser/Knütel,同前注〔52〕,第 292 页及以下。

〔54〕　参见 Kaser/Knütel,同前注〔52〕,第 297 页及以下。

〔55〕　参见 Yu-Cheol Shin,《大规模损害的民法归责》(潘淑君译),载《中德法学论坛》第 14 辑下卷,南京,2018,第 239 页及以下,第 249 页。

中德法学论坛

第 19 辑·下卷,第 245～255 页

探近腐败理论[*]

［德］路易斯·格雷科^{**} 著

李焕集^{***} 译

摘　要:腐败是基于利益的权力滥用。不法协议是将公域和私利相联结或者将违法公务行为与利益相联结。在收受利益罪中,对于自由主义国家而言,决定性的公域和私域之间的分离原则将由于把公域歪曲为私域而被瓦解,只有得以归属为私域的利益,才能够证成收受利益罪中的不法协议;公域和公域之间的联结,不能证成收受利益罪。受贿罪是对公共职务合法性的攻击,任何一种利益,包括以公共福利为导向而归属为公域的利益,均只能在法律所规制的框架内予以谋求。

关键词:腐败;受贿罪;不法协议;滥用权力

Abstract:Corruption is the abuse of power based on benefits. An illegal agreement is to link the public domain with private interests or illegal public affairs with benefits. In the crime of accepting benefits,the principle of separation between the public domain and the private domain,which is decisive for the liberal state,will be disintegrated because the public domain is distorted into the private domain. Only the benefits that can be attributed to the private domain can be justified the illegal agreement in the crime of accepting benefits;the connection among the public do-

* 本文的德文标题为"Annäherungen an eine Theorie der Korruption",原文于 2016 年发表在德国《格尔特达默刑法档案》(Goltdammer's Archiv für Strafrecht)杂志上(第 249～257 页)。本文的翻译和发表已获得作者的授权。译文的内容摘要及关键词系译者所加。

** 路易斯·格雷科(Luis Greco)德国洪堡大学法学院刑法、刑事诉讼法、外国刑法与刑法理论教席教授。此文发表时作者为德国奥格斯堡大学法学院教授。

*** 李焕集:清华大学法学院博士研究生,德国慕尼黑大学联合培养博士研究生。本译文系国家留学基金委资助项目(编号:202006210315)阶段性研究成果。

main cannot justify the crime of accepting benefits. Bribery Crime is an attack on the legitimacy of public positions. Any kind of benefits, including benefits that are oriented to public welfare and belong to the public domain, can only be sought within the framework regulated by law.

Key Words：Corruption；Bribery Crime；Illegal Agreement；Abuse of Power

刑法总论大师克劳斯•罗克辛(Claus Roxin)，近来频繁地对超越这一领域(指总论——译者按)的论题感兴趣。他在 2015 年的两篇论文中致力于研究腐败犯罪。[1] 腐败是一个兼具法政策及法教义学现实意义的论题。在法政策层面，人们能想起在 2014 年 4 月对议员贿赂罪的扩张，[2]《德国刑法典》第 299 条的改革和新增设的对外国公职人员贿赂行为的刑事惩罚(两者都在 2015 年 11 月)，[3] 即将增设的针对卫生领域腐败的刑法构成要件(第 299 条 a，第 299 条 b)[4] 以及近来对体育腐败构成要件的争论[5]。而该主题的法教义学现实意义，则自从 1997 年的大改革至今未曾间断。[6] 这反映在联邦最高法院在此后发布的关于对大学第三方资金资助(BGHSt 47，295；48，44)、竞选捐赠(BGHSt 47，275；BGH NJW 2007，3446)、通过赠与体育赛事入场券实施的款待(BGHSt 53，6)，以及校园摄影案(BGH StV 2012，19)的判决中。然而，无论是在法政策还是法教义学层面，不管在立法决定还是司法判决中，人们都无法从针对以上问题的立场表述背后识别出一条清晰的指导方针。能够确定的，更多是个案问题个案处理的特殊论证堆砌，其中甚至不乏道德主义[7]和刑事侦查可操作性的考量[8]。

这篇献给我的博士生导师(克劳斯•罗克辛)的简短论文的核心关切，是提炼出

---

[1] Roxin，FS Kargl，2015，S.459；ders.，FS Rössner，2015，S.892.

[2] Gesetz v.23.4.2014(BGBl.I S.410)；对此参见 Francuski HRRS 2014，220.

[3] Gesetz v.20.11.2015(BGBl.I S.2025)；对此参见 Schünemann ZRP 2015，68；Dann NJW 2016，203.

[4] 参见最近的 BT - Drucks.18/6446 v.21.10.2015；对此参见 Kubiciel WiJ 1.2016；对于不同见解，参见 Jary PharmR 2015，99.

[5] 对于此方面介绍，参见如巴伐利亚州一项旨在保护体育纯洁性的法案，v.12.3.2014.

[6] 来自同一时代视角的改革，参见 König JR 1997，397.

[7] 典型例子参见州高级检察官文章 Schaupensteiner，NStZ 1996，409，在文章第一行中便谈及"蔓延开的贿赂金弊病"以及作为一个"骑士"形象的检察官向腐败"九头蛇"的抗争。在讨论中反对道德主义的合理观点参见 Dann NJW 2016，204.

[8] 早期的例子：刑法典第 299 条旧版第一款在竞争中的优待要素是存在疑问的，因为难以证明(Annex Germany to the EU Anti - Corruption Report，COM [2014]38 final，S.6 f.)；反对以证明困难进行论证的文章有 Dölling，Gutachten zum 61. DTJ 1996，C 63.

一个得以提供所缺失的清晰的指导方针的学说。只有当人们认识到，腐败是什么及其应罚性何在，人们才能提供一个标准，这个标准得以判断在讨论中提出的各种主张的合理性。要声明的是，本文不是提供一种理论，而仅仅是一种"探近"，因为我深知，在这个问题上只有暂时性思考是可能的，对于完整的研究和确证而言，通过一部专著加以研究可能是必不可少的。

本文首先研究，法益问题的澄清是否能够推导出腐败本质的结论（第一部分）。此部分将证实，法益的确定不能真正回答腐败行为不法的核心问题。下一步将致力于论述我自己对腐败的理解，这一理解将揭示腐败的行为不法（第二部分）。紧接着，本文将通过对不法协议概念精确化的方式，实现这一理解的有益的法教义学转化，亦即通过精确化不法协议的概念，这也将在司法判决的案例群中被检验（第三部分）。最后将得出若干包括腐败犯罪相互之间关系以及与分则其他构成要件之间关系的结论（第四部分）。

一、法益理论的不足

围绕贿赂犯罪法益认定的争论为人所熟知，本文在此不再重提。[9] 于此仅需要质疑的是，对这一前提问题的厘清是否得以解决我们的问题。[10] 因为法益问题首先与腐败的结果不法相关，也就是说仅仅涉及腐败不法的二分之一。其未能说明的是，为什么只有在特定的行为方式，亦即在提供或接受**利益**的场合中才能称之为腐败。为什么有时比提供利益更有效地歪曲国家意志[11]，损害职务执行的公正性[12]或者破坏与此关联的公众信任[13]的强迫公职人员的行为方式，却不成立腐败？这一问题的答案几乎不能期待从法益中得出，正如人们无法在诈骗罪或者背信罪中，单纯从财产概念的确定中获致详尽的解释一样。

---

〔9〕　关于这一讨论特别参见 Roxin, FS Kargl, 2015, S. 461 ff.；此外 Loos, FS Welzel, 1974, S. 879；Dölling (Fn 8), C 50 ff.；详尽的论述见 Heinrich, Der Amtsträgerbegriff im Strafrecht, 2001, S. 239 ff.

〔10〕　同样的有 Saliger, FS Kargl, S. 492(497)，一篇罕见的关于腐败不法的论文；进一步可参见 Kindhäuser ZIS 2011, 461(468)："腐败只是一种攻击形式……类似于欺骗、威胁或者暴力。"

〔11〕　于此特别参见早期文献，如 Baumann BB 1961, 1057；Arthur Kaufmann JZ 1959, 375 (377)；Bockelmann ZStW 72 (1960), 251(257)；Henkel JZ 1960, 507(508 f.)（全部都仅关于《刑法典》第332条）。

〔12〕　Dölling (Fn 8), C 49；Sowada LK 12. Aufl. 2009 vor § 331 Rn 36.

〔13〕　BGHSt 15, 88(97)；BGH NStZ 1987, 326(327)；Dornseifer JZ 1973, 267(268 f.)；在更新的文献中人们常常谈及一种复杂法益，除了信任成分之外还包括其他方面，参见如 Korte MüKo - StGB, 2. Aufl. 2014 § 331 Rn 8；Rosenau SSW - StGB 2. Aufl. 2014 § 331 Rn 7.

或许,对于腐败犯罪法益的研究甚多,以至于鲜有提出对真正关键的包括行为不法的腐败犯罪本质的问题。以法益问题为中心促使一种"结果担负"(erfolgslastig,意指过于关注结果——译者按)的思考方式,这一思考方式不仅对于成文法(指《德国刑法典》第 331 条以下的法条原文——译者按),而且可能对于腐败行为的直观形象描述而言都不堪称完整。因为对这两者而言,利益处于中心位置,而可能并不依赖于由利益产生的结果。成文法已经表明,在职务执行之后提供的利益(最清楚的是第 332 条第 1 款:"已经实行的"),既没有歪曲国家意志也没有损害职务执行的公正性;而对公正性的信任只有通过过程公开才可能受损。人们主要通过将腐败犯罪解释为抽象危险犯来摆脱这一困境。[14] 或许人们能找到一个更恰当的替代性解释,当公职人员在之后的日子里离职(以至于任何不合理影响的可能危险都被排除)或者交易一直未被发现,事后受贿也仍旧是有问题的——在这个过程中存在一个独立的不法。腐败的不法似乎直观性地根据利益的数额来衡量(也参见巨额利益的范例,刑法典第 335 条第 2 款第 1 项)。

二、一种尝试

前文所述也描述了下文将要尝试应对的挑战,亦即总结腐败的不法,首先不是存在于结果中的不法,而是主要存在于以运用利益为特定手段的行为方式中。利益绝非腐败的偶然犯罪手段,而是对腐败具有决定性的。

1. 第一项考虑:收受利益罪的不法

官员作为国家的臂膀,是权力的承载者。但自由主义思想的前提之一是,权力始终是需要正当化的。官员权力地位的正当化与国家权力地位的正当化紧密相关。即便不深入具体细节,也可确定,国家连同其臂膀均是"为了人民而存在"。[15] 于此,人们直接联想到公共职务的思想。"公务"是为他人服务的活动,在理想状态下是受托的、利他的。为了保障官员恪尽职守,必须将公务的公共领域与个人或私人领域相分离。[16] 没有什么比公职人员将他的职务依赖于个人(领域)更直接地与这一设想背道而驰。

将公务领域与个人利益相分离,无外乎一种普遍原则在这一特定领域的具体化,即公私领域的区分或者说国家与社会的区分原则,该原则对自由法治国而言具

---

〔14〕 关于将刑法典第 331 年及以下若干条文阐释为抽象危险犯,如今占主导地位的见解,代表文献参见 Rosenau SSW - StGB § 331 Rn 8.

〔15〕 《1948 年德国联邦基本法基姆湖草案》第 1 条第 1 款。

〔16〕 也参见 Dölling(Fn 8),C 49f.,他的说法是建立起"公职任务和私人利益之间的大坝";Kindhäuser ZIS 2011,465;"消除个别不正当利益"的需要性;作者从中几乎没有得出教义学推论(对此本文在第三部分第一点论及)。

有建构意义。这一分离原则是如此根本性的,以至于很难对其必要性在此处通过简洁的方式加以论证。[17] 于此需要注意的是,这种分离不是单向性的。存在问题的不仅是国家对私人事务的干涉,相反的私人干预公务履行的情形并不鲜有问题存在,而这正是我们要研究的情形。

简而言之,将其公务与利益相联结的公务员,无论是为他本人还是为第三人,都通过混淆确保自由的公私两域界分,进而滥用了权力。收受利益罪的不法在于**将公域歪曲为私域**而滥用权力。

2. 推进:受贿罪的不法

在上述已经发展出的观点的基础上,人们认为对于受贿罪不法的问题能够通过当然论证(a fortiori Argument)予以澄清。如果利益与合法职务行为的挂钩是决不允许的,那么其与违法职务行为的挂钩就更加不应被允许。行贿或者受贿将不再是基本犯,接受利益和提供利益也非对此(基本犯)的加重形态,行贿或者受贿应是加重犯,即在已经完整证成上述犯罪不法基础上的加重。

上述观点乍看之下确实显而易见,并无不妥,但并不详尽。虽然这两个构成要件存在一个共同的根基:任何权力地位均需要正当化的自由主义思想。权力必须服务于(权力的)下位者(即普通民众);正如我们看到的那样,收受利益罪的不法正是建立在此基础上。此外,权力只有通过法律的文明化与驯化之后,才是可忍受的。[18] 但在受贿罪中还存在另一个十分重要的思想,即**公务受到成文法**(与法律)**的制约**,换言之,即**国家(行为)的合法性原则**。行为是否致使公域和私域的分离受到质疑,倒显得其次。

问题是,为什么对行政合法性的腐败性损害必须**通过利益**实现,为什么其他可能更能够有效影响决策者的方法被排除。当人们透视受法律约束的国家行为结构时,便能获得答案。以追求公共福利即利益总和为目标的国家并不通过诸如柏拉图(Platon)《政治家篇》自由决断来实现这一目的。[19] 国家更应该通过遵循并执行法律来履行其使命。法律即是这样一个框架,国家及其公仆在其范围内能够追逐利益。逾越法律框架的利益,亦即非法利益,对谋求公共福利实现的国家而言是一个特别的蛊惑,因为国家必须在成文法的范围内谋求公共福利。

上述观点可以借助两组二分法予以阐明。正如已承认的那样,这两组二分法虽

---

〔17〕 详尽的论述见 Böckenförde, Die verfassungstheoretische Unterscheidung von Staat und Gesellschaft als Bedingung der individuellen Freiheit, 1973.

〔18〕 关于合法性使权力驯服和文明化的论述,参见 Greco, Lebendiges und Totes in Feuerbachs Straftheorie, 2009, S.262 ff.;ders. GA 2016, 138ff.(144).

〔19〕 Platon, Der Staatsmann, in: Löwenthal (Hrsg.), Sämtl. Werke, Bd.II, 1982, 294A f. (S. 793).

然有些粗糙,但大体上仍具有启发性。第一组二分法是条件程式(Konditionalpro-grammen)和目的程式(Zweckprogrammen),[20]第二组是规范国家(Normenstaat)和策略国家(Maßnahmenstaat)。[21]法律是条件程式而非目的程式;[22]法律适用和执行恰恰是在检验程式之外的利益不再得以被考虑的情况下进行的。由此,行政及司法本应受法律约束,而贿赂对此产生的特别危险是明显的。利益使得条件程式变成目的程式,这恰恰与受成文法约束的理念正面冲突。规范国家随着法律约束受到质疑而演变成所谓的策略国家。受贿罪的不法也就是**基于利益漠视公共职务合法性的权力滥用**。

3. 小结

由此无论是收受利益罪还是受贿罪都是**基于利益的权力滥用**的类别。[23]然而利益和权力滥用的内在关系在两个构成要件中以不同的形态呈现出来。对**收受利益罪**而言决定性的是将公域歪曲为私域;而**受贿罪**中的核心则是对公共职务合法性的漠视。

三、教义学转化：

不法协议是将公域和私利相联结(刑法典第 331 条、第 333 条)或者将违法(公务行为)与利益相联结(刑法典第 332 条、第 334 条)

1. 上述对收受利益罪和受贿罪本质的理解能够通过简单的中间(论证)步骤转化至教义学领域中。不法协议这一体现腐败犯罪核心的规范概念得以作为切入点。[24]传统做法是将不法协议转述成"等价关系"[25]或者利益和职务执行(或职务行为)相联结,上述做法越来越被视为不完整的。新近的努力在这一所谓的逻辑关

---

〔20〕　基本论述见 Luhmann, Das Recht der Gesellschaft, 1993, S. 195 ff.

〔21〕　基本论述见 Fraenkel, Der Doppelstaat(1974), S.21, 26 ff., 39ff., 96 ff.

〔22〕　Luhmann(Fn 20), S.203 f.

〔23〕　同样强调权力滥用方面的参见 Kindhäuser ZIS 2011, 462:"利益和所受托的决策权力执行之间背反利益的联结";Sinner, in: Matt/Renzikowski, StGB, 2013, § 331 Rn 4; T. Zim-mermann ZStW 124(2012), 1023(1027).

〔24〕　诸如 Volk, GS Zipf, 1999, S. 419(420); T. Zimmermann ZStW 124(2012), 1023(1032):"中心"Rosenau SSW - StGB § 331 Rn 27.

〔25〕　RGSt 2, 129(129):"等价或者回报";RGSt 77, 75(76):"回报";BGH NStZ - RR 2007, 309:"对价关系";Korte, MüKo - StGB § 331 Rn 93; Schünemann, FS Otto, 2008, S. 777(782): "双方相互关系"。

联中添加了一个规范成分：这一联结应当是"违反规则的"[26]或者是"不被允许的"[27]。规则违反或者不受允许的实质特征通常显得空洞。[28]在这一点上，前文所述的思考能够提供进一步的帮助。

从上文可以推出收受利益罪和受贿罪中不法协议内容的结论。职务执行和利益联结的规则违反在于**将公域和私利相关联**。也就是说，在公共领域运作的利益，不能证成不法协议。[29]只有与为了公职人员本人或者第三人的私利相联结，才能构成收受利益罪。

相反，如果受贿罪的不法在于基于利益而对公共职务合法性的漠视，那么相应的不法协议不能要求逾越此一逻辑关联的规范成分（亦即只能要求职务行为违法，至于是公利还是私利与之相联结，不作要求——译者按）。**任何**利益和违法职务行为的**关联**均构成受贿罪意义上的不法协议。

2. 这为人们提供了足够清晰的指南，以便有根据地、直观而具说服力地解决过去几年的全部疑难案例。

a）几乎所有**第三方资助请求**的案例都无法被纳入腐败刑法之中。因为被要求的利益，并不与进行研究的公职人员的私人领域相关，而是和大学的研究本身相关，于此缺乏私利和公域的联结。至于高校的公示和批准程序是否被遵守，[30]并不重要。[31]此外不具说服力的是，为什么原则上仅能证成纪律不法的内部行政违反，却

---

[26] 基本论述见 Volk，GS Zipf，1999，S. 421 f.；同意的有 Roxin, FS Kargl, S. 463.

[27] Kuhlen JuS 2011，673（673）；Schuhr 称之为"对价关系"和一种"不法关联"，in：Spickhoff（Hrsg.），Medizinrecht，2. Aufl. 2014，§ 338 StGB Rn 44ff.，53 ff.

[28] 参见 Volk, GS Zipf, S. 423："违反了公职人员的决策不容收买的规则"，只有当规则的内容为人所熟悉时，这一表述的清晰内涵才能被揭示出来。（Volk 是第一个如此声称的，S.425 f.）根据 Kuhlen JuS 2011，673（677）观点，规范成分从逻辑中推衍出来；在符合社会相当性的捐赠场合或者和其他法领域的价值冲突的情形下此种迹象将失效。另一种可能是规范成分的行政法从属性理解（对此特别参见 T.Zimmermann ZStW 124［2012］，1023［1027 ff.］）——一种通往困境的方法，要么行政内部（也就是纪律的）不法上升为刑事不法，要么当附属标准仅仅是非对称的性质时（Zimmermann，同上，1029 页），便只得依靠某种未知的外部标准，以论证此种非对称性。（译者按：这里的非对称性是指，行政法中所容许的必然意味着为刑法所容许，但行政法上禁止的不必然意味着刑法亦禁止。）参见 T. Zimmermann, in：Steinberg/Valerius/Popp, Das Wirtschaftsstrafrecht des StGB, 2011, S.81.

[29] 结论上接近的观点见 LG Bonn StV 2001，292.

[30] 在此基础上的观点有 BGHSt 47，296（306 ff.）；BGH wistra 2003，303（305）；NStZ－RR 2003，171；来自文献：Kuhlen JR 2003，231（234 f.）；Schönke/Schröder/Heine/Eisele, StGB 29. Aufl. 2014，§ 331 Rn 42；Korte MüKo－StGB § 331 Rn 124；Fischer, StGB, 63. Aufl. 2016，§ 331 Rn 27d.

[31] 充其量只能作为证据证明，利益并不只是在公共层面运作。

能够产生应受刑罚的腐败。[32] 但不言而喻的是，通过顾问合同对教授的奖励（在私域层面运作）构成应受刑罚的提供利益罪。[33]

b）被赠予给具有代表职能的官员的**足球门票**，也是活动于公共领域的利益，亦即承担着公共职能，因此不构成收受利益罪。[34] 人们可以这样反驳，从门票中官员得以作为私人享受观看足球比赛而从中获利。但这不仅只是偶然，此处刑事可罚性的问题并不取决于，所涉官员是否为足球粉丝，而且如果他们没有得到免费门票，那么承担代表职能的官员也能够把门票的费用记在他们的组织或机构的账上，这并非不合乎情理，由此也可以证明门票应归属于公共领域。[35] 类似的**校园摄影**情形也可以得到解决。笔记本电脑使学校获益，因而属于公共领域，也就不存在任何利益收受。[36] 此处提倡的观点的优势是，在"没有人受损而所有参与方均获利"的这类案件中，[37]"不构成刑罚实际上应当是不言而喻的"，[38] 那么便理所当然地视作不受刑罚。

c）在**竞选捐赠**情形中，应当是上述根据作为基本上免于刑事处罚的决定性依据，而非选举平等原则。[39] 确切地说，竞选虽然至少在某种程度上有待更详尽地明确界限[40]，但应归属于公共领域。

d）本文发展出的观点能够轻松地解决**更多情形**。收受利益罪的清楚案例，如邮局官员接受了赞助乒乓球俱乐部的款项。[41] 课予犯罪嫌疑人向国库或者公共福利

〔32〕 根据联邦法院的法益论点，遵守高校对于第三方资助的程序不会损害对职务行为公正性和不可收买性的信任（BGHSt 47，295，303），是建立在一个假定之上，即行政内部程序可能会产生外部影响。从这里支持的视角来看，所谓的"海德堡案"，其定罪是建立在不遵守程序的基础上（BGHSt 47，295，303ff.），这是错误的。也见前注〔28〕。

〔33〕 对此也参见 Diettrich/Schatz MedR 2001，614(617).

〔34〕 结论上相同的观点见 Roxin, FS Kargl, S.474 f.

〔35〕 相同观点参见 Trüg NJW 2009，196(198).

〔36〕 结论上相同的观点见 Roxin, FS Kargl, S. 474 f. 如果联邦法院是基于这里缺乏一个利益获得的法律根据（BGH StV 2012，22 Rn 23 ff.），那么将从行政不法的肯定中不合理地证立刑事不法。

〔37〕 参见 Roxin, FS Kargl, S.473 关于校园摄影案的论述。

〔38〕 参见 Kuhlen JR 2010，148（154）关于足球门票案的论述；赞同的有 Roxin, FS Kargl, S. 472.

〔39〕 尤其参见 BGHSt 47，275（288 ff.）；同样的有 Saliger/Sinner NJW 2005，1075；Dölling JR 2005，519 f.

〔40〕 这可以从《政党法》第25条第2款中看出来（赞同的有 T. Zimmermann ZStW 124 [2012]，1023 [1051]，然而这是基于不法协议的行政从属性理解；从此处支持的视角而言，将由此论证，政党法为相应生活领域勾勒出公共领域的界限。

〔41〕 BGHSt 15，286.

机构支付款项的负担从而换取检察院终止诉讼程序,这两者间的诉讼交易不构成不法协议,[42]因为它没有离开公共领域。然而如果检察官的妻子主掌公共福利机构,则是不同情况。(某起案件)受害者与正在进行的调查利益相关,其给执行调查职务的警察的汽车加满汽油,同样也是不受刑罚的,不是因为这里的利益是"手段"或者不与职务执行等价,[43]而是因为在此只有公域和公域的联结。

四、推论

本文所发展的观点能够反思腐败犯罪相互之间以及其和刑法分则其他构成要件之间的地位(关系)。

1. 首先它能推导出关于**收受利益罪和受贿罪两罪关系**传统争论的一个区分式见解。既不是传统观点所称的对立关系,[44]也不是如今通说认为的受贿罪是收受利益罪的简单加重。[45]只有在违法职务行为与私利相联结时,受贿罪才是加重构成要件。在与公共利益相联结的场合只能构成受贿罪,此时收受利益罪的不法没有实现。这一区分式观点对于两罪间的竞合关系会产生什么样的结果,必须适时再作研究。

2. 在本文观点的基础上也可以发展出据以厘清**一般腐败犯罪**的线索。[46]此处提出的将收受利益罪和受贿罪归类为基于利益的权力滥用的观点,致使对一般腐败犯罪这一构造几乎无可避免地产生怀疑。[47]虽然人们在更高的抽象层面总是可以构建一个内容空洞的上位概念,使得异质的现象看似均能被总结在一个体系之下,

---

〔42〕 同样的补充参见 Roxin, FS Kargl, S.465;也参见 Volk, GS Zipf, S. 420; Schünemann, FS Otto, S. 784 f.;Bock/Borrmann ZJS 2009, 625(631 f.).

〔43〕 OLG Zweibrücken JR 1982, 381;同样的有 Kuhlen NStZ 1998, 433(439); Paster/Sättele NStZ 2008, 366(373); Korte MüKo - StGB § 331 Rn 94. 在茨韦布吕肯高等地区法院判决中的观点与此处决定性的观点有相似之处:警察不是为了私人目的,而是为了职务行为本身而使用利益(382).

〔44〕 参见 BGH JZ 1959, 375 和在此范围内同意的来自 Arth. Kaufmann 的评释; Bockelmann ZStW 72(1960),251(257); Henkel JZ 1960, 507(508 f.);Baumann BB 1961,1058.

〔45〕 代表文献参见 Schönke/Schröder/Heine/Eisele § 332 Rn 1.

〔46〕 Ahlf Kriminalistik 1996, 154 ff.(156);Jähnke, Verhandlung des 61. DJT, 1996, Bd. II/2, L 87ff.(L 89).

〔47〕 反对的也有 Volk, GS Zipf, S. 428; Dölling(Fn 8), C53; Kindhäuser ZIS 2011, 468;Saliger, FS Kargl,S.498.

例如利益的规则违反交易[48]或者因贿赂而利益冲突地侍奉二主。[49] 由于国家权力具有不同的根据，尤其是出于国家的正当性要求，相较于各其他形式的纯粹"社会性"权力而言具有特别的性质，[50]如果用一个抽象的同时囊括国家外部关系的腐败犯罪来概括，那么将消弭其中的重要区别。[51]

3. 因而**商业往来中的腐败**形象也得以确定，前述意义上的腐败不法在刑法典第 299 条中由于缺乏权力滥用而不存在。[52] 认为它至少部分[53]符合被误解的背信的推测，很难对此予以否认。（尤其在 2015 年末改革之后随着所谓的企业主模式被引入进刑法典第 299 条第 1 款第 1 项，就更难以否认。[54]）

4. 所谓的**卫生领域腐败**也是出于这一原因而不能被视为腐败。然而和上述足够类似的现象，为了至少能够被理解，仍然可以称为腐败。医生在与病人的关系中内在地具有一种支配地位，虽然这种支配地位和国家及官员的权力地位之间有多方面的区别。然而对病人而言，他因疾病和无知而依赖于医生，是同样类似而不可避免的。因而在医师职业中也尝试进行权力规制：医者毕生献身人道，并将患者的健康视为其行动的重中之重。[55] 他们在一定意义上同样是"公仆"。因而通过收受诸如医药企业的利益而滥用权力是应受刑罚的，[56]但这里使用一个不同于腐败的其他术语会更贴切。[57]

5. 对于所谓的**体育腐败**几乎无须赘言：这样的一种腐败并不存在。[58]

---

〔48〕　Volk, GS Zipf, S.421.

〔49〕　Saliger, FS Kargl, S.496 ff. Volk 和 Saliger 指出腐败概念的纯粹形式特征，并因此同样反对一般的腐败构成要件（文献见前注〔47〕）。

〔50〕　Greco (Fn 18), S. 128 f.; ders. Strafprozesstheorie und materielle Rechtskraft, 2015, S. 645.

〔51〕　支持一个更狭义的"限于职权或者政治功能滥用领域"的腐败概念，同样的有 Hettinger NJW 1996, 2263(2268).

〔52〕　Hettinger NJW 1996, 2263(2273).

〔53〕　与竞争相关的部分是否更好论证（对此尤其更进一步参见 Roxin, FS Rössner, S.908 f.; 也参见 Koepsel, Bestechlichkeit und Bestechung im geschäftlichen Verkehr, 2006, S. 62 ff., 91 ff., 111 f.; 弱化作为决策标准的对于竞争具有决定性意义的绩效原则；赞同他的有 Rönnau StV 2009, 302 [304]; Saliger, FS Kargl, S.500 f.）人们能够质疑，但清楚的是，最后一项特征与腐败不法有所不同。

〔54〕　批评观点主要参见 Schünemann ZRP 2015, 68.

〔55〕　参见日内瓦医疗誓言。

〔56〕　反对观点参见 Kindhäuser ZIS 2011, 468 f.; Saiger, FS Kargl, S.501 f.

〔57〕　在 BT - Drucks. 18/6446, S. 12 中声称的观点在本文看来只是无关紧要的。

〔58〕　不同的见解参见 Saliger, FS Kargl, S. 502 f.; 与此相同的补充参见 Kindhäuser ZIS 2011, 469.

五、结论

腐败是基于利益的权力滥用。在收受利益罪中,对于自由主义国家而言决定性的公域和私域之间的分离(原则)将由于将公域歪曲为私域而被瓦解。由此可以得出,只有得以归属为私域的利益,才能够证成收受利益罪中的不法协议。至于在过去几年的大多数疑难案件中(第三方资助、竞选资金、足球门票和校园摄影案)存在的公域和公域之间的联结,不能证成收受利益罪。反之,受贿罪是对公共职务合法性的攻击,任何一种利益,包括以公共福利为导向而归属为公域的利益,均只能在法律所规制的框架内谋求。

图书在版编目(CIP)数据

中德法学论坛. 第 19 辑. 下卷 / 宋晓主编. —南京：
南京大学出版社，2023.5
ISBN 978-7-305-26941-7

Ⅰ. ①中… Ⅱ. ①宋… Ⅲ. ①法律—文集 Ⅳ.
①D9-53

中国国家版本馆 CIP 数据核字(2023)第 075984 号

出版发行　南京大学出版社
社　　址　南京市汉口路 22 号　　　　邮　编 210093
出 版 人　王文军

书　　名　**中德法学论坛　第 19 辑.下卷**
　　　　　ZHONGDE FAXUE LUNTAN DI-19 JI XIAJUAN
主　　编　宋　晓
责任编辑　潘琳宁

照　　排　南京紫藤制版印务中心
印　　刷　南京玉河印刷厂
开　　本　787mm×1092mm　1/16　印张 16.75　字数 400 千
版　　次　2023 年 5 月第 1 版　2023 年 5 月第 1 次印刷
ISBN　978-7-305-26941-7
定　　价　78.00 元

网　　址：http://www.njupco.com
官方微博：http://weibo.com/njupco
官方微信：njupress
销售咨询热线：(025)83594756